博雅撷英

# 中国现代作家的读解与欣赏

商金林 著

图书在版编目（CIP）数据

中国现代作家的读解与欣赏 / 商金林著. —北京：北京大学出版社，2022.10
（博雅撷英）
ISBN 978-7-301-33390-7

Ⅰ.①中… Ⅱ.①商… Ⅲ.①作家－人物研究－中国－现代 Ⅳ.① K825.6

中国版本图书馆 CIP 数据核字（2022）第 176791 号

| | |
|---|---|
| 书　　　名 | 中国现代作家的读解与欣赏<br>ZHONGGUO XIANDAI ZUOJIA DE DUJIE YU XINSHANG |
| 著作责任者 | 商金林　著 |
| 责 任 编 辑 | 张文礼　高　迪 |
| 标 准 书 号 | ISBN 978-7-301-33390-7 |
| 出 版 发 行 | 北京大学出版社 |
| 地　　　址 | 北京市海淀区成府路 205 号　100871 |
| 网　　　址 | http://www.pup.cn　　新浪微博：@北京大学出版社 |
| 电 子 信 箱 | pkuwsz@126.com |
| 电　　　话 | 邮购部 010-62752015　发行部 010-62750672　编辑部 010-62767315 |
| 印 刷 者 | 涿州市星河印刷有限公司 |
| 经 销 者 | 新华书店 |
| | 650 毫米 ×980 毫米　16 开本　27 印张　451 千字<br>2022 年 10 月第 1 版　2022 年 10 月第 1 次印刷 |
| 定　　　价 | 118.00 元 |

未经许可，不得以任何方式复制或抄袭本书之部分或全部内容。
**版权所有，侵权必究**
举报电话：010-62752024　电子信箱：fd@pup.pku.edu.cn
图书如有印装质量问题，请与出版部联系，电话：010-62756370

# 目 录

商金林学术研究的"现代中国人文史"视野
——读《中国现代作家的读解与欣赏》有感................钱理群 / 1

## 第一辑　认识在北大中文系执教过的老师们

一代师表　万流仰镜
　　——叶圣陶的奋进历程及其人格魅力................ 3
潜德幽光　风范长存
　　——"朝抵抗力最大的路径走"的朱光潜................ 27
"我的世界还有更辽阔的边境"
　　——集艺术家、诗人、学者、斗士于一身的闻一多................ 65
为了"无穷的远方"和"无数的人们"
　　——鲁迅的思想情怀................ 112

## 第二辑　理解与考辨

太学举幡辉青史　后此神州日日新
　　——几代人的"五四"（1919—1949）................ 167
从音乐美术中领会人类的思想情感智慧光辉
　　——湘西音乐美术与沈从文创作之关联................ 202
日本《中国文学》月报中的"周氏兄弟"................ 223
朱光潜《诗论》的五个版本及其写作的背景和历程................ 242

林茂鸟自归　水深鱼知聚
　　——《暮年上娱——叶圣陶俞平伯通信集》浅析 ...... 267
望之俨然　即之也温
　　——我记忆中的叶至善先生 ...... 283

## 第三辑　史料与阐释

《胡风全集》中的空缺及修改 ...... 305

《摘星录》考释的若干商榷 ...... 329

名作自有尊严
　　——有关《荷塘月色》的若干史料与评析 ...... 340

胡适与刘半农往来书信的梳理和解读 ...... 360

《宋云彬日记》的心态辨析
　　——兼论史料研究必须"顾及全篇"与"顾及全人" ...... 386

后　记 ...... 421

# 商金林学术研究的"现代中国人文史"视野
## ——读《中国现代作家的读解与欣赏》有感

钱理群

商金林老师是我在北京大学中文系现代文学教研室的老同事，老朋友。我在很多场合都谈到，北大中文系现、当代文学教研室是一个非常值得怀念的学术、教学群体。它的特点和魅力就在于，每一个成员，在学术研究与教学上，既各有特色，具有极大的独创性，又彼此补充、支持，更相互欣赏——后者尤其难能可贵。我和商金林老师的关系就是如此：我们平时接触并不多，就像他的学生所说的那样，商老师"从来不拉圈子，不东张西望，只是安安静静做自己的学问"，我也如此；但我们却暗暗地彼此欣赏。我还暗暗地为商老师打抱不平：尽管他在所作的叶圣陶研究等领域一直有很大影响，但在现代文学研究界却多少有些被冷落，也就如他的学生所说，"如果真的以名气大小评价他，这是不公平的"。（参看李斌：《做一位人品高洁、勤奋治学的读书人——商金林先生印象》，《名作欣赏》2021年第34期）在我看来，"名气大小"倒无所谓，问题在商老师的学术特点与成就没有得到学术界充分的体认，受到损害的就不只是他个人了。正因为如此，我一直在内心里有一个愿望，就是把商老师作为我的"学人研究"的对象。因此，当商老师表示希望我为他的新作写点什么，我毫不犹豫地就接受了下来。这两天认真一读，更感到了商老师学术研究的独特与分量，真的是对"商金林学术"作认真的研究与评价的时候了。

但由于长期的忽略，真要研究，又不知从何入手。就在多少有些困惑的时候，我读到了收入本书中的《日本〈中国文学〉月报中的周氏兄弟》，并注意到商老师发掘出的成立于1934年的日本中国文学研究会的两大特点。一是"当时日本的中国研究是清一色的中国古典典籍的研究。竹内好、武田泰淳、冈崎俊夫等一批年轻学者勇敢地站出来挑战整个日本的中国研究界,誓言要与现实中'活的中国'接触,并强调这种接触的重要意义"。二是研究会创办的《中国文学》月报上对鲁迅的《中国小说史略》(增田涉译注本译为《中国小说史》)的介绍与评价:"这本书不仅论述了从古代到清末的中国小说,也论述了政治经济、民族社会与小说之间的相互作用和影响。对这部小说史的评价应该是前无古人的旷世之作。它超越了文学史,达到了人文史的顶峰,是中国研究者以及学者和文人必读的世界的巨著"。还有对《大鲁迅全集》的介绍与评价:"中国对于世界来说是一个伟大的谜!!解开这个谜的唯一的钥匙是这部《大鲁迅全集》。"写到这里,商老师忍不住感叹说:"这两则广告大气磅礴,精彩至极,字里行间洋溢着译者和出版社对鲁迅的无限敬仰。"显然被震住了。而我读到这里,更是茅塞顿开:商老师(或许也包括我,我们这一代学人)不正是在关注现实中"活的中国",试图解开"现代中国"这一"伟大的谜",而在1980年代聚集在现代文学研究领域的吗?我们实际继承、发扬的,不正是鲁迅《中国小说史略》所开创的"超越了文学史"的"人文史"的研究传统吗?

  这当然不是偶然的:就在我研读商老师的新作的前几天,即9月25日,北京大学"现代中国人文研究所"正式成立,指出当下的中国学术研究存在着"重传统、轻现当代中国研究"的不平衡现象,因而强调要重振"现代中国"的研究,认真总结20世纪、21世纪的中国经验与中国教训,建构"现代中国人文学",解答"现代中国之谜"。这正与商老师所注意和强调的鲁迅《中国小说史略》开创的"人文史"传统相呼应。我们也因此看清,商老师的学术研究的最大特点与价值,就是进行这样的"超越了文学史"研究的"人文学"研究的最初尝试。我也因此找到了理解、评价商金林老师这本《中国现代作家的读解与欣赏》的一个最佳切入口。

  所谓"人文史"研究,按当年日本学者对鲁迅的《中国小说史略》的评价,其最大特点,就是不仅关注文学史上的小说文体演变的研究,更关注"政治经济、民族社会与小说之间的相互作用和影响",从而有了一个"超越了文学史"的更广阔的"人文学研究"的空间。应该说,商老师的研究在这方面是高度自觉的,他之所以历时五十载,以惊人的毅力钻研叶圣陶,就是因为"研究圣陶先生可以纵观现代文学、教育和出版事业发展的历程，追寻近现代知识分子前进的足迹"（李斌：《"提供更多真实的中国现代文学图景"——北京大学商金林教授访谈》，《新文学史料》2018年第3期）。商老师这方面的成就与贡献已有目共睹，我就不再多说。我要多说几句的，是这一次阅读商老师的新著的一个新发现：《从音乐美术中领会人类的思想情感智慧光辉——湘西音乐美术与沈从文创作之关联》。说是"新发现"，是因为商老师提供的是一个全新的，却更接近其天性的沈从文：他身上的"楚文化禀赋"不仅在许多研究者都谈到的"重生命、重自然、重个性、重情感"，更在为研究者所忽略的"对于神韵的形态、色彩、声音乃至气味都十分敏感"。正是商老师提醒我们注意沈从文关于他的"人的生命与声音的关系"的自述："一切在自然中与人生中存在的有情感的声音"，都已经"陆续镶嵌在（我）成长中的生命中每一部分"，"也许我所理解的并不是音乐，只是从乐曲节度中条理出'人的本性'"。还有"他的创作与音乐的关系"："（我所写的）大部分故事，总是当成一个曲子去写的，是从一个音乐的组成上，得到启示来完成的。有的故事写得还深刻感人，就因为我把它当成一个曲子去完成。"——在我看来，这都是商金林老师对沈从文其"人"其"文"的重大发现。或许更应该注意的是，商老师从沈从文与音乐、美术的关系入手对沈从文作品的"人文"价值的独特发现和阐释。他这样描述、评价沈从文小说里的"纤夫、船工、打油工'神圣'的'歌声'"："沈从文所展示的并不是纤夫的屈辱的地位和沉重的苦难，而是他们'血液里的铁质'，他们如何用血汗挥写湘西的水上文明"，沈从文从纤夫的歌声中"感悟到更多的是纤夫作为'人'的'尊严'"，"沈从文写的就是纤夫的'生命形式'，或者说是'生命史'"。这是商老师特别看重的沈从文《媚金·豹子·与那羊》《月下小景》《边城》等小说里的"'杂糅神性与魔性'的山歌"："山歌表现的是真情实感。'山歌'是'不识字的诗人的作品'，是人类物质文化、精神文化和制度文化的凝聚体，是民间文化的百科全书"，"沈从文的抒情气质和'单纯'，以及他善于写'人'的'精神生活'的视角，都得益于湘西山歌的滋养"。商老师还注意到，湘西苗族、土家族都是"爱'美'的民族"，沈从文认识与描述"楚人"的"生命"，"实由美术而起"。这样，商老师就从沈从文笔下的纤夫的号子、山民的山歌、民族的服饰里，发现了沈从文最为在意、努力揭示的湘西"人"的"精神生活""生命史"以及背后的"文明"

形态。这样的"沈从文解读",正是"商金林人文史研究"几乎独一无二的创新与最具魅力之处:它从美术史、音乐史的角度去解读作为文学家的沈从文的文学创作,别开生面地揭示了沈从文作品超越文学的人文价值,而且特具说服力与吸引力。我还要指出的是,商老师的"美术史"研究视角,还延伸到他对闻一多的研究。大家都知道,朱自清在《〈闻一多全集〉序》中作出的闻一多"学者中藏着诗人,也藏着斗士"的"三位一体"的概括,已经成为思想界、学术界的一个共识;商老师却在他的《"我的世界还有更辽阔的边境"——集艺术家、诗人、学者、斗士于一身的闻一多》中,强调闻一多是"'熟谙美之秘密'的'艺术家'",塑造了一个"集'四重人格'于一身"的闻一多,同样极有说服力,丰富与完善了闻一多其"人"其"文"的形象。

这里,已经涉及"人文史"研究的另一个特点:"人文""人文",它关注的始终是"人"(作品中的"人",以及作者、研究者、读者的"人"的情感、生命的投入)与"文",以及作为研究方法的"由'人'及'史',又由'史'见'人'的学术道路"(参看李浴洋:《庾信文章老更成——商金林先生学术印象》,《名作欣赏》2021年第34期)。在这方面,本书收入的"认识在北大中文系执教过的老师们"和《太学举幡辉青史　后此神州日日新——几代人的"五四"(1919—1949)》堪称"代表作"。商老师在《太学举幡辉青史　后此神州日日新——几代人的"五四"(1919—1949)》里特地引述了郁达夫和沈从文的"五四"观:郁达夫强调"文学是'人学'","五四"的最大价值是对"'个人'的发现,这才有了'文学'的发现"。沈从文则在《五四和五四人》一文里,第一次提出"五四人"的概念,强调"'五四精神'得靠'五四人'来诠释"。商老师也就找到了研究"五四"的独特视角,开辟了一条研究新思路。于是,我们就通过商老师的描述,与一批特具魅力的"五四人"相遇了。这是叶圣陶:"爱友如命　有很多相伴一生的朋友","爱家恋家　家庭的和美温馨令朋友们羡慕不置","总觉得自己所得太多　总要求自己把工作做得最好　做到极致"。这是朱光潜:"以出世的精神,做入世的事业","为人毫无世故气,为文毫无江湖气","要为全国制造信仰学术的风气","用拼搏的灯火照亮屈辱和苦难的暗隅","懂得忍,不盲从,不攀比,不附和,不去关心世俗生活中人们所追求的功名、权位、财富,远离世事纷扰,平和豁达,生活简单化,让'身'坚强独立起来,即便遇到再大的磨难和坎坷也不会悲观迷惘,随俗浮沉,而只会愈挫愈勇,精进不懈"。这是闻一多:不仅"集艺术家、诗人、学者、斗士于一身",更目光远大,"并不怀疑我自己的造诣很属殊特","我的世界还有更辽阔的边境","定能为人类作出'最伟大的贡献'",何等的志向与气势!当然,不可不说的还有鲁迅。这也是评论者所特意关注的:不少商老师这样的"第三代学者","中年过后都在各自极具特色的研究对象以外,增强了对于'五四'与鲁迅的关注,写出了力透纸背的文章",这样的"人书俱老"时形成的"晚期风格","这一代兼备历史感与现实感的学者在古稀之年上下汇集形成的'共识',自然不能等闲视之"(参看李浴洋:《庾信文章老更成——商金林先生学术印象》)。引起商老师强烈共鸣的是郁达夫对鲁迅"观察之深刻"的阐释:"当我们见到局部时,他见到的却是全面。当我们热中去掌握现实时,他已把握了古今与未来。"商老师由此而发出感慨:"研究鲁迅,探求鲁迅与当代中国的对话关系,是鲁迅研究者义不容辞的责任和义务。只是'知之惟艰',真实的鲁迅,等待着我们更多的发掘。"但他还是在《为了"无穷的远方"和"无数的人们"——鲁迅的思想情怀》里,留下了他心目中的鲁迅形象:"为了'无穷的远方'和'无数的人们'"而存在的不朽的生命。这就是商老师笔下的"五四人":他们"都有追求真理、崇尚科学的热忱",更有"做人的准则——有所为,有所不为,都是君子,爱己也爱人,都有一种'青春不老创造的心',都还带有一点天真的稚气,因而极其可爱,极其可贵"。

这样的"极其可爱,极其可贵"的"五四人",对于我们这些"五四"研究者,都是既熟悉又新奇的。我总为能从商老师这里获得意想不到的新的发现而欣喜、称羡不已。我想过其中的缘由:商老师是"把自己的生命也融入对于对方生命的认识与理解中"的,作为评论者所说的"五四人"的"隔代知己",商老师的"人文史"视野下的研究,实际上是研究者自己与研究对象之间的一次对话,既是对研究对象的人的生命的不断"发现",更是对自我生命的"修身"养性。商老师对此是完全自觉的。他说过,通过阅读与研究,走进研究对象的世界,"一定会厚实我们的底蕴,纯粹我们的精神,完美我们的性情"(《望之俨然 即之也温——我记忆中的叶至善先生》),他还一再表示,叶圣陶的精神,"完全可以'照着学''照着做'"(《〈江苏历代文化名人传·叶圣陶〉后记》,江苏人民出版社，2020年）。商老师的研究，在评论者眼里，就呈现出一种特具魅力的形态："他是在以叶圣陶的精神研究叶圣陶，与叶圣陶对话；也是在以叶圣陶的眼光衡人论世，察势观风；更是在以叶圣陶的标准要求自己，做一个有所为又有所不为的'真正的理想主义者'"（李浴洋：《庾信文章老更成——商金林先生学术印象》）。这其实也正是文学作品的"人文史"研究的一种理想形态："人文史"研究的"人"，既包括文学作品所描述的"人（物）"，作品的创造者作家其"人"，也包括文学研究者（学者）其"人"；而"人文史"研究的"文"，自然涵盖了文学"作品"和学术"论著"。由此，文学创作与学术研究，作家与学者的生命就最终融为了一体，吸引我们读者的，就不仅是作家，更有学者自身的生命魅力。合上这本《中国现代作家的读解与欣赏》，我的眼前浮现的，不仅是那些"极其可爱，极其可贵"的现代作家，更有同样"极其可爱，极其可贵"的商金林老师：就像他的学生所描述的那样，这是"一位人品高洁、勤奋治学的读书人"，"学问已经融入他的生命之中了，阅读和治学已经成为他的生活习惯"；"他只是大时代的一位普通人"，"没有走过岔路，没有做过离谱的事儿。作为普通人，这是不容易的"（李斌：《做一位人品高洁、勤奋治学的读书人——商金林先生印象》）。

2022年9月29日，10月1日，10月3日

第一辑

认识在北大中文系执教过的
老师们

# 一代师表 万流仰镜
## ——叶圣陶的奋进历程及其人格魅力

著名作家、教育家、编辑出版家和社会活动家叶圣陶出身于苏州城内悬桥巷一个平民家庭,父亲叶钟济(1848—1919),当账房,为一位姓吴的地主家管理田租,苏州称这种职业叫"知数",月薪仅十二元。江南的地主大都住在城里,这就需要雇人来为他们收租。叶钟济为人诚朴,大户人家有红白喜事也请他临时去帮忙监工或管账。母亲朱氏(1865—1961)是家庭妇女。叶圣陶在《略述我的健康情况》一文中说:"生我的那一年,我母亲三十岁,我父亲四十七了。"① 家里除了父母亲和两个妹妹之外,还有祖母和外祖母,全家七口人,仅靠父亲微薄的收入维持生计,日子的窘迫可想而知。1911年11月27日的日记中写道:"我家无半亩田一间屋,又无数十金之储蓄,大人为人作嫁,亦仅敷衣食。"②

1912年春,叶圣陶在苏州公立第一中学堂(俗称草桥中学)毕业后当上了初等小学二年级级任老师,1914年7月,被旧势力排挤出校后,到苏州农业学校任书记,刻写和印刷讲义,每天必须缮写蜡纸八千字,还要油印出来,他实在承受不了这份苦差,就辞了职靠写文言小说换取稿费贴补家用。1915年4月,由郭绍虞介绍,到上海商务印书馆附设的尚公学校担任小学高年级教员和幼儿园老师。1917年春到苏州甪直镇任吴县县立第五高等小学教师。1921年秋应聘到上海吴淞中国公学任教,和朱自清、刘延陵、周予同成了同事。不久,中国公学闹风潮,朱自清回到他原来执教过的杭州浙江第一师范执教,叶圣陶也应邀到一师教国文。1922年2月,叶圣陶应邀担任北大中文系讲师,主讲写作课。

---

① 《叶圣陶集》第7卷,江苏教育出版社,2004年,第307页。
② 商金林:《叶圣陶年谱长编》第1卷,人民教育出版社,2004年,第74页。

叶圣陶与北大的关系有些特殊。私塾、小学、中学同学顾颉刚1913年春考上北大预科后，就一直"怂恿"叶圣陶报考北大，顾颉刚的父亲子虬公也多次表示要资助叶圣陶上大学，叶圣陶不忍心离开父母，就请顾颉刚参照北大的课程帮他拟定了一份《为学程序》，自学北大的课程。1914年9月29日日记记："接颉刚一书，为学程序业为定就，条分缕析，备举无遗。苟能铭其言于肺腑，行之十年，中国学术亦足谓得其大凡矣。"①《青年杂志》（自第2卷起改名为《新青年》）创刊后，叶圣陶是最忠实的读者。1915年11月25日日记中写道：

> 夜览《青年杂志》，其文字类能激起青年的自励心。我亦青年，乃同衰朽。我生之目的为何事，精神之安慰为何物，胥冥焉莫能自明。康德曰："含生秉性之人，皆有一己所蕲向。"我诵此言，感慨系之矣。②

也正是有了追随《新青年》的这份"自励心"，1919年3月，叶圣陶加入新潮社，他创作的短篇《这也是一个人！》（编入短篇集《隔膜》时改题名为《一生》）、《欢迎》和三幕剧《艺术的生活》等新文学作品，得到鲁迅、胡适、周作人等名家的赏识，引起北大的注意。1921年10月，北京大学研究所国学门主任沈兼士和中文系主任马裕藻邀请叶圣陶到北大中文系执教。叶圣陶当时年仅二十七岁，只有中学学历，从未教过大学。

1922年2月22日，叶圣陶和郑振铎及俄国盲诗人爱罗先珂结伴，从上海乘火车北上，到北大后的生活他在《〈甪直闲吟图〉题记》一文中写得很详细："寓所在大石作，同舍皆苏州人。吴缉熙兄携眷，照料诸人餐事。顾颉刚兄潘介泉兄皆独居一室。余与伯祥共一室。夜同睡于砖炕。……然余留京仅月余即请假南归，所任作文课伯祥慨允为代。南归之故为墨林将分娩，余须伴之到苏州就产科医生。四月下旬生至美。"③

北大的合同一签就是两年，胡墨林何时分娩叶圣陶事前能不知道？只因拿不到薪酬，手头没有积蓄，耽搁不起，这才十分无奈地找了个理由，请假离开北大。当年北大欠薪的情况特别严重。鲁迅日记记载1921年

---

① 商金林：《叶圣陶年谱长编》第1卷，第169页。
② 同上书，第202页。
③ 《叶圣陶集》第7卷，第215页。

10月才发到5月份的俸钱。1926年1月28日才收到北大1924年12月和1925年1月的薪水。鲁迅1922年6月写的短篇《端午节》中有："凄风冷雨这一天，教员们因为向政府去索欠薪，在新华门前烂泥里被国军打得头破血出。"①确有其事。叶圣陶回苏州之后，沈兼士和马裕藻一直希望他回来，但能否按月领到薪酬他们也说不准，叶圣陶也就没再回北大。

1922年秋，叶圣陶应聘到上海神州女学和复旦大学执教。1923年春，进上海商务印书馆国文部任专任编辑，主编《初级中学教科书国语》和"国学丛书"，同时在神州女学和复旦大学兼课。由幼儿园、初等小学、高小、初中、师范教师晋升为大学讲师，叶圣陶用了整整十年；由一个文学青年跻身于新文学先驱者的行列，成了"新潮社"创作成就最高的作家，成了"文学研究会"的发起人之一，并与沈雁冰、郑振铎一起成了文学研究会最坚强的核心，叶圣陶也用了整整十年，这真应了他的话："行之十年，中国学术亦足谓得其大凡矣。"

这之后，叶圣陶前进的步伐更坚实。茅盾盛赞他的短篇集《隔膜》《火灾》等"实为中国新小说坚固的基石"②；"扛鼎"之作《倪焕之》的出版，标志着我国现代长篇小说走向成熟。鲁迅则称童话集《稻草人》"给中国的童话开了一条自己创作的路"③。1921年3月至6月在北京《晨报副刊》发表的四十则《文艺谈》也被学界誉为新文学理论的奠基之作。新中国成立前，叶圣陶是商务印书馆的台柱、开明书店的灵魂。1949年春他来到北平（北京），担任华北人民政府教育部教科书编审委员会主任。新中国成立后，叶圣陶担任出版总署副署长、教育部副部长，同时兼任人民教育出版社社长和总编辑，把主要精力放在中小学教科书的编撰方面，成了新中国出版事业的开拓者，以及教科书尤其是中小学和大学语文教科书事业的奠基人。"文革"后担任中央文史馆馆长、中国民进促进会主席、全国政协副主席等许多重要职务，功绩卓著。没有家庭背景，只有中学学历，也不像有些作家靠"处女作"或"成名作"一举成名，遇到的坎坷和挫折也不止一回两回，叶圣陶成功的"秘诀"值得探究。我有幸见过叶圣陶，对他老人家的认识可能要比从未谋面的读者朋友多一些。

---

① 《鲁迅全集》第1卷，人民文学出版社，2005年，第562页。
② 茅盾：《祝圣陶五十寿》，《华西晚报·爱国文艺》第1号，1943年12月5日。
③ 《〈表〉译者的话》，《鲁迅全集》第10卷，人民文学出版社，2005年，第437页。

## 一、从小就接触社会　注重读社会这部活书

因为出身贫寒，叶圣陶受封建礼教的束缚较少。富家子弟整日关在书房里念书，除了给"先生""老伯"拜年或到"郎中"家里看病，是不作兴出大门的。叶圣陶则从小就跟着父亲到茶馆听说书、听弹词、听昆曲，到酒店喝酒，到亲戚家拜年贺寿，清明节到乡下上坟，秋收时节到收租局帮父亲打算盘记账，父亲为有钱人家到郊外造坟治丧，叶圣陶也跟着去。他在散文《说书》中写道：

> 我从七八岁的时候起，私塾里放了学，常常跟父亲去"听书"。到十三岁进了学校才间断，这几年间听的"书"真不少。"小书"如《珍珠塔》《描金凤》《三笑》《文武香球》，"大书"如《三国志》《水浒》《英烈》《金台传》，都不止听一遍，最多的听到三四遍。①

后来他还说过"我幼年常听书，历十几年之久，当时的名家，现在记得的有王效松、叶声扬、谢品泉、谢少泉、王绶卿、魏钰卿、朱耀庭、朱耀笙、薛筱卿等人，二十岁以后就不听了"②。听说书和弹词"历十几年之久"，耳濡目染，不可能不受影响。

与说书和弹词相比，叶圣陶更喜欢昆曲。昆曲本来就是吴方言区域的产物，听昆曲大多也在茶馆里，边喝茶边欣赏。在亲戚朋友的宴席上，可以听到正经戏班子唱的昆曲。昆曲曲辞典雅，藻彩佳妙，音节优美，旋律曲折柔媚。普通昆曲，一个字唱至一二十个音符，十一二个拍子的，屡见不鲜，抑扬婉转，清柔温润。因为喜欢，叶圣陶很早就学会吹箫、弹琴、唱曲。仅从他的散文《说书》和《昆曲》，就能看出他是书场的常客，是昆曲的行家，不然写不出这么精致的"美文"。

"喝酒"也是叶圣陶小时候的一个乐趣。他在《略述我的健康情况》中说："我从八九岁时就开始喝绍兴酒。当时我父亲每天傍晚到玄妙观前街老万全酒店喝酒，我从书塾里放学出来常常跟着去。他规定喝十二两，我喝四两，合起来是一斤。"③八九岁陪着父亲每天傍晚到酒店喝"四两"，

---

① 《叶圣陶集》第5卷，江苏教育出版社，2004年，第379页。
② 《听评弹小记》，《叶圣陶集》第7卷，第178页。
③ 《叶圣陶集》第7卷，第308页。

别说是在"清末",即便在今天也不可思议。叶钟济晚年得子,欣喜之余想起"不识字好过,不识人难过"的古训,就把爱子带到"老万全",让他从小就见世面。也正是这样,喝酒非但没有影响叶圣陶的学业,反倒促使他把书背得更熟,作文也总得双圈。1905 年叶圣陶虚龄刚十一岁,父亲就让他系上红辫线考秀才。叶圣陶短篇《马铃瓜》中那位参加道试的幼童,就带有鲜明的"自叙传"色彩。

"江南园林甲天下,苏州园林甲江南",叶圣陶说他从会走路开始,就跟着长辈们到各处园林游玩。他在 1983 年 7 月写的《从〈扬州园林〉说起》中说:苏州最好最著名的园林拙政园、沧浪亭、怡园、留园、网师园,"几乎可以说每棵树,每道廊,每座假山,每个亭子我都背得出来"①。叶圣陶在早年日记中说"园林大怡我情",他嬉游的好去处还有可园、南园、植园、狮子林、鹤园、半园、畅园、西园、遂园、惠荫花园、虎丘、天平山、石湖、江氏耕荫义庄、寒山寺、楞伽山、司徒庙等"世外山水"。"处处留心皆是学",苏州园林特有的堂榭、曲廊、荷厅、琴台、桥栏、叠石、碧水、流泉、绿叶、鲜花,令他流连忘返,那极富地方色彩和文学意味的楹联的平仄格律,让他对诗产生了浓厚的好奇心。叶圣陶在《〈苏州园林〉序》中写到苏州园林"讲究亭台轩榭的布局,讲究假山池沼的配合,讲究花草树木的映衬,讲究近景远景的层次";花墙和廊子"隔而不隔""界而未界"的审美效应;梁柱、门窗、阑干、墙壁、屋瓦、檐漏设色的"不刺眼"和树木、花卉的"明艳照眼",所建构起来的移步换景和幽韵动人的野趣,给了他美的启迪。②叶圣陶在草桥中学组织诗社,爱好书法、篆刻、绘画,这许许多多兴致也都与苏州园林有关,选字遣词具备高度艺术技巧的园联、碑刻、亭记开阔了叶圣陶的眼界,让他认识到姑苏文化的丰厚与悠久。

多和大自然接触,无形中能使人恬静旷达,对花草树木也就多了几分亲情。叶圣陶在《天井里的种植》和《抗战周年随笔》中都说,亲近植物"能从花草方面得到真实的享受",欣赏到生命力和美。无论是在苏州还是上海,他家院内永远是一个"物竞"的场所,花草繁茂,蔷薇、紫藤、红

---

① 《叶圣陶集》第 7 卷,第 300 页。
② 同上书,第 220—223 页。

梅、绿梅、芍药、夹竹桃、灌木、小刺柏、枫树，乃至"绿叶蓬蓬的柳树"簇拥在一起，一年四季都有花可看。抗战期间举家逃难，在乐山和成都住的是"农舍"，虽说四周都有杂树和藤蔓，但还是要在竹篱下栽种石榴、野菊和芦花，增添几分生活的情趣。新中国成立后，生活安定了，对花花草草的兴味也就更浓了。叶圣陶与科普作家贾祖璋积存下来的书信有两百多封①，信中谈牵牛花、佛手瓜、水仙、玻璃翠、杏花、丁香、海棠、玉兰、樱花、凌霄花、马缨花、杜鹃花、凤仙花、牡丹、芍药、月季、天竹、蜡梅、山茶、茉莉、荷花、蜀葵、菊花、茑萝、垂柳、梧桐；谈龙眼、芒果、福橘、荔枝、石榴、西瓜、冬瓜、黄瓜、油菜、紫云英、芥菜、萝卜、菱角；谈金鱼、河蟹、蝴蝶、蝉，以及香菇、木耳和稻、麦、棉花等各种农作物，真是无所不包，应有尽有。像"清晨放花，午后即敛"的"紫茉莉"，果实可提炼治癌药的"喜树"，研末调醋贴于脚心可降血压的茱萸等稀有的品种，在一般的工具书上是很难找到的。这些书信短的类似知识小品，长的堪称科普论文，让人爱不释手。周作人在《北京的茶食》中说：

> 我们于日用必需的东西以外，必须还有一点无用的游戏与享乐，生活才觉得有意思。我们看夕阳，看秋河，看花，听雨，闻香，喝不求解渴的酒，吃不求饱的点心，都是生活上必要的——虽然是无用的装点，而且是愈精炼愈好。可怜现在的中国生活，却是极端地干燥粗鄙，别的不说，我在北京彷徨了十年，终未曾吃到好点心。②

叶圣陶就像周作人所说的，是能在繁忙的生活中抽出时间来"看花，听雨，闻香，喝不求解渴的酒"的人，既"惜时如金"，又"心有常闲"，因而总能欢悦宁静，精神生活显得丰沛而充实，当然草木鱼虫方面的知识也相当重要。

1982年5月，叶圣陶赴烟台出席科学童话创作研讨会前夕，为准备在大会上的演讲稿，翻阅科普书刊，发现童话《稻草人》犯了常识性的错误。童话写"稻草人"在星光灿烂的夜晚一连看到了三个悲剧，第三

---

① 详见叶至善、贾柏松编：《涸辙旧简——叶圣陶贾祖璋京闽通信集》，福建人民出版社，2003年。
② 周作人：《雨天的书》，岳麓书社，1987年，第47页。

悲剧是"小蛾"咬嚼稻叶,"稻穗渐渐无力地垂下了,绿叶也露出死的颜色",丰收在望的稻子颗粒无收。其实,咬嚼稻叶的不是小蛾,而是"蛾下的子变成的肉虫"。《稻草人》写于1922年6月,刊登在1923年1月出版的《儿童世界》第5卷第1期,以这篇童话命名的童话集《稻草人》1923年11月由上海商务印书馆出版,截至1982年,六十年间少说也印了五六十次,可从未有人觉察到书中有错误。叶圣陶的这个"自查",说明他对自己要求很严,随即对作品作了修改,郑重其事地在科学童话创作研讨会上作了检讨,用他的这个教训提请科普作家:写科普文章知识一定要力求准确,判断一定要有根有据,推理一定要符合辩证法。

## 二、爱友如命　有很多相伴一生的朋友

叶圣陶有很多相伴一生的朋友。其中有私塾、小学、中学的同学顾颉刚、章元善、王伯祥、吴宾若、吴湖帆;有从小就相识的郭绍虞;有一起创办《诗》月刊的朱自清、刘延陵、俞平伯;有一起创建文学研究会的茅盾、郑振铎、孙伏园;有在商务印书馆的同事胡愈之、周建人、杨贤江、徐调孚;有由学生成为朋友的冯雪峰、汪静之;有主编《小说月报》时投稿成为朋友的老舍、巴金、沈从文、丁玲、戴望舒、施蛰存;有主编《中学生》杂志时投稿成为朋友的胡绳、吴全衡、彭子冈;有由帮助出书成为朋友的冰心、王力、吕叔湘、秦牧、端木蕻良、吴祖光;还有当教师时的同事朱光潜、朱东润、曹禺;有开明书店的同事夏丏尊、章锡琛、钱君匋、宋云彬、贾祖璋、傅彬然、丁晓先;等等。朋友中既有像瞿秋白这样的革命家,有称赞毛主席是"弥天大勇"的诗人柳亚子,也有很怪癖的徐玉诺和白采等。

叶圣陶爱友如命,处处设身处地为朋友着想,从而使得在生活和工作中的"伴侣"都可以成为朋友。1923年10月,郑振铎与商务印书馆老板高梦旦的女儿高君箴结婚时,很多在商务工作的同事质问郑振铎说:"我们跟资本家斗争,你跟资本家的女儿结婚,这算什么?"郑振铎表态说"岳父归岳父,斗争归斗争",会始终跟朋友们站在一起,可还是有人不满意。叶圣陶劝慰说爱情是缘分,只要真心相爱就要祝福,他特意为郑振铎和高君箴合译的安徒生童话集《天鹅》作序,称赞郑振铎"天性爽直",

没有"机心",是纯然本真内外一致的"大孩子"。①郑振铎果真如叶圣陶所说,婚后担任商务印书馆"编译所工方代表",在与"资方"的斗争中,始终站在"劳方"一边。1949年年初,叶圣陶应中国共产党的邀请秘密离开上海,绕道香港进入解放区。1月12日,也就是他到香港后的第二天,就给在上海的老友王伯祥、徐调孚等人写信,要他们转告郑振铎"亦可出此途"。在叶圣陶的敦促下,郑振铎有了"远行之意",但他一天不到香港叶圣陶就"深为悬念"一天,担心郑振铎会在"白色恐怖"中被捕,直到2月19日在香港太古码头的轮船上见到郑振铎,一颗悬着的心这才平静下来。叶圣陶是日日记记:

> 与(傅)彬然过海,至太古码头,振铎所乘之盛京轮已到埠。(章)士敏登轮寻访,未几即见振铎偕其女出。彼此相见甚愉悦。于是同返九龙酒店,振铎赁得一房间,在我室之右。②

1949年2月27日,叶圣陶和宋云彬、郑振铎、陈叔通等二十七位知名人士一起,在香港登上苏联货船北上,共同参与新中国的筹备工作。

叶圣陶与宋云彬相识于1927年"大革命"失败之前,后来在商务印书馆和开明书店共事。叶圣陶到北平(北京)担任华北人民政府教育部教科书编审委员会主任时,宋云彬任编审委员会委员。叶圣陶任出版总署副署长、编审局局长,并担任人民教育出版社(以下简称人教社)社长兼总编辑时,宋云彬担任出版总署编审局第一处处长、人教社副总编辑兼语文编辑室主任,行政级别定为九级(副部级)。无论是在出版总署还是在人教社,宋云彬都是叶圣陶最得力的助手,又同住在一个院子里,每天同乘一部车上下班。1951年9月,宋云彬调到浙江省任省人民政府委员、省文联主席、省文史馆馆长等要职,主管文化教育工作。叶圣陶事先听到宋云彬要调动的消息,就很坦诚地与他交心,希望他能留下来一起编教科书,宋也表示同意,可没几天他就悄然离开了北京。叶圣陶在9月22日日记中写道:

> 云彬夫妇以今日离京,待余回家,他们已赴车站。共事两年有

---

① 《叶圣陶集》第5卷,第133—134页。
② 《叶圣陶集》第22卷,江苏教育出版社,2004年,第24页。

余，今日分手，以后恐无复合并之期。……云彬之赴杭州，虽经统战部造意，苟渠自不欲去，亦未可相强。渠之去，殆以教本工作麻烦，瞻望前途，不易作好，故舍此而之彼。……渠知余不惬于彼，近日少与余接谈。余亦确有些微不悦，故未往车站相送。①

宋云彬"不辞而别"，让叶圣陶"有些微不悦"，可他对宋云彬反倒更牵挂了。1957年6月27日，得知宋云彬被党报点名批判的消息后在日记中写道：

云彬近为杭州报纸所攻击，谓其亦有右派分子之倾向。云彬平日语言随便，喜发无谓之牢骚，诚属有之。若谓其反对共产党，反对社会主义，则决无是事。②

叶圣陶认为宋云彬不会反党反社会主义，可宋云彬还是被打成右派，撤销行政职务，他这才"如梦初醒"。1958年3月3日，宋云彬将他拟订的《编纂〈史记集注〉计划》寄给叶圣陶，表示他想回归学术，把后半生的精力用于古籍整理。叶圣陶当即回信给予肯定和赞扬，表示一定要帮助他完成这个心愿，宋云彬看了十分感动，他在3月11日日记中写道："上午十时接圣陶函，词意恳挚，雒诵再四，为之泪下。"③得益于叶圣陶的帮助，宋云彬于1958年9月调回北京，在中华书局古代史组负责"二十四史"的整理和编辑工作。叶圣陶就是这样，对朋友总是掏出一颗心来，处处呵护，不计前嫌。

1940年11月，胡愈之到新加坡担任《南洋商报》主编。1942年1月，流亡到苏门答腊。1945年3月，国内有过胡愈之已病逝的传言。叶圣陶听了很难过，就在他主编的《中学生》杂志上出纪念专辑，约请茅盾、傅彬然、宋云彬、柏寒、胡子婴等名家撰文悼念。叶圣陶的文章题为《胡愈之先生的长处》，从"自学精神""组织能力""博爱思想""友爱情谊"四个方面赞美胡愈之。与此同时，又希望这个"死讯"是"误传"，说"如果我们有那么个幸运，得与他重行晤面，这个特辑便是所谓'一死一生，乃

---

① 抄自叶圣陶日记原稿。这则日记正式发表时文字上有改动，详见《叶圣陶集》第22卷，江苏教育出版社，2004年，第229页。
② 抄自叶圣陶日记。
③ 《宋云彬日记》（中册），中华书局，2016年，第623页。

见交情'的凭证,也颇有意义"。①

　　这个死讯果真是误传。新中国成立后,胡愈之任出版总署署长,叶圣陶任出版总署副署长,胡愈之成了叶圣陶的"顶头上司"。有人私下议论,说胡愈之的业绩并不如叶圣陶,怎就当了大官?叶圣陶则很高兴,朋友当"大官",这是好事,与胡愈之相处得十分融洽。胡愈之的公开身份是中国民主同盟会秘书长,主持民盟的工作。1979年10月,党中央公布了胡愈之的"秘密党员"身份,原来胡愈之早在1933年就秘密加入中国共产党,被安排在"民主党派"内做统战工作。这个身份公开后,有人骂胡愈之专门"给共产党打小报告""出卖朋友"。可叶圣陶反倒对胡愈之更加钦佩,说与胡愈之相交五十多年,好得不能再好了,胡愈之在他面前从未透露过自己的身份,这才叫"守口如瓶"。胡愈之对党交代的事"守口如瓶",对朋友的话也会"守口如瓶",绝对不会暗地里"打小报告""出卖朋友"的。还多次说到最值得给胡愈之写传,他入党有怎样的经过、入党后做了哪些工作,写出来会是很珍贵的史料。遗憾的是他没有说,别人也不知道,不能留传下来,太可惜了。叶圣陶对朋友就是这样的绝对信任、从不怀疑。

　　俞平伯出身名门,从小娇生惯养,身上有几分大少爷的"禀性",怕走动,抗战期间滞留在北平,再加上又是周作人最得意的"弟子",有人总怀疑他会"湿鞋"。叶圣陶相信俞平伯的气节,1949年春到北平后第一个拜访的就是俞平伯。1954年批判胡适和俞平伯在《红楼梦》研究中的错误观点,俞平伯成了"牛鬼蛇神",叶圣陶照样与他往来,还就有关《红楼梦》研究中的《初步检查》应该怎么写,上门与他交谈。晚年走动不方便了就写信,"以书翰进行思想交流",仅1974年至1985年前后的书信编入通信集《暮年上娱》的就有800多封,这些书信"文辞切磋,兴之所至,辄奋笔疾书,或赏析、或质疑,一无矫饰,内容丰富;国运家事,典籍字画,新撰旧作,砌草庭花,以至宇宙观,人生观,无所不臻,尔来吾往,有书必复,尝戏云:酬答如是,无异于打乒乓球"②。通信比走访更及时、畅快,如得面谈,给晚年生活增添了很多情趣。

---

① 《中学生》复刊后第89期,1945年7月。
② 叶至善、俞润民、陈煦编:《暮年上娱——叶圣陶俞平伯通信集》,花山文艺出版社,2002年,第1页。

对朋友念念不忘,需要帮助时,叶圣陶总能做到尽力而为。朱光潜1986年3月6日去世时,家属对学校送医不及时有意见,对相关报道规格偏低也感到很委屈,叶圣陶听说后就向有关方面反映。当时担任全国政协主席的邓颖超知道后立即批示:要成立朱先生治丧小组,她要参加朱先生的遗体告别仪式,指示《人民日报》发表朱先生的生平。邓颖超的亲自过问提高了朱先生的治丧规格,《人民日报》发表的《朱光潜同志生平》中也将朱先生的后半生评定为马克思主义美学家。叶圣陶在北京医院的病房里看了报道感到很欣慰,在3月17日的日记中写道:

> 午后三时,朱光潜先生遗体告别,至善(长子)与满子(长媳)同去。邓颖超主席及其他党和国家领导人习仲勋、胡乔木、李鹏等,都参加了告别仪式。这是解放以来,对知识分子一位教授最隆重的悼念。①

1974年年末,俞平伯在来信中提及朱自清1921年除夕夜写的一首小诗:"除夕夜的两只摇摇的白烛光里,／我眼睁睁瞅着／一九二一年轻轻地踅过去了。"1921年除夕夜,叶圣陶是和朱自清在杭州一师共同度过的,一切都记忆犹新,俞平伯这么一提,怀念故友的感情到了无法遏止的程度,就填了《兰陵王》来宣泄,词云:

> 猛悲切,怀往纷纭电掣。西湖路,曾见恳招,击桨联床共曦月。相逢屡间阔。常惜、深谈易歇。明灯坐,杯劝互殷,君辄沉沉醉凝睫。　离愁自堪豁。便讲舍多勤,瀛海遥涉,鸿鱼犹与传书札。乍八表尘坌,万流腾涌,蓉城重复謦欬接。是何等欣悦。　凄绝,怕言说。记同访江楼,凭眺天末。今生到此成长别。念挟病修稿,拒粮题帖。斯人先谢,世运转,未暂瞥。②

"猛悲切,怀往纷纭电掣",是说俞平伯的信"猛"地触发了他怀念朱自清的思绪,无数回忆"电掣"般袭来。1921年10月,朱自清受杭州一师之托,邀叶圣陶前去任教,他们两人联床共灯,朝夕相处。叶圣陶离开一师

---

① 抄自叶圣陶日记。
② 陈次园、叶至善、王湜华编注:《叶圣陶诗词选注》,开明出版社,1991年,第250页。

后进了商务印书馆，把家搬到了上海。朱自清先是在浙江几所中学教书，后来到清华大学执教，假期回扬州老家总要路过上海，相逢的时光每每间断很久，常常惋惜深谈容易被打断。"明灯座、杯劝互殷，君辄沉沉醉凝睫"是说朱自清爱喝酒而容易醉，醉时双眼迷蒙。"离愁"四句是说离愁自可免除，即便在大学里教课很勤劳，即便去国外游学走得很远，还有邮递员给我们传送书信。"乍八表"二句指抗日战争全面爆发，茫茫大地烽烟四起。"蓉城"二句指与朱自清在成都相见。"记同访"二句说的是1941年4月26日的事，叶圣陶约朱自清到望江楼品茶，随后又一起喝酒。"挟病修稿"是说朱自清去世前二十天还来信谈合作编撰教科书的事。"拒粮题帖"称赞朱自清宁愿饿死，也不买国民党政府配给的美国面粉。"斯人"三句说朱自清先于新中国成立之日离开我们。"世运转"，而他梦寐以求的新中国连一眼也没有见着。这首词1974年12月28日酝酿，到翌年2月5日才定稿。在这一个多月里，叶圣陶白天"排之不去"，又"不欲速成""慢慢研寻"，但一天不完稿一天就"夜眠不安"。叶圣陶生前最后一次出席活动是1987年4月26日到清华大学参加朱自清塑像揭幕仪式，他生前最后要求江苏教育出版社出的一部书是《朱自清全集》，对朋友就是这样念念不忘。

　　有朋友的人不会寂寞。朱光潜在《谈交友》一文中说："你自己是什样的人，就会得到什样的朋友。人类心灵尝交感回流。你拿一分真心待人，人也就拿一分真心待你，你所'取'如何，就看你所'与'如何。'爱人者人恒爱之，敬人者人恒敬之。'……朋友往往是测量自己的一种最精确的尺度。你自己如果不是一个好朋友，就决不能希望得到一个好朋友。要得到好朋友，自己须先是一个好人。我很相信柏拉图的'恶人不能有朋友'的那一句话。"① 雪莱说，"道德的大秘密就是爱，就是忘我"。这话用在叶圣陶身上再确当不过的了。叶圣陶长长的一生中没有个人的恩怨情仇，没有文人之间常见的互相倾轧，也从不违心地奢谈什么空泛的大道理，只有切切实实的关心和真诚的交流，在利益面前总会让一步，"圣陶"这个名字简直就是微温微甜的象征。

---

　　① 《朱光潜全集》第4卷，安徽教育出版社，1988年，第105页。

## 三、爱家恋家　家庭的和美温馨令朋友们羡慕不置

叶圣陶是典型的孝子。所谓"孝",其实就是在父母面前"不能讲道理",得依从父母的意愿,遇事总是为父母考虑,这是一种衷心的敬爱。叶圣陶说他从懂事起就十分敬重父亲,1919 年父亲去世时,他完全按旧的习俗给父亲治丧,这在顾颉刚的日记中有记载。母亲在世时,每逢父亲的忌日叶圣陶总要祭拜。

1937 年 9 月举家逃难时,七十二岁高龄的母亲生怕死在路上连寿衣都穿不上,叶圣陶就赶着给母亲置办寿衣,背着寿衣扶持母亲逃难到四川。1939 年 8 月 19 日乐山遭日机疯狂轰炸,母亲的寿衣连同家里的所有物件统统被烧毁了,叶圣陶又忙着给母亲重新置办。抗战胜利东归时把寿衣背回上海,北上时又把寿衣背到北京。1961 年 2 月 3 日母亲逝世,享年九十六岁,叶圣陶为母亲写的碑文是:

> 我母朱太夫人生于一八六五年六月十七日,殁于一九六一年二月三日。我生六十六岁,违离膝下非恒事,有之往往旬月耳,较久者一度,亦仅一载有余。今则永不复亲颜色。归熙甫云,世乃有无母之人,其言至哀,我深味之矣。

虽说已经是六十六岁的老人了,可对母亲的感情仍然像一个孩子似的难舍难分。这之后,每年 2 月 3 日,叶圣陶总会在日记中郑重地追记母亲。大约在 1967 年前后,朱老太太墓前的碑石被"横扫"得没有留下一丝痕迹。1986 年 10 月,叶圣陶几经周折才确认了母亲的坟,于是修墓立碑,碑文写道:

> 先母朱氏。1865 年 6 月 17 日生,1961 年 2 月 3 日去世。葬在这个地点,刻碑作纪念。碑在文化大革命期间被毁。毁得彻底,连一块小石块也没找到。现在立这个碑说明原由。
>
> 叶圣陶敬记 1986 年 10 月 19 日

对父母尽孝,与夫人胡墨林则真诚相爱。叶圣陶和胡墨林的婚姻也是典型的"父母之命",1916 年 8 月 12 日结婚之日两人才见面。胡墨林毕业于北京女子高等师范学校,毕业后先后在苏州女子高等小学、南通女师

范、甪直第五高等小学等学校执教,后来到开明书店当编辑。1957年3月2日逝世。逝世时是人民文学出版社校对科科长,谢世后葬于北京西山的福田公墓。覆盖在墓穴上的汉白石墓碑上,刻着叶圣陶的手迹,额头六个篆字:"我妻胡墨林墓。"碑文为正楷书的一首五绝:"人情实太好,与我大有缘;一切皆可舍,人情良难捐。"后面有两行小字:"墨以一九五七年三月二日谢世,先十日为余说此意。呜呼!心系人间,骨归泉壤。用铭其墓,来者鉴之。"胡墨林善良通达,对家人和亲友充满眷恋之情,而叶圣陶则更是典型的"爱情至上主义"者,这里抄录他怀念亡妻的几则日记:

> 1957年4月1日　近日读贺方回《鹧鸪天》,弥感亲切,日必背诵一二遍。录之:"重过阊门万事非,同来何事不同归?梧桐半死清霜后,头白鸳鸯失伴飞。原上草,露初晞。旧栖新垅两依依。空床卧听南窗雨,谁复挑灯夜补衣?"
>
> 1957年6月14日　写信复三官(次子至诚),念及墨(胡墨林),暗自感伤。余为三官言,余四十年来为人作事,尚算不错,皆与墨有关。墨并未主张什么,亦未鼓励我什么,然余在渠之爱护下,自觉事事有兴,到处可乐,即在避寇四川非常困苦之际,余亦殊无所谓。今墨已去,余失所依傍,遂不免颓唐矣。
>
> 1958年8月27日　梅圣俞有"悼亡"三首,情意真切。录之:
> 结发为夫妇,于今十七年。相看犹不足,何况是长捐。我鬓已多白,此身宁久全,终当与同穴,未死泪涟涟。
>
> 每出身如梦,逢人强意多。归来仍寂寞,欲语向谁何。窗冷孤萤入,宵长一雁过。世间无最苦,精爽此消磨。
>
> 从来有修短,岂敢问苍天。见尽人间妇,无如美且贤。譬令愚者寿,何不假其年。忍此连城宝,沉埋向九泉。

用"见尽人间妇,无如美且贤"的诗来追思胡墨林,把彼此的缘分归结为"月下老人"的恩赐。料理好胡墨林的后事后,叶圣陶把胡墨林1930年代以及去世前的照片放大,与父亲和母亲的相片并排挂在卧室里,朝夕相对,每逢忌日都会去给胡墨林扫墓,后来因身体原因去不了了,就在日记中写下种种回忆和思念。叶圣陶逝世的前一年1987年3月2日日记中写道:

> 昨夜未睡好，思绪万千，今天是墨去世纪念日。时光快矣，我独自又走了卅年。①

这一年岁尾，叶圣陶末了一次生病住院之前，特地关照子女们说："到母亲的忌日，你们无论哪一个去坟上看看吧。"从1957年到1988年，叶圣陶以他特有的伤怀、孤寂和坚贞"余年独支"，走过了三十个春秋。他写的悼亡诗如《墨亡》《扬州慢·略叙字墨同游踪迹》《鹧鸪天》《从未》②可与贺方回《鹧鸪天》和梅圣俞《悼亡三首》媲美。

对父母，叶圣陶遵从的是"旧道德"；对妻子，叶圣陶依归的是"先结婚后恋爱"；对儿女，叶圣陶则"兼充教育专家"，"把该给儿女充实的付与儿女"，"希望他们胜似我"。

"该给儿女充实的"当然有很多。身体健康、识字作文、待客接物、工作就业、"终身大事"等等，做父母的都得操心。1934年在上海，叶至善十六岁，与邻居夏丏尊十五岁的小女儿夏满子"谈笑嬉游，似乎不很意识到男女的界限"，有人提议要给他们做媒，叶圣陶让夫人探询儿子的意愿，见他那"故意抑制欢悦而把眼光低垂下来的姿态"，认定就是"无声"的表态，于是就"订婚"，把他的终身大事决定下来。③抗战期间旅居成都时，三个儿女至善、至美、至诚都想练习写作，每个星期都交一篇习作，叶圣陶就给他们认真修改。叶至善在《〈花萼〉自序》中写道：

> 吃罢晚饭，碗筷收拾过了，植物油灯移到了桌子的中央。父亲戴起老花眼镜，坐下来改我们的文章。我们各据桌子的一边，眼睛盯住父亲手里的笔尖儿，你一句，我一句，互相指摘，争辩。有时候，让父亲指出了可笑的谬误，我们就尽情的笑了起来。每改罢一段，父亲朗诵一遍，看语气是否顺适，我们就跟着他默诵。我们的原稿好像从乡间采回来的野花，蓬蓬松松的一大把，经过了父亲的选剔跟修剪，插在瓶子里才还像个样儿。
>
> 我们的原稿写得非常潦草，经父亲一改，圈掉的圈掉，添上的添

---

① 叶圣陶1957年4月1日、1957年6月14日、1958年8月27日、1987年3月2日日记均抄自叶圣陶日记。
② 详见《叶圣陶集》第8卷，第229、230、231、342页。
③ 《儿子的订婚》，《叶圣陶集》第5卷，第368页。

上，连我们自己都不容易念下去。母亲可有这一份耐性，她替我们整理，誊写，象收拾我们脱下来的衣衫一样。誊写好了，少数投到杂志社去，多数收藏起来。①

叶至善1941年毕业于国立中央技艺专科学校农产制造科，先后在四川成都中央工业社、中央大学医学院、大有农产制造厂当技术员。1944年制造厂倒闭后当中学老师，1945年进开明书店协助叶圣陶编辑《开明少年》。次子至诚高中一年级那年就自作主张歇了学，进开明书店当实习生。只有至美上过大学，读的是外语专业。叶圣陶在《做了父亲》②一文中说：希望儿女身体比他强壮，心灵比他明澈；能够生产出供人家切实应用的东西来，不要像他似的只干笔墨的事。三个儿女也都想遵循父亲的希望去做，可绕来绕去，最终还是干起了"笔墨的事"。

叶至善说"父亲的关心和教育似乎是无形的，像空气一个样"，我们"无时无刻不在呼吸"，"自己生活在空气的海洋里"。③ 1969年，叶至善去了河南潢川干校，父子俩天各一方。叶圣陶就用"写信"的方式给他以全方位的"充实"。第一封信起自1969年5月2日，是父亲写给儿子的；最后一封信是叶至善1972年12月21日写给父亲的，不久叶至善就结束干校的生活回北京了。在三年又八个月的时间里，父子通信将近五百封，约七十万字。信中既谈那个特殊时代的"大事要事"、周围人的悲欢离合、世态炎凉和社会动向，也谈如何养牛、放牧、插秧、修堤，以及如何读《红楼梦》和如何写诗。1972年3月31日，叶至善填了一首《贺新凉》，写"林彪事件"，现抄录如下：

### 贺新凉

雨洗长空碧。

沐朝阳千红万紫，满园春色。

狐兔尽诛鸱枭死，又值太平年月。

且漫道波宁浪寂。

垂柳思静风不定，只时徐时激无时歇。

---

① 叶至善、叶至美、叶至诚：《花萼》，文光书店，1943年，第1—2页。
② 《叶圣陶集》第5卷，第312—315页。
③ 叶至善：《父亲的希望》，中国青年出版社，2000年，第1页。

卧榻畔，蜇蛇蝎。

魔头乱抹红朱赤。
谋陈桥黄袍加体，一拥登极。
妄论天才心机拙，化作苍蝇碰壁。
奈地球运行不息。
殷鉴两面分正反，剩沉沙折戟堪评说。
真伪剖，读马列。①

叶圣陶 4 月 3 日回信说："押韵"不必"太受拘束"，"为表情达意的需要，宁可不合格律"，"若问哪儿是必平必仄，哪里是可平可仄，大概也难有绝对权威性的答复"。4 月 5 日看了叶至善修改过的《贺新凉》，回信说："我觉得还是嫌浪漫主义少，不免'实'。"4 月 6 日回信说："昨晚想起（《贺新凉》）的'再改'之处，今天早上写了一张，附在这封信里。"4 月 9 日在回信中介绍龙榆生《唐宋词定格》，并从词的"定格"和"变格"说到"曲"，说"北曲"绝大多数是一个字一个"工尺"，而"南曲"则尽量地摇曳缭绕，"一个字要填好些'工尺'，要唱许多拍"。4 月 14 日回信中介绍陈其年的《贺新凉》。4 月 15 日就《贺新凉》写了札记"四纸"②。4 月 16 日回信谈鲁迅的《自嘲》和《无题》。4 月 18 日回信说"古体不必管什么律不律"，近体诗的句子"应是全部为律句"。4 月 21 日回信谈古诗及叶至善作的另一首《黄堰夜牧》。4 月 24 日把自己写的《西江月》抄寄给叶至善。4 月 24 日回信谈"音韵之学"。5 月 1 日，批改叶至善再次修改过的《贺新凉》。紧接着在 5 月 2 日、5 月 4 日、5 月 7 日、5 月 10 日、5 月 13 日、5 月 19 日的回信中一次又一次地启发叶至善自己去修改，5 月 22 日叶至善完成了"暂定稿"。至此，父子俩研讨的时间将近三个月，往来书信将近五十封，叶圣陶写得最长的信有 3500 多字；叶至善写得最长的信有 4000 多字。现将《贺新凉》的"改定稿"抄录于下：

### 贺新凉　叙事

雨洗长空碧。沐朝阳千红万紫，满园春色。魔舞蹁跹今安在？

---

① 叶小沫、叶永和编：《叶圣陶叶至善干校家书》，人民出版社，2007 年，第 463 页。
② 同上书，第 485 页。

又值太平年月。且漫道波沉浪寂。树欲静而风不止，只时徐时疾无休歇。卧榻畔，虺蛇蜇。　　画皮沥尽胭脂汁。梦随心陈桥一哄，谋成篡窃。妄论天才宁得计？徒自苍蝇碰壁。看地转星移犹昔。假作真时真亦假，辨混珠鱼目需眼力。勤研读，马恩列。[①]

叶至善在干校期间填的《黄堰夜牧》《采桑子·悬冰飞雪花枝俏》和《小梅花·三峡》，创作过程也都和《贺新凉》相仿，叶圣陶耐心指导，叶至善认真打磨。叶圣陶对叶至善这样尽心，对至美、至诚乃至叶家第三代、第四代也同样尽量做到。

"把该给充实的"尽量"付与"，"希望他们胜似我"。至美、至诚乃至叶家第三代、第四代和叶至善一样，都"生活在空气的海洋里"，叶家四代同堂，长幼有序，互敬互爱，形成了令人称慕的"叶家风范"。1984年12月中国作家协会隆重召开第四次代表大会，叶圣陶和长子至善、次子至诚都是代表，一家三人与会，这是唯一的。前面已经说过叶圣陶并不希望儿女们像他似的只干"笔墨的事"，可在叶圣陶的熏陶下，叶至善成了我国科普作家协会理事长，叶至诚成了江苏《雨花》杂志的主编，叶至美在创作和翻译方面也取得了可喜的业绩，真可谓"无心插柳柳成荫"。无须为儿忧，无须为女愁，家庭的和美温馨也使得叶圣陶心无旁骛，满怀着"生固欣然，死亦无憾"的欢愉，以"只争朝夕"的拼搏精神为教育和出版事业的繁荣发展呕心沥血，鞠躬尽瘁。

## 四、总觉得自己所得太多　总要求自己把工作做到最好　做到极致

1912年3月31日，叶圣陶第一次领到薪水大洋20元，散文《薪工》写到当时的心情时说：

> 校长先生把解开的纸包授给我，说："这里是先生的薪水，二十块，请点一点。"
>
> 我接在手里，重重的。白亮的银片连成一段，似乎很长，仿佛一时间难以数清片数。这该是我收受的吗？我收受这许多不太僭越

---

[①] 见叶小沫、叶永和编：《叶至善集》第5卷（创作卷），开明出版社，2014年，第541页。

吗？这样的疑问并不清楚地意识着，只是一种模糊的感觉通过我的全身，使我无所措地瞪视手里的银元，又抬起眼来瞪视校长先生的毫无感情的瘦脸。①

"一切的享受都货真价实，是大众给我的，而我给大众的也能货真价实，不同于肥皂泡儿吗？"这以后，叶圣陶每月领薪水时总有一种"僭越之感"，策励自己在"执教"以及在为大众贡献"心力"时，"务期尽量"，尽自己力量去做。在商务印书馆工作期间月薪200元。1931年到开明书店任职，开明给的月薪仍为200元，他发现老板章雪琛、总编辑夏丏尊的月薪均不到200元，就主动要求降薪，章雪琛和夏丏尊当然不会答应。叶圣陶就让胡墨林到开明书店协助他编《中学生》杂志，分文不取，用这种方式把薪酬降下来。1938年11月应邀到乐山武汉大学执教，月薪300元。叶圣陶在1938年11月29日给上海朋友的信中说："大学教师任课如是其少，而取酬高出一般水准，实同劫掠。于往出纳课取钱时，旁颇有愧意，自思我何劳而受此也！"② 抗战胜利日，叶圣陶应《华西晚报》邀请写的《"胜利日"随笔》中说：

> 我愧对牺牲在战场上的士兵同胞，愧对牺牲在战场上的盟军。
> 我愧对挟了两个拐棍，拖了一条腿，在东街西巷要人帮忙的"荣誉军人"。
> 我愧对筑公路修飞机场的"白骨"与"残生"。
> 我愧对拿出了一切来的农民同胞。
> 我愧对在敌后与沦陷区，坚守着自己生长的那块土地，给敌人种种阻挠，不让他们占丝毫便宜，同时自己也壮健地成长起来的各界同胞。③

没有写个人的苦难，唯有这一系列"愧对"。他很想早日与留在上海和苏州别了八年之久的亲友们会面。可"复员"的人太多，交通工具缺乏，要弄到飞机票或轮船票，非得去走门路托人情不可，叶圣陶向来不习惯这一

---

① 《叶圣陶集》第5卷，第371页。
② 《叶圣陶集》第24卷，江苏教育出版社，2004年，第175页。
③ 《叶圣陶集》第6卷，江苏教育出版社，2004年，第162—163页。

套,就放大胆子冒着翻船和遭劫的危险,雇木船"东归",从重庆过三峡回上海。木船上上有年过八旬的老母,下有刚三岁多的长孙三午,全家人挤坐在一条船上,漂泊于波涛汹涌的万里长江之上,经历了"漏水""损舵""折棹""撞船""触礁""搁浅"以及"驾长逃逸"等种种惊险和磨难,餐风沐雨,走了47天才回到上海。他在《我坐了木船》一文中写道:

> 要坐轮船坐飞机,自然也有办法。只要往各方去请托,找关系,或者干脆买张黑票。先说黑票,且不谈付出超过定额的钱,力有不及,心有不甘,单单一个"黑"字,就叫你不愿领教。"黑"字表示作弊,表示越出常轨,你买黑票,无异帮同作弊,赞助越出常轨。一个人既不能独个儿转移风气,也该在消极方面有所自守,帮同作弊,赞助越出常轨的事儿,总可以免了吧。——这自然是书生之见,不值通达的人一笑。①

明知坐木船有生命危险,也决不"越出常轨","找关系"或买"黑票"。这种"有所不为"的执着,可歌可颂,而在叶圣陶看来也只是一个普通的公民应有的操守。

1949年春,叶圣陶来到北平(北京)担任华北人民政府教育部教科书编审委员会主任,被安排到东四八条居住。这是一座比较标准的四合院,南屋住的是丁晓先,东屋住的是宋云彬,西屋住的是傅彬然,后屋住的是朱文叔,叶圣陶住的是向阳的北屋("正房"),他心里一直不安,8月28日日记中写道:"余家居北屋,三间,为全屋之精华。与其他房屋均不能比。因而显见其特殊,余往日之不欲居此,即以是故。地板,前后玻窗,有洗浴室,盖上等之家屋也。"② 1961年年初,叶圣陶患浮肿病,教育部和人教社送来一些慰问品,这又让他感到不安,1月25日日记中说:

> 昨日部(教育部)中嘱往购蔬菜,老高(司机)往,得西红柿、黄瓜、蓬蒿菜而归,皆暖房中之产品。今日社中(人教社)送来白菜五十斤,带鱼四斤。此皆因余患浮肿,特殊为之照顾,感之。其实余

---

① 《叶圣陶集》第6卷,江苏教育出版社,2004年,第200—201页。
② 抄自叶圣陶日记。

之浮肿并不严重，不久当可就痊。①

当一个人总觉得所取"太多"，所得"惶愧"时，他一定是个有责任心的人，是个对工作精益求精的人。叶圣陶对工作始终怀有高度的责任心和使命感，对社会大众始终怀有"敬爱之心"和"感恩之心"。这些谦卑而真挚的情感贯穿了他长长的一生，促使他不断地超越自我，精进不懈。

叶圣陶不止一次说过：当教师的倒出一杯水，得要准备一桶水；教育要有爱；要让学生受教育而不是受教材；教育类似农业，要因材施教；教是为了达到不需要教；教育工作者的全部工作是为人师表。他说"编辑"工作的性质与"教师"相似，审阅文稿书稿一定要"句酌字斟"，加工润色必须是"点睛"之笔，奉献作品一定要是精美的精神食粮。1982 年 2 月，为纪念叶圣陶从事教育工作七十周年，著名语言学家王力填了一首《水龙吟》，词云：

> 懿欤海内词宗，竹林稷下驰名久。情殷私淑，一朝相见，新交如旧。当代方皋，马空冀北，承恩独厚。幸长随杖履，亲承謦欬，勤培植，粗成就。　　四库艺文穷究。苦钩玄，焚膏继昼。焕之高制，西川佳作，藏山传后。毓德良师，树人宏业，芝兰清秀。祝康健逢吉，心闲身健，无疆眉寿！②

"当代方皋，马空冀北"，说的是作为出版界的"伯乐"，叶圣陶不仅发表和出版了茅盾、巴金、沈从文、丁玲、戴望舒、施蛰存、端木蕻良、秦牧、胡绳、子冈、徐盈等一大批作家的处女作或成名作，把他们推上文坛，还发现和出版了一批译作和学术著作。王力在法国自费留学，把翻译的法国小说和戏剧寄到商务印书馆，当时担任商务印书馆编审的叶圣陶对书稿作了很高的评价，说王力的书"翻译得雅，文笔非常好"，"他的书来一本我们出一本"。王力很感激地说在法国的学费是叶圣陶给的。王力 1960 年代初主编的《古代汉语》，也是叶圣陶审阅过的。"幸长随杖履，亲承謦欬，勤培植，粗成就"，王力把他在学术生涯中取得的成就归结为叶

---

① 抄自叶圣陶日记。
② 王力：《毓德良师，树人宏业——祝贺叶圣陶先生从事教育工作七十周年》，《光明日报》1982 年 2 月 6 日第 2 版。

圣陶的"培植";"四库艺文穷究。苦钩玄，焚膏赓昼"，盛赞叶圣陶学识浩博，既是新文学作家，也是国学大家和大学问家。

钱锺书的《谈艺录》1942年定稿后，拖了五年多辗转送到叶圣陶手里。叶圣陶看后觉得好，托王伯祥再看一遍，王伯祥看后也赞成出版，叶圣陶1947年9月26日记：下午出席经理室会议，"决定收受钱锺书《谈艺录》稿"。次日记："钱默存契约亦送出。"《谈艺录》原本是一则则并不连续亦无标题的随笔，叶圣陶安排学养至深、为人真挚谦诚的周振甫担任责编，他给《谈艺录》添加的"标题"，文字简洁，提纲挈领，深契钱锺书之心。《谈艺录》1948年6月由开明书店出版，钱锺书在《序》后的"附记"中说，《谈艺录》写成"六载"，此前"欲为刊板"，"事皆不果"，"卒由王伯祥、叶圣陶两先生二审定，付开明出版"，"周君并为标立目次，以便翻检。底下短书，重累良友浪抛心力，尤所感愧"。而叶圣陶在1948年6月14日的日记中则写道："观新出版之《谈艺录》，钱锺书所作，多评旧诗，博洽可佩。"①给这部"博洽可佩"的大作"悉心雠正""标立目次"，谈何容易。这至少可以表现出叶圣陶、王伯祥、周振甫学识的深厚和学风的严谨，胸中自有珠玑百斛，即便是大学者钱锺书的代表作也能细勘精审，字斟句酌，点睛添毫。

叶圣陶担任华北人民政府教育部教科书编审委员会主任、出版总署副署长、教育部副部长，主持教科书编审工作期间的认真和严谨，更令人叹为观止。就语文课本而言，叶圣陶会同教科书编审委员会同人对选文都作了不同程度的"加工"，使之真正做到"文质兼美"，"有裨于学生之诵习"，不仅像孙犁的《荷花淀》、赵树理的《地板》、老舍的《我们在世界上抬起了头》、茅盾的《记梯俾利司的地下印刷所》等名篇编入语文课本时逐字逐句地作了推敲，就连鲁迅和郭沫若的作品也一一打磨。鲁迅的译作《煤的故事》，全文将近3000字，编入《初级中学语文课本》第一册时，删减了700多字，题名改为《煤的对话》。郭沫若的《爱祖国爱人民的诗人屈原》，将近1900字，编入《初级中学语文课本》第二册时，删减了800多字，题名改为《屈原》。对选用的近代小说和古文，大多采用变通的手法，据原文进行改写，使之成为纯粹的口语，或酌加注解和

---

① 抄自叶圣陶日记。

提示，使之容易理解后才编入课本。课文改好后，请当时语感最好的北大教授魏建功逐篇诵读，听语言是否清新纯正，务必使语言做到能"上口""入耳"。

叶圣陶处处讲语言文字和标点符号的规范化，在1958年的"教育革命"以及随之而来的"拔白旗，插红旗"运动中，被批判为"语文挂帅"。这么一批，1960年出版的高中《语文》质量骤降，高中《语文》第三册中七篇"新课文"的问题尤为突出。这七篇"新课文"是：

潘梓年：《谈学逻辑》，选自《新观察》1958年第9期；

季米特洛夫：《在莱比锡审讯的最后发言》，选自中央马恩列斯著作编译局翻译的《季米特洛夫选集》；

高尔基：《在法庭上》，节录于夏衍翻译的高尔基长篇小说《母亲》；

聂荣臻：《工厂技术革命的新气象》，选自《红旗》1960年第8期；

峻青：《火光》，选自《收获》1959年第5期；

杨沫：《在狱中》，选自《青春之歌》；

茅盾：《怎样评价〈青春之歌〉》，选自《中国青年》1959年第4期。

叶圣陶批评说："此七篇仅为粗坯，尚待加工，如其原样，实未具语文教材之资格。我人决不宜抱'唯名主义'，以为如潘梓年茅盾二位之文，尚有何话说。我人亦不宜盲从市场情况，以为《季米特洛夫选集》《母亲》《青春之歌》行销至广，读者至众，何妨采录其一章一节为教材。"强调"所选为语文教材，务求其文质兼美，堪为模式，于学生阅读能力写作能力之增长确有助益"。针对当时所谓"内容"和"思想"必须放在"第一位"的偏向，叶圣陶郑重指出：

而此七篇者，姑谓其质皆属精英，若论其文，则至为芜杂。意不明确者，语违典则者，往往而有，流行之赘言，碍口之累句，时出其间。以是为教，宁非导学生于"言之无文"之境乎？是诸篇之作者译者弗顾及此，信笔挥洒，遽尔付与报刊，印成书本，贻不良影响于

> 读者，固不获辞其责，然彼辈初未料将以其著译为语文教材也。而我人则采以为语文教材，意若曰如此之文堪为模式，实乃导学生于"言之无文"之境，我人之责岂可借"唯名主义"与市场情况而轻减分毫乎？以故我谓今后选文，绝不宜问其文出自何人，流行何若，而唯以文质兼美为准。小有疵类，必为加工，视力所及，期于尽善。不胜其加工者，弃之弗惜。据实言之，苟至于不胜其加工，其质亦必非精英矣。①

在叶圣陶看来，作品的"内容"和"思想性"再好，要是语言不规范，"不胜其加工"，这样的作品就不能称作"精英"。进而指出《青春之歌》《林海雪原》和《红岩》"未臻于文质兼美"，"可供浏览而不宜为语文教材"，并重申他一贯的语文思想："不要把语文、史地等课讲成政治课，也不要把语文课讲成文学课。"当年对《青春之歌》《林海雪原》和《红岩》的宣传可谓"排山倒海"，叶圣陶"力排众议"。在他的要求下，这七篇"新课文"从高中语文课本中撤了下来。

"文革"结束后，叶圣陶对教材的把关把得更严。1976年10月，郭沫若写了一首《水调歌头·粉碎"四人帮"》，报纸纷纷刊载，电视台和广播电台广为传播，有关部门决定编入初中语文课本，叶圣陶审阅时坚决不同意，在评审意见中说："郭沫若之《水调歌头·粉碎'四人帮'》不宜用。一则此题目不宜为如此随意杂凑之语，二则不合词之格律，何能谓之词。"可见叶圣陶所说的"决不宜抱'唯名主义'"和"亦不宜盲从市场"，也就是不唯上、不唯众、不唯风、只唯实，"视力所及，期于尽善"，这是把工作"做到最好，做到极致"的一条底线，也是他被业界誉为"一代圣哲"②的原因。叶圣陶之所以能坚守这一条底线，凭借的是渊博的学识，遵从的是做人的道德。

（原载《名作欣赏》2021年第2期、第3期）

---

① 《课文的选编——致人教社中学语文编辑室》，《叶圣陶集》第16卷，江苏教育出版社，2004年，第155—156页。

② 蒋仲仁：《呕心沥血 全力以赴——为语文教学劳作了几十年》，刘国正、毕养赛主编：《叶圣陶语文教育思想研究》，江苏教育出版社，1990年，第33页。

# 潜德幽光　风范长存
## ——"朝抵抗力最大的路径走"的朱光潜

朱光潜（1897—1986），著名美学家、文艺理论家、哲学家、翻译家、教育家，安徽桐城人，字孟实。"孟"系弟兄辈分中居长之意（朱光潜兄弟三人，二弟叫光澄，三弟叫光泽），"实"是诚实、踏实、求实的意思。他觉得"实"字的含义多少表明了他的学术品格和人生理想。进入学术界以后，便时常用"孟实"作笔名，此外还用"明石""蒙石""盟石"和"石"，虽说都是"孟实"或"实"的同音，但"石"又以洁净和坚硬著称，朱光潜以"石"作笔名，显然寄托着以"石"表洁、以"石"自励的情怀，孜孜以求的是像"石"那样坚致磊落的操守和纯静坦荡的人格。

1980年代中后期，我有幸忝列"《朱光潜全集》编委会"，与朱陈、朱式蓉几位先生一起编《朱光潜全集》，查阅书刊时发现朱先生1934年和1936年在北大课堂上印发的两本《诗论讲义》，讲义的封面分别署"《诗论》七月五日装成 / 近代文 附"；"《诗论》廿五年五月廿一日装成"。1936年印的这本讲义正文书名为"诗论课程纲要 / 上部美学通论 / 下部诗学通论"。"诗学通论"是《诗论》的第二个版本，"美学通论"由开明书店正式出版时书名改为《文艺心理学》。朱光潜在《作者自传》中谈起给中文系开课时说：

（1933年）回国前，由旧中央研究院历史所我的一位高师同班友好徐中舒把我介绍给北京大学文学院长胡适，并且把我的《诗论》初稿交给胡适作为资历的证件。于是胡适就聘我任北大西语系教授。我除在北大西语系讲授西方名著选读和文学批评史之外，还拿《文艺心理学》和《诗论》在北大中文系和由朱自清任主任的清华大学中文系研究班开过课。①

《国立北京大学文学院课程一览》（1935—1936 年度）中的《中国文学课程一览》，刊有朱光潜给中文系二、三、四年级开设"诗论"的课表和"课程纲要"。"课表"注明每周 2 课时；分上、下两个学期；均为 2 个学分。"课程纲要"中说"诗论"课程的目的有三：

> 从美学观点讨论诗的本质，起源，变迁，形式，音律，情趣，意象诸问题。
>
> 拿中国诗与西方诗作比较的研究，推求中国诗的长处何在，短处何在。
>
> 选中国诗代表作若干首详加分析，说明诗应该如何欣赏，如何批评。

当年在北大旁听过"诗论"课的荒芜回忆说："外语系教授朱光潜在中文系开了一门课《诗论》，这在当时是件新鲜事儿。我虽然不是外语系和中文系的学生，但和许多好奇的人一样，去旁听了。朱从来不是一位口若悬河的演说家，但是他用比较文学研究的方法，用西方诗论来解释中国古典诗歌，用中国诗论来印证西方著名诗作的那些新鲜、精辟的见解，一下子就抓住我们，大大地开拓了我们的眼界。"②

季羡林在清华大学就读时听过朱光潜讲授的"文艺心理学"，他回忆说，"这一门课非同凡响，是我最满意的一门课，比那些英、美、法、德等国来的外籍教授所开的课好到不能比的程度"，"在开课以后不久，我就爱上了这一门课，每周盼望上课，成为我的乐趣了"。③ 季羡林的这番回忆，也能从一个侧面说明朱光潜在北大中文系开设的"文艺心理学"同样深受学生的欢迎。

新中国诞生后，朱光潜以全新的面貌出现在北大的讲坛上，1950—1960 年代，中文系学生选听朱光潜的课成了风气。1950 年代中期，北大学术空气活跃，当时全校开过两门热闹一时的擂台课：一门是《红楼梦》，

---

① 《朱光潜全集》第 1 卷，安徽教育出版社，1987 年，第 5 页。
② 荒芜：《师友之间——我所知道的朱光潜先生》，《读书》1980 年第 6 期。
③ 季羡林：《他实现了生命的价值——悼念朱光潜先生》，《朱光潜纪念集》，安徽教育出版社，1987 年，第 25—26 页。

由吴组缃和何其芳分别讲授；另一门是美学，由朱光潜和蔡仪分别讲授。当时美学界正在热烈论争美是什么，是主观，还是客观？以周扬为代表的理论家认为"美是纯主观的"，以蔡仪为代表的理论家认为"美是纯客观的"，朱光潜认为美"是主客观的辩证统一"，"因为美离不开审美的人，因为文艺反映的是自然，而自然不仅包括客观世界，也包括人"①。作为论争的重要一方，朱光潜的观点有人不同意，甚至遭到批评。讲授同一课题的老师在讲课时，就时不时点名讲评他。朱光潜态度从容，"好像激烈的课堂内外的争论与他很远。他谈笑风生，只管从古到今，从西方到中国引经据典地论证自己的观点。他讲得条理清晰，知识性强"，他的美学课安排在大礼堂，"每次听课的除本校的，还有外校和研究单位的人员，不下五六百人"。② 中文系高年级的学生大多堂堂不落。通过这场大讨论，朱光潜把握到建立马克思主义美学的基本原则，开始重新探索美学的一些基本问题，并就艺术美、自然美、美的标准三个关键性问题作了系统的论述，其美学造诣受到国内外学界的称颂。

朱光潜学贯中西，融合今古，国学根基极其深厚，又精通英语、德语、法语和俄语，学术深湛，教学态度又极为认真，课讲得好是很自然的事，只是他的"写"远胜于"说"，文章和著作比"课"更好，一经面世，遐迩共仰，好评如潮。像《给青年的十二封信》《变态心理学派别》《谈美——给青年的第十三封信》《悲剧心理学》《变态心理学》《文艺心理学》《诗论》《谈文学》《克罗齐哲学述评》《美学批判论文集》和《西方美学史》《谈美书简》《美学拾穗集》等学术著作，以及柏拉图的《文艺对话集》、爱克曼的《歌德谈话录》、莱辛的《拉奥孔》、黑格尔的《美学》、维柯的《新科学》等译著，也都是中文系师生的"必读书目"。至于中文系师生与朱光潜私下的交往就更多了。从事文艺理论教学和研究的年轻老师大多把朱光潜作为自己的导师，虚心请教。朱光潜也乐于助人，对晚辈的关注和提携不遗余力，甚至对论敌也大度豁达，青年学子愿意亲近他敬佩他是很自然的事。诚如夏丏尊在《〈给青年的十二封信〉序》中所说的，朱先生"实是一个终身愿与青年为友的志士"，"他那笃热的情感，温文的态度，

---
① 《答郑树森博士的访问》，《朱光潜全集》第10卷，安徽教育出版社，1993年，第648页。
② 吴泰昌：《听朱光潜老师闲谈》，《文汇月刊》1986年第6期。

丰富的学殖,无一不使和他接近的青年感服"。①

## 一、"以出世的精神,做入世的事业"

朱光潜出生在安徽省桐城县阳和乡吴庄(今属枞阳县麒麟镇岱鳌村)的一个书香门第,父亲朱若兰是私塾老师。1903年,六岁的朱光潜成了父亲私塾中最年幼的学生,在父亲的督策下受了九年私塾教育。1912年春,朱光潜考入孔桐高等小学,翌年跳两级考入古文家吴汝纶创办的桐城中学。吴庄是一个只有二十来户人家的小村落,地处贫瘠的丘陵地带,远离城镇,贫穷而又闭塞。好友戴镏龄在《忆朱光潜先生》一文中说:

> 他出身贫寒,小时走读学校,早晚在故乡桐城山区长途步行,风雨无阻,因此身体有锻炼。中年后习静,无论外界怎样营营扰扰,他总是心情泰然自若,因此做学问能用志不分,主一无适;而处世又能行淡泊明志、宁静致远古训。当然,自奉俭约,生活有规则,也是他养生的心得。②

小学和中学时代的"走读",使朱光潜练就了顽强的意志,走上社会后能经得住种种考验,永不颓丧。"文革"期间住"牛棚",每月只发20元生活费,朱师母和孩子也都不在身边,朱光潜周末回家后到小店买两角钱粉肠,喝杯二锅头,就觉得很满足。每当谈起这些往事时,他总说小时候吃过的苦,对他这一生至关重要。诚如日本作家鹤见祐辅在《传记的意义》一文中说过的:"青年时代所受的影响支配我一生","不论好恶,在我人一生中均难磨灭"。③

1916年,朱光潜中学毕业后在离家不远的大关乡当了半年的乡村小学教师。他向往北大,但家贫无法供给路费和学费,于1917年秋考入不收学费的武昌高等师范国文系。1918年北洋军阀政府选二十名学生去香港大学学教育,朱光潜通过选拔来到香港,补习了一年英语和数学后,于1919年正式进入教育系就读,由"国故"转向西洋学说。

---

① 《朱光潜全集》第1卷,第77页。
② 《朱光潜纪念集》,第41页。
③ 鹤见祐辅:《传记的意义》,岂哉译,《宇宙风》第51期,1937年11月。

当年的港大有四百多名学生。在"洋气十足的环境中",北洋军阀政府选送的这批学生被称为"北京学生",因为太"寒酸"了受到歧视。朱光潜发愤苦读,在"梅舍"(寝室)的墙上挂着著名书法家方檗君写的"恒、恬、诚、勇"四个大字,这是他当年恪守的座右铭。他解释说:恒,就是恒心,毅力,忍耐,执着,一个人无论求学问还是做事情,都要有这种坚韧不拔、百折不挠的精神;恬,是指恬淡,简朴,清心寡欲,在物质上的追求少一点,在精神上的追求才会多一点;诚,诚恳,诚实,待人处事,以诚相见,襟怀坦白,不能自欺欺人;勇,勇气,志气,治学道路以至整个人生道路,从来不是平坦的,这就要有进取的精神,搏击的精神,怯懦和自卑是要不得的。正是"恒、恬、诚、勇"这四个字的感召,使朱光潜在港大取得了优异的成绩,受到老师们的器重。他在《回忆二十五年前的香港大学》一文中把英文教授辛博森称作"精神上的乳母",把香港大学称为"慈母"。①

1923年夏,朱光潜结束了为期五年的港大学习生活,获文科学士学位,到上海吴淞中国公学当英文教师。1924年秋,中国公学因江浙战争停办。朱光潜经夏丏尊介绍,到浙江上虞白马湖春晖中学教英文。春晖中学校长经亨颐是国民党元老,教务长匡互生是"五四运动"中火烧赵家楼的英雄。教师有夏丏尊、朱自清、丰子恺、刘薰宇等。受到夏丏尊、朱自清的影响和鼓励,朱光潜写了美学论文处女作《无言之美》,从而确立了研究文艺和美学的志向。

《无言之美》由艺术的"无言之美"谈到"美术的使命",强调要用"文学之美"来感染人,美术家要在作品中创造"理想世界","叫欣赏者加一番想象"后,由"理想世界"回到"现实"并"征服现实",最值得玩味的是下面这段话:

> 我们处世有两种态度,人力所能做到的时候,我们竭力征服现实。人力莫可奈何的时候,我们就要暂时超脱现实,储蓄精力待将来再向他方面征服现实。超脱到那里去呢?超脱到理想界去。现实界处处有障碍有限制,理想界是天空任鸟飞,极空阔极自由的。现实界不可以造空中楼阁,理想界是可以造空中楼阁的。现实界没有尽美尽

---

① 《朱光潜全集》第9卷,安徽教育出版社,1993年,第186、187页。

善，理想界是有尽美尽善的。①

"人力莫可奈何的时候，我们就要暂时超脱现实，储蓄精力待将来再向他方面征服现实。"朱光潜就是这样一位有"偏执"的人，也正是这份"偏执"，让他与弘一法师李叔同有了相见的缘分。他回忆说在春晖中学执教时，恰逢弘一法师到白马湖访问在春晖的好友经亨颐、夏丏尊和丰子恺，因而和弘一法师有一面之缘。丰子恺见他对弘一法师非常敬重，就转送给他很多弘一法师的墨迹，其中有一幅是《大方广佛华严经》中的一段偈文，说的是"以出世精神做入世事业"。朱光潜如获至宝。他在《以出世的精神，做入世的事业——纪念弘一法师》一文中说："我任教北京大学时，萧斋斗室里悬挂的就是法师书写的这段偈文，一方面表示我对法师的景仰，同时也作为我的座右铭。"②把"以出世精神做入世事业"作为座右铭悬挂在书斋，是到北大执教之后的事，可在文章中正式提出来则见于1926年5月18日深夜写的《悼夏孟刚》。

朱光潜在吴淞中国公学时所教的学生中夏孟刚品学最好，他对夏孟刚的属望也最殷。中国公学停办后，朱光潜去了白马湖，夏孟刚则进了上海浦东中学。1925年春，因不满春晖中学校长的专制作风，朱光潜和匡互生等人相约退出来到上海，由匡互生领导，集夏丏尊、叶圣陶、方光焘、章锡琛、胡愈之、郑振铎、白采、夏衍等人筹组立达学会，并在江湾创办立达学园，他们共同的理想是"教育自由"，提倡"人格教育"，学生"以学为主，兼学别样"（如创办农场和养蜂场等），表明立达学园宗旨和教育自由理想的《旨趣》就是由朱光潜起草的。立达学园成立后，夏孟刚便舍浦东来江湾就读。这年秋天，朱光潜考取安徽官费，赴英国爱丁堡大学选修英国文学、哲学、心理学、古希腊罗马史和艺术史等科目，开始了长达8年的留学生活。1926年5月，朱光潜听到夏孟刚因悲观烦闷自杀的消息，悲痛万分，就写了《悼夏孟刚》一文，劝青年人不要"堕落""自杀"，要"绝我"而不"绝世"。他在文章中写道：

所谓"不绝世"，其目的在改造，在革命，在把现在的世界换过

---

① 《朱光潜全集》第1卷，第67页。
② 《朱光潜全集》第10卷，第524页。

面孔，使罪恶苦痛，无自而生。这世界是污浊极了，苦痛我也够受了。我自己姑且不算吧，但是我自己堕入苦海了。我决不忍眼睁睁地看别人也跟我下水。我决计要努力把这个环境弄得完美些，使后我而来的人们免得再尝受我现在所尝受的苦痛，我自己不幸而为奴隶，我所以不惜粉身碎骨，努力打破这个奴隶制度，为他人争自由，这就是绝我而不绝世的态度。……

假如孟刚也努力"以出世的精神，做入世的事业"，他应该能打破几重使他苦痛而将来又要使他人苦痛的孽障。①

朱光潜所说的"出世精神"，指的是"超出世人""高出世间"的那么一种精神，细说起来就是"心"要经得住磨炼，懂得忍，不盲从，不攀比，不附和，不去关心世俗生活中人们所追求的功名、权位、财富，远离世事纷扰，平和豁达，生活简单化，让"身"坚强独立起来，即便遇到再大的磨难和坎坷也不会悲观迷惘，随俗浮沉，而只会愈挫愈勇，精进不懈。

正是基于这样的理念，朱光潜写了《给青年的十二封信》②，出版后风靡全国，获得万千读者的欢迎。在《谈动》中，朱光潜劝导青年朋友"多打网球，多弹钢琴，多栽花木，多搬砖弄瓦。假如你不喜欢这些玩艺儿，你就谈谈笑笑，跑跑跳跳，也是好的"，把"谈谈笑笑，跑跑跳跳"作为对青年人的良好的祝愿。③在《谈静》中，朱光潜劝导青年朋友对于人世要多"感受"多"领略"。他说"人生乐趣一半得之于活动，也还有一半得之于感受"，"世界上最快活的人不仅是最活动的人，也是最能领略的人。所谓领略，就是能在生活中寻出趣味。好比喝茶，渴汉只管满口吞咽，会喝茶的人却一口一口的细啜，能领略其中风味"，"你的心界愈空灵，你也愈不觉得物界喧嘈"。劝导青年朋友在现代忙碌的生活中不"浮躁"，不"跟着旁人乱嚷"，能"忙里偶然偷闲""闹中偶然觅静"，"在静中领略些趣味"，从而"能在仓皇扰乱中雍容应付事变"。④将青年朋友面临的问题阐释得更深入的是《谈十字街头》。

---

① 《朱光潜全集》第 1 卷，第 75—76 页。
② 《给青年的十二封信》写于朱光潜留学英国期间，曾以"给一个中学生的十二封信"为题，在《一般》杂志连载，1929 年 3 月由开明书店出版。
③ 《朱光潜全集》第 1 卷，第 13 页。
④ 同上书，第 14、15、16 页。

"十字街头"指的是纵横交叉、繁华热闹的街道,也借指人世间和现实社会。自厨川白村的《出了象牙之塔》和《走向十字街头》两部书在我国翻译出版之日始,"象牙之塔"和"十字街头"就很快流传开来,成了20世纪二三十年代最流行的口头禅,"走出象牙之塔""走向十字街头",衍化成了告别"亭子间"、走向革命的代名词。朱光潜则认为"十字街头的空气"中"含有许多腐败剂","昨日的殉道者,今日或成为市场偶像,而真纯面目便不免因之污损了"。"十字街头上握有最大威权的是习俗。习俗有两种,一为传说(Tradition),一为时尚(Fashion)。儒家的礼教,五芝斋的馄饨,是传说;新文化运动,四马路的新装,是时尚。传说尊旧,时尚趋新,新旧虽不同,而盲从附和,不假思索,则根本无二致。""强者皇然叫嚣,弱者随声附和,旧者盲从传说,新者盲从时尚,相习成风,每况愈下,而社会之浮浅顽劣虚伪酷毒,乃日不可收拾。"呼吁青年朋友"本着少年的勇气","打破偶象","伸张自我","以冷静态度,灼见世弊,以深沉思考,规划方略;以坚强意志,征服障碍",走上"真理之路",这就是这篇《谈十字街头》的精髓。①

这之后,朱光潜又写了《谈修养》②,书中的《谈冷静》《谈学问》《谈读书》《谈英雄崇拜》等名篇也都让人常读常新。《谈冷静》,从"知道你自己"这句名言引发开来,指出"要知道你自己,你必须能丢开'我'去看'我'","经过一番冷静的自省"后真正做到"自知",这样才能免除"品格上许多亏缺",以及"谁是谁非"问题上的误判。③《谈学问》,批评"知识分子"的毛病,"只看到学的狭义的'用',尤其是功利主义的'用'。学问只是一种干禄的工具","把'生活'只看成口腹之养",而忘记了"人"是"有心灵"的,"心灵也应有它的生活",热忱地希望青年人要"珍视精神生活的价值",要"有极丰富的精神生活"。④《谈读书》,说到治学必守的程序是"先博学而后守约",说到"做学问如作战,须攻坚挫锐,占住要塞。目标太多了,掩埋了坚锐所在,只东打一拳,西踏一

---

① 《朱光潜全集》第1卷,第22、23、25页。
② 《谈修养》是朱光潜在1940年至1942年间陆续写成的一组文章,共22篇,1943年5月由重庆中周出版社出版。
③ 《朱光潜全集》第4卷,安徽教育出版社,1988年,第79页。
④ 同上书,第85—86页。

脚，就成了'消耗战'"。至于"读书"，朱光潜强调"自己受用"，通过读书"养成深思熟虑的习惯""变化气质"；"读书并不在多，最重要的是选得精，读得彻底。与其读十部无关轻重的书，不如以读十部书的时间和精力去读一部真正值得读的书；与其十部书都只能泛览一遍，不如取一部书精读十遍。'好书不厌百回读，熟读深思子自知'，这两句诗值得每个读书人悬为座右铭"。①《谈英雄崇拜》，从"敬贤向上是人类心灵中最可宝贵的一点光焰"说起，强调"崇拜英雄就是崇拜他所特有的道德价值"，"个人能上进，社会能改良，文化能进展，都全靠有它在烛照。英雄常在我们心中煽燃这一点光焰，常提醒我们人性尊严的意识，将我们提升到高贵境界"，"一个人能崇拜英雄，他多少还有上进的希望，因为他还有道德方面的价值意识"。② 不难看出，无论是《谈冷静》《谈学问》《谈读书》还是《谈英雄崇拜》，都是"接着"《谈动》《谈静》《谈十字街头》的议题展开的，希望青年朋友要在"做人"方面痛下功夫，做一个活泼健全的人，做一个有道德、有学问、有真本领、有独立人格的人，然后才能谈得到去"做入世的事业"。至于怎样去"做"，朱光潜很早就提出了"三此主义"。1922年3月写的《怎样改造学术界？》中列举了"学术界"的五种"危机"后说：

> 你如果想改造中国学术界，我劝你实行三此主义。
> 　　从何处改造起？此地。
> 　　从何时改造起？此时。
> 　　从何人改造起？此身。
> 　　朋友们，时间不早了，快快醒起！请永远记住，世间没有别的东西可宝贵，除非这三此：
> 　　此地！！此时！！此身！！③

这之后，朱光潜把"改造学术界"的"三此主义"扩展到对人生和社会改造的希求上，并对"三此"的排序作了调整，将原先的"此地、此时、此

---

① 《朱光潜全集》第4卷，安徽教育出版社，1988年，第90—91页。
② 同上书，第98页。
③ 《时事新报》1922年3月30日和31日，收入《朱光潜全集》第8卷，安徽教育出版社，1993年，第39页。

身"改为"此身、此时、此地",他在《谈立志》中说:

> 我在很早的一篇文章里提出我个人做人的信条,现在想起,觉得其中仍有可取之处,现在不妨趁此再提出供读者参考。我把我的信条叫做"三此主义",就是此身,此时,此地。一、此身应该做而且能够做的事,就得由此身担当起,不推诿给旁人。二、此时应该做而且能够做的事,就得在此时做,不拖延到未来。三、此地(我的地位,我的环境)应该做而且能够做的事,就得在此地做,不推诿到想象中的另一地位去做。①

"三此主义"强调要做就得马上做,在我这个岗位上做;"想到应该做"的"马上就做"。不然,"一个人就会永远在幻想中过活,成就不了任何事业";又说"'延'与'误'永是连在一起",脚踏实地地"做",是一个"极现实的主义","丝毫不带一点浪漫情调",还援引"手中的一只鸟,值得林中的两只鸟"这个谚语,劝导青年朋友不能"等"。他说许多"'有大志'者往往为着觊觎林中的两只鸟,让手中的一只鸟安然逃脱",强调要务实,所谓的"志在将来"转眼即"空空过去",最重要的是要"做"。至于怎样去"做",怎样才能"做"得好,朱光潜的名言是"朝抵抗力最大的路径走"。他在《朝抵抗力最大的路径走》一文中说:

> "抵抗力"是物理学上的一个术语。凡物在静止时都本其固有"惰性"而继续静止,要使它动,必须在它身上加"动力",动力愈大,动愈速愈远。动的路径上不能无抵抗力,凡物的动都朝抵抗力最低的方向。如果抵抗力大于动力,动就会停止,抵抗力纵是低,聚集起来也可以使动力逐渐减少以至于消灭,所以物不能永动,静止后要它续动,必须加以新动力。这是物理学上一个很简单的原理,也可以应用到人生上面。人象一般物质一样,也有惰性,要想他动,也必须有动力。人的动力就是他自己的意志力。意志力愈强,动愈易成功;意志力愈弱,动愈易失败。不过人和一般物质有一个重要的分别:一般物质的动都是被动,使它动的动力是外来的;人的动有时可以是主动,使他动的意志力是自生自发自给自足的。在物的方面,动不能自

---

① 《朱光潜全集》第 4 卷,第 17 页。

动地随抵抗力之增加而增加；在人的方面，意志力可以自动地随抵抗力之增加而增加，所以物质永远是朝抵抗力最低的路径走，而人可以朝抵抗力最大的路径走。物的动必终为抵抗力所阻止，而人的动可以不为抵抗力所阻止。①

朱光潜在这里所说的"抵抗力"就是固有"惰性"，就是阻力；"朝抵抗力最大的路径走"，强调的是要迎难而上，困难越大对于困难所表现的意志力也要越大，这是人的"最高生命的特征"。他说"历史上许多伟大人物所以能有伟大成就者，大半都靠有极坚强的意志力，肯向抵抗力最大的路径走"；而许多败类，像洪承畴做了明朝的汉奸、汪精卫"卖国叛党"，就因为他们在紧要关头拿不出一点意志力，不肯争一口气，"就马马虎虎地朝抵抗力最低的路径走"，"甘心认贼作父"。进而说到我们"涉身处世"，面前随时随地都横着两条路径：

> 一是抵抗力最低的，一是抵抗力最大的。比如当学生，不死心踏地去做学问，只敷衍功课，混分数文凭；毕业后不拿出本领去替社会服务，只奔走巴结，夤缘幸进，以不才而在高位；做事时又不把事当事做，只一味因循苟且，敷衍公事，甚至于贪污淫佚，遇钱即抓，不管它来路正当不正当——这都是放弃抵抗力最大的路径而走抵抗力最低的路径。这种心理如充类至尽，就可以逐渐使一个人堕落。我当穷究目前中国社会腐败的根源，以为一切都由于懒。懒，所以苟且因循敷衍，做事不认真；懒，所以贪小便宜，以不正当的方法解决个人的生计；懒，所以随俗浮沉，一味圆滑，不敢为正义公道奋斗；懒，所以遇引诱即堕落，个人生活无纪律，社会生活无秩序。知识阶级懒，所以文化学术无进展；官吏懒，所以政治不上轨道；一般人都懒，所以整个社会都"吊儿郎当"暮气沉沉。懒是百恶之源，也就是朝抵抗力最低的路径走。如果要改造中国社会，第一件心理的破坏工作是除懒，第一件心理的建设工作是提倡奋斗精神。②

朱光潜激励青年朋友"除懒"和"奋斗"。他说"生命就是一种奋斗，不

---

① 《朱光潜全集》第 4 卷，第 20 页。
② 同上书，第 23—24 页。

能奋斗，就失去生命的意义与价值；能奋斗，则世间很少不能征服的困难"。希望"每个中国人，尤其是青年们"，不惜"牺牲一切""拼命去改革社会"、肯吃苦、守纪律，"勇往直前百折不挠"，"朝抵抗力最大的路径走"，"入世"做一番伟大的事业。

## 二、"要为全国制造信仰学术的风气"

朱光潜在香港大学读的是教育学，港大毕业后教的是中学，去欧洲留学"目的也就在谋中等教育的改进"[①]，但他的志向高远，早在港大读书期间就十分关注国内教育界、学术界和文艺界的现状，对教育有很高的定位，对文学的繁荣和学术的振兴有很急切的企盼。他在1922年3月写的《怎样改造学术界？》一文中说，"我国学术界的历史还很幼稚"，从20世纪初叶算起来也就二十年，可这二十年中发生了"许多风俗习惯"，其"缺点"表现在以下五个方面：

一是缺乏爱真理的精神。"我国多数学者都还不能超过'学以致用'的浅见。他们都以为学术以有用为贵，真还是第二个问题。""学术原来有实用，以前人研究学术也大半因为他有实用，但人类思想逐渐发达，新机逐渐呈露，好奇心也一天强似一天，科学哲学都超过实用的目标，向求真理的路途去走了。""我们倘若要对学术有所贡献，就要趁早培养爱真理的精神，把实用主义放在第二层上。"

二是缺乏科学批评的精神。"武断盲从，无批判的精神"，"这个缺点大概是我国从前学术界'独尊'主义的流毒"。"我国学术界有两派人物。第一派过信自己，第二派过信他人。过信自己的固执一种学说，以为这一定是对的"，别人与他辩论，"他只是老气横秋，褎如充耳"；"过信他人的总时时把着望风转舵主义"，追赶新潮流。过信自己的人太武断，过信他人的人太盲从。也正是缺乏科学批评的精神，我们的批评成了"好搬弄是非"和"离题攻击"，"冷嘲热骂成了一个特长"。

三是缺乏忠诚扎实的精神。"发表热太狂了"，"许多人对于学术没有下个真功夫，就著书立说来欺世盗名"；更有"虚荣心太重"的剽窃者，

---

[①] 夏丏尊：《〈给青年的十二封信〉序》，转引自《朱光潜全集》第1卷，第77页。

玩起"张冠李戴"的把戏,"掠人之美"。

四是缺乏独立创造的精神。有模仿,无创造;只能守成,没有创新;把"借光主义"当成了"最终的目的"。独立创造的精神是学术进化的驱遣者。模仿热太重,"独立创造的精神渐渐被它剥蚀去了"。

五是缺乏客观实验的精神。"我国学者最普遍的缺点,要算是好理论轻察验。学术上原则定律都要根据事实,事实都要由实地观察和试验来,才真确精密。""近代科学家都注重察验"。学术界要有实质的进步,就得"脱去书虫生活","从故纸堆中爬到人物世界中呼吸一点新鲜空气!"

朱光潜认为是这五种"最危险的通病"造成了"学殖荒落"。其根源一半在学人自己"精神颓唐",一半则是受了"环境"的驱遣。在论及"改造环境"时,朱光潜首先说到"大学校"的重要性。他说"大学的任务不仅在造就专门人材,还要为全国制造信仰学术的风气"。①

走出港大步入教育界之后,朱光潜对教育有了更深入的思考,在《私人创校计划》中提出教育的"唯一目的在养成改造社会的领袖人物",这种人物有三种特长:舍己为群的精神,简朴克欲的生活方法,近代科学所赋予的训练②,并在《怎样改造学术界》中解释说"领袖人物"是"闻道"在先、"术业"有专攻的"先知先觉","是社会进化的前驱","领着后知后觉的人向光明处走"。如果把社会比喻为一部"机械","领袖人物"就是社会这部"机械"上的"司机者主动者",就是像生物界的达尔文、物理界的牛顿、哲学界的亚里士多德、文学界的歌德那样的"一流人物"③。可见,朱光潜所说"领袖人物"在学识经验和精神层面都是人才中的精英。学校要造就这样的"领袖人物",教师就得与学生的提高"成正比","百尺竿头,再进一步"。他自己就是出于要与学生的提高"成正比"的追求才出国留学的。1928年在爱丁堡大学取得文科学士学位后,于1929年进入伦敦大学学院,同时在法国巴黎大学注册,前往听课。1931年转到莱茵河畔的斯特拉斯大学,集中精力撰写博士论文。1933年初完成了用英文写作的博士论文《悲剧心理学》,获得博士学位后,由马赛启程乘船回国,被聘为北京大学西语系教授。

---

① 《时事新报》1922年3月30日、31日,收入《朱光潜全集》第8卷,第25—31页。
② 《民铎》第5卷第4期,1924年6月,收入《朱光潜全集》第8卷,第113页。
③ 《朱光潜全集》第8卷,第35页。

教师是通过"教书"来育人的。朱光潜以教书为乐，把教学与科研结合起来，以教学促科研，以科研带教学。北大《外国语言文学系课程一览》中汇集了朱光潜给外国语言文学系开设的课程，1933—1934 年度有"作文与杂志论文选读""文学批评""莎士比亚""浪漫诗人（1790—1850）"；1934—1935 年度有"现代小说""维多利亚时代诗人""文学批评""著名作品之研究"；1935—1936 年度有"十八世纪英国文学""文学批评""欧洲名著研究（一）""欧洲名著研究（二）""中古英国文学"（梁实秋、朱光潜）、"专题研究"（梁实秋、应谊、朱光潜、叶公超、莫泮芹）、"拉丁文"（赵沼熊、潘家洵、应谊、梁实秋、朱光潜、叶公超、朱光潜）；1936—1937 年度有"十九世纪英国文学""欧洲名著选读（一）""欧洲名著选读（二）""文学批评""专题研究"（梁实秋、应谊、朱光潜、叶公超、莫泮芹）、"毕业论文"（梁实秋、应谊、朱光潜、叶公超、莫泮芹），连同给中文系开的课，朱光潜每学期至少讲四到五门。他在课堂上总是把自己还没有写成文章公开发表的新材料、新观点和盘托出，毫无保留，也从不担心有人抄袭他的讲义，只是希望有志者后来居上，超越他。留存下来的 1934 年和 1936 年印发的两本《诗论讲义》①就是最好的例证。

至于慈慧殿三号的"读诗会"，以及他主编的《文学杂志》，对北大学生乃至整个学界产生的影响就更为深远了。"慈慧殿三号"的详称是"北平后门内慈慧殿三号"，这是朱光潜居住的宅院，因了胡同西口有一座小庙而得名。在他家里举办的这个"读诗会"始于 1934 年 5 月，朱自清 1934、1935、1937 年的日记，顾颉刚 1936 年的日记，萧乾的《一代才女林徽因（代序）》②中都写到"读诗会"。沈从文在《谈朗诵诗》中说：

> 当时的诗人如徐志摩、朱湘、刘梦苇、朱大枬、杨子惠、胡也频、方玮德、刘半农诸先生全都死了。闻一多先生改了业，放下了他诗人兼画家的幻想，诚诚恳恳的去做他的古文学爬梳整理工作。饶孟侃作了中央政校军校的教官。北平地方又有了一群新诗人和几个好事者，产生了一个读诗会。这个集会在北平后门朱光潜先生家中按时举行，参加的人实在不少。计北大梁宗岱、冯至、孙大雨、罗念生、周

---

① 朱光潜著，商金林校订：《诗论讲义》，北京大学出版社，2018 年。
② 陈钟英、陈宇编：《中国现代作家选集·林徽因》，人民文学出版社，1992 年。

作人、叶公超、废名、卞之琳、何其芳、徐芳……诸先生，清华有朱自清、俞平伯、王了一、李健吾、林庚、曹葆华诸先生，此外尚有林徽因女士，周煦良先生等等。这些人或曾在读诗会上作过有关诗的谈话，或者曾把新诗，旧诗，外国诗，当众诵过，读过，说过，哼过。大家兴致所集中的一件事，就是新诗在诵读上，有多少成功可能？新诗在诵读上已经得到多少成功？新诗究竟能否诵读？差不多集所有北方系新诗作者和关心者于一处，这个集会可以说是极难得的。①

沈从文自称是个"旁观者"，在上文中写到众多与会者各自不同的吟诵风格，对诗的"内容""形式""辞藻""诗情""诗艺"，以及对"法德和英文诗的翻译"，对"我国古典诗词歌赋民歌小调和方言土语的研究"等问题最"具体"而"恳切"的见解。"读诗会"促成了天津《大公报·文艺》副刊"诗特刊"的创刊，使新诗在北方有了一块极其丰茂的创作园地。

"诗特刊"由孙大雨、梁宗岱、罗念生等集稿，1935年12月6日创刊，"每月刊两次"。1936年7月19日，出至第17期时改名为"诗歌特刊"，篇幅由原来的半版改为整版，每月出一期（有时因稿件过多，另外增加半页，题为"半页诗歌"）。"诗特刊"的作者以"读诗会"成员为主干，也吸引了众多年轻的诗人和诗评家一起来探讨新诗的出路。沈从文在《新诗的旧账——并介绍诗刊》中说：

> 就目前状况说，新诗的命运恰如整个中国的命运，正陷入一个可悲的环境里。想出路，不容易得出路。困难处在背负一个"历史"，面前是一条"事实"的河流。抛下历史注重事实（如初期新诗）办不好，抱紧历史不顾事实（如少数人写旧诗）也不成。……新诗要出路，也许还得另外有人找更新的路，也许得回头，稍稍回头。
>
> 新诗真的出路同国家出路相同，要的是有人能思索，能深刻的思索，能工作，能认真来工作。认定"洛阳桥不是鲁般一天作成的"，把完成的日期延长一点，又明白"洛阳桥终究是人作成的"，对工作有信心，有勇气。只要有人肯埋头苦干，人多手多，目前即或不成，

---

① 《沈从文全集》第17卷，北岳文艺出版社，2002年，第247页。

对于"将来"依然应当乐观。①

对中国新诗运动来说,"诗特刊"意义不容小觑。遗憾的是,1937年7月25日,"诗歌特刊"出至第9期就随着《大公报》的停刊而终结,慈慧殿三号的"读诗会"也因北大清华的"南迁"戛然而止。而其意义同样不容小觑。读诗会"差不多集所有北方系新诗作者和关心者于一处",吟诵和评介中外文学作品,并就新诗及新文学的前途和出路广开言路,相互提问辩难,甚至面红耳赤地"抬杠""打架",这本身就是学术兴盛的一个标志。这样的"读诗会"其实就是很正规的"学会",朱光潜早就说过:

> 学会也是学术界环境中一个要素。独学无友,不仅是孤陋寡闻,不仅是彼此不能交换意见,最厉害的是使人兴会萧索,意志萎谢。真心理学解说,人因为有自动的同情心(active sympathy),所以每逢有心得,一定要说给他人听,然后心中才愉快;这种愉快可使求新心得的趣味更浓厚。还有一层,好胜也是天性,如果想有新进步,一定有新刺激。因为这两层原因,朋友交接是一个极强烈的兴奋剂。学会当然是这种兴奋剂的制造厂。除了这个益处,交换意见与纠正意见,有学会也方便得多。②

"读诗会"正是朱光潜所说的"学术研究"的"兴奋剂的制造厂"。"新诗作者和关心者"彼此间的交流切磋,不仅能开阔眼界,杜绝自满或懒怠,使学业不会"荒落",不会成为学术界的"落伍者",不会像梁任公所说的自己学到"性本善",就去教"人之初";而且还能激励"同气"拧成一股绳,真正站到学术研究的最前沿,开创信仰学术的风气。

"读诗会"是朱光潜发起组织的,主编《文学杂志》则是"编委会"的一致推举。《文学杂志》是月刊,创刊于1937年5月1日,编辑部就设在朱光潜家里,即"北平后门内慈慧殿三号"。朱光潜在1980年写的《自传》中说:

> (我回国时)正逢"京派"和"海派"对垒。……我由胡适约到

---

① 《大公报·文艺》副刊第40期,1935年11月10日,署名"上官碧"。
② 《私人创校计划》,《朱光潜全集》第8卷,第32—33页。

北大，自然就成了京派人物，京派在"新月"时期最盛，自从诗人徐志摩死于飞机失事之后，就日渐衰落。胡适和杨振声等人想使京派再振作一下，就组织一个八人编委会，筹办一种《文学杂志》。编委会之中有杨振声、沈从文、周作人、俞平伯、朱自清、林徽音等人和我。他们看到我初出茅庐，不大为人所注目或容易成为靶子，就推我当主编。由胡适和王云五接洽，把新诞生的《文学杂志》交给商务印书馆出版。①

"初出茅庐"是客气话，不过也是实情。"京派作家"中沈从文爱挑起论争颇受文坛的注意，叶公超也因为曾编过《新月》和《学文》受到左翼作家的批评。"京派"想"再振作一下"，就不能不在主编人选上多加考虑，免得落下可以被人攻击的把柄。朱光潜知名度高，长期旅居海外，没有参加过国内的任何文学团体，没有卷入过任何文坛论争，虽说与周作人和胡适走得很近，但与夏丏尊、朱自清、叶圣陶、丰子恺、胡愈之、李健吾、老舍等名家的友谊也非同寻常。尽管1936年在陶渊明评价问题上受到鲁迅很严厉的批评②，但在社会上并未产生多大影响；他的《眼泪文学》③引发的与巴金的论争，是1937年初的事，而这时《文学杂志》的筹备工作已经落定。从这个意义上讲，朱光潜成为"主编兼发行人"乃众望所归。

至于"由胡适和王云五接洽"的话也很值得玩味。商务印书馆的老牌文学杂志是1910年创刊的《小说月报》，在近现代文学史上影响深远。1932年"一·二八"战争中停刊后，主编过《小说月报》的茅盾、郑振铎和叶圣陶都希望能尽快复刊，商务当局当作耳边风，却对来自北平的《文学杂志》青睐有加。胡适的面子大固然是一个方面，更主要的是双方在理念上的一拍即合。商务当局觉得《小说月报》偏"左"，正盼望有个中意的刊物来替代呢，胡适来得正是时候。商务印书馆在为《文学杂志》创刊号写的介绍辞中说：

> 本馆在"一·二八"前所刊行的《小说月报》，已有二十多年悠

---

① 《朱光潜全集》第1卷，第5页。
② 鲁迅：《"题未定"草·七》，最初发表于1936年1月上海《海燕》月刊第1期，收入《且介亭杂文二集》。
③ 《大众知识》第1卷第7期，1937年1月，收入《朱光潜全集》第8卷，第497—500页。

久的历史，向来被认为专载文艺的唯一刊物，民十革新后，又成为传播新文艺作品的有力的机关，自"一·二八"停刊到现在五年多时间内，屡得爱好文艺的读者来信，要求我们复刊，本馆为适应读者需要计，遂决意来编印一种文艺刊物，定名《文学杂志》，不再袭用《小说月报》的旧名。

《文学杂志》的内容包含着诗、小说、戏剧、散文各体的创作，以及论文书评。论文不仅限于文学，有时也涉及文化思想问题。主编者是文艺界极负时誉的朱光潜先生，特约撰稿的，也都是文坛上成名的作家……①

其实，"为适应读者需要计"云云也只是个说词。"京派"想"再振作一下"，固然是为了文学事业的发展，但其中也夹杂了要"和'海派'对垒"的私念，商务当局自然心知肚明。"京派"既反对"海派文学"的"商业性"，批判"文学的低级趣味"，也挑战左翼文学的"政治的信条"，反对把文学当作"载道"的工具，追求严肃认真"较为合理"的"纯文学"，这种"左右开弓"的姿态也迎合了商务当局要做大做强的"生意经"。

朱光潜撰写的发刊词《我对于本刊的希望》既有理论气势，又充满激情，具有很强的现实感，文采斐然，锋芒毕露。在对左翼文学界的"为大众""为革命""为阶级意识"以及对"落伍"作家"超然"态度的批评上，与周作人的观念较为接近，不过也有很多他个人独到的见解，尤其是在作家的修养和责任的阐释方面，如作家要有"丰富的文化思想方面的修养"，坚守"艺术良心"；批评要有"君子风度"；要以"宽大自由而严肃"的文化姿态"自由运用心智""多探险""多尝试"，让"许多不同的学派思想同时在酝酿，骚动，生展，甚至于冲突斗争"，让"不同的趣味与风格"互相观摩、互相启发、互相匡正，"造成新鲜自由的思想潮流，以洗清我们的成见积习"，"殊途同归地替中国新文艺开发出一个泱泱大国"等一系列立论，也寄托了朱光潜要为新文学创造一个"清新而严肃"的学术氛围的良苦用心。② 至于朱光潜编刊的认真，趣味的纯正，我们从他 1936

---

① 《宇宙风》第 43 期，1937 年 6 月 16 日。
② 《文学杂志》创刊号，1937 年 5 月 1 日，收入《我与文学及其他》（开明书店，1943 年）时改题名为《理想的文艺刊物》，文字上作了改动。

年 1 月写的《论小品文（一封公开信）——给〈天地人〉编辑徐先生》中就能看出来，信中写道：

> 徐先生，你是一个文学刊物的编辑者，你知道，在现代中国，一个有势力的文学刊物比一个大学的影响还要更广大，更深长。这是否是一个好现象，我不敢断定。我所敢断定的你们编辑者实在负有一种极重大的责任。你们的听众，在这文盲遍地的中国，也往往有几十万人之多，你们是青年所敬仰的先进作者，你们的笔杆略一摇动，就有许多人跟着你们想，读你们所爱读的书，做你们所爱做的文章，你们是开导风气者。但是，徐先生，在一个无判别抉择力的群众中开导风气，有它的功劳，也有它的危险。你们高唱小品文，别人就会忘记小品文以外还有较重大的文学事业；你们高唱晚明小品文，别人就会忘记晚明以外的小品文也还值得一读。自然，小品文也是文学中的一格，晚明小品文也是小品文中的一格，都有存在的价值，你们欢喜它，是你们的自由，但是如果把它鼓吹成为风气，这就怕不免有我所忧惧的危险了。"始作俑者，其无后乎！"徐先生，这是多么可怕的一个警告！①

正是这种忠于自己，忠于读者的情怀，使《文学杂志》既彰显了京派特有的"学院派"色彩，不媚俗、不从众，始终如一坚持传统的文化精神，坚持正直的学术道德，又超越了京派"迂腐"和"排他"的局限性。朱光潜认清了自己所肩负的"极重大的责任"，对《文学杂志》有了"比一个大学的影响还要更广大，更深长"的定位；对"编辑"有了必须是时代的"先进"、是新风气的"开导"者的自觉，从而使得他处处想读者之所想，对作者思贤若渴，对作品精拣苦选，力求打造一份与时俱进的高水准的文学期刊。

《文学杂志》的作者以平津地区的作家和学者为主，又广泛联系全国各地乃至旅居在海外的知识精英。发刊词《我对于本刊的希望》最后一句是："编者谨以最诚恳的态度最热烈的希望，请求海内外作者和读者多给他有益的教导，赞助和鼓励。"第 1 卷第 3 期的《编辑后记》中说："杂志

---

① 《朱光潜全集》第 3 卷，安徽教育出版社，1987 年，第 429—430 页。

是公开的，编者又不能不牺牲个人的趣味让各种不同的风格都有自由伸展的机会"，不求思想观念的"统一"，但求艺术风格的"繁富"，从而赢得了"作者与读者的热心赞助"。以 1937 年出版的第 1 卷第 1 期至第 4 期为例，作者有叶公超、胡适、戴望舒、卞之琳、沈从文、老舍、杨振声、陈西滢、李健吾、林徽因、周作人、钱锺书、杨季康（杨绛）、废名（冯文炳）、程鹤西、周煦良、常风、梁实秋、王了一（王力）、郭绍虞、陆志韦、梁宗岱、施蛰存、萧乾、何其芳、朱自清、林庚、曹葆华、冯至、方令孺、杨世骥、蹇先艾、俞平伯、徐迟、李影心、朱东润、孙毓棠、朱颜、贾芝、石民、路易士、贾处谦、高一凌、凌叔华、杜衡、杨刚、章郏、史卫斯、方家达、张骏祥，连同主编朱光潜在内共有 51 人。这 51 人中，施蛰存在上海编书，戴望舒和徐迟也都在上海编杂志，朱东润、陈西滢和凌叔华在武汉大学执教，蹇先艾在贵州大学执教，钱锺书和杨季康在英国留学，张骏祥在美国留学，至于一些"才露头角的青年诗人"如朱颜、石民、路易士、覃处谦、高一凌等，也未必都是"京派"圈内的"北方作家"。《文学杂志》广交朋友，这在思想文化战线上高喊"铲除"和"打倒"的 1930 年代是值得赞扬的。有人说《文学杂志》"聚集《新月》、《现代评论》、《学文》三种余孽来个死灰复燃"①，有违事实。

朱光潜在《文学杂志》第 1 卷第 3 期《编辑后记》中说，"半月之中我们每天都要收到十几篇来稿，计诗稿已有三百余首，小说稿已有三十余篇。作者与读者的热心赞助令我们非常欣谢"，"我们为设法充实内容多登来稿起见，已决定把原定的八万字的篇幅扩充到九万字至十万字"。《文学杂志》第 1 卷第 4 期《编辑后记》中说"从本期起，我们预备尽量多登新作家的来稿，本期诗栏大部分作者就是才露头角的青年诗人。许多人对于新诗前途颇悲观，如果他们肯拿现代新诗人的作品和初期新诗人的作品细心比较一下，就会知道他们的悲观是无理由的"。

追求艺术风格的"繁富"，也就不会对左翼文学熟视无睹。且看《文学杂志》第 1 卷第 1—4 期"书评"栏发表的评论，计有周煦良《赛金花剧本的写实性》（夏衍著）、常风《活的中国》（斯诺编）、孟实《望舒诗

---

① 引自沈从文：《19370523 致胡适 北平》，《沈从文全集》第 18 卷，北岳文艺出版社，2002 年，第 231 页。

稿》(戴望舒作)、刘西渭《读里门拾记》(芦焚作)、周煦良《北平情歌》(林庚著)、叶公超《牛津诗选》、常风《近出小说四种》(萧军《第三代》、周文《烟苗季》、王统照《春花》、杜衡《漩涡里外》)、李影心《海星》(陆蠡作)、孟实《桥》(废名著)、常风《春风秋雨》(阿英作四幕剧)、常风《新学究》(李健吾作三幕喜剧)、常风《天下太平》(左兵作长篇)、鹤西《谈〈桥〉和〈莫须有先生传〉》、孟实《〈谷〉和〈落日光〉》(芦焚作),共18篇。被评论的作家中,夏衍、萧军、周文、阿英和左兵都是"左翼作家",萧军的《第三代》、周文的《烟苗季》、阿英的《春风秋雨》、左兵的《天下太平》都是"革命文学"。

朱光潜选用书评的标准是:"态度诚恳谨严,广告式及谩骂式书评不收"①;"对于所研究作家须有同情的了解,而立论却须公正诚恳,不带棒喝或攻击的恶习"②。他自己也身先示范,在《文学杂志》第1卷第2期的《编辑后记》中称"萧军的《第三代》是近来小说界的可宝贵的收获,值得特别注意"。在《文学杂志》第1卷第4期发表的书评《〈谷〉和〈落日光〉》中,将萧军与芦焚进行比较,称赞萧军"在沉着之中能轻快","对于受压迫者都有极丰富的同情,对于压迫者都有极强烈的反抗意识","对于自然与人生,在愤慨之中仍都有几分诗人的把甘苦共摆在一块咀嚼的超脱胸襟"。主编的"君子风度"使得《文学杂志》在对《烟苗季》《天下太平》《春风秋雨》等"革命文学"的评价上,也都能做到对作家有"同情的了解",对作品有"公正诚恳"的评价,"多方调和""由异趋同"。

与"创作"相比,《文学杂志》更重视"学术和理论"。朱光潜在写《编辑后记》和书评时,注重总结"写作经验",强调要尊重并弘扬我国文学的优良传统,破除文学的"惯技"和"陈规";反对用"原则或特征为标准来衡量"文学作品;倡导要征服"粗浅"的阅读习惯,学会欣赏,彰显出作为一个文艺理论家和美学家的热诚与卓识。他在《文学杂志》创刊号的《编辑后记》中介绍"散文"栏的创作时说:

"散文"一栏包涵小说戏剧之外的带有纯文学意味的文章。这个标题只是一种方便,并没有谨严的逻辑性。我们很高兴在这一栏里开

---

① 《书评栏投稿注意点》,《文学杂志》创刊号,1937年5月1日。
② 《本刊〈现代中国作家研究〉征文启事》,《文学杂志》第1卷第2期,1937年6月1日。

头就有知堂先生的作品。"知堂""谈笔记"，这两个名字似乎是天造地设联在一起的，它们联在一起却还是第一次。"在文词可观之外再加思想宽大，见识明达，趣味渊雅，懂得人情物理，对于人生与自然能巨细都谈，虫鱼之小，谣俗之琐屑，与生死大事同样看待，却又当作家常话的说给大家听。"这是知堂先生的笔记理想，而他自己的作品恰好可以安上这几句评语。①

朱光潜显然是在借用周作人的"笔记理想"来阐释他的"散文观"。在这篇《编辑后记》开头，朱光潜在谈文坛现状时，郑重地提到"新诗"与"传统"的关系。他说：

> 就文坛现状说，现代中国与伊丽莎白的英国颇有类似点：一，接收外国文学的狂热与翻译的发达，二，文学语言受外来影响剧烈变化，三，新风格与新技巧的尝试，四，讨论发达，尤其着重技巧问题。这是好现象。但是本国传统的完全破除亦非历史的连续性所允许。叶公超先生在《论新诗》里第一次郑重地提到新诗与传统的问题。他很明白地指出新旧诗的分别不在有无格律，新诗仍有格律，不过新诗的格律要在"说话的节奏"及字音和谐上面讲究。同时，他指出在何种条件之下，新诗人可以研究旧诗。②

朱光潜推崇叶公超的见解，主张"新诗人可以研究旧诗"，并认为只有"研究旧诗"，才能更好地在"守正"基础上去"创新"。废名的长篇《桥》偏重写人物对于自然景物的反应，一幅自然风景就是一种心境，作品中充满了诗境、画境和禅趣，"几乎没有故事"，循规蹈矩的读者感到很艰涩。朱光潜在《桥》的评介中写道：

> 在从前，莎士比亚的悲喜杂糅的诗剧被人拿悲剧的陈规抨击过；在近代，自由诗，散文诗，"多音散文"以及乔伊斯和吴尔夫夫人诸人的小说也曾被人拿诗和小说的陈规抨击过。但是真正的艺术作品必能以它们的内在价值压倒陈规而获享永恒的生命。对于《桥》，我

---

① 《朱光潜全集》第8卷，第531页。
② 同上书，第529页。

们所要问的不是它是否合于小说常规而是它究竟写得好不好，有没有新东西在里面。如果以陈规绳《桥》，我们尽可以找到许多口实来断定它是一部坏小说；但是就它本身看，它虽然不免有缺点，仍可以说是"破天荒"的作品。它表面似有旧文章的气息，而中国以前实未曾有过这种文章；它丢开一切浮面的事态与粗浅的逻辑而直没入心灵深处，颇类似普鲁斯特与吴尔夫夫人，而实在这些近代小说家对于废名先生到现在都还是陌生的。《桥》有所脱化而却无所依傍，它的体裁和风格都不愧为废名先生的特创。看惯现在中国一般小说的人对于《桥》难免隔阂；但是如果他们排除成见，费一点心思把《桥》看懂以后，再去看现在中国一般小说，他们会觉得许多时髦作品都太粗疏浮浅，浪费笔墨。读《桥》不是易事，它逼得我们要用劳力征服，征服的倒不是书的困难而是我们安于粗浅的习惯。正因为这一层，读《桥》是一种很好的文学训练。①

不难看出，无论是论述"没有谨严的逻辑性"的"散文观"，还是强调文学传统的"历史的连续性"；无论是主张"新诗人可以研究旧诗"，还是谆谆告诫读者要学会"欣赏"，都是"要为全国制造信仰学术的风气"，"殊途同归地替中国新文艺开发出一个泱泱大国"。虽说《文学杂志》生不逢时，只出了四期就因抗战全面爆发而停刊了，可就这四期而言，真的是声势浩大，价值崇高，几乎每一期都是精心结构的诗文选集。莎生在1948年写的《文学杂志的去来今》一文中说：

> 《文学杂志》的根苗就是北平这座古城，而动脉则系于北大，每一篇文章下面的署名，都象征着一个文艺复兴的朕兆。朱孟实那时候的文章还像星河在天澄澈可鉴的秋夕，是那么一清如水。台柱子老舍、沈从文、废名，都代表新一种春秋正当精力饱满的灿叶奇葩。一篇篇崭新的创作，正宛如春晴的丽日。更有那才华横溢的钱锺书，新颖刻划的程鹤西和头角甫露的常风，众星拱月般各自展开了他们的杀手锏。那时候，介绍西洋文艺的空气是非常浓厚的，尤其是对于新诗

---

① 孟实：《桥》，《文学杂志》第 1 卷第 3 期，1937 年 7 月 1 日，引自《朱光潜全集》第 8 卷，第 552 页。

的检讨，陆志韦、叶公超、梁宗岱这些大师们都不惮烦琐地建设了若干理论，对于节奏音调更有严格的意见。弄批评的李健吾，也不时更迭着笔名在文坛上推荐新的产物。假如，没有"七七"事变，这个杂志一帆风顺地干上十年，就凭这点子文化结晶，恐怕中国也会成为四强之一。①

认真阅读《文学杂志》，就会看到莎生的称赏并不是"吹捧"，像朱光潜的《编辑后记》和《望舒诗稿》《桥》《〈谷〉和〈落日光〉》等书评，老舍的《"火"车》《杀狗》、沈从文的《贵生》《大小阮》《神之再现》《再谈差不多》、废名的《桥——萤火》《桥——牵牛花》、钱锺书的《谈交友》《中国固有的文学批评的一个特点》、杨季康的《阴》、朱东润的《说"衙内"》、陆志韦的《论节奏》、叶公超的《论新诗》、李健吾的《一个未登记的同志》《读里门拾记》《巴尔扎克的欧贞尼·葛郎代》、常风的《活的中国》《近出小说四种》《春风秋雨》《新学究》《天下太平》、程鹤西的《灯》《落叶》《谈〈桥〉和〈莫须有先生传〉》等都是难得的佳作。至于朱光潜在《编辑后记》中特别介绍的如胡适的《月亮的歌》、杨振声的《抛锚》、陈西滢的《大国之风》、林徽因的《梅真同他们》、周作人的《谈俳文》《再谈俳文》、梁实秋的《莎士比亚是诗人还是戏剧家？》、王了一的《语言的化装》、郭绍虞的《宋代残佚的诗话》、施蛰存《黄心大师》、萧乾的《破车上》、何其芳的《老人》、朱自清的《房东太太》、凌叔华的《八月节》、张骏祥的《过去一年的纽约戏剧》等作品也都是文学史和学术史上很"可宝贵的收获"。八十多年过去了，今天重读这些作品，仍然会有"象征着一个文艺复兴的朕兆"的欣喜。《文学杂志》的动脉"系于北大"，是北大校史上浓墨重彩的一笔。

### 三、用拼搏的灯火照亮屈辱和苦难的暗隅

1982年10月18日，北大在临湖轩集会纪念朱光潜任教六十周年，周扬送来一封贺信并附有朱光潜1939年1月20日写给他的一封信的复印件。周扬在贺信中说："四十年前您曾给我一信，虽经'文化革命'之难

---

① 天津《民国日报·文艺》第111期，1948年1月19日。

尚犹未毁，信中亦足见您的思想发展的片鳞半爪，颇为珍贵，特复制一份，赠送您，以志我们之间的友谊。"这两封信同时刊登在 1982 年 11 月 29 日《人民日报》上，编者在按语中说："今年 10 月，在祝贺朱光潜教授任教六十周年之际，周扬同志写了一封贺信。信中提到朱光潜同志 1939 年写信给他的往事。我们今天将这两封信在副刊发表，并借此对我国许多老年知识分子毕生爱国爱民、追求光明的心意表示敬意。"朱光潜写给周扬的信全文如下：

周扬先生：

你的十二月廿九日的信到本月十五日才由成都转到这里。假如它早到一个月，此刻我也许不在嘉定而到了延安和你们在一块了。

教部于去年十二月中发表程天放做川大校长，我素来不高兴和政客们在一起，尤其厌恶与程氏那个小组织的政客在一起。他到了校。我就离开了成都。

本来我早就有意思丢开学校行政职务，一则因为那种事太无聊，终日开会签杂货单吃应酬饭，什么事也做不出，二则因为我这一两年来思想经过很大的改革，觉得社会和我个人都须经过一番彻底的改革。延安回来的朋友我见过几位，关于叙述延安事业的书籍也见过几种，觉得那里还有一线生机。从去年秋天起，我就起了到延安的念头，所以写信给之琳其芳说明这个意思。我预料十一月底可以得到回信，不料等一天又是一天，渺无音息。我以为之琳和其芳也许觉得我去那里无用，所以离开川大后又应武大之约到嘉定教书。

你的信到了，你可想像到我的兴奋，但是也可想到我的懊丧。既然答应朋友们在这里帮忙，半途自然不好丢着走。同时，你知道我已是年过四十的人，暮气，已往那一套教育和习惯经验，以及家庭和朋友的关系都像一层又一层的重累压到肩上，压得叫人不很容易翻身。你如果也已经过了中年，一定会了解我这种苦闷。我的朋友中间有这种苦闷而要挣扎翻身的人还不少。这是目前智识阶级中一个颇严重的问题。

无论如何，我总要找一个机会到延安来看看，希望今年暑假中可以成行，行前当再奉闻。

> 谢谢你招邀的厚意。我对于你们的工作十分同情,你大概能明了。将来有晤见的机会,再详谈一切。匆此,顺颂
> 时礼
>
> 弟朱光潜一月廿日

这封信的公布,可说是重塑了朱光潜的形象,只是公布得太晚了,岁月已经流逝了四十三年零九个月。

朱光潜学贯中西,锐意求新。他几十年如一日不知疲倦地辛勤劳作,为我们留下了七百多万字宝贵的文化财富。《给青年的十二封信》《谈美——给青年的第十三封信》赢得了青年读者广泛的赞誉;《变态心理学派别》《变态心理学》《悲剧心理学》《文艺心理学》堪称我国心理学和美学的奠基作;《诗论》是诗学的经典;作为大学教材的《西方美学史》是一部体系完整、内容详备赅博的巨著。朱光潜对于美学的贡献尤为突出。美学作为一门学科,能够在中国得到发展和普及,路易·哈拉普、柏拉图、克罗齐、莱辛、歌德、黑格尔和维柯这些美学大师的著作,能够在中国广泛流传,都和朱光潜的名字分不开。如果说王国维是把西方美学引进中国的第一人,那么,朱光潜则是最全面系统地把西方美学介绍到中国,创建了使之与中国传统美学相结合的独特的美学理论,使美学在中国以学科的形态得以发展的最重要、最有成效的开拓者,可他在"身份"上却一直划定为被改造的对象。朱光潜1941年担任过"三青团中央候补监委",1942年加入国民党,1947年担任了"国民党中央常务监委",左翼作家认定他是"凶残"的"反动文人"。可他写给周扬的这封信让我们厘清很多问题。

抗战全面爆发后,朱光潜接受四川大学校长张颐的邀请并征得北大同意,于1937年9月到成都出任川大文学院院长兼外文系主任。抗战的风火淬砺了他的民族意识和爱国情怀,中华全国文艺界抗敌协会成立,朱光潜便欣然加入并被推举为理事。1937年9月20日,朱光潜在川大"总理纪念周"上谈到他从北平到四川沿途的经过时说:

> 有的人以为这次便是最后的战争了,实则并不是这样。我们还是要作长久的计划,极力培养中国文化之生命与元气,只要文明生命尚在,我们中国还不会遽然灭亡的。所以我们现在极当注意的,第一是

物质方面，我们的体格；第二是精神方面，我们的人格。就是以这次平津失守来说，也并非兵不能打，也不仅是武器不能用，实在是因为汉奸太多。平津一带的汉奸，在过去一年就很活动，暗中与日本通消息，济南、徐州、首都等处，也都曾有泄露消息事件发生。这次中央专任秘书黄浚父子也都当汉奸，泄露重要消息，甚至晚上日本飞机来轰炸的时候，汉奸用手电指示轰炸的地点，所以结果竟使首都这次受了偌大的损失。据说当汉奸的人们，受过大学，中学，小学的教育的都有。这当然算是我们中国的教育，至少有一部分遭失败。由此可知救国之道，不只是在注意物质方面，就可以了事的，还要特别注意精神方面的修养。在战争中交战两国所互相抗衡的不仅是枪炮，尤其是民族文化与民族精神。①

"在战争中交战两国所互相抗衡的不仅是枪炮，尤其是民族文化与民族精神"，这番话今天听来仍不失为"警世箴言"。在一次演讲中，朱光潜语重心长地说：

> 我们如果要抗战到底，一定要有真正的自信，真正的自信要根据彻底的自知。要自知必须能自省。能自省才能知耻。……从前人说"知耻近乎勇"，又说"明耻教战"。不知耻的人不会有勇气，不"明耻"也决不能教战。我们现在要确实感觉到日本人对于我们的烧杀淫掳，是我们的极大的耻辱，在这种耻辱之下，我们如果不能真正的觉悟，下极大的决心，去脚踏实地同心协力地去洗清我们的国耻，这是我们的更大的耻辱。②

朱光潜揭露当局的"不抵抗政策"，对国民党越来越失望。1938年春天，他和何其芳、卞之琳、方敬一起创办了《工作》半月刊，宣传抗日战争，抨击时政弊端。这年秋天，何其芳和卞之琳去了延安，朱光潜也心向往之，就写信请何其芳和卞之琳与周扬联系，安排他去延安。国民党为了加强对川大的控制，于1938年12月宣布撤换张颐，任命声名狼藉的CC

---

① 《在四川大学总理纪念周上的讲演》，《国立四川大学周刊》第6卷第2期，1937年9月，引自《朱光潜全集》第8卷，第568页。

② 《国难期中我们应有的自信与自省》，《国立四川大学周刊》第6卷第12期，1937年12月，引自《朱光潜全集》第8卷，第574—575页。

派（"中央俱乐部"）干将程天放接掌川大。朱光潜素来不屑与政客为伍，便和其他进步教授一起掀起了轰动一时的"反程运动"。国民党教育部拒不收回成命，朱光潜就号召罢教，并在程天放"夺印上任"的当天，以辞职相抗，表现出一个学者正直清明的品格。

周扬迟迟没有回信，可朱光潜想去延安的事却传出来了。国民党当局就通过朱光潜的一些留欧好友力加劝阻，并由武汉大学校长王星拱和武大文学院院长陈西滢等几位朋友把他拉到乐山（朱光潜在给周扬信中所说的"嘉定"），当上了武大教务长兼外文系主任。1939年1月20日接到周扬来信时，朱光潜已经到了乐山，被"朋友们"牵制住了，以致他"总要找一个机会到延安来看看"的愿望也未能实现。国民党有大学里"长"字号人物必须参加国民党的规定，校长王星拱在陈立夫的压力下为了息事宁人又苦劝他入了国民党，至于当上"三青团中央候补监委"的事，是国民党当局的特意"安排"，名单在报上公布后朱光潜才知道的；被推举为"国民党中央常务监委"的事，朱光潜也不在场，这些所谓的"职务"对他说来只是个"安抚"和"拉拢"。

朱光潜没有做任何有损革命的事，对学生更是爱护有加。1939年入学的学生张高峰在《我所崇敬的朱光潜老师》一文中写道：

> 一九四一至一九四二年，国民党教育部、中央党部多次密令武汉大学监视一批点名的"奸匪"和"奸匪嫌疑"学生的行动，强制一批学生离校，包括现任《湖南日报》副总编辑胡开焖、民盟贵州省副主委唐弘仁等。我也是双榜提名的。身为教务长的朱光潜与校长王星拱、训导长赵师梅一面应付教育部，一面向我们通气，提醒我们行动谨慎，维护我们到一九四二年夏天毕业安全离校。我更特殊，政治系毕业后两年，经朱先生批准，又转入历史系二年级，回校继续读书，且给我战区学生甲种贷金，维持生活。①

至于作家、学者、翻译家齐邦媛笔下的朱光潜就更感人了。齐邦媛早年就读于南开中学，1943年考入四川乐山武汉大学哲学系，英语成绩是全校第一名。朱光潜看了考卷后，特意找到这个一年级的新生，让她从哲学系转

---

① 《朱光潜纪念集》，第146页。

到外文系改学外文。朱光潜跟她说:"现在武大搬迁到这么僻远的地方……哲学系有一些课都开不出来。我已由国文老师处看到你的作文,你太多愁善感,似乎没有钻研哲学的慧根……你如果转入外文系,我可以做你的导师,有问题可以随时问我。"① 就这样,齐邦媛从哲学系转到外文系,成了朱光潜的弟子。她在《巨流河》中用了三个章节的篇幅介绍朱光潜,写朱光潜讲授英国文学史课程,讲解华兹华斯《玛格丽特的悲苦》时想到我们中华民族的苦难,"竟然语带哽咽",以至"眼泪流下双颊,突然把书合上,快步走出教室,留下满室愕然"。② 写到朱光潜讲雪莱《西风颂》时说:"雪莱的颂歌所要歌颂的是一种狂野的精神,是青春生命的灵感,是摧枯拉朽的震慑力量",在武大文庙配殿那间小小的斗室之中,朱光潜讲课表情严肃,也很少有手势,"但此时,他用手大力地挥拂、横扫……口中念着诗句,教我们用 the mind's eye 想象西风怒吼的意象 (imagery)。这是我第一次真正地看到了西方诗中的意象。一生受用不尽"。③ 齐邦媛盛赞朱光潜渊博、真挚,不仅对英诗有独到的感悟,且处处联系与英诗相似的中国诗词进行分析比对,对学生要求严格,学生跟他念的每首诗都得背,让学生由生变熟,确能领悟英语诗歌的真意,不无深情地说她是朱光潜的"心灵后裔",朱光潜讲授的"英文诗和中国诗词,于我都是一种感情的乌托邦,即使是最绝望的诗也似有一股强韧的生命力"。④

朱光潜在武大时每周都给学生作一次演讲,后来汇编成《谈文学》和《谈修养》两本书,分别由开明书店和重庆中周出版社出版。《谈文学》是用"自己学习文艺的甘苦之言",劝青年朋友"逐渐养成一种纯正的趣味,学得一副文学家体验人情物态的眼光和同情"。⑤《谈修养》旨在向青年朋友介绍"自己的思想",希望青年朋友也能"冷静、沉着、稳重、刚毅,以出世精神做入世事业"⑥,进而抨击"独裁政府"贪污误国、醉生梦死⑦。舒芜在《敬悼朱光潜先生》一文中写到朱光潜在乐山时赠给他叔父

---

① 齐邦媛:《巨流河》,生活·读书·新知三联书店,2011年,第109页。
② 同上书,第113页。
③ 同上书,第114页。
④ 同上书,第119页。
⑤ 《〈谈文学〉序》,《朱光潜全集》第4卷,第155页。
⑥ 《〈谈修养〉序》,第5页。
⑦ 详见《谈处群(下)——处群的训练》和《谈羞恶之心》,《朱光潜全集》第4卷。

的一幅字，是宋代文及翁著名的《贺新郎·西湖》：

> 一勺西湖水，渡江来，百年歌舞，百年酣醉。回首洛阳花石尽，烟渺黍离之地。更不复新亭坠泪。簇乐红妆摇画舫，问中流击楫何人是？千古恨，几时洗。　余生自负澄清志。更有谁磻溪未遇，傅岩未起。国事如今谁倚仗，衣带一江而已！便都道江神堪恃。借问孤山林处士，但掉头笑指梅花蕊。天下事，以知矣。①

从《贺新郎·西湖》中也可以体会到朱光潜对国民党政府消极抗日、苟且偷安、醉生梦死的无限愤慨的心情。

抗战期间，因日军入侵，安徽大学被迫西迁并曾一度停办。抗战胜利后，安徽大学在安庆复校，定名国立安徽大学。国民党当局拉朱光潜去当拟复建的安徽大学校长，朱光潜毅然回绝，他憎恨重庆政府日益腐化无能，不愿意卷入仕途，于1946年底回到了北大，次年出任文学院代理院长直至新中国成立前夕。1948年12月初，北平已被解放军包围。国民党当局将东单广场辟为临时飞机场。他们一面散布"隔江而治"的谬论，蛊惑人心，一面拉拢"知名人士"在城里乘坐南京政府的飞机去南方。国民党政府拟定的名单上，胡适居首位，朱光潜名列第三。胡适在一个深夜乘专机逃出北平，朱光潜则留在北大，与广大师生一起迎接解放。为此，他曾兴奋地说过："我象离家的孤儿，回到了母亲的怀抱，恢复了青春。"②

至于朱光潜回到北大后做的工作也可圈可点，他开设了"欧美名著选读""英诗""翻译"等课程，课余做的第一件事情就是复刊《文学杂志》。编委会由杨振声、朱光潜、沈从文、冯至、姚可崑五人组成，朱光潜仍任主编兼发行人，常风任助理编辑，编辑部就设在北平沙滩中老胡同32号附6号朱光潜家中。《文学杂志》于1947年6月复刊（自第2卷开始），朱光潜在《〈文学杂志〉复刊卷头语》中说：

> 《文学杂志》在26年创办，发行了4期就因抗战停刊。当时每期销行都在两万份以上，在读者中所留的印象并不算坏。事隔10年，

---

① 《朱光潜纪念集》，第37页。
② 《朱光潜同志生平》，《人民日报》1986年3月18日。见《朱光潜纪念集》，第5页。

到现在还有些读者打听它有无复刊的消息。这一点鼓励使我们提起勇气把它恢复起来,虽然我们明知道目前复刊是处在一个不很顺利的环境。我们准备着挺起腰干奋斗下去。我们的目标在原刊第一期已表明过,就是采取宽大自由而严肃的态度,集合全国作者和读者的力量,来培养成一个较合理想的文学刊物,借此在一般民众中树立一个健康的纯正的文学风气。我们现在仍望指着这个目标向前迈进。①

复刊后的《文学杂志》仍为月刊,第 2 卷出版了 12 期(1946 年 6 月至 1948 年 5 月),第 3 卷出版了 6 期(1948 年 6 月至同年 11 月),设有"论文""诗""戏剧""小说""散文""游记"和"书评"等七个专栏,《文学杂志》第 1 卷的作者大多继续写稿,又增加了一大批新的作者,如吴之椿、甘运衡、徐盈、季羡林、萧望卿、戴镏龄、俞铭传、穆旦、袁可嘉、毕基初、李瑛、王佐良、游国恩、傅庚生、张英、刘贝汶、李大之、吴同宾、王忠、萧沅、汪曾祺、叶汝链、陈占元、罗大冈、田畴、林蒲、萧赛、杨湅、张希桎、贾光涛、孟士孙、金克木、邢楚均、萧凤、金隄、艾芜、盛澄华、郭士浩、朱介凡、少若(吴小如)、刘荣恩、闻家驷、朱君允、缪钺、方敬、徐朔方、陈石湘、君弱、叶苍岑、晁朴、陈思苓、徐家昌、方域、马君玠、许素任、鲁人、蓉圃、陈方、张桎、闻一多(遗著)、常乃慰、浦江清、冯友兰、川岛、余冠英、李广田、马文珍、王瑶、孙楷第、艾辰、雷妍、方回等,大多是学者型的作家,以北大、清华、燕京等高校的师生为主体。在选编过程中,朱光潜拒绝"侦探故事""色情的描写""黑幕的描写""风花雪月的滥调"和"口号教条"这五种内容上的"低级趣味";抨击"无病呻吟,装腔作势""憨皮臭脸,油腔滑调""摇旗呐喊,党同伐异""道学冬烘,说教劝善"和"涂脂抹粉,卖弄风姿"这五种在创作态度上的"低级趣味"。他认为文学上的"低级趣味"源于"作者对自己不忠实,对读者不忠实",不"肯以深心的秘蕴交付给读者"。②正是这种严肃认真的态度,使得《文学杂志》成了当时最有影响的文学期刊。与第 1 卷相比,第 2、3 两卷的思想和艺术都显得更纯正,与时代贴

---

① 《朱光潜全集》第 9 卷,第 241 页。
② 详见《文学上的低级趣味(上):关于作品内容》《文学上的低级趣味(下):关于作者态度》,《朱光潜全集》第 4 卷,第 178—193 页。

得更紧。

1948年1月中下旬,朱光潜应邀担任天津《民国日报》副刊《文艺》的主编。《文艺》是周刊,每周一出版,占半个版面,在这之前已经出版了112期。1948年2月2日出版的第113期改为第1期,刊名改由朱光潜题写,表明主编已经易人。考虑到期与期之间的衔接,自第2期起又改署为第114期,1948年12月11日出至第156期,因《民国日报》停刊而终结,一共出版了44期,作者仍以北大、清华的教员和北方的青年作家为主,像胡适、沈从文、朱自清、俞平伯、废名、潘家洵、闻家驷、余冠英、常风、罗念生、程鹤西、林庚、袁可嘉、季羡林、汪曾祺、李瑛、马君玠、朱星、甘运衡、毕基初、冯健男等也都是《文学杂志》的撰稿人,从而使得理念和风格都相当一致。《文学杂志》偏重理论和学术,面向学者和文艺青年;副刊《文艺》则面向社会大众,召唤正义,揭露黑暗,指引光明,急切地企盼新中国的诞生。

朱光潜真不愧是有眼光的编辑大家,可名气越大他的"历史问题"也就被放得越大。郭沫若在1948年5月发表的《斥反动文艺》一文中说:"国民党是可以有一位男作家的,那便是国民党中央监察委员的朱光潜教授了,朱监委虽然不是普通意义的'作家',而是表表堂堂的一名文艺学学者,现今正主编着商务印书馆出版的《文学杂志》。我现在就把他来代表蓝色。"又说"由他这样的一位思想家所羽翼着的文艺,你看,到底是应该属于正动,还是反动?"① 把朱光潜定性为是国民党中的"一位男作家",把他主编的《文学杂志》划定为"反动文艺",在新中国成立之初的一段时间里他被划定为"内部专政"的对象。

朱光潜真诚地向新社会靠拢,赶在新中国成立前突击翻译马列主义文艺批评家路易·哈拉普的《艺术的社会根源》,向新中国献礼。他在1949年11月27日《人民日报》发表的《自我检讨》中说:中国"真正是换了一个世界","从辛亥革命以来,我们绕了许多弯子,总是希望之后继以失望,现在我们才算走上大路,得到生机。这是我最感觉兴奋的景象。……我认为共产党所走的是世界在理论上所应走而在事实上所必走的一条大

---

① 《郭沫若全集》第16卷,人民文学出版社,1989年,第291、293页。

路"。① 1956 年在《文艺报》第 12 期上发表的《我的文艺思想的反动性》中说："解放前我发表的一些关于美学和文艺理论方面的著作，在青年读者中发生过广泛的有害影响。解放以来，对此我一直存着罪孽的感觉，渴望把马克思列宁主义学好一点，先求立而后求破，总要有一天把自己的思想上的陈年病菌彻底清除掉。"② 为了学好马克思列宁主义，朱光潜 1952 年开始学习俄文，经过四年的努力，到 1956 年已经能很流利地阅读俄文书刊。他的英、德、法语本来就都是超一流的，至此已精通四门外语。他读马列著作读的是英、德、俄文版，系统学习当时人人必读的《共产党宣言》《哥达纲领批判》《国家与革命》《反杜林论》《费尔巴哈与德国古典哲学的终结》和《唯物主义与经验批判主义》这六本书时，他找来德、俄、英几种文本和中译本对照着阅读，发现中译本中有不少地方尚须推敲，便着手校改译文，把校改意见逐条写在中译本上。最后他把密密麻麻写满校改建议的六本书寄给了中共中央马列著作编译局，希望能为全面、正确地传播马列主义贡献一份力量。③

1966 年，"全国第一张马列主义大字报"在北大出笼的时候，朱光潜已步入"古稀之年"。他被扣上"资产阶级反动学术权威"的帽子，一度被关进"牛棚"，强迫从事沉重的体力劳动，在"群众专政"下接受"监督改造"，受尽精神和肉体上的折磨，宿疾齐发，几乎丧命。可他并没有绝望，在接受改造的同时还偷偷地翻译黑格尔的《美学》，使自己不至于颓唐和荒芜。《美学》将近 110 万字，是非常难懂难译的巨著。1970 年，北京大学承担了联合国文件资料的翻译任务，指派朱光潜到翻译组"接受改造"，让他每天在扫地、冲洗厕所之余，做些翻译工作。1973 年初，"梁效"（北大和清华）要调朱光潜到"大批判组"翻译诗稿。在当年能进"梁效"是一种很高的政治待遇，至少可以说明这人很"有用"或者说很"可靠"。朱光潜不愿意依附"梁效"，就请联合国文件资料翻译组负责人马士沂帮他设法推脱，说"朱光潜的外文是老古董，根本不能搞什么翻译了，我们也只拿他当个活字典用用"。"梁效"仍不放过，说朱光潜中文也很

---

① 《朱光潜全集》第 9 卷，第 537 页。
② 《朱光潜全集》第 5 卷，安徽教育出版社，1989 年，第 11 页。
③ 参见朱世嘉：《带着永恒的感念……》，《朱光潜纪念集》，第 256—257 页。

好，还可以利用利用，马士沂又帮着用老糊涂之类的言辞搪塞过去。① 宁愿"接受改造"，也不愿意去"红极一时"的"大批判组"，可见朱光潜是个有判断力的人，自己有分寸，做得主。只是像这一类事情他不愿意讲，也不希望被人拿来宣传，直到他逝世之后才从悼念文章中透露出来。

1986年3月17日下午，朱光潜的遗体告别仪式在北京八宝山革命公墓礼堂举行，《人民日报》于次日发表的《朱光潜同志生平》中，有一段话是胡乔木亲自加的："一九八三年三月，他应邀去香港中文大学讲学，一开始就声明他自己的身份：我不是一个共产党员，但是一个马克思主义者。这就是他对自己后半生的庄严评价。"胡乔木在《记朱光潜先生和我的一些交往》一文的结尾说得更详细，他说：

> 我想把朱先生一九八三年三月去香港中文大学讲学的事作为这篇短文的结束。他讲学一回来，我就邀他（由他的大女儿朱世嘉同志陪同）到我当时因病暂住的医院相见。他讲了他在香港讲学的经过和见闻，使我听了十分欣慰。他在中文大学讲学时一开始就宣布他的身分："我不是共产党员，但是一个马克思主义者。"这句话说得好极了，我想，这可以作为他后半生的定论。②

朱光潜应邀去港大，是去主持港大第五届"钱宾四（穆）先生学术文化讲座"，作题为《维柯的〈新科学〉及其对中西美学的影响》的专旨演讲。香港和台湾有很多相隔多年的好友到场聆听。朱光潜在这样一个极其庄重的场合宣布自己"是一个马克思主义者"，其效应就像1939年给周扬写的要去延安的那封信那样，就像1973年拒绝去"梁效"那样，令人肃然起敬。可这个庄严的"宣布"也是在他逝世后才由胡乔木公布出来的。朱光潜光明磊落、勇于追求真理的精神值得颂扬！

遗憾的是伴随他漫长的一生的更多的是被批判。最后一次被点名批判是在1983年，起因得追溯到1980年。改革开放已进入第三个年头了，可对沈从文的评价还在重弹五六十年代的老调子，朱光潜实在看不下去，就在1980年第5期的《花城》杂志上发表了《从沈从文先生的人格看他的

---

① 参见朱世嘉：《带着永恒的感念……》，《朱光潜纪念集》，第257页。
② 《朱光潜纪念集》，第24页。

文艺风格》，在论述沈从文的"文学成就"和"人格"时说：

> 在解放前十几年中我和从文过从颇密，有一段时间我们同住一个宿舍，朝夕生活在一起。他编《大公报·文艺副刊》，我编商务印书馆的《文学杂志》，把北京的一些文人纠集在一起，占据了这两个文艺阵地，因此博得了所谓"京派文人"的称呼。京派文人的功过世已有公评，用不着我来说，但有一点却是当时的事实，在军阀横行的那些黑暗日子里，在北方一批爱好文艺的青少年中把文艺的一条不绝如缕的生命线维持下去，也还不是一件易事。于今一些已到壮年或老年的小说家和诗人之中还有不少人是在当时京派文人中培育起来的。
>
> 在当时孳孳不辍地培育青年作家的老一代作家之中，就我所知道的来说，从文是很突出的一位。他日日夜夜地替青年作家改稿子，家里经常聚集着远近来访的青年，座谈学习和创作问题。不管他有多么忙，他总是有求必应，循循善诱。……

1982年6月，朱光潜得知沈从文的作品集《凤凰》将要出版，就写了题为《关于沈从文同志的文学成就历史将会重新评价》，作为这本作品集的序。在写到沈从文的文学成就时说：

> 当然，对从文不大满意的也大有人在，有人是出于私人恩怨，那就可"卑之无甚高论"。也有人在"思想性"上进行挑剔，从文坦白地承认自己只要求"作者有本领把道理包含在现象中"，"接近人生时绝不是所谓道德君子的感情"。我自己也一向坚持这种看法……因此我也很欣赏他明确说出的下列理想：
>
> "这世界上或有想在沙基上或水面上建造崇楼杰阁的人，那可不是我，我只造希腊小庙，选山地作基础，用坚硬的石头堆砌它，精致，结实，匀称，形体虽小而不纤巧，是我理想的建筑。这神庙供奉的是'人性'。"我相信从文在他的工作范围内实现了这个理想，我特别看出他有勇气提出"人性"这个别扭倒霉的字眼，可能引起"批判"，好在我们仍坚持双百方针，就让仁者见仁，智者见智吧！在真理的长河中，是非终究会弄明白的。
>
> 于今文学批评家们爱替作家们戴些空洞的帽子，这人是现实主义

者，那人是浪漫主义者，这人是喜剧家，那人是悲剧家，如此等等。我感觉到这些相反的帽子安在从文头上都很合适，这种辩证的统一正足以证明从文不是一个平凡的作家，在世界文学史中终会有他的一席地。据我所接触到的世界文学情报，目前在全世界得到公认的中国新文学家也只有从文和老舍，我相信公是公非，因此有把握地预言从文的文学成就，历史将会重新评价，而他在历史文物考古方面的卓越成就，也只会提高而不会淹没或降低他的文学成就。①

这篇序文开了正确评价沈从文的先河，但"公认的中国新文学家也只有从文和老舍"的话，则被定性为"否定现代革命文艺的思潮"，"是精神污染的表现"。有位领导在讲话中用"北大有那么一个教授"这样的口吻来批判朱光潜，确有要把朱光潜当作"敌我矛盾"来处置的苗头。

朱光潜晚年出过两本代表作：《谈美书简》和《美学拾穗集》。《谈美书简》写于1979年，共收书简13封，系统回答"相识和不相识的朋友们"来信向他提出的关于学习美学的问题，谈的都是他"对美学上一些关键性问题"反复研讨后所得到的"新认识"。这一年朱光潜八十三岁。

《美学拾穗集》是朱光潜八十岁以后写作的美学论文和札记，共11篇，并附有马克思的《关于费尔巴哈的提纲》的校改译文，以及马克思的《经济学—哲学手稿》部分章节的译文。他在《〈美学拾穗集〉缘起》中，自比法国画家米勒名画《拾穗者》中"在夕阳微霭中弯着腰在田里拾收割后落下来的麦穗"的"乡下妇人"，称自己在晚年能与画中的拾穗者"攀上同调"，"这中间也有一番甘苦"。② 他所说的"苦"大概是指学界对西方美学论著重视得不够。也正是看到了这个"不够"，《谈美书简》和《美学拾穗集》由上海文艺出版社和天津百花文艺出版社在1980年出版后，他就赶着翻译维柯的《新科学》，要为美学界拾起一束"大穗"。

1983年，也就是批"精神污染"的这一年，朱光潜八十六岁，经过两年多的奋战，《新科学》的翻译已近尾声，正是最辛苦最艰难的时刻。维柯（1668—1744）是意大利哲学家、西方启蒙运动的先驱、美学的真正奠基人。《新科学》讨论的是人类怎样从野蛮的动物逐渐演变成文明社会

---

① 《湘江文学》1983年第1期。
② 《朱光潜全集》第5卷，第345页。

的人，涉及神话和宗教、家庭和社会、阶级斗争的观点、历史发展的观点、美学与语言学的一致性，以及形象思维先于抽象思维等重要问题，对近代西方文化和中国美学界有着巨大的影响。原文是意大利文，朱光潜从英文转译，为了译得准确，他不断地翻查意大利文词典。他懂一点意大利文，在翻译过程中又"临时抱佛脚"，边学边用，弄得非常吃力。朱光潜说翻译这部书感到简直像身上脱了一层皮似的那么艰苦。他没有助手，近五十万字的译稿是他用他那已经颤抖的手一个字一个字一抖一抖地写出的，等译稿修订完毕，他的体重只剩七十斤，患上了疲劳综合征。假如能了解这些背景，真不该兴师动众来批判一个快要耗尽生命的"拾穗者"！

著名学者吴福辉1978—1981年在北大中文系师从王瑶和严家炎攻读现代文学专业研究生，他在《融入我的大学》一文中是这样介绍朱光潜的：

> 非在中文系而引人注目的老教授是朱光潜。朱先生天天在燕南园附近路上跑步。他人瘦且小，跑动时一条腿拖在后面，颇费力。这样一个跑步的老人我们早就见到，却不以为意，他太普通太朴素了。直到乐黛云先生指点我们，才知道就是《西方美学史》的作者、哲学系的朱先生。我还有更意想不到的遭遇。因校内淋浴太过拥挤，一个喷头下面恨不得有五六个在等待，我有时就跑到海淀镇的澡堂去。这样，一次我就以最童贞的方式遇见了朱先生。先生其时已是耄耋之年，并没有家人陪同，他就这样毫无声息地来到公共浴池。他自然不认识我。我就这样无声息地享受着与先生共泡一池春水的幸福。后来我听说他的海外学生因朱先生八十高龄还挤公交车去参加政协会而愤愤不平。每次我都想，他们还没有见过朱先生在滑滑的浴池里是如何清洁自己的呢。抛开应不应该如此不论，我由此悟到金子是不必像玻璃那样发光的道理。我亲眼看到了越是大学者越是朴素无华的一道风景。①

"夕阳衔山时光"的朱光潜"挤公交车去参加政协会"、与吴福辉"共泡一池春水"，固然是他"朴素无华的一道风景"，而更为感人的应该是这位老人像着了魔似的在老伴和外孙的鼾声中翻译《新科学》。对于打上门来的

---

① 《中华读书报》2007年12月5日第13版。

批"精神污染",朱光潜用另一种方式回应:尽早译完《新科学》,把这一株"大穗"拾起来撒向更广袤的大地,让它生根发芽,为那些"批精神污染"而解释不清"精神污染"、"批异化"而不懂"异化"的人多备一本学习参考书。用拼搏的灯火照亮屈辱和苦难的暗隅,沉湎于学术而不计算其余的一切!

朱光潜的很多老朋友都说朱光潜"为人毫无世故气,为文毫无江湖气",而朱光潜回忆起他一生的坎坷时总爱说:"我是一个再造过的人。"他自我"再造"的路径主要有两点,一是"持冷静的客观的态度",从不"把'我'看得太大"①,容得下他人的批评和蔑视,永远谦卑好学;二是总能找到"源头活水"。他特别欣赏朱熹的名言:"半亩方塘一鉴开,天光云影共徘徊。问渠那得清如许,为有源头活水来。""活水"来自多接触社会,多读书多学习,这是"生机的源泉","有了它就可以防环境污染,使头脑常醒和不断地更新"。②朱光潜在《从我怎样学国文说起》一文中说:

> 我从许多哲人和诗人方面借得一副眼睛看世界,有时能学屈原、杜甫的执着,有时能学庄周、列御寇的徜徉凌卢,莎士比亚教会我在悲痛中见出庄严,莫里哀教会我在乖讹丑陋中见出隽妙,陶潜和华兹华斯引我到自然的胜境,近代小说家引我到人心的曲径幽室。我能感伤也能冷静,能认真也能超脱。能应俗随时,也能潜藏非尘世的丘壑。文艺的珍贵的雨露浸润到我的灵魂至深处,我是一个再造过的人,创造主就是我自己。③

"能感伤也能冷静,能认真也能超脱。能应俗随时,也能潜藏非尘世的丘壑",因而总能做到荣辱两忘,听其自然,"纵浪大化中,不喜亦不惧"。朱光潜始终"朝抵抗力最大的路径走",在生命的途程中不断追求更高的人生价值和人生境界,给我们树立了超群拔俗的典范。

(原载《名作欣赏》2021年第4期、第5期)

---

① 详见朱光潜:《谈学文艺的甘苦》,《朱光潜全集》第3卷,第343页。
② 《老而不僵》,《朱光潜全集》第10卷,第729页。
③ 《朱光潜全集》第3卷,第450页。

# "我的世界还有更辽阔的边境"
## ——集艺术家、诗人、学者、斗士于一身的闻一多

闻一多与北大中文系的关系至少可追溯到 1929 年 8 月。周作人在这年 8 月 27 日给俞平伯的信中说：

> 平伯兄：
> 　　来信承悉。北大对于足下并无正式表示，只有学生要求（指令？）鲁迅讲小说史，闻一多讲词，似有良禽择木而栖之意，唯此指令前马主任既不遵办，而且此刻该主任自己尚在下野中，则更谈不到，故鄙见以为可听之，至开学时再同尔时主任一谈，反正此刻现在也还谈不到开学也。……①

鲁迅 1929 年 5 月 13 日至 6 月 5 日从上海来北平探亲期间，北大中文系学生要求系里邀请鲁迅来北大任教，同时还要求邀请在武大担任文学院院长的闻一多也来北大，周作人用了"良禽择木而栖"的譬喻，似乎对学生的呼声持肯定的态度。"前马主任"，指的是当时的系主任马裕藻，至于"自己尚在下野中"的话也是实情，自 1931 年起中文系主任由文学院院长胡适兼任，直至 1937 年 5 月。胡适 1937 年 5 月 22 日日记中记有"下午，中国文学系送别会，我有短演说"②。他兼中文系主任的时间长达六年又五个月。

遗憾的是鲁迅和闻一多当年都未能来中文系讲学，并不是面临"下野"的系主任马裕藻"不遵办"，而是事实上的不可能。鲁迅从广州到上海后，

---

① 《周作人俞平伯往来书札影真》（上），北京图书馆出版社，1999 年，第 95 页。
② 《胡适全集》第 32 卷，安徽教育出版社，2003 年，第 656 页。

就曾表示过不愿教书。闻一多也来不了。1928年8月，他应聘为武汉大学教授兼文学院院长，重任在肩，怎么可以随便离开呢。1930年9月，闻一多就任青岛大学文学院院长兼中文系主任。1932年8月，闻一多回到阔别了十年的母校国立清华大学，担任中国文学系教授，与朱自清一起成了清华中国文学系的"柱石"（冯友兰语）、清华大学的"双璧"（杨振声语）。1933年9月，闻一多开始在北京大学兼课。《国立北京大学廿三年度各系课程指导书（1934年9月—1935年6月）》注明：闻一多担任二、三、四年级文学组课程，讲授《诗经》，每周2课时；分上、下两个学期；均为2个学分。《课程纲要》中说："拟综合古来之校勘、训诂、序说，参以近人新解，在可能范围内略加论断。"

《国立北京大学文学院中国文学系课程一览（1935年9月—1936年6月）》注明：闻一多给二、三、四三个年级开必修课《楚辞》，每周2课时；分上、下两个学期；均为2个学分。《课程纲要》中说："《楚辞》拟综合历来注家之说，参以近人新解，在可能范围内略加论断。"

闻一多在北大兼课少说也有三年，会不会还是学生的"要求"说不好，与胡适的拉拢倒是可以坐实的。身为北大文学院院长兼中国文学系主任的胡适自称是个"好事者"[①]。1931年1月，他到青岛大学与闻一多和梁实秋共商翻译莎士比亚著作，并做题为《文化史上的山东》的讲演。1月25日记："船到青岛，杨金甫（振声）、闻一多、梁实秋、杜光埙、唐家珍医生来接。"午饭后"回到金甫寓中大谈，谈北大事，谈努生事，谈翻译Shakespeare（莎士比亚）的事，畅快的很"。又说"我同一多从不曾深谈过，今天是第一次和他深谈，深爱其人"。[②]他那时就想把闻一多从青岛大学挖到北大[③]，惜未能如愿。一年半之后，闻一多回到清华，"深爱"着的人来到北大的校门口了，胡适岂能不出门相迎。

---

① 胡适：《1936年1月9日致周作人》，《胡适全集》第24卷，安徽教育出版社，2003年，第283页。

② 《胡适全集》第32卷，第41页。

③ 详见胡适1931年1月27日日记，《胡适全集》第32卷，第43页。

## 一、逊志时敏　自强不息

闻一多（1899—1946）诞生于湖北浠水县巴河镇望天湖畔闻家铺。相传先祖是南宋民族英雄文天祥，祖上世代耕读。在这个大家庭里，出过好多位举人和秀才，是一个书香门第。祖父佐湚公，发奋读书，但因"嗜词章学雅，不喜作制艺"，未得功名。值此打击，佐湚公一心培养子弟，"爱筑书室于屋侧，延名师课孙辈"，并不强求子弟读经作八股，而重视"鸠探各专门学诸书"，令之"各以其性之所近者习焉"。[①]

佐湚公育有四子，长子邦柱（廷炬），次子邦本（廷政），三子邦材（廷基），四子邦梯（廷治），皆取初级功名。闻一多的父亲闻邦本，又名廷政，字固臣，是清末的秀才，对国学有相当的造诣，早年参加过维新变革的活动，接受过新思潮的洗礼。他深怀爱国救国之心，为人耿介正直，不愿随俗浮沉，在政界待过一阵后就退隐家园，深居简出，读书写字，延师督子，创办改良私塾，以辅导儿孙为己任。闻一多的母亲刘氏是太学士刘廷熙之女。闻廷政有十个孩子，五男五女，闻一多行四。大哥展民（家骥），二哥履信（家骢），三哥巡周（家骆），弟弟尊五（家驷）。闻一多初名亦多，族名家骅，字益善，号友山，亦号友三。名与字皆出自《论语·季氏》："益者三友"，"友直、友谅、友多闻"。1912年入清华学校后改名"多"，"五四运动"后改为"一多"。

闻一多出生于家业兴旺之时。闻家原本有一个宅院，佐湚公又在望天湖边筑起一幢三进三重的宽大院落。为了与旧居区别，称之为"新屋"。分家时四兄弟抽签，三房仍住老屋，大房、二房、四房搬入新屋。新屋为一进三重院，有三个厅堂，厅堂内可舞龙灯。两旁有小厅、书房、寝室、天井等。每房各有二三十间屋子，典型湖北大家族式格局，据说只有曾国藩的宅院可比。门首悬"春生梅阁"四字匾额，两旁镌刻"七十从心所欲，百年之计树人"对联。院内的书房名为"绵葛轩"，内藏经史子集达万卷之多，字画拓片也很可观。闻一多在1913年写的自传《闻多》中说：

先世业儒，大父尤嗜书，尝广鸠群籍，费不赀，筑室曰"绵葛

---

[①]《闻氏宗谱》第22卷，第49页。转引自闻黎明编著：《闻一多年谱》，群言出版社，2014年，第3页。

轩",延名师傅诸孙十余辈于内。①

1950年土改的时候,省政府规定闻家的宅院不能动,并派人到浠水传达。可当地农会急于要分享胜利成果,赶在省里来人之前连夜拆了。2016年10月,当地政府想重建闻宅,邀请闻一多长孙闻黎明和我到巴河镇望天湖畔寻访闻家的宅基地遗址,面积相当大,紧邻巴河,直通长江,风景极佳。

闻家家大业大,一心培育后代,自以为像他们这样的开明地主才是改造中国社会的主力军。闻廷政生于1866年,是英法联军攻入北京火烧圆明园后的第六个年头。这是中华民族多灾多难的屈辱年代,他读《新民丛报》《东方杂志》,受改良运动的影响,对儿子要求很严。闻一多五岁便入私塾,读《三字经》《幼学琼林》,也读《尔雅》与"四书"。闻一多七岁那年,祖父在"新屋"办起家塾,仿照流行的学堂,起名"绵葛轩小学",聘请师范学堂出身的王梅甫任教。闻一多与"诸兄竞诵"子曰诗云,也学国文、历史、修身、博物、算学等新式学堂的科目。入夜,跟从父亲读《汉书》。1910年春,十一岁的闻一多和六个嫡堂兄一起来到武昌读书,准备投考两湖师范学堂附属高等小学校。闻一多在《辛亥纪事》中是这样描写的:

> 襄偕诸兄弟游学武昌,馆于三佛阁。辛亥秋,诸兄弟至者益众。季父督课严,匪故莫得入肆。②

闻一多和六个嫡堂兄由伯父邦柱(廷炬)照料,租借武昌芝麻岭三佛阁庙内半边小楼,带了仆人自己起火做饭,终日补习功课。1910年秋,闻一多考入两湖师范学堂附属高等小学校,食宿仍在这里,课余在叔父邦梯(廷治)主持的改良私塾里补习中文、英文和算学,叔父要求相当严,没有特别的原因,谁也不准上街。

闻一多苦学不辍,人称"书痴"。1912年夏天,清华学校来湖北招生。初试是在武昌举行的,科目有历史、地理、算学、英文。闻一多这几科的成绩平平,可是一篇题为《多闻阙疑》的作文却让考官感到惊异。并

---

① 《闻一多全集》第2卷,湖北人民出版社,1993年,第295页。
② 《古瓦集》(卷上)(1921年7月手写本),陕西人民教育出版社,1999年,第22页。

不是这篇题目与闻一多的姓名有关,写起来得心应手,关键是他自幼"好读梁任公文字",能模仿梁启超的笔调,把文章写得激情洋溢,结果录为备取第一名。到京复试,以鄂籍第二名被正式录取。这一年闻一多虚龄十四岁。

清华学校的学制八年,中等科四年(相当于初中),高等科四年(相当于高中和大一),八年后公费资送美国留学。入学后,闻一多的中文成绩名列前茅,但英文成绩欠佳,就自动留了一级。1913年9月,闻一多重新从中等科一年级读起,到高等科毕业应为辛酉年(1921年),所以又称为"辛酉级",同级中与闻一多关系密切的有瞿世英、罗隆基、吴泽霖、潘光旦和吴国桢。1917年9月,闻一多的堂弟闻亦齐考入清华学校中等科一年级(即1924级),与高士其、汤佩松、王造时、杨世恩等同级。1918年9月,闻一多的堂兄闻亦传考入清华学校高等科一年级(即1922级),与潘光旦、时昭瀛等同级,清华遂有"闻氏三兄弟"之称。至于闻一多五兄弟也相当了得。大哥家骥毕业于北洋法政专门学校,二哥家騄毕业于湖北方言学校法文预科,三哥家駟毕业于北京国立工业专门学校,弟弟家䭲就读于上海震旦大学,后留学法国,闻家的重教可见一斑。

清华是专以留美为目标的洋学堂,课程分西学、国学两部分。西学课程与留美关系密切,校方和学生都非常重视,而国学则受歧视。西文科目不及格就得留级,而中文科目即使不及格也能毕业,故学生普遍不重视,甚至在国文课堂上搞恶作剧。闻一多则在学好规定课程的同时,挤出时间来读经史子集,从《诗经》《楚辞》,到《史记》《汉书》,从陶潜、李白到李商隐、陆游,以及明清笔记诗话,广为搜猎,勤学不懈。从1913年起,他先后担任"课余补习会"会刊《课余一览》,以及《清华周刊》《清华学报》的编辑和辛酉级毕业纪念刊《辛酉镜》的总编辑,仅在《清华周刊》上发表的旧体诗文就有二十余篇,在《清华学报》发表的诗文有十多篇,在《辛酉镜》刊载的诗文也多达十余篇。他的这些诗文,或五古七古,或骈体骚体,或立论辩驳,洋洋洒洒,新意迭出,在古文学方面的造诣,已超越同侪水平,具有很高的思想和学术价值。这里列举四篇:

《论振兴国学》,刊《清华周刊》第77期(1916年5月17日)。文中愤叹清华的"国文一科","只如告朔之饩羊耳"。针对社会上开始出现的"重声光电化",而鄙视国学的风气,呼吁要"葆吾国粹""扬吾精华";

既要学习"新学",也要使古代中国灿烂的文化"渡太平洋而西行"。竭诚希望作为"预备游美之校"的清华学子,"注重国学""刻自濯磨","晨鸡始唱,踞皋高吟",以唤醒世人。长诗《园内》中写到的"早起的少年危立在假石山上","对着新生的太阳／如同对着他的严师,／背诵庄周屈子底鸿文,／背诵沙翁弥氏底巨制"[①],正是清华时期闻一多自强不息的真实写照。在这所"东方华胄的学府",同时也是"世界文化的盟坛"的"水木清华",闻一多学习的课程主要是"英读本""英作文""法文""历史""代数""地质""政治学""生物学""法制史"等,他在全方位地接受现代教育,"趋赴潮流"的同时,又严守"古圣先贤的遗训",夯实国学根基,誓言要"在东西文化交锋"的20世纪,保存和光大民族精神和民族文化,"与强权霸术决一雌雄"。

《新君子广义》,刊《清华周刊》第92期(1916年12月21日),这篇论文实际上是对梁启超"君子说"的反拨。1914年,梁启超到清华做过一次题为《君子》的演讲,要求学生做"名高任重""望之俨然"的"君子",也就是"英人"所谓的"绅士"。闻一多将梁启超提倡的这种"绅士式"的教育称之为"旧君子"教育,痛斥"徒言道义,而尠实践"的旧君子是"无为""无思""寂然不动""谬种流传"的"伪圣贤"。他主张做"尚进取""以博爱为本"、能熟悉"人群日用之务"的"新君子",并把这种精神称为"新君子之精神"。

《致友人书》,写于1916年秋冬之际,刊《清华周刊》第97期(1917年2月22日)。这是闻一多写给好友潘光旦的一封信。信中谈及人生理想与追求时有一段自述道:

> 某荆楚委蜕,因艳多才之士;燕赵负书,剧怜慷慨之夫。自辞鹳室,跬迹蜗居,人事罕接,素心靡莠。湖水灏瀚,望天不波。岩峰巉岏,帽云欲碧(望天湖、碧峰岩俱近二月庐也)。锲镂疲瓶,涵饫搜猎。永叔蚕食,落纸有声。义山獭祭,陈书如次。油灯不辉,尚胜车胤之萤;雄鸡警宵,起舞越石之剑。讵不知诗莫退房,文靡送穷;太白谪仙,尚讥杯水;子云壮夫,亦悔雕虫哉!第苟能伐毛九度,学务立言;诵《诗》三百,使能专对:则圣籍传德,金抵满籯,《太玄》

---

① 《闻一多全集》第1卷,湖北人民出版社,1993年,第198页。

阐道，文不覆瓿；以视生弗益时，死莫闻后，蜉蝣寄身，草木同腐者，不犹愈乎！不犹愈乎！

这里的"荆楚"指故乡湖北，"委蜕"本意是指被遗弃或无用的人或物，显然是自谦之辞。闻一多说他羡慕"多才之士"和甚爱"慷慨之夫"，才前来北京求学。"自辞鹳室"，说的是暑假离开清华回到家乡的"蜗居"，即"二月庐"之后，"人事罕接，素心靡梦"，心中没有一点纷乱。清华重西学而轻国学。为了弥补这一不足，也为了充分利用家中丰富的藏书，闻一多自1912年入校至1922年离校的十年间，每年暑期回乡度假的两个月内，天天把自己关在寝室里，足不出户，闭门读书，尽情遨游在祖父为孙辈购置的经史子集文山书海之中。浠水靠近武汉这个有名的"火炉"，酷暑难熬，闻一多就为自己的小卧房兼书房题额"二月庐"，把读书心得定名为《二月庐漫纪》，陆续在《清华周刊》上发表。他在自传《闻多》① 中说："每暑假返家，恒闭户读书，忘寝馈。每闻宾客至，辄踧踖隅匿，顿足言曰：'胡又来扰人也！'所居室中，横胪群籍，榻几恒满。闲为古文辞，喜敷陈奇义，不屑屑于浅显。暇则歌啸或奏箫笛以自娱，多宫商之音。习书画，不拘拘于陈法，意之所至，笔辄随之不稍停云。"大哥闻展民在《哭四弟一多》中写道：暑期归省，"虽值炎午，汗挥雨注，犹披览不辍。比薄暮，蚊蚋袭人，以扇摇曳，油灯照影，伴汝书声。母氏悯汝劳，命之辍，汝不应。一日傍晚，汝方立露井观书，蜈蚣缘汝足而上，家人乍见呼汝，罔顾；代而驱之，汝反讶其扰。犹忆汝新婚之夕，贺者盈门，汝握卷不即出，促汝而成礼。此皆汝之好学不倦，曾不以外物而动其心，故其造诣愈深，而所学亦猛进"②。

"湖水灏瀚，望天不波。岩峰巉岏，帽云欲碧"，说的是家乡风景美，望天湖水面平静，湖岸边的碧峰岩高大峻峭，像帽子似的云彩仿佛要罩住碧峰岩的山顶。"锲镂疲瓿，涵饫搜猎"，说他向人借书总会郑重地酬谢，因而能读到珍贵的典籍。"永叔蚕食，落纸有声。义山獭祭，陈书如次"，是说他像欧阳修那样博览群书，循序渐进，像蚕吃桑叶那样一口一口细细吞食，把浩瀚的典籍全部读完；作文像李商隐那样好用典故，且笔耕不

---

① 《辛酉镜》1917 年 6 月 15 日。
② 李（公朴）闻（一多）二烈士纪念委员会编印：《人民英烈》，1946 年，第 376 页。

止。"油灯不辉,尚胜车胤之萤;雄鸡警宵,起舞越石之剑",说的是他珍惜时光,在苦读典藏的同时,也认真练习书法。进而说到"德行"的重要,就连超凡脱俗的"谪仙人"李白,也会嘲讽司马相如的失节;扬雄壮年以后也后悔早年写的那些辞赋是雕虫小技。只是革心洗面、脱胎换骨必须经过许多次才能修成正果。"诵《诗》三百",贵在灵活运用;著作装满箱笼,为的是"传德";现在的读书人只顾追求利禄,连《周易》都读不懂,何况《太玄》,生前不能对时代有所裨益,死后不能流芳千古。闻一多强调学以致用,以能"立言""专对""传德""阐道"自勉,对自己的定位显然是要做社会的精英和栋梁。

《辨质》,刊《清华周刊》第 101 期(1917 年 3 月 22 日),作者时年 17 岁。文章开篇便说"君子为学,必光明气质"。"气质"即人的相对稳定的个性特征。闻一多在对人的气质进行深入剖析时,着重指出"妄"与"惰"两种倾向的危害。"惰者蠹己",结果成了"庸懦";"妄者则为小人",危害更大。"昔之中国之所以不振",是因为"庸懦"多;"今之中国之所以乱",是因为"小人"多。随后提出治疗"妄"与"惰"的良方,是"逊志务时敏",无论何时何地都要自觉地督促自己虚心好学,使自己成为"真君子"。闻一多自己就是"逊志时敏"的典范。1918 年 5 月 12 日给闻家驷的信中说:

> 寄来作文二篇,均已改就,并附评语,当详细参阅。兄近作二篇,亦附寄归。又评注司马温公《谏院题名记》,文法甚明显,可仔细揣摩。……父亲手谕问兄《汉书》已阅多少,兄自去腊起,实已改阅《史记》。札记亦随阅随做,并未拘前后,每次字数亦不拘定。近稍温阅《左传》,但札记仍用《史记》材料。此外自修功课,去岁寒假前已阅毕黎(莼斋)选《续古文辞类纂》,本学期正阅姚选本,未毕。近以大考在即,中文自习功课多未照格履行。兄现为文,气息尚不能醇厚,总由读周秦文字太少,暑假回家,当从此下手。[1]

闻家驷生于 1905 年,当时还在老家在父亲的督导下阅读经史[2],闻一多对

---

[1] 《闻一多全集》第 12 卷,湖北人民出版社,2004 年,第 7—8 页。
[2] 闻家驷,1919—1921 年就读于文学中学(教会学校)。1921—1923 年就读于汉口法文学校。1923—1925 年就读于上海震旦大学预科学习法语,1926 年自费赴法国留学,就读于巴黎大学文科。

弟弟关怀备至。这封信中说到他给家骊评改了两篇作文，同时也把自己的"近作"寄给家骊阅览，其中一篇是评注司马光的《谏院题名记》。在谈到自己的读书计划时说：自 1918 年 1 月起，暂停读《汉书》，改读《史记》，并温习《左传》，读《史记》时边读边写札记。又说到寒假前读完了黎庶昌选编的《续古文辞类纂》，现已开始读姚鼐的《古文辞类纂》，进而又说到周秦的文章读得太少了，因而作文总觉得"气息尚不能醇厚"。1918 年 11 月 25 日给闻家骊的信中说：

> 前寄归诸题，均有所拟作否？为选古文二首有领略否？经、史务必多读，且正湛思冥鞠，以通其义，勿蹈兄之覆辙也。兄近每为文，非三四日稿不脱，此枯涩之病，根柢脆薄之故尔。今课程冗杂，惟日不足，尝求闲暑稍读经、史，以补昔之不逮，竟不可得，因动私自咎悔，呜呼，亦何及哉！弟腹病近发否？摄生不可不讲，然亦不可以此自馁。病者身也，心志则不能病。起居以时，饮食惟适，立心坚确，向学不懈，阴阳亦退而听命矣。勉旃！①

"经、史务必多读"，这简直就是闻一多当年的座右铭；而"宽候岁时，未必不能出人头地"（1919 年 1 月 14 日日记），这是闻一多的信念和追求。闻一多谨慎勤敏，"不可虚掷景光，致误学业"的笃策在日记中表现得尤为清晰。

闻一多留存下来的日记取名为《仪老日记》，时为 1919 年 1 月至 4 月。1 月和 2 月的日记是全的，3 月的日记仅存 3 月 1 日至 16 日。3 月 16 日记："自三月十七日至四月二日凡十七日，剧事最烦，日不暇给，无日记。自三月二十八日至四月二日，未上课。社事经过困难，不一而足，皆不赘。三日初进城，故续记从此始。"② 而 4 月的日记也只有 4 月 3 日至 14 日，这么算来《仪老日记》加起来还不到 90 天。"五四运动"前夕，"新文化运动"已经如火如荼从北大蔓延到全国，此时的闻一多忙于"演说"、组建"新剧社"、编写剧本，还同同学一起排演了《巾帼剑》《是可忍》《我先死》和《得其所哉》四个新剧，可说是忙得不可开交。4 月 9 日的日记

---

① 《闻一多全集》第 12 卷，第 13 页。
② 同上书，第 427 页。

中说"数月以来,奔走剧务,昼夜不分,餐寝无暇","余精神上之耐忍与躯体上之忍耐俱全"①为人赞许,不过他"念兹在兹,永矢弗谖"的依然是写诗作文和读书。且看这二则日记:

> (元月)三日 作《读〈关雎〉章札记》一首。……造克列女士读耶经,甚有感触。三年前尚观性理书,以检点身心。今年齿进而反疏忽,下流之趋殆可必虞!耶家言虽异于儒书,且多近不经,要其足以益吾身心一也。后此必按期到班。②

> (元月)四日 阅《日下旧闻考》,考明代燕京城市之沿革。……读姚姬传复鲁宾之书。有曰:若鸡伏卵,其专以一,内候其节,而时发焉。又曰:为学之要,在于涵养而已。声华荣利之事,曾不得以奸乎其中,而宽以期乎岁月之久,其必有以异乎今而达乎古也。因思吾自侧身会事,日课尽荒。继此以往,神扰志乱,其何以读书,况众手所指,群飞刺天,果何神哉!今犹不悟,后悔何追。③

从《仪老日记》中可以看到,这八十多天里,除《诗经》《圣经》和《日下旧闻考》之外,闻一多阅读的"经史"还有《罗马史》《上古史》《希腊史》《文选》《史记》《类纂》《旧约故事》《清诗别裁》《汉赋》《英文名家诗类论》和《天演论》等。

1月25日记:"阅《类纂》二首,兴趣盎然,不忍释卷也。"④2月10日记:"枕上读《清诗别裁》。近决志学诗。读诗自清明以上,溯魏汉先秦。读《别裁》毕,读《明诗综》,次《元诗选》,次《宋诗钞》,次《全唐诗》,次《八代诗选》,期于二年内读毕。"⑤闻一多勤奋好学,真的是争分夺秒。他读书有计划,阅读面很广,真正做到了"为己"而学。

1921年7月,闻一多本应毕业赴美留学,只因6月下旬临大考时,他和班里部分同学为了支援北大、高师、女高师、法专、农专、医专、工专、美专等八所国立高等学校教职员的索薪斗争,不顾学校的禁令,毅然

---

① 《闻一多全集》第12卷,第427—428页。
② 同上书,第411—412页。
③ 同上书,第412页。
④ 同上书,第417页。
⑤ 同上书,第421页。

罢考，结果被开除，取消了留美资格。他愤愤不平地回到了老家，在"二月庐"里一边一篇一篇地看进入清华以来所写的旧体诗文，一边认真审视自己的言行。扪心自问，行得端立得正，好学上进，光明磊落，没有错。被开除无愧无悔，只是离开那些朝夕相处的同学，告别清华园里那些楼堂馆舍和花草树木，情感上总有些藕断丝连，难以割舍。清华园的九年，是令人难忘的九年啊！于是提起笔来，饱蘸墨汁，把自己比较满意的诗文逐篇誊抄一遍，加上自序，亲自装订成册，在封面题写了书名"古瓦集"，留作纪念。《〈古瓦集〉序》的开篇写道：

> 闲空里翻阅旧作的诗、古文辞，从前那种忘飧废寝，荡肝伐肺底情形，历历如同隔日的事。因念他（它）们实能代表当时的一番精力，便随时择着录了下来。①

闻一多把《古瓦集》称为"几件零星古董"，在解释为何命名为"古瓦集"时说："砖瓦虽没有盘鼎那样尊贵，可也算得一种古董，抛掉了怪可惜的；保存起来，到（倒）一则可以供摩挲，二则也是一个纪念品。"同年8月，清华当局迫于同学们的抗争，权衡利弊，将对罢考学生的处分改为"留级一年，推迟出洋"。闻一多接到通知后，匆匆回校复学，带到北京的《古瓦集》，从那以后便没有了下落。令人惊异的是，1997年，这本失踪了七十多年的《古瓦集》，竟然在中国社会科学院文学所未编目的图书中找到了，成了闻一多研究中的一段佳话。

闻一多亲手抄录的这本少作选集《古瓦集》，内含白话自序1篇，古文辞、赋、骈文18篇，旧体诗33篇（首），共52篇，而闻一多在清华求学期间写的旧体诗文远不止这些。他的小女儿闻翾编注的《闻一多青少年时代旧体诗文浅注》②中收录了《古瓦集》之外的旧体诗文34篇，这样算来闻一多从十四岁至二十五岁所写旧体诗文至少85篇，连同《〈古瓦集〉自序》，共86篇。他的旧体诗文，特别是16篇读书札记性质的《二月庐漫纪》以及《助战平议》《儆官邪议》诸篇，感情丰富，文辞典雅，意境优美，具有深厚的历史感和鲜明的时代精神，有较高的学术研究价值和文

---

① 《古瓦集》（卷上）（1921年7月手写本），第1页。
② 闻翾编注：《闻一多青少年时代旧体诗文浅注》，群言出版社，2003年。

学欣赏价值，我们从中可以看到闻一多自青少年时代起，就胸怀大志，既关注现实，又熟悉历史，既用功读书，又不拘泥于章句，善于独立思考，敢于向"陈说"挑战，绝不人云亦云。作品涉及的古代文化历史知识面很广，经史子集，诗词歌赋，书画，儒教、道教、佛教，天文、地理、人事、草木、虫鱼、鸟兽、山水、名物、制度、成语、典故，无所不包，仅写到的中国古代历史人物就多达286人。闻一多之所以能登攀上文学和学术的高峰，就在于他从幼年时代起就博览群书，热爱中国文化，学术根基夯得相当厚实。

## 二、"熟谙美之秘密"的"艺术家"

1923年9月1日，闻一多在给闻家驷的信中谈到留学生中盲目崇拜西方的不良风气时说："我自来美后，见我国留学生不谙国学，盲从欧西，致有怨造物与父母不生之为欧美人者，至其求学，每止于学校教育，离校则不能进步咫尺，以此虽赚得留学生头衔而实为废人。我家兄弟在家塾时辄皆留心中文，先后相袭，遂成家风，此实最可宝贵。吾等前受父兄之赐，今后对于子侄亦当使同等责任，使此风永继不灭焉。"①闻一多自幼饱读经史子集，可他的人生道路是从美术开始的。

闻一多很小就显露出对绘画的兴趣。琴棋书画本来就是文人的擅长，闻一多父辈中能作画的有好几位，他"受到感染，也摹仿着学起画画。舞台上的人物、古书中的绣像，都曾出现在他的笔下，有时家里要剪枕花鞋样，也找他绘样。这种发于自然的涂鸦，日后对他的人生成长产生了很大影响"②。1912年进入清华之后，闻一多经过美籍图画教师司达尔的指点，炭画和水彩画都大有长进，很快就以"善画"闻名于全校。他所在的"辛酉级"年刊《辛酉镜·美术》载有：1914年夏，闻一多参加图画教员司达尔组织的校外写生团，他的"水彩景画，善露阳光，有灿烂晴日之景象"。同学浦薛凤回忆说"一多铅笔与水彩画成绩特好，最受赏识，是为其留美学习绘画之根源"，又说一多"以聪慧见称。读书而外，从事各项

---

① 《闻一多全集》第12卷，第184页。
② 闻黎明：《闻一多传》（增订本），人民出版社，2016年，第11页。

课外活动，加之写字秀逸，作文华美，图画高明，口才卓越，是以被推担任级长，知名校内"。① 闻一多自己也曾说过"习书画，不拘拘于陈法，意之所至，笔辄随之不稍停"②。1915 年闻一多"以图画冠全级，奖景画一幅"，画作被选送到巴拿马展览会展览。《清华年刊》和《清华周刊》也都聘请闻一多担任美术编辑。1917 年升入高等科后，闻一多和杨廷宝、吴泽霖等几位美术爱好者在美术老师的指导下组织了美术社，"一方面读中外美术底书，一方面练习各种画"③，美术教师司达尔"用幻灯演讲泰西绘画及雕刻等题"④，拓宽了他的艺术视野，绘画成绩更上了一层楼。作为清华"美术社"的书记、艺术团体"美司斯"的发起人，闻一多保存下来的绘画有一张是 1917 年 6 月为辛酉级年刊《辛酉镜》制作的封面画，画面是一只展翅翱翔的雄鹰，背着的光芒四射的太阳中间篆有"辛酉镜"三字，喻示清华学子与日月同辉，前途不可限量。

闻一多思想锐敏开阔，想象力丰富，才华横溢，诗书画印，全面发展，跨越绘画与装帧设计两个领域，又涉足戏剧舞台美术。他在戏剧舞台美术方面保留下来的作品极少，而就绘画和书刊装帧艺术而言，1920 年代已经趋于成熟。1919 年 11 月发表的《建设的美术》⑤，从理论上强调美术在社会中的作用。1920 年 5 月发表的《出版物底封面》，从艺术层面探讨"封面画"的"价值"和"要例"，现节录如下：

（一）出版物底封面图案底价值

（甲）主体的。

1. 美的封面可以引买书者注意。

2. 美的封面可以使存书者因爱惜封面而加分地保存本书。

3. 美的封面可以使读者心怡气平，容易消化并吸收本书底内容。

（乙）客体的。

1. 美的封面可以辅助美育。

2. 美的封面可以传播美术。

---

① 浦薛凤：《忆清华级友闻一多》，台北《传记文学》第 39 卷第 1 期，1981 年 7 月。
② 闻一多：《闻多》，转引自闻黎明编著：《闻一多年谱》，第 21 页。
③ 《美术社》，《清华周刊·第六次增刊》，1920 年 6 月。
④ 《清华周刊·本校十周年纪念号》，1921 年 4 月 28 日。
⑤ 《清华学报》第 5 卷第 1 期，1919 年 11 月。

此外还有别种的直接的或间接的经济价值，不胜详述。

（甲）美的封面图案底要例——图案是广义的，不专指图画底构造，连字底体裁，位置，他们底方法，同封面底面积，都是图案底全体底元素。

1. 画的要例

A. 须合艺术底法义——如条理，order，配称，proportion，调和，harmony 等。

B. 须与本书内容有连属的或象征的意义。

C. 不宜过于繁缛。[①]

这些论述和见解，时至今日仍有指导意义。至于绘画，闻一多为清华 1921 级毕业班纪念集《清华年刊》制作的"题图画"和"题花"，融中西"两派精神"于一体，是我国书籍装帧史上的精品。

"题图画"包括《梦笔生花》《起碇扬帆的清华号舵轮》《销售一空的印刷物》《梦幻的人生舞台》《平步青云》《天安门前的青年讲演者》《求索真知的青年女性》《天上人间比邻共处》《回忆清华的学习生活》《儒学的惩戒教育》《一元复始万象更新》《清华校训："厚德载物自强不息"》《黄河鲤鱼跳龙门》《切磋新知的女姓》共 14 幅；"题花"有"班级月事记十一月""科学""数学""文学""宗教""新同学"共 6 条。这些"题图画"和"题花"，内容新颖、构思新奇、造型生动、笔力遒劲、意境传神。民间有"李太白少时，梦所用之笔头生花，后天才瞻逸，名闻天下"的传说，闻一多借助这个传说，创作了《梦笔生花》，表现清华风华正茂的学子们幻想走上社会后施展才华，报效国家的抱负。画面上，一美少年在烛光的映照下倚案而眠，睡梦中浮现出"妙笔生花"的图景，传统线描的疏密和黑白色块巧妙的搭配，书案、书籍、圆杌、烛焰、屏风、梦境的精心组合，构成了丰富和谐的美感。整个画面既"传统"又"现代"，真正做到了熔古典传统与现代精华于一炉。1923 年 1 月，闻一多特意将这幅画送给梁实秋，请他保存留念。他在 1 月 21 日给梁实秋的信中说这幅画"是过去一多底化身"，"愿'红焰辐射的烛火'常照在你眼里，'梦笔生花'

---

[①] 《清华周刊》第 187 期，1920 年 5 月 7 日。

的图象永浮在你心头！"①

　　从这组"题图画"可以看出，闻一多对我国传统木刻版画技法创造性的运用、对我国古典绣像小说插图技艺的借鉴，对英国图形艺术家和设计师、插画艺术家比亚兹莱的线描艺术的吸纳，均已达到了相当娴熟的程度。就总体风格而言，《梦笔生花》以想象和象征见长，《起碇扬帆的清华号舵轮》《梦幻的人生舞台》《求索真知的青年女性》《天上人间比邻共处》《一元复始万象更新》《清华校训："厚德载物自强不息"》《黄河鲤鱼跳龙门》，也可归为这一类。而《销售一空的印刷物》《平步青云》《天安门前的青年讲演者》《回忆清华的学习生活》《儒学的惩戒教育》《切磋新知的女姓》则偏重写实，现实感较强，但又总能很巧妙地把现实与历史联接起来。《平步青云》画的是两位青年，在下边的一位紧紧地扶稳梯子，上面的一位奋力攀登，直入云端，画的两侧配有一联"青云得路，指日高升"；《儒学的惩戒教育》画的是一位老先生坐在太师椅上教训学童，书案的上方孔子像两侧的对联是："宣尼之后更无圣，盘古以前当有天。"这两副对联丰富了作品所蕴含的思想内涵，表现了我们民族传统的教育理念。

　　《天安门前的青年讲演者》是"五四"时期的街头宣传画。"五四运动"爆发的当天晚上，闻一多用红纸抄录了岳飞的《满江红》，贴到清华饭厅前的布告栏里，抒发他要"从头收拾旧山河"的豪情壮志，激励清华学子紧急行动起来，"作爱国之事"。画面上画的是一位青年学子站在天安门前的讲台上演讲，许多民众围上来聆听，大家都听得很入神，就连一位路过的人力车夫也停下脚步，不忍离开，若有所思。在表现手法上，闻一多采用了"相框"的技法，把"讲演者""听众"和"天安门"都画在画框里，画框的左右和下方配有"祥云"和"龙"的图案，用"传统"来反衬"现实"、用"龙"的图腾来烘托"龙"的子孙们的"悲愤"，从而使得这幅宣传画富有更鲜明的中国特色，能更有效地抒发民众的爱国情感。色彩的处理也很讲究，"讲演者"和"听众"的底色都是"浅白"，而"祥云"和"龙"的底色则是"深黑"，"浅白"与"深黑"的映衬，把"讲演者"和"观众"的形象烘托得更加鲜活，雅俗共赏。

　　闻一多天分高，他的国文教师赵瑞侯老先生曾经说过："我一生教过

---

① 《闻一多书信手迹全编》（上），国家图书馆出版社，2010年，第144页。

的学生不下万人,但真正让我得意的门生,只有四人。"他在《梦与清华高等弟子共论文》中写道:"清华甲等首推罗,其次雍雍闻浦何。风雨鸡鸣交谊切,朝阳凤翙颂声和。"① "罗"即罗隆基,"闻浦何"是闻一多、浦薛凤、何浩若。《清华年刊》为闻一多毕业像作的"英文小传"中,称闻一多是"熟谙美之秘密"的"艺术家","身兼诗人和改革家"。②1922年5月,闻一多毕业赴美留学前在择校和选择专业时也曾犹豫过,他对新诗和国学的兴味都很浓,但又总摆脱不了对美术的偏爱,加上美术天赋高,这才不远万里到美国去学美术。

闻一多留美的三年里,住了三个城市,进了三所学校。1922年8月至1923年8月是在芝加哥美术学院度过的。芝加哥美术学院是美国最著名的美术学校之一,是建于1866年的芝加哥美术馆的组成部分之一。芝加哥美术馆的藏品有三十万件以上,包括欧美和东方的雕刻、绘画、版画、素描、装饰艺术品,以及前哥伦布时期的美洲艺术品,密歇根南大街正门两侧的青铜狮子塑像,是芝加哥城的标志。闻一多对这所学校非常满意,开学仅两周就因"成绩颇佳",屡蒙教员之"奖许",他在给双亲的信中说"美国人于此道诚不足畏也"③,对学好艺术信心满满。在给闻家骆、闻家驷的信中说,"我的功课做得可算得意","我进此专门学校后,益发对于自己的美术底天才有把握了"。④ 两个月后又向家中报喜,说:"我上月成绩又进,七门功课已得六超等矣。"⑤ 1923年2月,即赴美六个多月后又向父母报告:"现在的分数是清一色的超了。"⑥ 按照美国的评分标准,"超"是最高的一等。"清一色的超",就是说他的功课全都获得最高分。6月14日在给闻家驷的信中说,"美校今日毕课,本年成绩已开展览会,其中我颇有作品"⑦,这学期闻一多获得芝加哥美术学院特殊表扬。7月20日在给家人的信中说:"本年在美术学院因各门成绩均佳,

---

① 赵瑞侯:《梦与清华高等弟子共论文》,转引自赵同:《醉人为瑞——记我的祖父》,《清华校友通讯》复17册,清华大学出版社,1988年,第140页。
② 《闻多》(英文小传),《清华年刊》,1921年。
③ 《致双亲大人》(1922年10月9日),《闻一多书信手迹全编》(上),第96页。
④ 《致闻家骆、闻家驷》(1922年10月15日),《闻一多书信手迹全编》(上),第103页。
⑤ 转引自闻立雕:《红烛:我的父亲闻一多》,新华出版社,2009年,第29页。
⑥ 1923年2月10日致父母信,《闻一多书信手迹全编》(上),第149页。
⑦ 《闻一多书信手迹全编》(上),第176页。

遂得最优等名誉奖。"①

在芝加哥美术学院，闻一多主要学素描。梁实秋在《谈闻一多》中说："他后来带了两大卷炭画素描给我看，都是大幅的人体写生，石膏像做模特儿的。在线条上，在浓淡阴影上，我觉得表现都很不错，至少我觉得有活力。"②芝加哥美术学院注册干事在给华盛顿特区中国教育代表团赵团长报告闻一多学习情况的信上说，"我很高兴地寄上闻多先生的成绩副本，他自1922年9月27日至1923年6月1日就读于芝加哥艺术学院的艺术院"，"闻多先生是一年级学生，如他攻读完毕三年的绘画课程，将可于1925年6月毕业。他是班上的优秀成员之一，在这一年中他成绩一向优良"。信中开列成绩单，有生物速写、静物素描、雕刻字、艺术概况、透视画法、设计、构图、研究等，得二十二个优，五个良+。③闻一多在芝加哥美术学院学习期间的绘画留存下来的有水彩画《夏日郊野》和《小村风光》。这两幅画流失多年，1999年在北京潘家园旧货市场复现，由私人购藏。

1923年9月至1924年7月，闻一多转学到位于珂泉的科罗拉多大学，该校创建于1861年。"科罗拉多"在西班牙语中的意思为"红色的"，科罗拉多州即因土壤呈红色而得名。珂泉地处落基山脉派克斯峰之麓，夏季气候凉爽，是避暑胜地。芝加哥美术学院一年的学习，已使闻一多对西方各画派及风格有了较多的了解，也逐渐形成了个人的偏爱。到珂泉后，他不再作素描，而是用油彩绘画。1923年10月2日在给闻家驷的信中说："来珂泉将两星期矣。此间若论习画殊不及芝加哥，故拟于此年多读书——西洋美术史及美术之原理。"又说"如今习画越久，兴趣越深，而野心亦越大。我欲在美术上大努其力了"。④同年11月在给家人的信中说："功课成绩总在人上，洋竖子不足畏也。然此地局面尚小，明年当偕实秋投世界第一大城纽约。多则三年，少则两年。非我失信，不早回国。实则学问愈求愈不可穷。无出人头地之把握，不肯归也。家中慎勿疑我变洋人，不思归家。我在美多居一年即恶西洋文明更深百倍。耶稣我不复信

---

① 《闻一多书信手迹全编》（上），第181页。
② 梁实秋：《谈闻一多》，台北：传记文学杂志出版社，1967年，第26页。
③ 据英文原件，闻名译，转引自闻黎明编著：《闻一多年谱》，第120页。
④ 《闻一多书信手迹全编》（上），第189页。

仰矣。'大哉孔子'其真圣人乎！我回乡之日，家人将见我犹一长衫大袖，憨气浑身之巴河老。家人其拭目待之！"① 主持科罗拉多大学艺术系的利明斯姊妹对闻一多十分欣赏，这姐俩一个教绘画，一个教美术史，都认为闻一多是她们的学生中"未曾有的最有希望者之一"②。1924年5月，学校举办成绩展览，以闻一多的作品为最佳，当地报纸赞美说"中国青年的美术家占展览会中重要部分"③，留存下来的作品有水墨画泰戈尔。

1923年12月3日，闻一多曾在《时事新报》副刊《文学》第99期发表《泰果尔批评》，对印度著名诗人泰戈尔（泰果尔）的诗歌进行评论。1924年4月至6月，泰戈尔来华访问和讲演，由徐志摩陪同并担任英文翻译。女作家凌叔华委托徐志摩邀请徐悲鸿、林风眠、闻一多、丰子恺、吴宓、邓以蛰等名家题诗作画，绘制成长卷留存。闻一多画的泰戈尔肖像画，是用毛笔在宣纸上画的一幅精致的小画，通高不过9.4厘米，长约30厘米。画面上的泰戈尔长发白须，睿智有神，背景为郁郁葱葱的树木。整幅画笔技刚健，潇洒灵动，人物造型准确传神，构图彰显了西方艺术的美感，是很真实的描绘，又闪耀着东方艺术的神韵，形神兼备，惟妙惟肖。

1924年9月至1925年5月，闻一多转入纽约艺术学院。在纽约，闻一多住在瑞弗赛德路国际学舍。这是一栋专为各国留学生提供食宿的公寓，被戏称为"万国公寓"。闻一多在这里结识了张嘉铸（禹九）、余上沅（哥伦比亚大学攻读西洋戏剧文学和剧场艺术的研究生）、赵太侔（哥伦比亚大学研究生，专攻戏剧）、熊佛西（在哥伦比亚大学研究戏剧），真可说得上是他乡遇故知。

闻一多在清华时就热衷戏剧，担任过"游艺社"和"新剧社"副社长，编写过《紫荆魂》《巾幕剑》等多种剧本，参与演出过出独幕剧《革命军》、趣剧《打城隍》、话剧《两仆计》《兰言》《可以风》《鸳鸯仇》《是可忍》和《得其所哉》，演出效果颇佳。住入国际学舍，见到这么多兴趣相投的朋友，"戏兴"也就被激发出来了。于是一起切磋戏剧艺术，雷厉风行地付诸实践，先是排演了由洪深创编的《牛郎织女》，接着又筹备上

---

① 《闻一多全集》第12卷，第194—195页。
② 梁实秋：《谈闻一多》，第30页。
③ 1924年6月14日致家人，《闻一多书信手迹全编》（上），第200页。

演五幕英文古装剧《杨贵妃》，闻一多负责画"化装布景的图案"①，演出大获成功，这让闻一多备受鼓舞。

　　1925年1月，闻一多与余上沅、梁实秋、梁思成、林徽因、顾毓琇（一樵）、瞿世英、张嘉铸、熊佛西、熊正瑾、赵太侔等组织"中华戏剧改进社"，并决定"回国去发起国剧运动"。是年3月，梁实秋、顾毓琇、谢文秋、谢冰心、徐宗涑、沈宗濂等中国留学生在波士顿美术剧院演出《琵琶记》，闻一多在演出前特意从纽约赶来协助，负责布景、服装、化妆。顾毓琇说过："我穿的一件龙袍，便是一多用油画画出来的，在灯光下照起来十分漂亮。一个大屏风，有碧海，有红日，有白鹤，亦是一多的大手笔。"②熊佛西在写给国内有关中华戏剧改进社的报告中说："闻一多——我找不出较'多才多艺'更好的名词来形容闻先生。因为他的兴趣是广而浓，不但能诗（曾著有红烛集，上海泰东出版），而且能画画（他到美国本来是研究画的）。近来不知道他为什么又对于戏剧发生了特别的兴趣。我的朋友中兴趣广的很多，但像闻先生这样好的成绩可寥寥无几！"③闻一多1925年4月给朱湘的信中也郑重其事地说到"欲回国开展国剧运动"④。闻一多留存下的绘画中，有他为张嘉铸画的一幅素描，也可视为他对戏剧特别有兴趣的一个佐证。他在给家人的信中说："张君之文学美术鉴赏力甚高，敦敦〔孜孜〕好学，思想亦超凡俗，有乃兄张嘉森（君劢）之风。银行家张嘉璈亦系嘉铸之兄，张氏可谓当今之望族也。嘉铸之嗜好在文学、美术，然非专攻文学、美术者。察其意颇欲以搜罗人才、鼓励文化为事业，如梁新会及乃兄君劢先生之行事者。故其于在美之好学之士中交游甚众，而于好文学、美术者，以其性之所尤近，则尤之致意焉。当今为趋势骛利者之世界，习文学、美术者辄为众所轻视，余能得如张君其人者而友之，宁非幸哉！"⑤

　　按清华规定，清华毕业生可在美留学五年，中断一年内亦可复学，攻读博士学位还可延长。闻一多为提倡国剧运动，毅然提前于1925年6月1

---

① 详见《致梁实秋》（1924年10月），《闻一多全集》第12卷，第207页。
② 顾一樵：《怀故友闻一多先生》，《文艺复兴》第3卷第5期，1947年7月1日。
③ 熊佛西、王剑三：《中华戏剧改进社的新消息》，《晨报副刊》，1925年4月21日。
④ 闻黎明编著：《闻一多年谱》，第137页。
⑤ 《致家人》（1924年9月23日），《闻一多全集》第12卷，第206页。

日回到祖国。7月,与赵太侔、余上沅、孙伏园共同拟订了《北京艺术剧院计划大纲》(下文简称为《大纲》)。

《大纲》中关于建立艺术剧院的初步设想,既不同于那些临时搭建的艺术团体,也与旧式的科班有很大差别,是学习与演出兼顾、学校与剧院结合的一种新型的正规的组织形式,目的在于振兴中国戏剧事业,推动中华文化的发展。8月11日,闻一多与胡适、徐志摩、陈西滢、张欣海、张仲述、丁西林、萧友梅、蒲伯英等共商在北京建"国民剧场"。闻一多在写给闻家驷的信中说:"近得消息谓萧友梅(音乐家)与某法国人募得四十万资本,将在北京建筑剧园",故有此会议,"商议合作办法也"。①在写给闻家騄的信中说:"萧之专门为音乐,正缺艺术人才,故以得遇弟等为至幸。弟等所拟计划与彼等之计划大同小异,故今日双方皆愿合作。照此看来,剧场事业可庆成功矣。"又说:"今日席间又谈及北京美专事,同人皆谓极宜恢复,并由本社同人主持其事。故已议定上书章行严,由林长民任疏通之责。大概美专之恢复,亦不难实现矣。"②

9月1日,因发生学潮而停办了半年之久的北京美术专门学校决定恢复,改名为"国立艺术专门学校"(简称"艺专"),闻一多与余上沅、赵太侔被聘为艺专筹备委员。在闻一多与余上沅的奔走努力下,学校增设剧曲、音乐二科。校长刘百昭正式聘请闻一多担任教务长和评议员。其余职员为事务长程振基、中国画系主任萧俊贤、剧曲系主任余上沅、音乐系主任萧友梅、西洋画系主任彭沛民、图案画系主任严遂允。这年10月,彭沛民请辞西洋画系主任,刘百昭电邀在上海的徐悲鸿来校接任,在徐未到校之前,由闻一多兼代西洋画系主任。闻一多在艺专讲授美术史,在创办我国第一个国家正规戏剧教育系、推进美术创作和艺术理论的传播等诸多方面作出了重要的贡献。据刘海粟回忆,1925年他曾在徐志摩寓所看到闻一多为梁启超画像,在《忆梁启超先生》一文中写道:"有一次我看到当时的青年诗人闻一多在给梁先生画速写像,他的画线条很厚实,奔放中有法度,后来才知道他会刻印,所以下笔不俗。这张像画得很成功,眼睛很传神,圆阔的前额显示出智慧。"③

---

① 《闻一多全集》第12卷,第226页。
② 同上书,第227页。
③ 转引自闻黎明编著:《闻一多年谱》,第149页。

1926 年 3 月初，林风眠就任艺专校长。闻一多与徐悲鸿和林风眠汇集到了一起。他们三人年龄相仿，几乎同时出国留学，同时返回祖国，又同在国立艺术专门学校任职任教。三人艺术人生的运行轨迹不同，却又在融会中西、创造现代中国艺术的理念与实践上潜心合作，在 1920—1930 年代的艺术星空中迸发出璀璨的光彩。闻一多留存下来的作品主要有四大类：

一是为他自己及友人作品绘制的封面画。他自己的作品如诗集《死水》（1928）。友人的作品如杨振声的中篇小说《玉君》（1925）、徐志摩的散文集《落叶》（1926）、《巴黎鳞爪》（1927）、诗集《猛虎集》（1931）以及徐志摩与沈性仁合译的爱尔兰作家占姆士司帝芬士（James Stephens）的《玛丽 玛丽》（1927）。此外还有潘光旦的《冯小青》（1927）、梁实秋的《浪漫的与古典的》（1927）和《骂人的艺术》（1927）、卢冀野编著的《石达开诗钞》（1927）、林庚的诗集《夜》（1933）等。闻一多绘制的封面画运笔清雅，构思新奇，书名的字体、图案的色彩都显得既现代而又古朴，既浪漫而又深沉，既对作品的内容作了形象化的阐释，又能对读者产生先睹为快的吸引力。例如为徐志摩的散文集《巴黎鳞爪》设计的封面，非常别致。深黑的底色上，零乱地分布着美腿、纤手、隆鼻、侧耳、媚眼和红唇的个性形象；"巴黎鳞爪"四个红色的美术字，分别安排在画面的上部和右下方，"徐志摩著"四字篆体字则以印章形式斜钤在左下方。画面的布局和鲜明的色彩既契合了该书的内容与情调，又能激发读者萌生对浪漫之都巴黎现代生活的想象，对作者徐志摩的观感产生更多的好奇。为梁实秋的散文集《骂人的艺术》设计的封面，以青黑色为底色，封面右上角画了一方黑白两色的小型装饰画。画面右侧是书名，左侧上部是断臂维纳斯雕像，左侧下部是持戟跳跃的马戏团小丑，通过"美"与"丑"、"雅"与"野"的对比，使人产生这样的联想："骂人"也是艺术，岂能像马戏团小丑舞刀弄剑似的胡来，得讲究"雅"和"美"。

二是为报刊设计的刊头，以及为书店设计的印章和为刊物创作的题花和环衬。为报刊设计的刊头见《晨报副刊·剧刊》（1926）、《晨报副刊》（刊头之一，创作于 1926 年上半年；刊头之二，创作于 1926 年下半年）、《晨报·诗镌》（1926）。闻一多设计的这几个刊头中，最富有想象力的当推《晨报·诗镌》。《晨报·诗镌》是专门发表新诗创作和评论的周刊，闻一多是该刊的主要撰稿人和编辑之一，另有徐志摩、朱湘、饶孟侃、杨世恩、杨振声、刘梦苇、蹇先艾、于赓虞等，大家轮流负责。1926 年 4 月 1 日创刊，共出 11 期。闻一多绘制的刊头画是一匹展开双翼的飞马，前蹄跃起，后腿蹬在初升的圆月之上，腾空飞向苍穹。圆月内隶书"诗镌"二字，意在表明这份诗刊将承担在诗坛上开创新天地的使命，而新诗的腾飞也必须延续《诗镌》指引的路径，给人以强力的震撼。闻一多在《晨报·诗镌》发表的重要论文有《文艺与爱国》《诗的格律》《英译的李太白》，以及新诗《欺负着了》《死水》和《黄昏》。他在 1926 年 4 月 15 日致梁实秋和熊佛西的信中说："《诗刊》谅已见到。北京之为诗者多矣！而余独有取于此数子者，皆以其注意形式，渐纳诗于艺术之轨。余之所谓形式者，form 也，而形式之最要部分为音节。《诗刊》同人之音节已渐上轨道，实独异于凡子，此不可讳言者也。余预料《诗刊》之刊行已为新诗辟一第二纪元，其重要当与《新青年》、《新潮》并视，实秋得毋谓我夸乎？"①鲁迅在 1925 年 1 月写的《诗歌之敌》一文中谈到新文学的现状时说："说文学革命之后而文学已有转机，我至今还未明白这话是否真实。但戏曲尚未萌芽，诗歌却已奄奄一息了，即使有几个人偶然呻吟，也如冬花在严风中颤抖。"②鲁迅的这些评述也能让我们从一个侧面看出闻一多绘制的《晨报·诗镌》刊头的寓意，是要为新诗开辟一个新纪元。

　　1927 年 7 月 1 日，新月书店在上海华龙路正式开张，总发行所最初设在望平街，次年迁至四马路中市 95 号，编辑所设在麦赛尔蒂罗路 159 号。新月书店董事长是胡适，经理兼编辑主任为余上沅，闻一多与徐志摩、梁实秋、张嘉铸、潘光旦、饶孟侃、丁西林、叶公超、刘英士、胡适、余上沅等十一人为董事，后来加入的还有罗隆基和邵洵美。这是同人出资合办的书店，最早出版的多为同人的著译。新月书店的印章、《新月》月刊的题花和环衬，均由闻一多设计。新月书店印章刻的是一位站在一弯新月下面的少女，手捧篆印"新月"在恭迎读者，少女的双脚踩在朴拙而流畅的花纹上。构图新奇，刀法古朴，显得亲切而深情。《新月》月刊的题花画的是在一弯新月的映照下，两位面对面坐在书丛中的少女，正在全神贯注

---

① 《闻一多全集》第 12 卷，第 233 页。
② 《鲁迅全集》第 7 卷，人民文学出版社，2005 年，第 248 页。

地阅读手中的书刊，少女背着高高的书垛，脚边堆放的也是一摞摞书籍。《新月》环衬以绿色画面为背景，一弯新月高高地悬在碧空，一位手捧书籍的少女，坐在高耸的书台上沉思遐想，书台周围排列了两队少女手捧书籍，或立或坐，正在如醉如痴地吮吸着书中的精华。这三幅作品的设计，都以"新月""书籍"和"读者"为主体，宁静的氛围和流动的美感，把新月书店真诚地为读者着想，读书的意义是使人站得高看得远，以及真理往往掌握在少数善于学习的人的手中的主旨作了形象化的阐释，让人过目不忘，常忆常新。

三是绘画和插图。除了1923年在芝加哥画的水彩画《夏日郊野》和《小村风光》，1924年画的人物画泰戈尔，1925年为孙中山绘制的遗像①、为张禹多画的素描像，闻一多留存下来的画作还有约在1925—1928年间为徐志摩题李商隐诗《碧城三首》之一所作的绘图，以及为潘光旦所著传记《冯小青》作的插图等。

1927年，潘光旦所著传记《冯小青——一件影恋之研究》由新月书店出版，1929年订正再版时改名《冯小青》。明代万历年间扬州才女冯小青擅诗词，解音律，十六岁时嫁给杭州冯姓士子为妾。由于不容于大妇，被徙于佛舍幽居，以致精神变态，忧郁罹疾而终，年方十八岁，埋骨西湖孤山放鹤亭。潘光旦运用弗洛伊德精神分析法对冯小青的悲剧人生和变态心理进行分析研究。闻一多为《冯小青》设计的封面，使用桃红、深黑、银灰、土黄四色，画了蜡烛、极朦胧的脸庞和嘴唇，配以美术字体的书名和作者姓名，构成一幅很抽象的图案。这封面设计得很含蓄，而配置的插图《对镜》（水彩画）则显得很真实。心情忧郁的冯小青，对镜愁思，在自恋中自戕自毁。镜中映照出的冯小青披着睡衣、左肩半露、面容憔悴、鬓发散乱、蛾眉微蹙、双目忧伤。画面上方悬挂着一只鸟笼，寓意主人如笼中

---

① 1925年3月12日孙中山先生在北京逝世。22日下午2时，纽约华侨在国际学舍隆重举行孙中山先生追悼大会，闻一多绘制的孙中山遗像置放在会场主席台的桌子上。这幅遗像的照片，刊登在1927年7月27日上海《时事新报》副刊《青光》，题名《中山先生像》。照片左侧附有说明："右孙中山先生像，系于中山先生逝世之日纽约中国留学生开会追悼，特请闻一多君敬绘者。像高五尺八寸五分，宽三尺五寸八分。"《时事新报》副刊《青光》主编梁实秋在《谈闻一多》中回忆说："会堂中间悬着中山先生遗像，那遗像便是一多临时赶画的，是一幅炭笔画，他后来送了我一张这幅画的照片，因为这是他的得意之作。"刊登在《青光》上的《中山先生像》，就是闻一多送给梁实秋的这张照片。

之鸟的不幸命运。乌黑的头发、雪白的睡衣、浅绿色的墙壁，加重了画面惨淡灰冷的色调，营造出了一个清幽深沉的意境："罗衣压肌，镜无乾影；朝泪镜潮，夕泪镜汐"，让读者对冯小青的变态心理和悲苦身世有了更多的同情和理解。1938 年 2 月，闻一多参加西南联大师生"湘黔滇旅行团"，从长沙出发，经贵州直抵昆明，步行近三千里，历时 68 天，"沿途曾作风景写生百余帧"①，画的是"沿途所看到的风景之美丽、奇险，各种的花木鸟兽，各种样式的房屋器具，和各种装束的人"②。这"百余帧"写生保存下来的有 36 幅，从中可以体会到闻一多当时激动的心情，窥测一位大家艺术作品的神韵。

　　四是篆刻。闻一多家学渊源，有深厚的古文字学的造诣，早年又曾模拟秦汉印章，留美期间又得到西方美学思想和理论的滋润，从而使得他的篆刻能师法秦汉而又变化出新，活泼而有韵味，古朴而不呆滞；分朱布白，疏密有致；刀法刚劲，有笔有墨；藏锋露锋，顿挫放纵，皆能运用自如，给人一种雍容、古朴的美的享受。1927 年 8 月，他给饶孟侃寄去五枚印章，谈及自己一时热衷于篆刻时风趣地说："说起来真是笑话。绘画本来是我的元配夫人。海外归来，逡巡两载，发妻背世，诗升正室。最近又置了一个妙龄的姬人——篆刻是也。似玉精神，如花面貌，竟能宠擅专房，遂使诗夫人顿兴弃扇之悲。"又说："近来摹印，稍有进步，应酬也渐渐麻烦起来了。"③ 至于 1944 年以后，因物价飞涨，微薄的薪金难以供养八口之家，闻一多不得不挂牌刻图章以资弥断炊之困，刻的印章就更多了，仅《闻一多印选》④ 汇集的印模就多达 549 方。正式挂牌时，联大教授浦江清特撰《闻一多教授金石润例》骈文启事，称闻一多是"文坛先进，经学名家，辨文字于毫芒，几人知己；谈风雅之原始，海内推崇"；"黄济叔之长髯飘洒，今见其人；程瑶田之铁笔恬愉，世尊其学"。⑤ 黄济叔是明代刻印名家，其为人长髯飘洒，喻闻一多之风度；程瑶田是清代经学名家，兼长篆刻，以之拟闻一多的学识和治印技艺最为恰合。骈文启事

---

① 《致赵俪生》（1940 年 5 月 26 日），《闻一多全集》第 12 卷，第 362 页。
② 参见闻一多：《致高孝贞》（1938 年 4 月 30 日），《闻一多全集》第 12 卷，第 327 页。
③ 《闻一多全集》第 12 卷，第 238 页。
④ 闻立鹏、张同霞编：《闻一多印选》，文物出版社，1990 年。
⑤ 闻立鹏、侯菊坤编：《闻一多年谱长编》，湖北人民出版社，1994 年，第 694—695 页。

由梅贻琦、蒋梦麟、杨振声、唐兰、陈雪屏、朱自清、沈从文、罗常培、冯友兰、潘光旦等12位声望甚高的大家具名推荐，一时轰动了春城。闻一多非常欣赏浦江清写的这一骈文，自信满满地说过"吾敢信我真有美术之天才"①。

### 三、"我并不怀疑我自己的造诣很属殊特"

朱自清在开明版《〈闻一多全集〉序》中说："闻一多先生为民主运动贡献了他的生命，他是一个斗士。但是他又是一个诗人和学者。这三重人格集合在他身上，因时期的不同而或隐或现。大概从民国十四年参加《北平晨报》的诗刊到十八年任教青岛大学，可以说是他的诗人时期，这以后直到三十三年参加昆明西南联合大学的五四历史晚会，可以说是他的学者时期，再以后这两年多，是他的斗士时期。学者的时期最长，斗士的时期最短，然而他始终不失为一个诗人；而在诗人和学者的时期，他也始终不失为一个战士。"在朱自清看来，闻一多斗士、诗人、学者的身份是"三位一体"的，"学者中藏着诗人，也藏着斗士"。②其实，闻一多的身份应该说有四种，首先是个艺术家，其次才是诗人、学者、斗士，集"四重人格"于一身。

闻一多早在清华时就以擅长绘画出名，作品体现了要融合"西方现在的艺术"与"中国传统艺术"的艺术追求；诗歌创作的成绩更大，被国文老师称为"风骚中后起之秀"，对诗歌理论也有研究，在清华文学社作过《诗底音节底研究》的报告。而就阅读而言，读得最多的是经史子集，仅是1916年在《清华周刊》连载的《二月庐漫纪》，就可以看出闻一多对我国古籍钻研之勤，在古文学方面已经有了很深的造诣。1921年6月为声援北京八所国立高等学校教职员的索薪斗争而罢考，宁可被开除、被取消留美资格也不肯"悔过"，这种拗劲让人看到了他的"斗士"风骨。

1922年7月至1925年5月留美期间的闻一多，仍然集艺术家、诗人、学者、斗士"四重人格"于一身。绘画成绩全都是"超"；"诗兴总比画

---

① 《致父母亲》（1923年1月14日），《闻一多全集》第12卷，第138页。
② 《闻一多全集》第1卷，开明书店，1948年，第13—14页。

兴浓"，诗集《红烛》里的《孤雁》《我是一个流囚》《太阳吟》《忆菊》，诗集《死水》里的《洗衣歌》，以及在《大江季刊》上发表的《我是中国人》等著名的诗篇，都写于美国；诗评中最精彩的篇章如《〈冬夜〉评论》《莪默伽亚谟之绝句》《〈女神〉之时代精神》《〈女神〉之地方色彩》《泰果尔批评》等也都是在美国写的。"诗人主要的天赋是'爱'，爱他的祖国，爱他的人民。"——这句名言是闻一多在美期间对好友熊佛西说的。①闻一多1924年6月14日在《致家人》的信中说到近来深感个人对家庭、社会、国家有不可推卸之责任，将尽自己所能，为国家政治之改良做些努力。信中说："我辈定一身计划，能为个人利益设想之机会不多，家庭问题也、国家问题也，皆不可脱卸之责任。若徒为家庭谋利益，即日归国谋得一饭碗，月得一、二百金之入款，且得督率子侄为学做人，亦责任中事。惟国家糜巨万以造就人才，冀其能有所供献也。今粗得学问之毛，即中途而废，问之良心，殊不安也。近者且屡思研究美术，诚足提高一国之文化，为功至大，然此实事之远而久者。当今中国有急需焉，则政治之改良也。故吾近来亦颇注意于世界政治经济之组织及变迁。我无干才，然理论之研究，主义之鼓吹，笔之于文，则吾所能者也。"②通过"理论之研究""主义之鼓吹"来推进"政治之改良"，这也可说是闻一多的"斗士"精神的风貌。至于1926年献给"三·一八"死难志士的那篇《文艺与爱国——纪念三月十八》，堪称"文艺运动"和"爱国运动"的文献。"我希望爱自由，爱正义，爱理想的热血要流在天安门，流在铁狮子胡同，但是也要流在笔尖，流在纸上。"③这热得滚烫的话语彰显了闻一多刚烈倔强的性格，以及他与历史潮流之间血肉般的联系。

　　只不过，集艺术家、诗人、学者、斗士"四重人格"于一身的闻一多，虽说"与曩日之教书匠判若两人"④，但他的志向和归宿仍在"学术"。作为"艺术家"，他是"学者型"的"艺术家"；作为"诗人"，他是"学者型"的"诗人"；作为"学者"，他对于"诗歌舞蹈戏剧诸部门之起源及发展"都有较深入的研究。他在1940年11月11日写的《中国上古

---

① 熊佛西：《悼闻一多先生》，《文艺复兴》第2卷第1期，1946年8月1日。
② 《闻一多全集》第12卷，第202—203页。
③ 《晨报副刊》1926年4月1日。
④ 《闻一多全集》第12卷，第362页。

文学史研究报告》中说:"唯是上古文学,最为难读。乾嘉以来学者凭其校勘训诂诸工具,補苴旧□,发扬幽隐,厥功伟矣,然而古书之不可索解者,犹十有四五。今拟遵清人旧法,佐以晚近新出材料,(如敦煌残卷,及殷虚卜辞,商周铜器等,)对于先秦两汉诸古籍之奇文滞义,作更进一步的探索,冀于昔贤传注,清儒订之外,有所补充焉。"①学术抱负极其宏伟;作为"斗士",闻一多一身浩气,拍案惊雷,本身就是一首完美悲壮的史诗。

　　称颂说闻一多是"学者型"的"艺术家",依据主要有以下两个方面,一是他的"绘画",包括他所绘制的著作的封面画和环衬、报刊的刊头、刊物的题图和题花;他留美期间为戏剧《牛郎织女》《琵琶记》和英文古装剧《杨贵妃》所绘制的布景和服装,以及1940年为田汉根据鲁迅小说改编的五幕话剧《阿Q正传》、陈铨导演的《祖国》、曹禺自导的《原野》等戏剧舞台绘制的布景等,都具有很强的"学术性",透过这些"绘画""布景"和"服装",读者和观众看到的是闻一多有很高的学术造诣。二是他对学习美术和绘画的定位,并不是要当一个纯粹的"画家",而是要研究和传播"美术"(美学)。留美期间与余上沅、梁实秋、林徽因、张嘉铸、熊佛西等人组织"中华戏剧改进社",回国后参与创办北京国立艺术专门学校,也都出自要研究和传播"美术"和"戏剧"的初衷。闻一多1923年2月15日在给致梁实秋的信中说:"我日渐觉得我不应当作一个西方的画家,无论我有多少的天才!我现在学西方的绘画是为将来作一个美术批评家。我若有所创作,定不在纯粹的西画里。但是我最希望的是作一个艺术底宣道者,不是艺术底创作者。"②强调"研究美术"对于"提高一国之文化,为功至大"③,他的这些见解与蔡元培"以美育代宗教"的思想是相通的。

　　作为"诗人",闻一多从思念家乡写起,写到中国的传统节日、"中国的山川,中国的草木,中国的鸟兽,中国的屋宇——中国的人",还有"尧舜的心""荆轲聂政的血""神农皇帝的遗孽",以及屈原、陶渊明、杜甫、李白、苏轼、王维等伟大的诗人。闻一多为他们而自豪,也为自己是

---

① 《闻一多全集》第12卷,第367页。
② 同上书,第148页。
③ 同上书,第203页。

他们的后裔而感到骄傲。他写诗时习惯于借用古诗意象，如"红烛""孤雁""红豆""菊花""青松"等等，但又能创造性地对古诗意象进行改写，例如《太阳吟》中借太阳抒写思乡之情，就与古代诗人"借月思乡"的想象有所不同。"太阳啊，——神速的金乌——太阳！／让我骑着你每日绕行地球一周，／也便能天天望见一次家乡！"闻一多赋予太阳以人格化的描写，平等地进行对话，急切地向太阳倾吐衷肠："我的家乡不在地下乃在天上""往后我看见你（太阳）时，就当回家一次"。① 这就比李白的"举头望明月，低头思故乡"所展示的思乡之情殷切得多，也热烈得多。

类似这样新颖而奇妙的想象得益于他广博的学识，也得益于他对诗歌理论的辛勤探索。闻一多不认可胡适诗歌"散文化"的观念和做法，也批评过郭沫若的"绝端的自由，绝端的自主"；超越了徐志摩"爱""自由"和"美"三个"单纯信仰"，也排斥梁实秋反对的"浪漫"和尊崇的"古典"，从而使得"最为繁丽"的《红烛》和"转向幽玄，更为严谨"的《死水》都折射出学者和斗士的双重气质。闻一多写诗与鲁迅写小说时的状态有某些共通之处：内心都是火热的，思想极其敏感，同情心丰富，责任感强烈，同胞爱浓挚，艺术上语不惊人死不休。他们两人的情绪也相近，愤激、深沉、苦闷、压抑，作品显示着坚实的力度。从精神特质看，闻一多就是诗创作中的鲁迅。他的诗不像郭沫若的诗让"一己的冲动在那里跳跃"，缺乏后劲；也不像徐志摩的诗柔软妩媚，罔顾道德和舆论；不像冰心的诗精致秀丽宁静，超凡脱俗；也不像冯至的诗清丽幽婉，"融情于理"（朱光潜语），而是要创作出更符合中国读者欣赏习惯的新诗来。为此，他执着地探索新诗的格律，苦苦追寻艺术美和创造艺术美，"径直要领袖一种之文学潮流或派别诗"。他在《诗的格律》这篇诗学论文里提出了"诗之三美"的理论，主张"戴着脚镣跳舞"，"在一种规定的条律之内出奇致胜"②，以纠正"五四"以来在新诗创作上"散而无章"的诗风；与此同时又主张"相体裁衣"，提倡"跨在幻想的狂恣的翅膀上邀游，然后大着胆引嗓高歌"③，根据内容创造出与前人不同的崭新的形式和富有生命力的意象来，从而使得他的新诗就像鲁迅的小说一样，思想敏锐深邃，艺术

---

① 《闻一多全集》第 12 卷，第 76—77 页。
② 《闻一多全集》第 3 卷，丁集《诗与批评》，开明书店，1948 年，第 245 页。
③ 同上书，第 151 页。

上精雕细刻，出奇制胜，闪烁着奇丽的色彩。至于他写的诗评诗论，文采纷披，在平实的叙述、公允的评判外，又融入了强烈的情感和究源指归的学术导向。

众所周知，闻一多走上诗坛，曾得益于郭沫若及创造社同人成仿吾、郁达夫等人的扶持。诗集《红烛》就是由郭沫若和成仿吾介绍给泰东书局，于1923年9月出版的。闻一多早期的诗评也经由他们之手在《创造》季刊发表，从而奠定了他在诗坛的地位。然而即便是对像郭沫若这样的贵人，闻一多在评论时也是有好说好，有错纠错，犀利爽快，毫不留情。

1922年11月，郭沫若的《波斯诗人莪默伽亚谟》，连同他翻译的莪默·伽亚谟的四行诗集《鲁拜集》（译诗共101首），在《创造》季刊第1卷第3期发表。莪默伽亚谟是伊朗11世纪最伟大的诗人之一，他的诗以对人生哲理参悟的精辟见长，奇异而又清新，只不过郭沫若不解波斯文，译文是据斐芝吉乐（Edward Fitzgerald）的英文译本转译的，难免会有这样或那样的不足。闻一多托好友钱宗堡帮他找来《鲁拜集》的参考书"参证比验"，经过仔细的考订之后，写了书评《莪默伽亚谟之绝句》①，全文共三章：（1）郭译订误；（2）郭译总评；（3）怎读莪默？这是学界第一篇评论郭译《鲁拜集》的论文。

论文开篇便说"当今国内文学界所译西洋诗歌本来寥如晨星，而已译的又几乎全是些最流行的现代作品"，"西洋诗底真面目我们中国人可说还不曾认识"，"我读到郭译的莪默，如闻空谷之跫音，故乐于与译者进而为更缜密的研究"。闻一多从"国内文学界所译西洋诗歌本来寥如晨星"的现状出发，充分肯定了郭沫若译介《鲁拜集》的意义。进而从"缜密的研究"出发，既肯定郭沫若译法的忠实，又逐一指出郭沫若"解释原义的疏误"，希望郭沫若"至少当有再译三译"。在"郭译总评"中说："郭君每一动笔我们总可以看出一个粗心大意不修边幅的天才乱跳乱舞游戏于纸墨之间，一笔点成了明珠艳卉，随着一笔又洒出些马勃牛溲。"类似这样严厉的批评还有很多。最后的《作者附识》中说到写这篇批评时"我的朋友钱君宗堡替我搜罗了许多参考书，又供给了一些意见"，"Fitzgerald 的英译

---

① 《创造》季刊第2卷第1期，1923年5月。

前后修改了四遍"①，希望郭沫若改译时务必认真。

至于闻一多的《〈女神〉之时代精神》和《〈女神〉之地方色彩》两篇论文，可说的就更多了。《〈女神〉之时代精神》开篇便说："若讲新诗，郭沫若君底诗才配称新呢，不独艺术上他的作品与旧诗词相去最远，最要紧的是他的精神完全是时代的精神——二十世纪底时代的精神。有人讲文艺作品是时代底产儿。《女神》真不愧为时代底一个肖子。"接着从"二十世纪是个动的世纪""二十世纪是个反抗的世纪"等五个方面，对《女神》作了全方位的解读，十分精彩。②而在《〈女神〉之地方色彩》中，闻一多则直率地指出《女神》有"过于欧化的毛病"，"不独形式十分欧化，而且精神也十分欧化的了"。内容"一味地时髦是骛，似乎又把'此地'两字忘到踪影不见了。现在的新诗中有的是'德谟克拉西'，有的是泰果尔，亚坡罗，有的是'心弦''洗礼'等洋名词。但是，我们的中国在那里？我们四千年的华胄在那里？那里是我们的大江，黄河，昆仑，泰山，洞庭，西子？又那里是我们的《三百篇》，《楚骚》，李，杜，苏，陆？"其次是语言"夹用可以不用的西洋文字""有意地欧化诗体"，就连用的"典故"也是西方的比中国的多得多，并就如何纠正这种"欧化底狂癖"作了深入的探究。他郑重提出诗人首先要有正确的创作意图，真正认识"新诗底的意义"，认清"新诗径直是'新'的，不但新于中国固有的诗，而且新于西方固有的诗；换言之，他不要做纯粹的本地诗，但还要保存本地的色彩，他不要做纯粹的外洋诗，但又要尽量地吸收外洋诗底长处；他要做中西艺术结婚后产生的宁馨儿"。其次要"不忘我们的'今时'同我们的'此地'"，认清我们"所居的环境"。③

闻一多所说的认清我们"所居的环境"，并不仅仅是诗人一时所处的狭小的院落，而是"家乡"和"祖国"这个大环境；也不仅仅局限于衣食住行这些细节，而是涵盖了物质和文化的方方面面。郭沫若创作《女神》时，生活在"一个盲从欧化"的日本，"他的环境当然差不多是西洋环境，而且他读的书又是西洋的书"，"他所见闻，所想念的都是西洋的东西"。可闻一多并不认同这样的"环境"论。他说郭沫若"并不是不爱中国，而

---

① 郭沫若1923年4月15日致闻一多的信，附于《茇默伽亚谟之绝句》文末。
② 《闻一多全集》第2卷，第110—117页。
③ 同上书，第118—120页。

他确是不爱中国底文化";"我个人同《女神》底作者底态度不同之处是在：我爱中国固因他是我的祖国，而尤因他是有他那种可敬爱的文化的国家"①；认为《女神》的作者对中国文化太"隔膜"，看不到中国文化上的好处，诗歌中就很自然地缺乏了东方艺术的特色。"我要时时刻刻想着我是个中国人，我要做新诗，但是中国的新诗，我并不要做个西洋人说中国话，也不要人们误会我的作品是翻译的西文诗"②——这庄严的誓言其实是对郭沫若最严厉的批评。

闻一多思想纯正，态度严肃，话锋凌厉，对《女神》缺乏"地方色彩"的批评，真可谓醍醐灌顶。当时的文坛上，互相吹捧和恶意攻击都很盛行，闻一多的这种不媚俗、不从众的君子风，显得格外难能可贵。与此同时，闻一多还批评了郭沫若的门户之见。他在1923年9月24日给闻家驷的信中说："此次实秋经沪时，彼等（沫若、仿吾、达夫——引者注）欲将编辑事托我与实秋二人代办，实秋未允。实秋已被邀入创造社。我意此时我辈不宜加入何派以自示褊狭也。沫若等天才与精神固多可佩服，然其攻击文学研究会至于体无完肤，殊蹈文人相轻之恶习，此我所最不满意于彼辈者也。"③当时泰东书局经营很困难，不能按常规给郭沫若及其同人支付稿酬，每月仅发不到百元的"房饭钱"，郭沫若及其同人实在支撑不下去了，打算离开上海，"沫若返四川或东渡行医，仿吾往北京，达夫返浙江"④。于是诚邀梁实秋和闻一多加入创造社，接编《创造》季刊，闻一多觉得"郭沫若与吾人之眼光终有分别"⑤，非但没有答应接编《创造》季刊，就连入会都未应允。对于"文人相轻之恶习"，闻一多十分反感。

从这些方面可以看出闻一多是个有独立人格的学者，有判断力，为人正直爽朗，思想确有很圣洁的一面。虽说在前进的道路上也曾遇到过很多曲折，但一以贯之地重是非，轻利害。1927年9月，闻一多应聘为南京第四中山大学文学院外国文学系主任。1928年7月，武汉大学筹备成立，代理校长刘树杞来南京恳请闻一多到武大就任文学院院长。闻一多起初有些

---

① 《闻一多全集》第2卷，第121页。
② 同上书，第120页。
③ 《闻一多全集》第12卷，第188页。
④ 同上。
⑤ 《致梁实秋、吴景超》（1922年9月29日），《闻一多全集》第12卷，第81页。

犹豫，不愿离开较为安定的环境，但最终被桑梓之情打动，于是年8月担任了武大教授兼文学院院长。闻一多对武汉大学的贡献甚多，武大校址原名"落驾山"，又称"罗家山"，是闻一多建议依从谐音改为"珞珈山"，一直沿用至今。武汉大学校徽亦为闻一多设计，现在仍被采用为该校的印章徽记。珞珈山前原建有石坊，上面横写的"国立武汉大学"六个字，据说也是闻一多的手笔。1930年6月武大闹风潮，"文学院同学组织了一个文学院课程改进会""要求学校辞退闻院长""并对闻院长本人提出书面要他辞职"①，闻一多受了这个"侮辱"，愤懑至极，遂写信辞职。恰好在这个时候，教育部筹备成立青岛大学，内定杨振声为校长，杨盛情邀请闻一多担任文学院院长兼中文系主任，邀请梁实秋担任外文系主任兼图书馆长。与此同时，清华大学校务委员会会议议决提请聘任委员会聘闻一多为中国文学系专任教授，闻一多犹豫不决，可杨振声一再劝说，称青岛胜地，景物宜人，闻一多遂和梁实秋乘船到青岛一觇究竟，到青岛后感觉甚佳，也就接纳了青岛大学的聘书。

闻一多把青岛看作他的第二个故乡，在散文《青岛》中赞美青岛是"现成的海市蜃楼"。春天，"街市上和山野间密集的树叶，遮蔽着岛上所有的住屋，向着大海碧绿的波浪，岛上起伏的青梢也是一片海浪"；晚上"凭栏望见海湾里千万只帆船的桅杆，远近一盏盏明灭的红绿灯飘在浮标上，那是海上的星辰"；"四月中旬，奇丽的日本樱花开得像天河"；夏季的青岛"几乎是天堂了"。②在闻一多眼中青岛就像一首迷人的诗，到了青岛就仿佛进入了一个诗的境界。至于课余的生活也相当愉快。梁实秋在《谈闻一多》中说："此地虽无文化，无妨饮食征逐。杨金甫、赵太侔、陈季超、刘康甫、邓仲存、方令孺，加上一多和我，戏称'酒中八仙'，三日一小饮，五日一大宴，不是顺兴楼，就是厚德福，三十斤一坛的花雕搬到席前，罄之而后已，薄暮入席，深夜始散。金甫、季超最拇战，我们曾自谓'酒压胶济一带，拳打南北二京'。有一次胡适之先生路过青岛，看到我们的豁拳豪饮，吓得把刻有'戒酒'二字的戒指戴上，要求免战。一多笑呵呵的说'不要忘记，山东本是出拳匪的地方！'"③胡适1931年

---

① 闻黎明编著：《闻一多年谱》，第188页。
② 《闻一多全集》第2卷，第347—348页。
③ 梁实秋：《谈闻一多》，第97页。

1月27日记中有"我的戒酒戒指到了青岛才有大用处,居然可以一点不喝"①,指的就是这件事。

　　1932年春天,闻一多把夫人和孩子接到青岛,打定主意要做"青岛人"。岂料这年夏天,青岛大学闹学潮,矛头首先冲着闻一多。学生自治会印发的《驱闻宣言》中说:"闻一多是准法西斯蒂主义者","一个不学无术的学痞","现在为了学校前途打算,为整个的教育打算,我们已决心驱逐他走,并渴望我们的神圣教育界,不要再上当!"②《驱闻宣言》列举的闻一多的"法西斯蒂"的"事实"共有四个,最"残酷"的是第三个,即"学生全年学程有三种不及格或必修学程二种不及格者勒令其退学"(胡适档案)。与《驱闻宣言》相唱和的还有打油诗:"闻一多,闻一多,/你一个月拿四百多,/一堂课五十分钟,/禁得住你呵几呵?"讽刺闻一多上课说话时带有"呵呵……"的声音。甚至还有"一个乌龟一个兔子"之类的漫画,旁边写着"闻一多与梁实秋"③。

　　也就在这个时候,清华大学再次向闻一多敞开怀抱,只是"不学无术"这句话对他的刺激委实太深,让他久久不能平静。武大学生闹学潮的时候,闻一多贴出一张布告,声明对于自己的职位如"鸱雏之视腐鼠"④,点出"学潮"的起因是"有人想当文学院院长,搞了些卑鄙手段",他自己则问心无愧。青岛大学学潮掺杂了"九一八"事变的背景,情况就显得更为复杂,《驱闻宣言》中的"不学无术"和"准法西斯蒂主义者",不仅玷辱了闻一多的"为人""学识""才华"以及他的爱国主义诗篇,也辱没了闻家世代传承的"重教"的家风,这让闻一多感到非常憋屈和沮丧。

　　闻一多在青岛大学的两年里(1930年秋至1932年夏),在国文系讲授"名著选读""中国文学史"和"唐诗",在外文系讲授"英诗入门"。此外还画画,保存下来作品有1932年画的水彩画《夕潮拍岸》;还写诗,代表作是1931年1月在《诗刊》创刊号上发表的《奇迹》。徐志摩在《〈诗刊〉序》中说《奇迹》"是一多'三年不鸣,一鸣惊人'的奇迹"。胡适在1931

---

① 《胡适全集》第32卷,第42页。
② 中国社会科学院近代史研究所藏的"胡适档案",转引自闻黎明编著:《闻一多年谱》,第215—217页。
③ 详见梁实秋:《谈闻一多》,第99—100页。
④ 闻黎明、侯菊坤编:《闻一多年谱长编》,第386页。

年 1 月 24 日日记中赞赏的也是这首《奇迹》。① 此外，闻一多还写了新诗《凭藉》②，写了诗评《论〈悔与回〉》《谈商籁体》和《〈现代英国诗人〉序》，写了抒情散文《青岛》，不过用力最勤的还是对唐诗和《诗经》的研究。梁实秋介绍说：

> 一多在武汉时既已对杜诗下了一番功夫，到青岛以后便开始扩大研究的计划，他说要理解杜诗需要理解整个的唐诗，要理解唐诗需先了然于唐代诗人的生平，于是他开始草写唐代诗人列传，积稿不少，但未完成。他的主旨是想借对于作者群之生活状态去揣摩作品的涵意。③

梁实秋所说的"唐代诗人列传"，大概就是闻一多留存下来的手稿中的《全唐诗人小传》，共 9 册 60 余万字，收集了唐代 406 位诗人的材料，其中部分编成传记，其余多为分门别类摘录的原始资料。

闻一多的唐诗研究，涉及面极广，疏证方面有《唐诗笺证》《唐诗校读法举例》《全唐诗辩证》《全唐诗校勘记》等；表谱方面有《唐文学年表》《唐诗人生卒考》（附进士登第年龄考）、《新旧唐书人名引得》《初唐四杰合谱》等；史料收集方面有《唐诗大系》《全唐诗补传》《全唐诗续补》《全唐诗汇补》；札记方面有《唐风楼捃录》《璞堂杂记》《唐诗要略》《诗的唐朝》等。留存的手稿中有一份草拟的《拟思唐宝聚著目录》，包括《唐代文学年表》《唐两京城坊考续补》《唐代遗书目录标注》《唐人九种名著叙论》《全唐诗人补传》《全唐诗校刊记》《少陵先生年谱会笺》《少陵先生交游考略》《说杜丛抄》《全唐诗续补》《全唐诗人生卒年考》《岑嘉州系年考证》《岑嘉州交游事辑》《唐文别裁集》等，从中可以看到闻一多研究唐诗的计划和步骤。

《诗经》研究也是在这时铺开的。梁实秋介绍说："他的研究的初步成绩便是后来发表的《匡斋尺牍》。在《诗经》研究上，这是一个划时代的作品，他用现代的科学方法解释《诗经》。他自己从来没有夸述过他对《诗经》研究的贡献，但是作品俱在，其价值是大家公认的。清儒解诗，王引

---

① 《胡适全集》第 32 卷，第 40 页。
② 由梁实秋保存，直到 1984 年才公开发表。
③ 梁实秋：《谈闻一多》，第 85 页。

之的贡献很大，他是得力于他的音韵训诂的知识之渊博，但是一多则更进一步，于音韵训诂之外再运用西洋近代社会科学的方法。例如《匡斋尺牍》所解释的《芣苢》和《狼跋》两首，确有新的发明，指示出一个崭新的研究方向。有人不满于他的大量使用佛洛伊德的分析方法，以为他过于重视性的象征，平心而论，他相当重视佛洛伊德的学说，但并未使用这一个学说来解释所有的诗篇。"①

只不过每个人一天只有 24 小时，这是绝对公平的。闻一多又绘画又写诗，再加上他一贯主张"'思'而不'述'"②，侧重于辨识能力的磨砺，多读书多积累，也就使他"一时"的业绩未能蔚为大观，让青岛大学别有用心的人找到话柄。回到清华之后，特别是在 1932 年 9 月至 1938 年 2 月这个时段里，闻一多与"绘画"和"新诗"绝了缘，潜心学术，埋头钻研。1933 年 9 月 29 日在给饶孟侃信中说："我近来最痛苦的是发现了自己的缺陷，一种最根本的缺憾——不能适应环境。因为这样，向外发展的路既走不通，我就不能不转向内走。在这向内走的路上，我却得着一个大安慰，因为我实证了自己在这向内的路上，很有发展的希望。因为不能向外走而逼得我把向内的路走通了，这也可说是塞翁失马，是福而非祸。""所谓向内发展的工作"，就是一心一意地做学术研究，并且列出了他的八大"规划"：（一）毛诗字典；（二）楚辞校议；（三）全唐诗校勘记；（四）全唐诗补编；（五）全唐诗人小传订补；（六）全唐诗人生卒年考；（七）杜诗新注；（八）杜甫（传记）。③

为了坚守学术研究的定力，闻一多把他在清华大学西院的书斋命名为"匡斋"。"匡斋"二字源自《汉书·匡衡传》中的"无说诗，匡鼎来，匡语诗，解人颐"之句。闻一多以此为室名，旨在扩大研究对象的联系面，收到引人入胜、触类旁通的效果，像匡衡的说诗能使人解颐一样。此外，闻一多还用过"璞堂"和"思唐室"两个室名。"璞堂"，大概是受到许重炎《璞堂文钞》的启发，强调持论平允，归真反璞，无喧争门户之习。

---

① 梁实秋：《谈闻一多》，第 85—86 页。
② 《致闻家驷》（1923 年 6 月 14 日）："故目下为弟之计，当保存现有之批评精神以多读书史，所谓'学'与'思'并进也。至于'述而不作'，孔圣犹然，吾辈则或当'思'而不'述'耳。"《闻一多全集》第 12 卷，第 179 页。
③ 《闻一多全集》第 12 卷，第 265—266 页。

"思唐室"的意义就更清晰了。他神往"盛唐时代的气氛",认定学者必须有"学院精神"和"大家气象",自由思考、独立判断、敢于质疑、开拓创新。

闻一多如此专心治学,其业绩也就很自然地超出了考证学家和文学家的范围,造诣越来越深。早在1922年10月28日,闻一多在给父母亲的信中谈到急于回国"研究文学"的"理由"时说,"我并不怀疑我自己的造诣很属殊特"[1]。他所说的"造诣",并不是指他的学问和艺术等等所达到的程度,而是指他的天赋和个性。他的个性不仅仅是长诗《园内》写到的"自强不息":早起对着"新生的太阳"背诵鸿文巨制,夜里"点着蜡烛"努力到"铜磬报尽了五更";也不是像写《二月庐漫纪》时那种不理睬世俗的人情世故,一味埋头读书,而是有着远大的志向。为了实现他的远大志向,闻一多谦卑好学,求贤若渴,勤于查漏补缺,勇于自我修正。

1928年8月,闻一多担任武汉大学文学院院长后,就十分注意延揽人才,邀请出版过《楚辞概论》的游国恩来武大讲授《楚辞》和中国文学史。1930年秋后,闻一多被聘为国立青岛大学文学院院长兼中国文学系主任,又当即邀请游国恩到青岛大学执教,两家同住在大学路一座红楼内。闻一多住在楼上,游国恩住在楼下,得暇常在一起谈论《楚辞》《诗经》,互相启发,享受切磋之乐。1932年8月,闻一多回到母校清华大学,游国恩仍在青岛大学。1933年夏,游国恩打算到北平看望闻一多,闻一多得信后十分兴奋,7月2日回信中说:

> 阔别经年,屡承垂问,私心感慰,曷可言状。……弟下年讲授《楚辞》,故近来颇致力于此书。间有弋获,而难疑处尤多。屡欲修书奉质,苦于无着手处。今得悉大驾即将北来,曷胜欣忭!惟盼将大著中有关《楚辞》之手稿尽量携带,藉便拜诵。他无所需也。兄来平后,当然下榻敝处,有种种方便,亦不待言。何日命驾,计当何日抵平,乞一一详示,弟当进城奉迎也。[2]

只因京汉铁路中断,游国恩不得不半路折回青岛,闻一多不知原委,于7

---

[1] 《闻一多全集》第12卷,第109页。
[2] 同上书,第259页。

月 26 日再次致函游国恩："久候不来，亦无消息，望眼欲穿矣。平中日来凉爽，宜游厂肆，宜游北海，啜茗长谈。何日命驾？仍盼早示，勿孤负此大好天时也。比来日读骚经数行，咀嚼揣摩，务使字字得解而后止，忽有所悟。自意发千古以来未发之覆。恨不得行家如吾兄者，相与拍案叫绝也。"①得知游国恩已返回青岛后，闻一多便将刚读过的朱一栋《群书札记》中论《楚辞》十余条"精当处"抄寄游国恩，与这位"渊博精审，突过古人"的大学者共赏。最后说到游的《楚辞概论》中"未采及此书"，"如一时不易觅得，弟可代为录出寄上也"。② 1942 年 3 月，闻一多的《楚辞校补》由国民图书出版社出版。闻一多在《引言》中写道："我应当感谢两位朋友：游泽承（国恩）和许骏斋（维遹）两先生。泽承最先启发我读《楚辞》，骏斋最热心鼓励我校勘它。没有他们，这部书是不会产生的。"③发现好的材料与同好共赏，得到朋友的帮助总是铭感在心，闻一多的心胸是这样的纯洁和坦荡。

冯友兰谈及闻一多在清华以"全副精神来服侍"学问时说："一多到清华任教授以前，在别的大学担任过重要的行政职务。几次学校内部风潮，使他对于学校行政感觉厌倦。到清华以后，先七八年，拿定主意，专心致力研究工作。他的学问也就在这个时期，达到成熟阶段。在战前，有一次叶公超先生与我谈起当代文人。我们都同意，由学西洋文学而转入中国文学，一多是当时的唯一底成功者。"④闻一多的这个"唯一"，还有一个很重要的途径，就是勤于查漏补缺，勇于自我修正。郭沫若在开明版《〈闻一多全集〉序》中称：

> 就他所已成就的而言，我自己是这样感觉着，他那眼光的犀利，考索的赅博，立说的新颖而翔实，不仅是前无古人，恐怕还要后无来者的。这些都不是我一个人在这儿信口开河，凡是细心阅读他这《全集》的人，我相信都会发生同感。⑤

---

① 《闻一多全集》第 12 卷，第 260 页。
② 同上书，第 261 页。
③ 《闻一多全集》第 5 卷，第 114 页。
④ 冯友兰：《回念朱佩弦先生与闻一多先生》，《文学杂志》第 3 卷第 5 期，1948 年 10 月。
⑤ 《闻一多全集》第 1 卷，开明书店，1948 年，第 1—2 页。

"就他所已成就的而言,我自己是这样感觉着,他那眼光的犀利,考索的赅博,立说的新颖而翔实,不仅是前无古人,恐怕还要后无来者的",这几乎成了评论闻一多的"经典"论断。郭沫若强调"这些都不是我一个人在这儿信口开河,凡是细心阅读他这《全集》的人,我相信都会发生同感"。他随后举了"两个例子",第一个是:

> 他有一篇《〈诗·新台〉鸿字说》解释《诗经·邶风·新台篇》里面"鱼网之设,鸿则离之"的那个鸿字。两千多年来读这诗的谁都马虎过去了,以为是鸿鹄的鸿,但经一多先生从正面反面侧面来证明,才知道这儿的"鸿"是指蟾蜍即虾蟆。……这确是很重要的发现。要把这"鸿"解成虾蟆,然后全诗的意义才能畅通。全诗是说本来是求年青的爱侣却得到一个弓腰驼背的老头子,也就如本来是想打鱼而却打到了虾蟆的那样。假如是鸿鹄的鸿,那是很美好的鸟,向来不含恶义,而且也不会落在鱼网子里,那实在是讲不通的。然而两千多年来,差不多谁都以这不通为通而忽略过去了。①

《〈诗·新台〉鸿字说》一文收在开明版《闻一多全集》第 2 卷《古典新义》集内,篇末注:"原载《清华学报》第十卷第三期,民国二十四年七月",论文解释"鱼网之设,鸿则离之"中的"鸿"为虾蟆。郭氏称:"这确是很重要的发现。要把这'鸿'解成虾蟆,然后全诗的意义才能畅通。"又说:"然而两千多年来,差不多谁都以这不通为通而忽略过去了。"

可是,开明版《闻一多全集》第 1 卷《神话与诗》集中还另有《说鱼》篇。这是闻一多试图用文化人类学方法研究古代诗歌的论文,特别强调"隐语"的作用。论文第三段"打鱼"一节先引录《邶风·新台》全诗,然后解释道:

> 旧说这是刺卫宣公强占太子伋的新妇——齐女的诗,则鱼喻太子(少男),鸿喻公(老公)。"鸿""公"谐声,"鸿"是双关语。我从前把这鸿字解释为虾蟆的异名,虽然证据也够确凿的,但与《九罭篇》的鸿字对照了看,似乎仍以训为鸟名为妥。②

---

① 《闻一多全集》第 1 卷,开明书店,1948 年,第 2 页。
② 同上书,第 126 页。

文末注明写作时地为"一九四五,五,二五,昆明",已在《〈诗·新台〉鸿字说》发表将近十年后。闻一多按照"揆之本文而协,验之他卷而通"的训诂原则,对自己过去所作的"鸿"字的解释有了动摇,认为还是"训为鸟名为妥"。尽管对"鸿"字的训释,闻一多用了"似乎"两字,表示他还在犹豫,尚未定论,但已倾向"旧说"则是毫无疑义的。

1945年5月写《说鱼》这篇论文的时候,闻一多已是郭沫若所称颂的"眼光的犀利,考索的赅博,立说的新颖而翔实"的大学者,自己站出来对近十年之前的学术观点"置疑""修正",这在现代学者中并不多见。中国现代学者中有些"精英"自始至终都"独领风骚"。在"学术"上始终站在"最前沿",书出一回改一回,甚至改得面目全非,还口口声声说是"原稿",使得现代文学和现代学术的版本显得特别繁杂。闻一多锐意开拓进取,勇于突破陈说。他是把"学问"当作"学问"来做的,从不"媚俗",绝无"事功意识"。非但不"炫弄",不"装饰","不愧少作",反而在不断地反思自己,辨疑正谬,自我修正。这种既矜持而又锐进的学术追求,正是闻一多所说的"很属殊特"的"造诣"。

## 四、定能为人类作出"最伟大的贡献"

闻一多的诸多朋友中,排在第一位的是梁实秋,早在清华求学时他们就成了很亲密的朋友。其次要数徐志摩,彼此相识并不早,闻一多回国后两人的交往渐渐多了起来。1925年8月11日,闻一多在致闻家騄的信中说:"北京《晨报》为国内学术界中最有势力之新闻纸,而《晨报》之《副镌》尤能转移一时之思想。《副镌》编辑事本由正张编辑刘勉己兼任。现该报拟另觅人专管《副镌》,已与徐志摩接洽数次。徐已担任北大钟点,徐之友人不愿彼承办《晨副》,故徐有意将《晨副》事让弟办理。据徐云薪水总在二三百之间,大约至少总在百元以上。今日徐问弟:'谋到饭碗否?'弟答'没有。可否替我想想法子?'后谈及《晨副》事,又向弟讲:'一多,你来办罢!'弟因徐意当时还在犹夷,不便直接应诺。容稍迟请上沆或太侔向徐再提一提,想不致绝无希望也。刘勉己与弟已有来往,昨日来函约为特约投稿员,稿费每千字在二元以上。刘初次遇弟时,甚表敬意。刘亦属新月社。大约弟担任《副镌》,刘之方面亦不致有异议。"① 可最终还是由徐志摩接手。尽管徐志摩在《我为什么来办我想怎么办》一文中说，他来办《副镌》是受了陈通伯的激将法和"怂恿"，但是闻一多改变了主意也说不定。这就不能不顾及《晨报副镌》以及刘勉己、徐志摩等人与鲁迅的关系了。

1924年10月3日，鲁迅作"拟古的新打油诗"《我的失恋》，以讽刺当时盛行的失恋诗。这诗已在《晨报副镌》发排，但被代理总编辑刘勉己抽掉，编辑孙伏园因此和《晨报》闹翻，愤然辞职，准备自办刊物，鲁迅"答应愿意竭力'呐喊'"②。11月17日，《语丝》创刊号出版。1924年12月1日《语丝》周刊第3期刊登了徐志摩译的法国波德莱尔《恶之华》诗集中《死尸》一诗，诗前有徐志摩的长篇议论，宣扬"诗的真妙处不在他的字义里，却在他的不可捉摸的音节里；他刺戟着也不是你的皮肤（那本来就太粗太厚！）却是你自己一样不可捉摸的魂灵"等神秘主义的文艺论。鲁迅立即写了《"音乐"?》一文，对徐志摩所鼓吹的文艺神秘主义论调进行了辛辣的讽刺与无情的批判，同时希望能有"一叫而人们大抵震悚"的文艺作品出现，以唤起在黑暗统治后人们的觉醒。鲁迅后来在《〈集外集〉序言》中说，"我其实是不喜欢做新诗的"，"我更不喜欢徐志摩那样的诗，而他偏爱到各处投稿，《语丝》一出版，他也就来了，有人赞成他，登了出来，我就做了一篇杂感（指《"音乐"?》——引者注），和他开一通玩笑，使他不能来，他也果然不来了。这是我和后来的'新月派'积仇的第一步"。③鲁迅和新月派的"积仇"，闻一多不会觉察不到，于是对接编《晨报副镌》的事也会知难而退。

假如果真如此，那闻一多是有先见之明的。因为徐志摩接编的第1期（《晨报副镌》第49期）一经面世，就激化了鲁迅和新月派之间的"积仇"。徐志摩在该期发表的《中秋晚》文末说，《晨报副镌》第一篇刊发的是凌叔华的小说《中秋晚》，"为应节（急）起见，我央着凌女士在半天内写成这篇小说，得要特别谢谢她的。还有副刊篇首广告的图案也都是凌女士的，一并致谢"。这"副刊篇首广告的图案"，就是《晨报副镌》的报头

---

① 《闻一多全集》第12卷，第227—228页。
② 详见蒙树宏编著：《鲁迅年谱稿》，广西师范大学出版社，1988年，第158页
③ 《鲁迅全集》第7卷，人民文学出版社，2005年，第4—5页。

"雄鸡报晓图"。这图并不是凌叔华的原创,而是英国画家比亚兹莱的画作,凌叔华只是临摹。徐志摩不明真相,加以鼓吹,当时尚属鲁迅阵营的刘半农等便在《语丝》上发难,指责凌叔华剽窃。陈西滢不忍坐视女友被讨伐,写了《剽窃与抄袭》[①]一文为凌叔华辩护,并埋下伏笔,不点名地揭发鲁迅的《中国小说史略》"整大本的剽窃"了盐谷温的《中国文学概论讲话》。其后又在《闲话的闲话之闲话引出来的几封信·(九)西滢致志摩》[②]中正式抛出了鲁迅《中国小说史略》抄袭之说,指责鲁迅"做了不正当的事",使得最痛恨"剽窃"的鲁迅对污蔑他抄袭的陈西滢和顾颉刚等人一直耿耿于怀,一时刀来剑往,硝烟弥漫。

闻一多看似没有卷入这场风波,只是为《晨报副镌》画了报头。但只要仔细品味他在这之后发表的诗篇,是可以清楚地看到他的立场和取向的。这里抄录1927年5月21日他在《时事新报·学灯》发表新诗《贡献》:

> 红灯下我陪你们醉酒,
> 沙发上我敬给你们两支香烟,
> 我陪着你们坐车子,走路,吃饭,
> 仿佛一天天我也有我的贡献。
>
> 给你们让着路,点着头,
> 你们打扮好了,我替你们惊羡,
> 你们跟来了,我抛下一只铜板——
> 不要误会了这就是我的贡献。
>
> 有时悲哀抓着了我的心,
> 我能为人类的苦痛捏一把汗,
> 我能哭得像婴孩,在一刹那间——
> 这刹那间才是我最伟大的贡献!

---

[①] 西滢:《闲话》,《现代评论》第2卷第50期,1925年11月21日。收入1928年新月书店《西滢闲话》时题名为《剽窃与抄袭》。

[②] 西滢:《闲话的闲话之闲话引出来的几封信·(九)西滢致志摩》,《晨报副刊》1926年1月30日。

这首诗中的"你们"可能就是新月派的朋友们，虽说也"陪你们醉酒""敬给你们两支香烟""陪着你们坐车子，走路，吃饭"，但请"不要误会了这就是我的贡献"。闻一多想的是如何"能为人类的苦痛捏一把汗"，而不是文人的小圈子；他坚守的是鲜明的是非观和爱憎观，而不是庸俗的哥们义气。闻黎明和侯菊坤编撰的《闻一多年谱长编》中介绍说：

> （闻一多1927年8月）返沪后，同人起议筹办新月书店，先生虽为其中一员，但并不积极。时，梁实秋、余上沅、张嘉铸、潘光旦、饶孟侃、罗隆基、刘英士等友人都在一起，他们对先生的印象是"总是栖栖皇不可终日"（梁实秋《谈闻一多》，第78页）。[1]

这"并不积极"和"总是栖栖皇不可终日"，也能说明闻一多与新月派同人有着"和而不同"的一面。1931年11月19日徐志摩因飞机失事罹难，几乎所有的悼念文章都把徐志摩说成是"最完美的人"，甚至说在人缘上"不仅新文艺运动以来的作家，比不上他，就是把从前的文人算上，也无出其右的"[2]。沈从文在《死了一个坦白的人》中赞美徐志摩"光明如日头，温柔如棉絮，/美丽眩目/如挂在天上雨后新霁的彩虹"[3]；在《他》中称徐志摩"是一个无仇敌而有朋友的人"，"他永远总是过分的年青、热心、富于感情"。[4]徐志摩是闻一多较亲近的人之一，按说应该有所表示。但闻一多闻讯后只是与杨振声、梁实秋、赵太侔等人一起"请沈从文去济南打探究竟"[5]，没有写悼念文章。他跟胞弟闻家驷说："徐志摩那么浪漫，叫我说什么好呢？"[6]把徐志摩界定为"浪漫"的诗人，不愿意人云亦云地说些颂扬的话，这就是闻一多。与他那率真而豪放性格相对应的，是作为一个学者应有的严谨和认真。

就"派别"而论，1930年代的闻一多应该隶属于"京派"。"京派领袖"周作人名声赫赫。郁达夫在《〈中国新文学大系·散文二集〉导言》中说，周作人"湛然和蔼"，"头脑比鲁迅冷静，行动比鲁迅夷犹"，"而周

---

[1] 闻黎明、侯菊坤编：《闻一多年谱长编》，第345页。
[2] 刘心皇：《徐志摩与陆小曼》，花城出版社，1987年，第43页。
[3] 《沈从文全集》第15卷，北岳文艺出版社，2002年，第201页。
[4] 同上书，第202页。
[5] 闻黎明编著：《闻一多年谱》，第207页。
[6] 笔者1988年春访闻家驷。

作人的理智的固守，对事物社会见解的明确，却是谁也知道的事情"，"周作人的理智既经发达，又时时加以灌溉，所以便造成了他的博识；但他的态度却不是卖智与炫学的，谦虚和真诚的二重内美，终于使他的理智放了光，博识致了用。他口口声声在说自己是一个中庸的人，若把中庸当作智慧感情的平衡，立身处世的不苟来解，那或者还可以说得过去；若把中庸当作了普通的说法，以为他是一个善于迎合，庸庸碌碌的人，那我们可就受了他的骗了"。① 郁达夫在《回忆鲁迅》中说："凡是认识鲁迅，认识启明及他的夫人的人，都晓得他们三个人，完全是好人；鲁迅虽则也痛骂过正人君子，但据我所知的他们三人来说，则只有他们才是真正的正人君子。"② 可闻一多对周作人则有过猛烈的抨击。朱自清 1935 年 9 月 9 日日记中记有：

> 赴杨（振声——引者注）之宴会。闻一多指责周作人之虚伪态度。他认为周急于出名，却又假装对社会漠不关心。闻称之为"京派流氓"。诚然，周之人生态度确有某些矛盾之处，他不会做如其宣称之引退。不管怎样，他承认自己性格中的这些矛盾之处。一致性是颇难达到之完美典模。③

闻一多在宴会上指责周作人虚伪，"认为周急于出名，却又假装对社会漠不关心"，是"京派流氓"，语惊四座。

郁达夫的《〈中国新文学大系·散文二集〉导言》，写于 1935 年 4 月，与闻一多骂"京派流氓"几乎是同时的。《回忆鲁迅》在上海《宇宙风乙刊》（1939 年 3 月至 8 月）和同年新加坡的《星洲日报半月刊》（1939 年 6 月至 8 月）连载，此时的周作人已经落水。与那些一味吹捧周作人的"苦雨斋门生"不同的是，郁达夫也是鲁迅的知己，对鲁迅有过最真挚而热烈的颂扬："没是伟大的人物出现的民族，是世界上最可怜的生物之群；有了伟大的人物，而不知拥护，爱戴，崇仰的国家，是没有希望的奴隶之

---

① 《郁达夫文集》第 6 卷，花城出版社、生活·读书·新知三联书店香港分店，1983 年，第 273、274 页。

② 《郁达夫文集》第 4 卷，花城出版社、生活·读书·新知三联书店香港分店，1982 年，第 207 页。

③ 《朱自清全集》第 9 卷，江苏教育出版社，1997 年，第 380—381 页。

邦。"①郁达夫将周氏兄弟并举，都尊奉为是"真正的正人君子"，这只能说明郁达夫的天真和善良。而闻一多怒斥周作人是"京派流氓"，则说明闻一多的敏锐和犀利。与痛骂周作人相对应的是，闻一多对鲁迅是真诚的礼赞和颂扬。

1936年10月，鲁迅逝世之后，反动当局不准人们悼念这位伟人，闻一多不避风险，毅然参加了清华文学会主持召开的鲁迅追悼会，并讲了话。他说："鲁迅先生死了，除了满怀的悲痛之外，我们还须以文学史家的眼光来观察他。我们试想一下，在中国文学史上的人物中支配我们最久最深刻，取着一种战斗反抗的，态度使我们一想到他不先想到他的文章而先想到他的人格的，是谁呢？是韩愈。唐朝的韩愈跟现代的鲁迅都是除了文章以外还要顾及到国家民族永久的前途；他们不劝人作好事，而是骂人叫人家不敢作坏事。他们的态度可以说是文人的态度而不是诗人的态度，这也就是诗人与文人的不同之点。"②闻一多对鲁迅的这些评价，当然是不够的。但是，作为一位新月派诗人，在自己的学生面前如此赞扬鲁迅的战斗精神，肯定他"骂人叫人家不敢作坏事"，肯定鲁迅"骂人"骂得对，这是要拿出极大的勇气的。闻一多还引用了陆游悼杜甫的诗句"文章垂世自一事，忠义凛凛令人思"，来表达对鲁迅的敬仰和哀思。

这之后，随着对鲁迅的理解越来越深入，闻一多对鲁迅的评价越来越高。1944年10月19日，闻一多参加了西南联合大学与云南大学联合举办的鲁迅逝世八周年纪念晚会，地点在云南大学至公堂。到会者有大中学学生、职业青年、文化界人士，共四千余人，闻一多在大会的发言中说：鲁迅"是中国的圣人"，"但他却不是中国的孔圣人"，"孔子是拉着时代后退的，鲁迅则是推着时代向前进！"孔子的一生只努力于封建制度之维持，而鲁迅却以"揭破旧中国的脸"为主要任务，后期的鲁迅积极指示并迎接了新中国的诞生。"时间愈久，越觉得鲁迅先生伟大，今天我代表自英美回国的大学教授，至少我个人，向鲁迅先生深深地忏悔！"闻一多"语意沉重，每个字吐得匀慢而清楚，声音里充满了恳挚的热情，略微停顿一下又继续说下去……"他说鲁迅"奠定了今天中国的文艺道路，然后再看看

---

① 郁达夫：《怀鲁迅》，《文学》第7卷第5号，1936年11月1日。
② 俪（赵俪生）：《鲁迅追悼会记》，《清华副刊》第45卷第1期，1936年11月2日。

从英美回来的贡献些什么成绩呢？我真惭愧"！甚至说自己过去一度停留在"英美有闲阶级文学的小圈子里"，"为英国作家所囿，致创作及欣赏方法都盲从做了与中国读者凿枘不相入的英国作家的奴隶"。①

闻一多在几千名学生面前毫不掩饰地说自己过去是"错了"，这个"自己"绝不仅仅是他"个人"，而是像他那样的一批留美留英的"海归"，包括像梁实秋、徐志摩、陈西滢在内的新月派文人。闻一多在大庭广众中"深深地忏悔"，说自己过去是"错了"的时候，"他自然已经是'对的'了"。他的这个"顿悟"，促使他成为鲁迅所说的那种人：敢笑、敢哭、敢怒、敢骂、敢说别人所不敢说的话，展示出了现代文化阵营中最可贵的"磅礴率真之气"！从这个意义上说，闻一多和鲁迅二人先后辉映，同其伟大！

朱自清称颂闻一多是"唯一的爱国诗人"。"爱国"，可以说是闻一多生命的哲学。无论何时何地，他心中总是系念着"中国的山川，中国的草木，中国的鸟兽，中国的屋宇——中国的人"。1927年5月20日，闻一多在《时事新报·学灯》上发表了一首诗，题名《心跳》。诗中写了一组对立的意象：温馨恬静的小家庭与动荡不安的大世界。开篇就用复沓的诗句写"灯光""桌椅""纸香""茶杯"以及"在母亲怀里""受哺的小儿"和"大儿康健的清息"，烘托着一种恬静优悠的心境。可正当人们以为诗人真的要感谢"这神秘的静夜，这浑圆的和平"的时候，话锋一转，恬静的"歌声"立马变成了对黑暗的"诅咒"：

> 静夜！我不能，不能受你的贿赂。／谁希罕你这墙内尺方的和平；／我的世界还有更辽阔的边境。

"我的世界还有更辽阔的边境"这一闪光的诗句，可与鲁迅的"无穷的远方，无数的人们，都和我有关"媲美！而紧接着"我的世界还有更辽阔的边境"的，就是"能为人类的苦痛捏一把汗"，坚信能为人类作出"我最伟大的贡献"，这壮美的诗句见于1927年5月21日发表的新诗《贡献》。

也有一些好心人说闻一多过于"诗人气质"，缺乏"政治智慧"。而他

---

① 详见《鲁迅活在青年心里——八周年忌日晚会杂掇》，《云南晚报》1944年10月20日；尚土：《痛忆闻师》，《人物杂志》第2年第9期，1947年9月15日。

们所谓的缺乏"政治智慧",恰恰是闻一多最可贵之处。闻一多具有知识精英最强烈的社会担当意识,重是非,轻利害。在是非旋涡中绝不混淆是非;学术研究勇于自我修正;立场站队毫不避讳和遮掩;关键时刻挺身而出,赴汤蹈火。

1946年7月11日晚,民盟昆明负责人李公朴教授遭到暗杀。反动派扬言"第二个便是闻一多"。许许多多的好心人都劝闻一多躲一躲,回避一下。闻一多则镇定自若地说:"假如因为反动派的一枪,就都畏缩不前,放下民主工作,以后谁还愿意参加民主运动,谁还信赖为民主工作的人?"①鲁迅在整理瞿秋白遗稿《海上述林》时说过"真如捏着一团火"②,看到李公朴遇害,闻一多心中也像捏了一团火,熊熊燃烧起来!

7月15日,闻一多在云南大学礼堂主持报告李公朴殉难的经过,面对特务的猖狂捣乱,拍案而起,慷慨宣誓:"我们不怕死,我们有牺牲的精神,我们随时像李先生一样,前脚跨出大门后脚就不准备再跨进大门!"闻一多的《最后一次演讲》,是闻一多学问道德和人格生命的结晶。他那种单纯的美,庄严的美,那种毫不退缩、撞碰刀山的精神和洪水似的生命力,简直是一首气势浩荡而富于高潮色彩的最光彩的诗章。在恶劣的现实面前,闻一多与敌人展开"短兵相接"的肉搏战,用"朗诵""政治演讲"这些"武器",和敌人作殊死搏斗的"白刃"战,"说话做事没有一点遮回""让热情奔放到政治的警惕性以外",预示出为了争取民主,争取自由,"他将倾泻出他的全部生命"的崇高的人格。有人天真地惋叹:"闻先生要是稍微沉默一下,是可能渡到安全地带的",可良知不允许他"稍微沉默",时代和民族都需要在这个转折点上有人能"赤膊上阵",不讲"策略","绝对地鄙视那'明哲保身'哲学而将'威武不能屈'的精神发挥到顶点,为民族增光,为懦夫添耻!"③

毛泽东说鲁迅的"骨头最硬",又说我们应该写"闻一多颂"。鲁迅让我们感受最深的是他的"韧性",一辈子都在打"壕堑战"。闻一多让我们感受最深的是他的"刚性","很公开的说和做""情感最奔放也最热烈",

---

① 高真口述、闻铭整理:《一多牺牲前后纪实》,《闻一多纪念文集》,生活·读书·新知三联书店,1980年,第383页。
② 《白莽作〈孩子塔〉序》,《鲁迅全集》第6卷,人民文学出版社,2005年,第511页。
③ 张奚若:《一多先生死难一周年纪念》,《闻一多纪念文集》,第105页。

表现出来的是他"伟大的忘我精神"！鲁迅生前谈"国家民族"谈得很多，他一辈子都在思考"国民性"。相对说来，闻一多谈得更多的是他"个人"，例如他说"诗人的天赋是爱，爱他的祖国，爱他的人民"。鲁迅一辈子都在"启蒙"，闻一多一辈子都在"示范"。鲁迅说他是"为敌人"而活着，闻一多则是为"人民"而献身。鲁迅的"启蒙"带有"听将令"的色彩，闻一多的"示范"更多的是他个人的选择，是对为人类作出"最伟大的贡献"这一庄严誓言最完美的演绎。他用鲜血和生命，用一个"圣洁的灵魂"来宣告一个时代的结束，召唤一个新的时代的来临！

［原载《名作欣赏》2021年第6期、第7期、第22期（8月号）］

# 为了"无穷的远方"和"无数的人们"
## ——鲁迅的思想情怀

鲁迅是中华民族现代民族精神的代表,是"民族魂"。郁达夫生前在谈到鲁迅的伟大时,着重说到鲁迅"观察之深刻":"当我们见到局部时,他见到的却是全面。当我们热中去掌握现实时,他已把握了古今与未来。"① 在谈及"打算写点关于他的纪录,但终于不能成功"时,郁达夫感叹道:"鲁迅先生的思想、人格、文字,实在太深沉广博了。要想写他的评传,真也有点儿不容易。譬如一座高山,近瞻遥瞩,面面不同。写出了此,就不免遗漏到彼。"② 其实,何止是写"评传",即便是写篇专题的文章,我们也都会有郁达夫所说的这种顾此失彼的困境。像郁达夫这样的与鲁迅极为亲近的朋友都觉得很难理解鲁迅的"思想、人格、文字",作为"后来人"的我们由于时代的隔膜以及学识和认知上的局限,认识鲁迅、理解鲁迅的难度就更大。鲁迅生前也曾多次说起过他的"深刻"和"孤独",1925年5月30日致许广平的信中说:

> 我所说的话,常与所想的不同,至于何以如此,则我已在《呐喊》的序上说过:不愿将自己的思想,传染给别人。何以不愿,则因为我的思想太黑暗,而自己终不能确知是否正确之故。③

鲁迅所说的"太黑暗",大概就是他曾经说过的"绝望"。但鲁迅的

---

① 《鲁迅的伟大》,《郁达夫文集》第7卷,花城出版社、生活·读书·新知三联书店香港分店,1983年,第27页。
② 郁达夫:《鲁迅先生逝世一周年》,福州《小民报·怒吼》,1937年10月20日。
③ 《鲁迅全集》第11卷,人民文学出版社,2005年,第80页。(本文援引《鲁迅全集》较多,凡未注明出版社及出版年份的,均为人民文学出版社2005年版)

"绝望"是因为清醒而来的，正是郁达夫一再强调的"太深沉广博"，也可以理解为"世人皆醉我独醒"。正因为是"独醒"，有着人道主义和人文关怀的鲁迅反倒让自己多了几分"顾忌"，"终不能确知是否正确"，诚如他在《写在〈坟〉后面》中说的：

> 偏爱我的作品的读者，有时批评说，我的文字是说真话的。这其实是过誉，那原因就因为他偏爱。我自然不想太欺骗人，但也未尝将心里的话照样说尽，大约只要看得可以交卷就算完。我的确时时解剖别人，然而更多的是更无情面地解剖我自己，发表一点，酷爱温暖的人物已经觉得冷酷了，如果全露出我的血肉来，末路正不知要到怎样。……①

> 有人以为我信笔写来，直抒胸臆，其实是不尽然的，我的顾忌并不少。我自己早知道毕竟不是什么战士了，而且也不能算前驱，就有这么多的顾忌和回忆。还记得三四年前，有一个学生来买我的书，从衣袋里掏出钱来放在我手里，那钱上还带着体温。这体温便烙印了我的心，至今要写文字时，还常使我怕毒害了这类的青年，迟疑不敢下笔。我毫无顾忌地说话的日子，恐怕要未必有了罢。但也偶尔想，其实倒还是毫无顾忌地说话，对得起这样的青年。但至今也还没有决心这样做。②

鲁迅出于对"酷爱温暖的人物"的顾虑，出于对喜爱他作品的"青年"的关爱，不愿意在文章中"毫无顾忌地说话"，不忍心"全露出"他的"血肉来"，以免"毒害"了纯真的青年。"我毫无顾忌地说话的日子，恐怕要未必有了罢。"《题〈彷徨〉》中的"荷戟独彷徨"③，《彷徨》的扉页上的"路漫漫其修远兮，吾将上下而求索"就正是这种心态的自白。不过，这看似有些游移的"彷徨"与"求索"，恰恰正是鲁迅"荷戟独冲锋"最形象的写照。一方面"就怕我未熟的果实偏偏毒死了偏爱我的果实的人"，另一方面又"偏要使所谓正人君子也者之流多不舒服几天"，正是这种鲜明的爱憎，造就了鲁迅"俯首甘为孺子牛"的伟大襟怀，以及"站着"与

---

① 《鲁迅全集》第1卷，第299—300页。
② 同上书，第300—301页。
③ 《鲁迅全集》第7卷，第156页。

黑暗抗争的"恶魔精神"。

遗憾的是改革开放以来，随着对"神化"鲁迅的溯源和清算，走下"神坛"后的鲁迅受到种种丑化和亵渎，致使有识之士发出了"远离鲁迅让我们变得平庸"的忧虑。鲁迅当然不是"神"，也许有这样或那样的不完美。鲁迅在译文集《思想·山水·人物》的"题记"中就曾说过："倘要完全的书，天下可读的书怕要绝无，倘要完全的人，天下配活的人也就有限。"① 这话当然也适用于鲁迅。但鲁迅是被誉为"空前的民族英雄"的文化巨人，"他在中国革命运动中，立了超人一等的功绩"②。作为北大人，我们对鲁迅更应该多一份敬意。

## 一、鲁迅与北大的渊源

鲁迅与北大的渊源可以追溯到 1912 年。1912 年 7 月 2 日，蔡元培邀约入阁的同盟会会员王宠惠（外交总长）、宋教仁（农林部总长）、王正廷（工商部代总长）到总统府，当面向袁世凯辞去总长职务，轰动一时的四总长联名辞职函也出自蔡元培之手。鲁迅 7 月 2 日记："蔡总长第二次辞职。"③ 7 月 15 日记："下午部员为蔡总长开会送别，不赴。"④ 7 月 19 日记："下午与季市访蔡子民不遇。"⑤ 7 月 22 日记："晚饮于陈公猛家，为蔡子民饯别也，此外为蔡谷青、俞英厓、王叔眉、季市及余，肴膳皆素。"⑥ 蔡元培辞职后，"教育部有人建议改聘他为北京大学校长，并由教育部向袁世凯提出。袁世凯对此断然拒绝，认为蔡既是革命党员，又力倡革命思想，现在发生的许多'反动'事件，多与他有关，如再让他培养出革新人才来，定会使自己的政权发生动摇"⑦。教育部"建议改聘他为北京大学

---

① 《鲁迅全集》第 10 卷，第 300 页。
② 中国共产党中央委员会和中华苏维埃人民共和国中央政府为鲁迅逝世发表的《为追悼鲁迅先生告全国同胞和全世界人士书》，转引自鲁迅博物馆鲁迅研究室编：《鲁迅年谱》（增订本）第 4 卷，人民文学出版社，1981 年，第 395 页。
③ 《鲁迅全集》第 15 卷，第 9 页。
④ 同上书，第 11 页。
⑤ 同上。
⑥ 同上书，第 12 页。陈公猛，名威，绍兴人，日本早稻田大学毕业，光复会员，时任财政库库藏司司长。
⑦ 梁柱：《蔡元培与北京大学》，宁夏人民出版社，1983 年，第 9 页。

校长"的部员中少不了鲁迅,仅从上面援引的日记便能看出,鲁迅与蔡元培的关系很不一般。

也正是因为彼此之间相互敬慕,1917年蔡元培担任北大校长后,就嘱托鲁迅为北大设计校徽。鲁迅8月7日记:"寄蔡先生信并所拟大学徽章。"① 这枚徽章曾被刘半农戏称作"哭脸校徽",圆形,白地黑圈,"北大"两个篆字上下排列,上部的"北"字是背对背侧立的两个人像,下部的"大"字是一个正面站立的人像。篆文"北大"字样是三个"人",是一个顶天立地正面站立的"人"用双肩托起了两个"人",这个构思突出了鲁迅"立人"的思想,是鲁迅对北大同时也是对现代教育的殷切期望。蔡元培最能体会鲁迅的思想,当即采用。这之后,鲁迅与北大的关系越来越密切。

鲁迅8月9日记:"下午钱中季来谈,至夜分去。"② 钱中季,即钱玄同,时在北京大学任教,并担任《新青年》编辑,特地来劝请鲁迅为《新青年》写稿。自1918年起,鲁迅开始参加《新青年》的编辑工作。《新青年》编辑同人陈独秀、李大钊、胡适、钱玄同、高一涵、刘半农、鲁迅、沈尹默等都是实名的北京大学教授或兼职教师。鲁迅在《忆刘半农君》中说,"《新青年》每出一期,就开一次编辑会,商定下一期的稿件"③,因而和北大文科学长陈独秀、北大教授兼图书馆馆长李大钊等《新青年》同人的关系都比较融洽。鲁迅1919年4月8日记:"下午寄李守常信。"④ 4月16日记:"上午得钱玄同信,附李守常信。"⑤ 这是鲁迅和李大钊的第一次通信。在《新青年》时代,鲁迅以李大钊"为站在同一战线上的伙伴"⑥;《我怎么做起小说来》中说,陈独秀"是催促我做小说最着力的一个"⑦。自《新青年》第4卷第5号(1918年5月15日出版),到《新青年》第9卷第4号(1921年8月1日出版),三年多的时间里,鲁迅在《新青年》上共发表了小说5篇,新诗6首,随感录23则,思想批判论文

---

① 《鲁迅全集》第15卷,第292页。
② 同上。
③ 《鲁迅全集》第6卷,第73—74页。
④ 《鲁迅全集》第15卷,第364页。
⑤ 同上书,第365页。
⑥ 《〈守常全集〉题记》,《鲁迅全集》第4卷,第539页。
⑦ 《鲁迅全集》第4卷,第526页。

2篇，通信3则，翻译文学作品4篇，附记、正误等其他文字7则，还作为编者，为之辑录《什么话》5条。此外鲁迅以"庚言"的笔名在《每周评论》上发表了书评《美术杂志第一期》和3篇《随感录》。"这些确可以算作那时的'革命文学'"①，引起了广大读者灵魂的震撼。

鲁迅与北大学生及学生社团的往来也很多。他大力支持在启蒙的大潮中与《新青年》相呼应的新潮社，充分肯定了《新潮》中发表的小说创作，认为上海鸳鸯蝴蝶的小说家"梦里也没有想到过。这样下去，创作很有点希望"②。在《新潮》杂志上，鲁迅发表了小说《明天》、译文《察拉图斯忒拉的序言》和译后附记，鲁迅将自己的著作《呐喊》《中国小说史略》和译作《桃色的云》交给新潮社出版，并借钱给新潮社出版部出书。鲁迅还热心为《北京大学日刊》撰稿，为北大《歌谣》周刊和《国学季刊》设计封面，为北大图书馆校勘珍贵图书《太平广记》，并担任北大学生社团春光社的导师③，他在《〈中国新文学大系〉小说二集序》里，盛赞由北大学生陈翔鹤、冯至等组织的沉钟社为"中国的最坚韧，最诚实、挣扎得最久的团体"④。北大认鲁迅为自己人，鲁迅也把自己视为"北大派"。

1920年8月，蔡元培签署聘书，聘请鲁迅为北大国文系讲师。1922年1月，鲁迅又被聘为北大研究所国学门委员会第一届委员。1920年8月至1926年8月，鲁迅在北大任课整整六年，先是开设"中国小说史"课，鲁迅以他渊博的学识、鞭辟入里的精湛分析和密切联系实际的教授法，使这门课成为听讲的人最多、最受学生欢迎的一门课。王士菁在《鲁迅——他的生平和创作》中是这样描述的：

> 他叙述着中国小说史实，用着极平常的语句。可是，教室里却时时爆发出笑声，他的话时时被迫停顿下来。在每一个听众的眼前，赤裸裸地显出了美与丑，善与恶，真实与虚伪，光明与黑暗，……人们似乎不是在听他讲授"中国小说史"，却仿佛是在听他分析人们的心灵深处的秘奥，通过每一件具体事实把那蒙着历史灰尘的古代人物

---

① 《〈自选集〉自序》，《鲁迅全集》第4卷，第468页。
② 鲁迅：《对于〈新潮〉一部分的意见》，《新潮》第1卷第5期，1919年5月1日。
③ 许钦文：《忆春光社》，《学习鲁迅先生》，上海文艺出版社，1959年，第13页。
④ 《鲁迅全集》第6卷，第252页。

的真实面貌，显示给听众。他不单是在讲解着"中国小说史"，而且是在解剖中国的社会和历史。他把自己的分明的爱憎，直接传染给青年人。①

从 1924 年起，鲁迅又以他翻译的厨川白村《苦闷的象征》为教材，讲授文学理论，同时讲授"中国小说史"。通过在北大教课，鲁迅和青年人很快建立起了日常的联系和亲密的友谊。鲁迅鼓励青年学生写作，帮助他们抄书校稿，解答他们各种各样的问题，关爱之心犹如"耶稣为门徒洗脚"（孙伏园语）一样的忘我和赤诚。

尽管鲁迅与以陈源和徐志摩为代表的现代评论派打过笔战，对陈源指名道姓攻击他抄袭日本学者盐谷温的《中国文学概论讲话》，耿耿于怀；跟顾颉刚的关系可谓水火不容；与"《新青年》时期"的好友钱玄同后来也渐行渐远，但对北大始终是倍加爱护的。1925 年，北大二十七周年校庆之际，应北大学生会邀请，鲁迅先生写了一篇《我观北大》。针对段祺瑞执政府"整顿学风"的措施和以总长章士钊为首的教育部一再打压北大的举动，如散布解散北大的谣言，决定停发北大经费等，鲁迅写道："第一，北大是常为新的，改进的运动的先锋，要使中国向着好的，往上的道路走。虽然很中了许多暗箭，背了许多谣言；教授和学生也都逐年地有些改换了，而那向上的精神还是始终一贯，不见得弛懈"；"第二，北大是常与黑暗势力抗战的，即使只有自己"；"北大究竟还是活的，而且还在生长的。凡活的而且在生长着，总有着希望的前途"。②北大人向来有反省的自觉，但更不乏坚守的勇气。对于投向北大的"暗箭"，很少有"想勒转马头"或"显出一角灰色"的。因为是一个与北大命运息息相关的"北大派"，鲁迅才会坦露这种光明磊落而又热忱真挚的爱护之心。

1926 年 8 月 26 日，为逃避军阀迫害，鲁迅离开了他生活十四年的北京，到厦门大学和中山大学讲学。1927 年 10 月到上海定居。1929 年 5 月 15 日至 6 月 2 日，为了探望生病的母亲，鲁迅第一次回到了他离别三年的北京。在北京，鲁迅会见了北大国文系主任马幼渔，拜访了沈尹默、张凤举等北大的老朋友；又与来访的沉钟社的杨慧修、冯至等青年朋友相晤，

---

① 王士菁：《鲁迅——他的生平和创作》，中国青年出版社，1958 年，第 94—95 页。
② 《鲁迅全集》第 3 卷，第 168 页。

同至中央公园午餐。5月29日，鲁迅到北大第二院作了题为《现今的新文学的概观》的演讲，当晚在给许广平的信中说："听者有千余人，大约北平寂寞已久，所以学生很以这类事为新鲜了。"① 第二天，鲁迅与李霁野等一起，专程到西山看望在那里养病的韦素园。韦曾旁听于北大国文系，是未名社的骨干。鲁迅对于他的为人、他的努力介绍外国进步文艺十分器重，在《忆韦素园君》中说："素园却并非天才，也非豪杰，当然更不是高楼的尖顶，或名园的美花，然而他是楼下的一块石材，园中的一撮泥土，在中国第一要他多。他不入于观赏者的眼中，只有建筑者和栽植者，决不会将他置之度外。"② 鲁迅赞赏"石材"与"泥土"的品格，深知这是民族与国家的基础，可见作为民族文化大厦的伟大建筑师与精神文明花圃的辛勤园丁的鲁迅，对北大学子有多爱惜。

鲁迅第二次回北京，是1932年11月13日，还是母亲病了，特地回来看望，共待了16天。11月20日，鲁迅在给许广平的信中说："我到此后，紫佩、静农、寄野、建功、兼士、幼渔，皆待我甚好，这种老朋友的态度，在上海势利之邦是看不见的。我已应允他们于星期二（廿二）到北大、辅仁大学各讲演一回，又要到女子学院去讲一回。"③ 加上师范大学、中国大学的2次，共讲演5次，这就是有名的"北平五讲"。鲁迅在北大二院讲演的题目是《帮忙文学与帮闲文学》。11月23日在给许广平的信中说："昨天往北大讲半点钟（日记中记：讲四十分钟——引者注），听者七八百，因我要求以国文系为限，而不料尚有此数；次即往辅仁大学讲半点钟，听者千二百人，将夕，兼士即在东兴楼招宴，同席十一人，多旧相识，此地人士，似尚存友情，故颜欢畅，殊不似上海文人之反脸不相识也。"④ 11月25日在给许广平的信中说："旧友对我，亦甚好，殊不似上海之专以利害为目的，故倘我们移居这里，比上海是可以较为有趣的。"⑤ 鲁迅提到的这几位"老朋友"中，紫佩（宋紫佩）曾经是鲁迅的学生，后来又与他成为同事和挚友；静农（台静农）是鲁迅的学生，1925年与他

---

① 《两地书·一三二》，《鲁迅全集》第11卷，第316页。
② 《鲁迅全集》第6卷，第70页。
③ 《鲁迅全集》第12卷，第343页。
④ 同上书，第344页。
⑤ 同上书，第346页。

一起发起成立未名社；寄野（李霁野）是未名社的主要成员，并一直追随鲁迅；建功（魏建功）1919年考入北大预科，1921后来进入北大研究所国学门，1925年在中文系以优异的成绩毕业，留校任教，是鲁迅的学生和同事；至于兼士（沈兼士）和幼渔（马幼渔），他俩都是北大中文系的知名教授。他们待鲁迅"甚好"，使鲁迅感到友情尚存，心情格外欢畅，这至少可以说明北大学生和老师对于鲁迅念念不忘，而鲁迅也十分珍惜这份感情。鲁迅在《呐喊·自序》中说到在钱玄同的鼓动下，他"终于答应他也做文章了，这便是最初的一篇《狂人日记》。从此以后，便一发而不可收"①。这样《狂人日记》与北大也有渊源。如何看待《狂人日记》，可以作为认识鲁迅的一个切入点。

## 二、如何看待礼赞"狂人"与抨击"固有文明"

1937年10月19日，毛泽东在《论鲁迅》的演讲中说："鲁迅在中国的价值，据我看要算是中国的第一等圣人。孔子是封建社会的圣人，鲁迅是现代中国的圣人。"②不过，鲁迅向来拒绝"导师"与"圣人"的身份。他非但不期待成为"圣人"，甚至对于可能沦为"圣人之徒"也时刻保有一份本能的警惕。而毛泽东把孔子称作"封建社会的圣人"，把鲁迅誉为"现代中国的圣人"，这就把"鲁迅"和"孔子"联系起来，又用"封建社会"与"现代中国"两个既前后延续又全然不同的"时代"，将"鲁迅"与"孔子"切割开来，为我们认识鲁迅提供了全新的视角。

认识鲁迅，我们首先要认识鲁迅生活的年代。1925年3月18日，鲁迅在致许广平的信中说："我的作品，太黑暗了，因为我常觉得惟'黑暗与虚无'乃是'实有'，却偏要向这些作绝望的抗战，所以很多着偏激的声音。其实这或者是年龄和经历的关系。"③鲁迅很清晰地告诉我们，他"作绝望的抗战"中的"偏激的声音"，与他的"年龄和经历"相关；而"年龄和经历"又是与"时代"联系在一起的。

鲁迅所处的时代，正是中国近代历史上最黑暗的时期。鲁迅诞生的那

---

① 《鲁迅全集》第1卷，第441页。
② 《毛泽东文集》第2卷，人民出版社，1993年，第43页。
③ 《鲁迅全集》第11卷，第21页。

年，1881年2月，清政府与沙俄签订《中俄伊犁条约》。五岁那年，1885年6月，清政府与法国签订《越南条款》。十四岁那年，1894年7月，中日甲午战争爆发，北洋海军覆没。十六岁那年，1896年6月，沙俄诱迫清政府签订《中俄密约》和《旅大租地条约》，德国强迫清政府签订《胶澳租界条约》。十八岁那年，1898年6月至9月，发生康梁维新变法。十九岁那年，1899年11月，中法签订《广州湾租界条约》。二十岁那年，1900年，八国联军攻入北京。二十四岁那年，1904年2月，在我国东北发生了日本帝国与俄罗斯帝国为争夺我国领土的日俄战争，致使我国东北地区人民遭受惨重灾难。三十一岁那年，1911年，辛亥革命爆发，这是中国近代史上最重要的一场革命。

这一段历史概括起来，就是毛泽东在《中国革命和中国共产党》中所阐述的："帝国主义和中华民族的矛盾，封建主义和人民大众的矛盾，这些就是近代中国社会的主要的矛盾。……帝国主义和中华民族的矛盾，乃是各种矛盾中的最主要的矛盾。这些矛盾的斗争及其尖锐化，就不能不造成日益发展的革命运动。伟大的近代和现代的中国革命，是在这些基本矛盾的基础之上发生和发展起来的。"[①]

近代中国社会的矛盾和斗争，使得鲁迅从懂事起就看到中国是一个"衰老的国度"。他在《老调子已经唱完》的讲演中说："（别国人）用枪炮来打的后几次，我已经出了世了，但是年纪青。我仿佛记得那时大家倒还觉得一点苦痛的，也曾经想有些抵抗，有些改革。"[②] 由于"别国人"不断地"用枪炮来打"，外患日重，国势日损，中国"是在一天一天的坏下去了"[③]，这使得鲁迅自从懂事起，就有了对于中国和中国的前途的忧虑，有了救国的渴望。随着年龄的增长，鲁迅的爱国之志越来越坚定，救亡之心越来越急切。

1898年11月，在南京求学的鲁迅刻了三枚图章，第一枚是"文章误我"，第二枚是"戛剑生"（我要"戛"的一声拔出剑来），第三枚是"戎马书生"。"戎马书生"是鲁迅的"自号"。从这三枚图章可以看出，鲁迅要做一名战士的决心已定。至于1903年在日本受到"外邦"刺激后写的

---

① 《毛泽东选集》第2卷，人民出版社，1991年，第631页。
② 《鲁迅全集》第7卷，第325—326页。
③ 《中国语文的新生》，《鲁迅全集》第6卷，第118页。

七绝,即著名的《自题小像》中的"寄意寒星荃不察,我以我血荐轩辕",乃是鲁迅"毕生实际的格言"(许寿裳语)。这一年,鲁迅在《浙江潮》第8期发表的《中国地质略论》中说:"强种鳞鳞,蔓我四周,伸手如箕,垂涎如雨";"中国者,中国人之中国。可容外族之研究,不容外族之探捡;可容外族之赞叹,不容外族之觊觎者也",列强是"我汉族之大敌也",呼唤"豪侠之士""奋袂而起"。①

如何挽救垂亡的祖国,鲁迅首先想到的是"人"。1907年,鲁迅写了《人间之历史》《摩罗诗力说》《科学史教篇》《文化偏至论》四篇重要著述,这是中国近代哲学思想史的重要文献,被誉为"启蒙四论"。

《人间之历史》,刊1907年12月出版的《河南》月刊第1号。篇名中的"人间",系日语,即"人",所以收入《坟》时改名为《人之历史》,介绍进化论,论证进化之必然,促请国人秉此新论,刷新心迹,追寻民族进化之途。

《摩罗诗力说》,刊1908年2、3月出版的《河南》月刊第2号和第3号,论文盛赞欧西及俄罗斯诸民族"立意在反抗,指归在动作,而为世所不甚愉悦"的"摩罗诗派",是"精神界之战士"。鲁迅进而以期盼之心,诚挚地发问:"今索诸中国,为精神界之战士者安在?有作至诚之声,致吾人于善美刚健者乎?有作温煦之声,援吾人出于荒寒者乎?"深深地感叹道:"而先觉之声,乃又不来破中国之萧条也。然则吾人,其亦沉思而已夫,其亦惟沉思而已夫!"这是发自心底的民族之声与民族浩叹!强调要"争天拒俗"②,用一种勇猛的、热忱的战斗激情推动祖国前进发展。

《科学史教篇》,刊1908年6月出版的《河南》月刊第5号,论文阐明科学发展之历史,论述科学与艺文、宗教、实业的关系。鲁迅在给科学之伟力以崇高评价之后,随即从另一方面提出了"美上之感情"和"明敏之思想"的极为重要,决不可忽视人文知识和精神文明。指出洋务派的"惟枝叶之求",乃是舍本逐末;强调要"致人性于全,不使之偏倚"。③

《文化偏至论》,刊1908年8月出版的《河南》月刊第7号,论文提

---

① 《鲁迅全集》第8卷,第6—20页。
② 《鲁迅全集》第1卷,第68、102、103页。
③ 同上书,第35、33页。

出了"掊物质而张灵明,任个人而排众数"的政治主张,认为"黄金黑铁"不足以救中国,主张"尊个性而张精神""人立而后凡事举",只有振拔人之思想与精神,才能使"沙聚之邦""转为人国"。①

"启蒙四论"正好形成一个思想系统,一个为拯救中国、开启民智、发动启蒙运动的纲领性文献,一组完整的20世纪初叶中华民族的思想理论文本。

1908年12月,鲁迅又发表了《破恶声论》,批判"破迷信""崇侵略"两种"恶声"。"破迷信"的制造者们以科学为名,无视人民精神上的需求,甚至把神话传说、民间赛会等悠久的文化和风俗,也不加分析地通通斥为"迷信",主张破除。鲁迅揭露这些所谓"破迷信"的制造者们,正是奉"圣旨"来制定所谓正统宗教的得力奴仆,提出"伪士当去,迷信可存"。②"崇侵略"的制造者们无视我国备受帝国主义侵略之苦,拼命"颂美侵略,暴俄强德,向往之如慕乐园";而对于印度、波兰这些遭受侵略的弱小民族,"则以冰寒之言嘲其陨落"。鲁迅指责这些"崇侵略"者所尊崇的是"兽性",是"奴子性";谴责那些为帝国主义侵略作辩护的人是"兽性爱国之士"。文章最后写到我国长期遭受列强的欺凌,已处于"未至陈尸,鸷鸟先集,丧地不足,益以金资,而人亦为之寒饿野死"的悲惨境地。③盼望中国有先觉的爱国前驱出现,起来保卫祖国,不为邪恶之声所动,用光明照亮黑暗,展现了一个先觉的爱国前驱者的远见卓识。

1909年8月,鲁迅结束了为时七年的留日生活回国。辛亥革命使他"高兴得很","觉得中国将来很有希望"。但他很快就看到了这场革命换汤不换药的本质,看到古老的中国"渐渐坏下去,坏而又坏"④的现实。他在《〈自选集〉自序》中意味深长地说:"见过辛亥革命,见过二次革命,见过袁世凯称帝,张勋复辟,看来看去,就看得怀疑起来,于是失望,颓唐得很了。"⑤"中国又一天一天沉入黑暗里",如何"救治这'几至国亡种灭'的中国"⑥呢?有别于"激进派"用"颈血铁血"救国的主张,在

---

① 《鲁迅全集》第1卷,第47、58页。
② 《鲁迅全集》第8卷,第30页。
③ 同上书,第35页。
④ 《两地书·八》,《鲁迅全集》第11卷,第31页。
⑤ 《鲁迅全集》第4卷,第468页。
⑥ 《鲁迅全集》第1卷,第318页。

沉默中思考的鲁迅,承接"启蒙四论"的思考,延续着"人立而后凡事举"的思路,在钱玄同的"怂恿"下,发表了中国现代文学史上第一篇白话小说《狂人日记》。

《狂人日记》是"五四"时期文化思想界的一面战斗大旗,是当时文学革命和思想革命的进军宣言书。这一年,鲁迅三十八岁。

关于《狂人日记》的成因和创作意图,鲁迅在致许寿裳的信中说得很清晰:"《狂人日记》实为拙作……偶阅《通鉴》,乃悟中国人尚是食人民族,因成此篇。此种发现,关系亦甚大,而知者尚寥寥也。"[①] 小说的主人公狂人"廿年以前,把古久先生的陈年流水簿子,踹了一脚",这"廿年以前",也从一个侧面说明鲁迅"反封建"的思想酝酿已久,对封建制度及其精神支柱的剖析已久。鲁迅极其沉痛地写下了他的"发现":

> 我翻开历史一查,这历史没有年代,歪歪斜斜的每叶上都写着"仁义道德"几个字。我横竖睡不着,仔细看了半夜,才从字缝里看出字来,满本都写着两个字是"吃人"![②]

"历史",哪能"没有年代"?"狂人"的这个"疯话"涵盖的是"有史以来"的历史。自有历史记载以来,中国"人"的生存就与"仁义道德"处于尖锐的对抗之中,中国人从来就没有争到做"人"的权利。鲁迅笔下的"仁义道德",所指的是传统的制度和教条,依照狂人的说法便是"古久先生的陈年流水簿",它非但窒息人性发展,还使得人与人之间互相欺凌,互相压迫,用狂人的话说便是"吃人"。"狂人"的"害怕"和"伤心"就在于:非但赵贵翁"似乎想害我",那些"给知县打枷过的""给绅士掌过嘴的""衙役占了他妻子的""老子娘被债主逼死的",以及"女人"和"小孩子",也都成了"青面獠牙的一伙人",就连念过"中学"的"大哥"也"想要吃我了",踹了一脚"古久先生的陈年流水簿子",引来的竟是被"一伙人"合伙来"吃"。大家所遵从的是传统的制度和教条,认为"这是从来如此""不要乱想",不可怀疑,谁如果碰了它,便是"疯子",便是公众的仇敌。鲁迅在《我之节烈观》中说"节烈的女子"周围有一个

---

① 《180820 致许寿裳》,《鲁迅全集》第 11 卷,第 365 页。
② 《鲁迅全集》第 1 卷,第 447 页。

"无主名无意识的杀人团"①。"狂人"的周围又何尝不是也有一个"无主名无意识的杀人团"？而这个"无主名无意识的杀人团"涵盖了除"狂人"之外的所有男女老幼，这是旧中国社会极普遍的现象，读来令人毛骨悚然！

《狂人日记》的问世，使"文明古国"的迷信受到毁灭性的打击，中国"道德天下第一"（《随感录·三十八》）、"中国的精神文明主宰全世界的伟论"（《电影的教训》）的谎言统统被撕得粉碎！

沈雁冰在《读〈呐喊〉》中谈到阅读《狂人日记》的感受时说，"中国人一向自诩的精神文明第一次受到了最'无赖'的怒骂"，读了以后"只觉得受着一种痛快的刺戟，犹如久处黑暗的人们骤然看见了徇绝的阳光"。②

傅斯年在《一段疯话》中说："鲁迅先生所作《狂人日记》中的狂人，对于人世的见解，真个透彻极了……哼哼！狂人！狂人！耶稣、苏格拉底在古代，托尔斯泰、尼采在近代，世人何尝不称他做狂人呢？但是过了些时，何以无数的非狂人跟着狂人走呢？文化的进步，都由于有若干狂人，不问能不能，不管大家愿不愿，一个人去辟不经人迹的路。最初大家笑他厌他，恨他，一会儿便要惊怪他佩服他终结还是爱他，像神明一般的待他。所以我敢决然断定，疯子是乌托邦的发明家，未来社会的制造者。"傅斯年把中国社会"沉闷寂灭到极点"的原因，归结为"疯子太少"。他最后说："疯子以外，最可爱的人物，便是小孩子"，"疯子是我们的老师，孩子是我们的朋友。我们带着孩子，跟着疯子走——走向光明去"。③

"我们带着孩子，跟着疯子走——走向光明去"，表明了新一代青年要追随作为"新文化运动的旗手和主将"的鲁迅，朝他引领的方向前进的意愿。而鲁迅也"一发而不可休"，在他写的"遵命文学"，尤其是一系列杂文中，深刻地揭示了"人"的生存状态，揭露我们这个"文明古国"的昏庸和野蛮。

1918年7月，鲁迅写了《我之节烈观》，痛批儒家钳制与摧残女子的"节烈观"，发愿"要除去虚伪的脸谱"，"要除去世上害己害人的昏迷

---

① 《鲁迅全集》第1卷，第129页。
② 雁冰：《读〈呐喊〉》，《文学》周报第91期，1923年10月8日。
③ 孟真：《一段疯话》，《新潮》第1卷第4号，1919年4月1日。

和强暴","除去制造并赏玩别人苦痛的昏迷和强暴","要人类都受正当的幸福"。①

1918年9月,鲁迅发表《随感录·二十五》,揭露儒家的"父为子纲",只是把"儿子"当作父辈"福气的材料,并非将来的'人'的萌芽",批斥"孩子之父",呼吁要有懂得教育孩子的"'人'之父"。②

1919年1月,鲁迅发表《随感录·四十二》,公开承认"只好忍受"英国医生"称中国人为土人"的"侮辱",因为他说的是"事实":"试看中国的社会里,吃人,劫掠,残杀,人身买卖,生殖器崇拜,灵学,一夫多妻,凡有所谓国粹,没一件不与蛮人的文化(?)恰合。拖大辫,吸鸦片,也正与土人的奇形怪状的编发及吃印度麻一样。至于缠足,更要算在土人的装饰法中,第一等的新发明了";"世上有如此不知肉体上的苦痛的女人,以及如此以残酷为乐,丑恶为美的男子,真是奇事怪事"。③

1925年5月,鲁迅发表《灯下漫笔》,揭穿"外国人"赞颂中国"固有文明"的用心,郑重指出"凡有来到中国的,倘能疾首蹙额而憎恶中国,我敢诚意地捧献我的感谢,因为他一定是不愿意吃中国人的肉的!"④进而谈到"中国人向来就没有争到过'人'的价格,至多不过是奴隶";把中国的历史概括为"想做奴隶而不得的时代"和"暂时做稳了奴隶的时代"的"循环",把中国的历史概括为"人肉的筵宴"的历史,不无沉痛地说:

> 即从有文明以来一直排到现在,人们就在这会场中吃人,被吃,以凶人的愚妄的欢呼,将悲惨的弱者的呼号遮掩,更不消说女人和小儿。
>
> 这人肉的筵宴现在还排着,有许多人还想一直排下去。扫荡这些食人者,掀掉这筵席,毁坏这厨房,则是现在的青年的使命!⑤

1925年6月,鲁迅发表《"碰壁"之后》,把"现实世界"比拟为"极

---

① 《鲁迅全集》第1卷,第130页。
② 同上书,第312页。
③ 同上书,第343页。
④ 同上书,第226页。
⑤ 同上书,第229页。

苦地狱","我眼前总充塞着重迭的黑云,其中有故鬼,新鬼,游魂,牛首阿旁,畜生,化生,大叫唤,无叫唤,使我不堪闻见"①,有说不出的苦痛。

1927年2月,鲁迅在题为《老调子已经唱完》的讲演中说:"中国的文化,都是侍奉主子的文化,是用很多的人的痛苦换来的。无论中国人,外国人,凡是称赞中国文化的,都只是以主子自居的一部份。"②

至少可以这样说,从《狂人日记》开始,反抗儒家的"正统思想"(即儒家的"三纲"),揭穿中国历史是一部"吃人"的历史,"大呼猛进,将碍脚的旧轨道不论整条或碎片,一扫而空"③这个宏愿,贯穿了鲁迅辉煌的一生。他在1934年12月17日写的《病后杂谈之余——关于"舒愤懑"》中说:"自有历史以来,中国人是一向被同族和异族屠戮,奴隶,敲掠,刑辱,压迫下来的,非人类所能忍受的楚毒,也都身受过,每一考查,真教人觉得不像活在人间。"④他再次告诉我们:

> 所谓中国的文明者,其实不过是安排给阔人享用的人肉的筵宴。所谓中国者,其实不过是安排这人肉的筵宴的厨房。不知道而赞颂者是可恕的,否则,此辈当得永远的诅咒!⑤

鲁迅所说的"不知道而赞颂者",指的很可能是那些"被奴役的国民"。自鸦片战争以来,面对丧权辱国的局面,被奴役的国民中也有一种可悲的"合群的爱国的自大",他们受到统治阶级的说教的毒害,也在寻找"精神"上的胜利,"以自尊大昭闻天下""宝自有而傲睨万物"。⑥在《随感录·三十八》中,鲁迅列举了"甲乙丙丁"和"戊"五种"很荒谬"的话,着重批判"更荒谬"的"戊",就连"掉了鼻子",也说是"祖传老病","夸示于众"⑦,"隐匿了黑的一面"⑧。鲁迅非常憎恶"隐匿了黑的

---

① 《鲁迅全集》第3卷,第72页。
② 《鲁迅全集》第7卷,第326页。
③ 《再论雷峰塔的倒掉》,《鲁迅全集》第1卷,第202页。
④ 《鲁迅全集》第6卷,第186—187页。
⑤ 《灯下漫笔》,《鲁迅全集》第1卷,第228页。
⑥ 《文化偏至论》,《鲁迅全集》第1卷,第45页。
⑦ 《鲁迅全集》第1卷,第329页。
⑧ 《补白》,《鲁迅全集》第3卷,第110页。

一面"的做法,说那些赞赏"中国的古文明"的"外人"①,"很希望中国永是一个大古董以供他们的赏鉴"②,而沉迷在"精神文明"的"优胜"中的中国的统治阶级,则把人的贵贱、上下、大小分成"十等","自己被人凌虐,但也可以凌虐别人;自己被人吃,但也可以吃别人。一级一级的制驭着,不能动弹……如此连环,各得其所,有敢非议者,其罪名曰不安分!"③

在鲁迅看来,当年只要是不死心塌地做"万劫不复的奴才"的中国人,决不会标榜"中国的文明";只要不是极愿中国"腐败"下去,"长保其贫穷"的"外国人",也决不会鼓噪中国的"立国之要"重在保存"历史相传之旧习"④。《狂人日记》中"狂人"踹"古久先生的陈年流水簿子"的形象化的表述,寄托着鲁迅对"中国精神的文明",以及源于"孔教"延续了"数千年之美风懿俗"的彻底否认和批判。这个"踹",是向"封建制度"及其支撑这个制度的"仁义道德"作出的最勇猛的挑战,从而构成了我国现代思想史上划时代的革命。

沿着礼赞"狂人"、抨击"固有文明"的思路发展下去,就必然是批判"权势者们的圣人"与"推开了古人"。

## 三、如何看待批判"权势者们的圣人"与"推开了古人"

鲁迅出生在封建士大夫家庭,家学渊源,从小就受到以儒学为主导的传统文化的熏陶,孔孟的书读得最早,读得最熟。鲁迅说过"我几乎读过十三经"(《华盖集·十四年的"读经"》),十六岁前就读了"四书""五经",以后又读了《尔雅》《周礼》和《仪礼》。读经最初的目的,也"是为写文章作准备",到"能写文章"之后再去"参加科举考试",从这个意义上说,像鲁迅这样的世家子弟在感情上原本是亲近孔子的。

1901年2月18日(阴历庚子十二月除夕),鲁迅作《祭书神文》,同弟弟一起拜祭书神。祭文以决绝的态度嘲讽了那种"钱神醉兮钱奴忙",

---

① 《〈出了象牙之塔〉后记》,《鲁迅全集》第10卷,第271页。
② 《忽然想到(六)》,《鲁迅全集》第3卷,第46页。
③ 《灯下漫笔》,《鲁迅全集》第1卷,第227—228页。
④ 濮兰德、白克好司:《清室外纪》,中华书局,1915年,第179—180页。

对反遭冷落的"书神"表示欢迎,"把酒大呼兮君临我居"。鲁迅后来曾回忆这段时期的思想,说"契诃夫的想发财,是那时俄国的资本主义已发展了,而这时候,我正在封建社会里做少爷。看不起钱,也是那时的所谓'读书人家子弟'的通性"[1]。祭文最后还说到"他年芹茂而樨香兮,购异籍以相酬",表达了爱读书和乐于搜求"异籍"的志趣。虽说这只是游戏之作,"似乎是随便胡诌,其实含义还是一本正经"[2]的,可以看出当年在鲁迅身上确有孔孟的思想烙印,有"读书人"看不起钱的"清高",也有看不起俗丁伧父的"优越"。

孔子是伟大的政治家、思想家、教育家和儒家学派的创始人,是中国古代文化传统的主要代表之一。作为"封建大家庭"的"少爷",鲁迅"熟读圣贤书",对孔子自然知之甚深,虽说没有像"尊孔论者"那样地去顶礼膜拜,但也有过很多正面的评价。1926年2月27日写的《无花的蔷薇》中,将孔子定位为"伟大的人物"[3]。1934年6月7日在致山本初枝的信中说"孔夫子漫游一生,且带了许多弟子,除二三可疑之点外,大体还可以"[4]。1935年12月,鲁迅作历史小说《出关》,借用老子的话来评说孔子:"我们还是道不同。譬如同是一双鞋子罢,我的是走流沙,他的是上朝廷的。"[5] 1936年4月写的《〈出关〉的"关"》中,鲁迅对比孔子与老子,说:"至于孔老相争,孔胜老败,却是我的意见:老,是尚柔的;'儒者,柔也',孔也尚柔,但孔以柔进取,而老却以柔退走。这关键,即在孔子为'知其不可为而为之'的事无大小,均不放松的实行者,老则是'无为而无不为'的一事不做,徒作大言的空谈家。要无所不为,就只好一无所为,因为一有所为,就有了界限,不能算是'无不为'了。"[6] 他欣赏孔子积极入世、有所作为的精神。

不过,诚如有的学者所提出的,在中国似乎有"两个"孔子,即"原孔"和"后孔"(偶像),也有"两个"儒家,即"原儒"和"后儒",鲁

---

[1] 《350824 致萧军》,《鲁迅全集》第13卷,第528页。
[2] 许寿裳:《鲁迅的游戏文章》,《我所认识的鲁迅》,人民文学出版社,1953年,第74页。
[3] 《鲁迅全集》第3卷,第272页。
[4] 《鲁迅全集》第14卷,第305页。
[5] 《鲁迅全集》第2卷,第457页。
[6] 《鲁迅全集》第6卷,第539—540页。

迅很早就觉察到这一点。《无花的蔷薇》中说，孔丘、释迦、耶稣基督等"伟大的人物"，生时"每为故国所不容，也每受同时人的迫害"，这是"原孔"；而故去后却像"傀儡"一样被人们"恭维赞叹"①，这就是"后孔"（偶像）。对于经过"种种的权势者"用"种种的白粉"精心地"化妆"②出来的"后孔"（偶像），鲁迅是"颇近于不敬"的，甚至有过"偏激的声音"，而这些又都与他的经历有关。

鲁迅那一代人，从小就深受"后孔"（偶像）的束缚。在私塾，每天得对"大成先师像"一跪三叩，即便是新式学堂，每天也得"跪叩"。1902年4月，鲁迅进入东京私立弘文学院，先读普通科，后入师范科。曾任日本汤岛孔庙执事的弘文学院院长嘉纳治五郎一贯尊孔，弘文学院在规章中规定："学生必须尊重本国的国体和本院的体面"，"凡逢孔圣诞辰，晚餐予以敬酒"等。鲁迅后来在《在现代中国的孔夫子》中回忆说，在入学不久的一天，"学监大久保先生集合起大家来，说：因为你们都是孔子之徒，今天到御茶之水的孔庙里去行礼罢！我大吃了一惊。现在还记得那时心里想，正因为绝望于孔夫子和他的之徒，所以到日本来的，然而又是拜么？一时觉得很奇怪"③，他对弘文学院的这种规定感到很失望。

而此时的中国，尊孔的风气越来越盛。1906年4月4日，清政府把"忠君，尊孔，尚公，尚武，尚实"作为教育的宗旨。"尚公，尚武，尚实"谈何容易，清政府所要的其实只是"忠君"和"尊孔"。1909年，鲁迅回国后在杭州两级师范学堂任教。12月下旬，原任监督沈钧儒因被选为浙江咨议局副议长而离任，继任的夏震武到任的前一天，写信通告教员和学生必须按照常规穿袍服，准备随他排班"谒圣"；又传令教务长许寿裳率领全体教员，穿戴礼服，行下属见上司的"庭参"礼。鲁迅与具有民主思想和革新意识的同事夏丏尊等用"罢课"来抵制。夏震武斥责他们"非圣无法"，鲁迅就与众教员一起用"全体辞职出堂"的强硬态度与之抗争。夏震武思想冥顽，鲁迅给他取了外号，叫"木瓜"，并戏称这一场抗争为"木瓜之役"。

---

① 《鲁迅全集》第3卷，第272页。
② 《在现代中国的孔夫子》，《鲁迅全集》第6卷，第327页。
③ 《鲁迅全集》第6卷，第326页。

其实,"木瓜之役"也只是鲁迅等人存心和夏震武斗气,虽说迫使夏震武只好辞职,但丝毫不会转移社会上"尊孔"和"祭孔"的风气。清末民初,每年旧历二月、八月的丁日都会在国子监毗邻的孔庙举行祭礼,称"丁祭"。1912年2月,鲁迅到南京临时政府教育部担任部员。5月,随教育部迁京。10月7日,"以昌明孔教,救济社会为宗旨"的孔教会在上海召开成立大会,教育部也于是日规定:从民国元年十月七日始,永定阴历八月二十七日为"孔子诞辰纪念日",由教育部举行祭礼。

1913年2月,陈焕章主编的《孔教会杂志》在上海创刊(第2卷改由纪景福主编),以"宣扬孔教为国教,提倡尊孔读经"为宗旨。3月,康有为在《不忍》杂志上抛出"宪法草案",宣扬"有孔教乃有中国,无孔教是散中国矣"。6月22日,袁世凯发布尊孔祀孔令,宣称"天生孔子,为万世师表",下令要"根据古义,将祀孔典礼折衷至当,详细规定,以表尊崇而垂久远"。8月15日,陈焕章、梁启超、夏曾佑等以孔教会名义,向参众两院提出"请定孔教为国教"之请愿书。9月27日(农历八月二十七日,孔子生日),孔教会在山东曲阜开第一次全国大会。袁世凯等派代表参加北京孔社召开的"孔子诞日纪念会",黎元洪在武昌祀孔。10月31日,宪法起草委员会通过《天坛宪法草案》,其中第十九条规定"民国教育以孔子之道为修身大本"。11月23日,孔教会推康有为任会长。11月26日,袁世凯再次下令尊孔,并接见"衍圣公"孔令贻,授予一等嘉禾章。

1914年1月29日,袁世凯指使其御用机构"政治会议"通过祭天、祀孔两个决议案。3月11日,袁世凯颁布《褒扬条例》规定:凡"孝行""妇女节操可以风世者",由大总统给予"匾额题字,并金质或银质褒章",受褒人及其家族"愿建坊立碑者,得自为之",以宣扬和维护封建纲常名教。8月26日,袁世凯批令执行由政事堂礼制馆拟定、经国务卿徐世昌核定的《祀孔典礼》。9月25日,袁世凯发布祭孔"告命"。9月28日,袁世凯率各部总长并文武官吏,穿着古怪祭服,在北京孔庙举行"秋丁祀孔"。10月,孔教会、孔道会、孔社等组织分别举行大规模的"孔子圣诞纪念会"等活动。

作为教育部官员的鲁迅当年也只能违心地参与祭孔。据鲁迅在教育部的同僚林冰骨回忆,"当时清政府的学部旧人留用很多,他们的封建观念和保守意识都很强烈"①，鲁迅1913年9月28日日记中有极具历史讽刺意味的一笔："星期休息。又是孔子生日也。昨汪（大燮——引者注）总长令部员往国子监，且须跪拜，众已哗然。晨七时往视之，则至者仅三四十人，或跪或立，或旁立而笑，钱念敂又从旁大声而骂，顷刻间便草率了事，真一笑话。闻此举由夏穗卿主动，阴鸷可畏也。"②用"阴鸷可畏也"来形容夏穗卿，可见鲁迅对"祭孔"的反感到了极点。

1914年3月2日，因孔教会举行丁祭，鲁迅与教育部佥事徐吉轩到国子监参拜。参加者大多数穿长袍马褂，戴六合统一帽，行三跪九叩礼。鲁迅在当天的日记中写道："晨往郢中馆要徐吉轩同至国子监，以孔教会中人举行丁祭也，其举止颇荒陋可悼叹。"③

1915年3月17日，国务卿徐世昌代表袁世凯祭孔，鲁迅因职务关系，被派往任执事。鲁迅是日日记记："黎明丁祭，在崇圣祠执事，八时毕归寓。"④所谓执事，就是每届春秋二祭，"将所谓'帛'或'爵'递给鞠躬或顿首之诸公的听差之谓也"⑤。

1916年7月12日，范源濂第二次出任教育总长，在任内卖力鼓吹尊孔读经，引起鲁迅、杨莘士、许寿裳、钱家治、张协和、张宗祥等从浙江同来教育部任职的六人的愤慨，联名写信，坚决反对，据理驳斥。"该信一式两份，一份送范源濂，一份摊放在办公桌上，让大家观看，是辨明是非"；"范源濂恼羞成怒，陆续把反对他的人排挤出外，名义上是外放厅长，实际上明升暗降。鲁迅因为是社会教育司的，所以无法把他弄到外地去"。⑥封建统治阶级和复古派倒行逆施，使得鲁迅身不由己。从1917年至1924年，鲁迅均于祭孔时被派任执事。1923年3月25日，鲁迅一大早到孔庙当执事，"'执事'后坐车回寓"，途中坠车碰落两颗牙齿。⑦

---

① 林冰骨：《我所记忆的四十五年前的鲁迅先生》，《鲁迅回忆录·散篇》（上册），北京出版社，1999年，第70页。
② 《鲁迅全集》第15卷，第80页。
③ 同上书，第108页。
④ 同上书，第164页。
⑤ 《从胡须说到牙齿》，《鲁迅全集》第1卷，第264页。
⑥ 鲁迅博物馆鲁迅研究室编：《鲁迅年谱》（增订本）第1卷，人民文学出版社，2000年，第350—351页。
⑦ 《从胡须说到牙齿》，《鲁迅全集》第1卷，第264—265页。

1925年之后，鲁迅不再参与"祭孔"，对"尊孔""祭孔"的批判也更激烈了，这从他在1925年写的《十四年的"读经"》便能看得出来。1926年，鲁迅应邀到厦门大学执教，校长林文庆也是"尊孔"派，著有《孔教大纲》和《孔教精神》。鲁迅在给许广平的信中说，林文庆"对我虽然很恭敬，但我讨厌他，总觉得他不像中国人，像英国人"①。1927年南京政府成立后，"孔子"又成了蒋介石巩固和扩大自己权力的王牌。1934年2月，蒋介石在南昌发表演讲，强制推行"新生活运动"，提倡"尊孔读经"。同年7月国民党政府根据国民党中央执行委员会常务会议通过的《先师孔子诞辰纪念办法》，明令以阳历8月27日孔子生日为"国定纪念日"，南京、上海等地举行规模盛大的"孔诞纪念会"。鲁迅发表《不知肉味和不知水味》，将这一年的"祭孔"盛典与袁世凯1914年颁布的祀孔令联系起来，称1934年民国政府明令的"尊孔"，"是民国以来第二次的盛典"。②

联系到这些背景和史实，我们便不难理解鲁迅一贯"绝望于孔夫子和他的之徒"的严正立场。在鲁迅看来，"死掉"后的孔子在统治阶级那里却像"傀儡"一样，孔子之"所谓伟大"，只不过是因为"他可给自己利用的效果的大"而已。③

1926年7月4日，鲁迅在《马上支日记（七月四日）》中，评说日本安冈秀夫《从小说看来的"支那"民族性》一书，结尾说："中国人总不肯研究自己。从小说来看民族性，也就是一个好题目。此外，则道士思想（不是道教，是方士）与历史上大事件的关系，在现今社会上的势力；孔教徒怎样使'圣道'变得和自己的无所不为相宜；战国游士说动人主的所谓'利''害'是怎样的，和现今的政客有无不同；中国从古到今有多少文字狱；历来'流言'的制造散布法和效验等等……可以研究的新方面实在多。"④鲁迅始终关注的是"现今的政客"和"孔教徒"，是怎样"使'圣道'变得和自己的无所不为相宜"，并对此进行揭露和批判。

1927年9月23日，鲁迅作《述香港恭祝圣诞》，讽刺香港殖民当局借孔夫子诞辰大搞"恭祝"，其尊孔和"崇奉孔教"的目的是"打倒贼子乱

---

① 《鲁迅全集》第12卷，第2页。
② 《鲁迅全集》第6卷，第115页。
③ 详见《无花的蔷薇》，《鲁迅全集》第3卷，第272—273页。
④ 《鲁迅全集》第3卷，第351页。

臣，免得赤化宣传……破坏纲常伦纪。"①

1930年1月，鲁迅在《流氓的变迁》中说："孔墨都不满于现状，要加以改革，但那第一步，是在说动人主，而那用以压服人主的家伙，则都是'天'。"②这里所说的"天"，指的是儒、墨两家著作中的所谓"天命""天意"。"天意"不可违。孔墨把"改革"的希望完全寄托在"人主"身上。孔子提出的"克己复礼"的主张，显然是为"人主"着想的。

1933年10月7日，鲁迅在给增田涉的信中说："在中国，也有人说要以孔子之道治国，从此就要变成周朝了罢，而我也忝列皇室了，真是做梦也未想到的幸运！"③鲁迅点出中国"有人"抬出孔子，其目的就是要用"孔子之道治国"。而"孔子之道"的核心就是君臣、父子、夫妇"三纲"，用来"治国"真是"做梦"。

1934年8月，鲁迅作历史小说《非攻》，借墨子的口，批判"儒者"，"说话称着尧舜，做事却要学猪狗，可怜，可怜！"④

1935年4月29日，鲁迅作《在现代中国的孔夫子》，称孔子为"摩登圣人"⑤，"圣裔们繁殖得非常多，成着使释迦牟尼和苏格拉第都自愧弗如的特权阶级"⑥。孔子被"种种的权势者"，"一直抬到吓人的高度。"他说：

> 总而言之，孔夫子之在中国，是权势者们捧起来的，是那些权势者或想做权势者们的圣人，和一般的民众并无什么关系。然而对于圣庙，那些权势者也不过一时的热心。因为尊孔的时候已经怀着别样的目的，所以目的一达，这器具就无用，如果不达呢，那可更加无用了。在三四十年以前，凡有企图获得权势的人，就是希望做官的人，都是读"四书"和"五经"，做"八股"，别一些人就将这些书籍和文章，统名之为"敲门砖"。这就是说，文官考试一及第，这些东西也就同时被忘却，恰如敲门时所用的砖头一样，门一开，这砖头也就被

---

① 《鲁迅全集》第4卷，第52页。
② 同上书，第159页。
③ 《鲁迅全集》第14卷，第263页。
④ 《鲁迅全集》第2卷，第468页。
⑤ 《鲁迅全集》第6卷，第326页。
⑥ 同上书，第329页。

抛掉了。孔子这人，其实是自从死了以后，也总是当着"敲门砖"的差使的。①

也正是因为孔子"总是当着""权势者""'敲门砖'的差使"，"中国的一般的民众，尤其是所谓愚民，虽称孔子为圣人，却不觉得他是圣人；对于他，是恭谨的，却不亲密"。鲁迅把"权势者"和"愚民"对孔子的态度加以对比，指出"能像中国的愚民那样，懂得孔夫子的，恐怕世界上是再也没有的了"。这是孔子本身的原因带来的局限，"孔夫子曾经计划过出色的治国的方法，但那都是为了治民众者，即权势者设想的方法，为民众本身的，却一点也没有"，他只是"权势者们的圣人"。②《在现代中国的孔夫子》原是用日文写的，发表于东京《改造》月刊1935年6月号。日刊《文学评论》第2卷第8期上说："鲁迅的孔子论是痛快的，真不愧为道地的人，令人钦佩……你的国里的民众不关心孔子，我们国里的民众也同样地是一点都不关心的。"鲁迅6月10日给增田涉信中说："《孔夫子》也承夸奖，据说还有赞同的文章，闻之颇为安慰。"③

鲁迅对孔子的解读可谓入木三分。孔子创立中庸主义，一者强调"仁"，劝告统治者多施仁政，不要使民众控诉"苛政猛于虎"，而民众只要觉得眼下的生活尚无太大困难，那么也就安于现状，不会怨气冲天以至于闹气暴乱；二者强调"义"，劝谕民众要克己复礼、正名定分，即使有愤怒不平，也要"发而皆中节"，要而言之，就是为了确保政权的稳固，统治者要注意实行人道主义，而被统治的民众要安分守己，这正是鲁迅将孔子定位为只是"权势者们的圣人"的依据。

鲁迅在将孔子定位为只是"权势者们的圣人"的同时，点出孔子周游列国，宣传"王道"的用心，"恐怕是为了想做官"。他在1934年3月发表《关于中国的两三件事》中写道：

> 汉的高祖，据历史家说，是龙种，但其实是无赖出身，说是侵略者，恐怕有些不对的。至于周的武王，则以征伐之名入中国，加以和殷似乎连民族也不同，用现代的话来说，那可是侵略者。然而那时的

---

① 《鲁迅全集》第6卷，第327—328页。
② 同上书，第329页。
③ 《鲁迅全集》第14卷，第359页。

民众的声音，现在已经没有留存了。孔子和孟子确曾大大的宣传过那王道，但先生们不但是周朝的臣民而已，并且周游历国，有所活动，所以恐怕是为了想做官也难说。说得好看一点，就是因为要"行道"，倘做了官，于行道就较为便当，而要做官，则不如称赞周朝之为便当的。然而，看起别的记载来，却虽是那王道的祖师而且专家的周朝，当讨伐之初，也有伯夷和叔齐扣马而谏，非拖开不可；纣的军队也加反抗，非使他们的血流到漂杵不可。接着是殷民又造了反，虽然特别称之曰"顽民"，从王道天下的人民中除开，但总之，似乎究竟有了一种什么破绽似的。好个王道，只消一个顽民，便将它弄得毫无根据了。①

鲁迅将孔子定位为"权势者们的圣人""摩登圣人"，对"三纲五常"展开全方位的批判。1933 年 9 月，鲁迅作《男人的进化》，批评"孔圣人"为男权社会中男女两性设计的不同道德标准：

> 父母之命媒妁之言的旧式婚姻，却要比嫖妓更高明。这制度之下，男人得到永久的终身的活财产。当新妇被人放到新郎的床上的时候，她只有义务，她连讲价钱的自由也没有，何况恋爱，不管你爱不爱，在周公孔圣人的名义之下，你得从一而终，你得守贞操。男人可以随时使用她，而她却要遵守圣贤的礼教，即使"只在心里动了恶念，也要算犯奸淫"的。②

1935 年 3 月，鲁迅作《"寻开心"》，批判孔子的"孝道"。文中写道：

> 如读经，在广东，听说是从燕塘军官学校提倡起来的；去年，就有官定的小学校用的《经训读本》出版，给五年级用的第一课，却就是"孔子谓曾子曰：身体发肤，受之父母，不敢毁伤，孝之始也。……"那么，"为国捐躯"是"孝之终"么？并不，第三课还有"模范"，是乐正子春述曾子闻诸夫子之说云："天之所生，地之所

---

① 《鲁迅全集》第 6 卷，第 10—11 页。
② 《男人的进化》，《鲁迅全集》第 5 卷，第 301 页。

养，无人为大。父母全而生之，子全而归之，可谓孝矣。不亏其体，不辱其身，可谓全矣。故君子顷步而弗敢忘孝也。……"①

短篇《祝福》中祥林嫂生的悲哀，死的恐惧；《阿Q正传》中阿Q的凡男的和女的在一起一定有"勾当"，凡"尼姑一定和和尚私通"的"理论"，以及吴妈哭着闹着要寻"短见"的缘由；《离婚》中"知书识理"的七大人的"公婆不喜欢（儿媳）就得走"的"吩咐"；《伤逝》中子君"默默"的"死"，都是对"孔教"和"三纲五常"最直接的控诉和批判，锋芒所向正是被统治阶级意识形态化、道德化、宗教化了的"人造孔子"。鲁迅执着地要"把孔子从圣人的地位请下来"，恢复"孔子的本来面目"，其目的就是清除封建纲常名教对于"人"的束缚，扑灭"古习惯"②，信奉科学，合理地做"人"。鲁迅早在1918年10月15日发表的《随感录·三十三》中就曾写道：

现在有一班好讲鬼话的人，最恨科学，因为科学能教道理明白，能教人思路清楚，不许鬼混，所以自然而然的成了讲鬼的人的对头。于是讲鬼话的人，便须想一个方法排除他。……

据我看来，要救治这"几至国亡种灭"的中国，那种"孔圣人张天师传言由山东来"的方法，是全不对症的，只有这鬼话的对头的科学！——不是皮毛的真正科学！③

鲁迅明确地指出：要救治这"几至国亡种灭"的中国，"只有这鬼话的对头的科学——不是皮毛的真正科学！"而绝不是"孔圣人"和"孔子之道"。1925年5月26日，他在为俄文译本《阿Q正传》作序时，就揭示了"圣人"与"国人"之间的隐微关系：

我虽然已经试做，但终于自己还不能很有把握，我是否真能够写出一个现代的我们国人的魂灵来。别人我不得而知，在我自己，总仿佛觉得我们人人之间各有一道高墙，将各个分离，使大家的心无从相印。这就是我们古代的聪明人，即所谓圣贤，将人们分为十等，说

---

① 《鲁迅全集》第6卷，第280页。
② 《十四年的"读经"》，《鲁迅全集》第3卷，第139页。
③ 《鲁迅全集》第1卷，第314、318页。

是高下各不相同。其名目现在虽然不用了,但那鬼魂却依然存在,并且,变本加厉,连一个人的身体也有了等差,使手对于足也不免视为下等的异类。造化生人,已经非常巧妙,使一个人不会感到别人的肉体上的痛苦了,我们的圣人和圣人之徒却又补了造化之缺,并且使人们不再会感到别人的精神上的痛苦。

我们的古人又造出了一种难到可怕的一块一块的文字;但我还并不十分怨恨,因为我觉得他们倒并不是故意的。然而,许多人却不能借此说话了,加以古训所筑成的高墙,更使他们连想也不敢想。现在我们所能听到的,不过是几个圣人之徒的意见和道理,为了他们自己;至于百姓,却就默默的生长,萎黄,枯死了,像压在大石底下的草一样,已经有四千年!①

在鲁迅看来,"中国现在有许多二重道德,主与奴,男与女,都有不同的道德,还没有划一。"② 其根源来自"古训"与"几个圣人之徒的意见和道理"的束缚和压制。1927 年 2 月,鲁迅在题为《无声的中国》的演讲中,号召中国当时的青年将一个无声的中国"变成一个有声的中国":"大胆地说话,勇敢地进行,忘掉了一切利害,推开了古人,将自己的真心的话发表出来。"③ 鲁迅在这里所说的"推开了古人",显然包括孔子在内。在鲁迅看来,孔子虽然是"伟大的人物",积极入世,"知其不可而为之","学而不厌,诲人不倦",但孔子毕竟是两千五百多年前的"古人",经过"种种的权势者"用"种种的白粉"精心地"化妆"后,成了"真正科学"的"对头",尤其是历代统治阶级推崇的"君君臣臣父父子子",让国人就"像压在大石底下的草一样","默默的生长,萎黄,枯死了"。正是从这个立场出发,鲁迅不遗余力地批判"权势者们的圣人",号召中国的青年"推开了古人,将自己的真心的话发表出来",与此相对应的是鲁迅主张"舍掉古文而生存",提倡"多读看外国书"。

---

① 《鲁迅全集》第 7 卷,第 83—84 页。
② 《论"费厄泼赖"应该缓行》,《鲁迅全集》第 1 卷,第 291 页。
③ 《鲁迅全集》第 4 卷,第 15 页。

## 四、如何看待"舍掉古文而生存"与提倡"多读看外国书"

鲁迅说"孔孟的书我读得最早,最熟,然而倒似乎和我不相干"①,这"不相干"可以说是"菲薄"。他在《古书与白话》中说:"菲薄古书者,惟读过古书者最有力,这是的确的。因为他洞知弊病,能'以子之矛攻子之盾',正如要说明吸雅片的弊害,大概惟吸过雅片者最为深知,最为痛切一般。"②鲁迅早年对于"孔孟的书"的"菲薄",主要的表现在他的"逆反"心理。他从小就爱看自己喜爱看的书,对小说、野史和笔记特别感兴趣,也喜欢通俗歌谣、绘画、印谱及"花纸"等民间艺术,从多方面吸取中华文化的滋养。鲁迅在《〈古小说钩沉〉序》中说:

> 余少喜披览古说,或见谲敚,则取证类书,偶会逸文,辄亦写出。虽丛残多失次第,而涯略故在。大共贳语支言,史官末学,神鬼精物,数术波流;真人福地,神仙之中驷,幽验冥征,释氏之下乘。人间小书,致远恐泥,而洪笔晚起,此其权舆。况乃录自里巷,为国人所白心;出于造作,则思士之结想。心行曼衍,自生此品,其在文林,有如舜华,足以丽尔文明,点缀幽独,盖不第为广视听之具而止。然论者尚墨守故言。惜此旧籍,弥益零落,又虑后此闲暇者愍,爰更比缉,并校定昔人集本,合得如干种,名曰《古小说钩沉》。归魂故书,即以自求说释,而为谈大道者言,乃曰:稗官职志,将同古"采诗之官,王者所以观风俗知得失"矣。③

鲁迅喜欢翻阅古小说,遇有错漏,就拿类书来查证,有时遇见保存在类书中的古小说散逸篇章,就抄录下来。《古小说钩沉》,就是鲁迅在 1909 年 6 月至 1911 年底辑录的,共收周《青史子》至隋侯白《旌异记》等三十六种。序最初以周作人的署名发表于 1912 年 2 月绍兴刊行的《越社丛刊》第一集。这之后,鲁迅又纂辑了谢承的《后汉书》,校辑了《嵇康集》(1913 年),汇辑成《会稽郡故书杂集》(1915 年)。鲁迅在杭州和绍兴执教时,课余抄录和辑纂动植物及风土方面的古籍,抄录古小说,用功极

---

① 《写在〈坟〉后面》,《鲁迅全集》第 1 卷,第 301 页。
② 《鲁迅全集》第 3 卷,第 228 页。
③ 《鲁迅全集》第 10 卷,第 3 页。

勤。在南京临时政府教育部担任部员期间，与许寿裳一起，常跑图书馆，浏览各种图书，或借江南图书馆的珍贵版本钞校旧籍。随教育部迁到北京后，"枯坐终日，极无聊赖"，于是"整天看书"，"终日伏案探讨经史"①，"钞古碑""辑校古籍"、收集碑拓画像。与常人不同的是，鲁迅看书，关注的是"学科"和"学问"，汲取精华，"埽荡废物"②，推陈出新，开拓学术研究的新领域。

1920年12月，鲁迅到北大讲授中国小说史（讲义后汇编成《中国小说史略》出版）。为了教好这门课，鲁迅经过"周密小心的校勘和博大宏阔的披览"，辑佚了《小说旧闻钞》和《唐宋传奇集》。这两部书可以说是《中国小说史略》的副产品。辑校的经过，都相当艰苦。他回忆说：

> 时方困瘁，无力买书，则假之中央图书馆，通俗图书馆，教育部图书室等，废寝辍食，锐意穷搜，时或得之，瞿然则喜，故凡所采掇，虽无异书，然以得之之难也，颇亦珍惜。③
>
> 向来涉猎杂书，遇有关于唐宋传奇，足资参证者，时亦写取，以备遗忘。④

1923年12月，《中国小说史略》（上卷）正式出版。1924年6月，《中国小说史略》（下卷）正式出版。1925年9月，《中国小说史略》合为一册印行，内增加第一、第十七两节，并作《再版附识》。1930年、1932年、1934年又加以修改才最后完成。鲁迅对中国小说由上古的神话传说、鬼神志怪，到唐宋传奇、宋元话本、明清小说的演变过程，作了睿智的考察和精密的分析，廓清了前人的谬误，弥补了前人的浅陋，提出了许多精锐的定论。《中国小说史略》打破了"中国小说自来无史"的局面，为小说史作为一门独立的学科奠定了基础，成了"治小说史者的南针"⑤。

1926年9月至12月，鲁迅开始撰写《中国文学史略》，该书在鲁迅生前没有出版过，1938年由鲁迅先生纪念委员会编入《鲁迅全集》第十卷时

---

① 蒙树宏编著：《鲁迅年谱稿》，广西师范大学出版社，1988年，第81页。
② 《〈出了象牙之塔〉后记》，《鲁迅全集》第10卷，第270页。
③ 《〈小说旧闻钞〉再版序言》，《鲁迅全集》第10卷，第158页。
④ 《〈唐宋传奇集〉序例》，《鲁迅全集》第10卷，第89页。
⑤ 郑振铎：《鲁迅先生的治学精神——为鲁迅先生周年纪念作》，《申报》1937年10月19日。

改名为《汉文学史纲要》。这是鲁迅在厦门大学、中山大学讲授中国文学史课程时的讲义（未完稿），共分十篇，从文字的起源论到司马相如与司马迁。鲁迅本来准备写一部完整的中国文学史，并进行了长期的搜集资料的工作。《汉文学史纲要》只写了先秦至西汉部分，而且只是纲要，但它见解新颖，取材谨严，在文学史研究上开了新生面。郑振铎誉之为"'划时代'的著作"①。1938年6月1日，蔡元培在为《鲁迅全集》写的《序》中说：

> 鲁迅先生本受清代学者的濡染，所以他杂集会稽郡故书，校《嵇康集》，辑《谢承后汉书》，编《汉碑帖》《六朝墓志目录》《六朝造像目录》等，完全用清儒家法。惟彼又深研科学，酷爱美术，故不为清儒所囿，而又有他方面的发展，例如科学小说的翻译，《中国小说史略》《小说旧闻钞》《唐宋传奇集》等，已打破清儒轻视小说之习惯；又金石学为自宋以来较发展之学，而未有注意于汉碑之图案者，鲁迅先生独注意于此项材料之搜罗；推而至于《引玉集》《木刻纪程》《北平笺谱》等等，均为旧时代的考据家、赏鉴家所未曾著手。
>
> ……对于世界文学家之作品，有所见略同者，尽量的迻译，理论的有卢那卡尔斯基，蒲力汗诺夫之《艺术论》等；写实的有阿尔志跋绥夫之《工人绥惠略夫》，果戈理之《死魂灵》等，描写理想的有爱罗先珂及其他作者之童话等，占全集之半，真是谦而勤了。
>
> ……环境的触发，时间的经过，必有种种蕴积的思想，不能得到一种相当的译本，可以发舒的，于是有创作。鲁迅先生的创作，除《坟》《呐喊》《野草》数种外，均成于一九二五至一九三六年中，其文体除小说三种，散文诗一种，书信一种外，均为杂文与短评，以十二年光阴成此多许的作品，他的感想之丰富，观察之深刻，意境之隽永，字句之正确，他人所苦思力索而不易得当的，他就很自然的写出来，这是何等天才！又是何等学力！
>
> 综观鲁迅先生全集……方面较多，蹊径独辟，为后学开示无数法

---

① 郑振铎：《中国文学史的分期问题》，《文学研究》1958年第1期。

门，所以鄙人敢以新文学开山目之。①

鲁迅学识渊博，"用科学的方法来回治旧学"取得了"辉煌的成功"②。他在《随便翻翻》一文中说："现在有一些老实人，和我闲谈之后，常说我书是看得很多的"，"我也的确好像书看得很多"，"也曾用过正经工夫，如什么'国学'之类，请过先生指教，留心过学者所开的参考书目"，可"在中国现有的书里"，"好东西""却不容易得到"。③"好东西"不是没有，而是不容易辨识，尤其是"古书"和别有用心之人鼓吹的"国粹"中的"弊病"真的很多，鲁迅对此知之最深，因而对于"古书"和"国粹"有着不同于常人的理解。

1918年7月5日，鲁迅在给钱玄同的信中说："中国国粹""等于放屁"；将刘师培等"坏种"计划复刊《国粹学报》和《国粹汇编》，以及鼓吹"昌明中国固有之学术"的做法比喻为"不过还想吃人"。④1919年1月16日，鲁迅在致许寿裳的信中说："中国古书，叶叶害人。"⑤1919年10月，鲁迅写《我们现在怎样做父亲》，狠批"圣贤书"对于人们思想的"锢蔽"，甚至把"中国人虽然凋落萎缩，却未灭绝的原因"，归结为那些"没有读过'圣贤书'的人"。鲁迅的原话是这么说的：

> 幸而（"三年无改于父之道可谓孝矣"——引者注）这一类教训，虽然害过许多人，却还未能完全扫尽了一切人的天性。没有读过"圣贤书"的人，还能将这天性在名教的斧钺底下，时时流露，时时萌蘖；这便是中国人虽然凋落萎缩，却未灭绝的原因。⑥

鲁迅告诉我们"中国相传的成法"有很多"谬误"，要洗净"东方固有的不净思想"，少受"'圣人之徒'作践"，就得摆脱"旧学说旧手段"的影响。他在《我们现在怎样做父亲》中说：

---

① 蔡元培：《鲁迅先生全集序》，《鲁迅全集》第1卷，鲁迅全集出版社，1938年，第1—3页。引文中的书名号为引者所加。
② 郭沫若：《鲁迅与王国维》，《文艺复兴》第2卷第3期，1946年10月1日。
③ 《鲁迅全集》第6卷，第140、142页。
④ 《鲁迅全集》第11卷，第363页。
⑤ 同上书，第369页。
⑥ 《鲁迅全集》第1卷，第140页。

> 中国的旧学说旧手段，实在从古以来，并无良效，无非使坏人增长些虚伪，好人无端的多受些人我都无利益的苦痛罢了。①

正是出于这样的评判，鲁迅要青年要"少读""中国的书"。1925年1月间，《京报副刊》刊出启事，征求"青年爱读书"和"青年必读书"各十部的书目。鲁迅是这样答复的：

> 青年必读书：从来没有留心过，所以现在说不出。
> 附注：但我要趁这机会，略说自己的经验，以供若干读者的参考——
> 我看中国书时，总觉得就沉静下去，与实人生离开；读外国书——但除了印度——时，往往就与人生接触，想做点事。
> 中国书虽有劝人入世的话，也多是僵尸的乐观；外国书即使是颓唐和厌世的，但却是活人的颓唐和厌世。
> 我以为要少——或者竟不——看中国书，多看外国书。
> 少看中国书，其结果不过不能作文而已。但现在的青年最要紧的是"行"，不是"言"。只要是活人，不能作文算什么大不了的事。②

文章发表后，曾引起论敌的诘责和攻击。鲁迅又写了《聊答"……"》《报〈奇哉所谓……〉》等文回应。在《报〈奇哉所谓……〉》中，鲁迅仍强调："须多读外国书。"文章结尾说：

> 临末，我还要"果决地"说几句：我以为如果外国人来灭中国，是只教你略能说几句外国话，却不至于劝你多读外国书，因为那书是来灭的人们所读的。但是还要奖励你多读中国书，孔子也还要更加崇奉，像元朝和清朝一样。③

鲁迅不仅坚持《青年必读书》中的观点，而且把话说得更"严肃"："多读中国书""更加崇奉"孔子，只会使人"沉静下去"。这个"沉静下去"可不是我们今天所提倡的"甘坐冷板凳""潜心学问"，而是麻木不

---

① 《鲁迅全集》第1卷，第142页。
② 《青年必读书——应〈京报副刊〉的征求》，《鲁迅全集》第3卷，第12页。原文为表格。
③ 《鲁迅全集》第7卷，第265页。

仁，安于被奴役的命运。

1925年4月18日，鲁迅作《忽然想到·六》，文中写道："我们目下的当务之急，是：一要生存，二要温饱，三要发展。苟有阻碍这前途者，无论是古是今，是人是鬼，是《三坟》《五典》，百宋千元，天球河图，金人玉佛，祖传丸散，秘制膏丹，全都踏倒他。"①

1925年11月，针对北洋政府和文化保守主义者提倡的尊孔读经，鲁迅写了《十四年的"读经"》，揭穿提倡读经的"阔人""聪明人"的虚伪和欺骗，指出他们的"聪明"，"就是从读经和古文得来的"。又说："古书实在太多，倘不是笨牛，读一点就可以知道，怎样敷衍，偷生，献媚，弄权，自私，然而能够假借大义，窃取美名。"②鲁迅以新文化战士的姿态，出于反封建思想的启蒙需要，对儒家思想进行了摧枯拉朽式的攻击，把"子曰诗云"批得体无完肤。为了促使人们尤其是青年有"真正的人"的觉醒，鲁迅甚至说过"古文已经死掉了"。他在1926年1月25日写的《古书与白话》一文中说：

> 凡有读过一点古书的人都有这一种老手段：新起的思想，就是"异端"，必须歼灭的，待到它奋斗之后，自己站住了，这才寻出它原来与"圣教同源"；外来的事物，都要"用夷变夏"，必须排除的，但待这"夷"入主中夏，却考订出来了，原来连这"夷"也还是黄帝的子孙。这岂非出人意料之外的事呢？无论什么，在我们的"古"里竟无不包函了！③

1926年10月14日，鲁迅在厦大周会演讲中，再次谈到要"少读中国书"。他在给许广平的信中曾说："这里的校长是尊孔的，上星期日他们请我到周会演说，我仍说我的'少读中国书'主义，并且说学生应该做'好事之徒'。他忽而大以为然，说陈嘉庚也正是'好事之徒'，所以肯兴学，而不悟和他的尊孔冲突。这里就是如此胡里胡涂。"④

1926年11月11日，鲁迅在《写在〈坟〉后面》一文中写道："古人

---

① 《鲁迅全集》第3卷，第47页。
② 同上书，第138页。
③ 同上书，第227页。
④ 《两地书·五六》，《鲁迅全集》第11卷，第160—161页。

说,不读书便成愚人,那自然也不错的。然而世界却正由愚人造成,聪明人决不能支持世界,尤其是中国的聪明人。"①

1927年2月16日,鲁迅在香港青年会作的题为《无声的中国》的讲演中,再次谈到"现在的人们大可以不必看古书"。他说:

> 因为那文字,先就是我们的祖先留传给我们的可怕的遗产。……又因为难,有些人便当作宝贝,像玩把戏似的,之乎者也,只有几个人懂,——其实是不知道可真懂,而大多数的人们却不懂得,结果也等于无声。……
>
> 中国虽然有文字。现在却已经和大家不相干,用的是难懂的古文,讲的是陈旧的古意思,所有的声音,都是过去的,都就是只等于零的。所以,大家不能互相了解,正像一大盘散沙。……
>
> 我们此后实在只有两条路:一是抱着古文而死掉,一是舍掉古文而生存。②

1927年2月19日,鲁迅在香港青年会作的题为《老调子已经唱完》的讲演中说:"中国的文章是最没有变化的,调子是最老的,里面的思想是最旧的。"③又说:"旧文章,旧思想,都已经和现社会毫无关系了,从前孔子周游列国的时代,所坐的是牛车。现在我们还坐牛车么?从前尧舜的时候,吃东西用泥碗,现在我们所用的是甚么?所以,生在现今的时代,捧着古书是完全没有用处的了。"④进而对"别国人在尊重中国的旧文化"的用意作了如下的剖析:

> 倘使别人的文化和我们的相敌或更进步,那结果便要大不相同了。他们倘比我们更聪明,这时候,我们不但不能同化他们,反要被他们利用了我们的腐败文化,来治理我们这腐败民族。他们对于中国人,是毫不爱惜的,当然任凭你腐败下去。现在听说又很有别国人在尊重中国的旧文化了,那里是真在尊重呢,不过是利用!⑤

---

① 《鲁迅全集》第1卷,第302页。
② 《鲁迅全集》第4卷,第11—12、15页。
③ 《鲁迅全集》第7卷,第322页。
④ 同上书,第325页。
⑤ 同上书,第324页。

1934年9月24日，鲁迅在《中国语文的新生》一文中说："中国人要在这世界上生存，那些识得《十三经》的名目的学者，'灯红'会对'酒绿'的文人，并无用处，却全靠大家的切实的智力，是明明白白的。"① 直到1935年10月29日给萧军的信中，鲁迅还把"中国作家的新作"的"稀薄"，归咎于"没有好遗产"，"可见翻译之不可缓"。② 鲁迅如此菲薄"中国书"，可能出自以下几个方面的考虑：

一是"古书"中确有封建性的糟粕，又难以读懂。古书在语言文字上，和现代差异很大，历来的经学家和文学家用尽终生的精力去钻研，大多还只是局限在字面的解读方面。胡适在《新思潮的意义》中谈及"整理国故"时说：

> 为什么要整理呢？因为古来的学术思想向来没有条理，没有头绪，没有系统，故第一步是条理系统的整理。因为前人研究古书，很少有历史进化的眼光的，故从来不讲究一种学术的渊源，一种学术的前因后果，所以第二步要寻出每种学术思想怎样发生，发生之后有什么影响效果。因为前人读古书，除极少数学者以外，大都是以讹传讹的谬说，——如太极图、爻辰、先天图、卦气，……之类，——故第三步是要用科学的方法，作精确的考证，把古人的意义讲得明白清楚。因为前人对于古代的学术思想，有种种武断的成见，有种种可笑的迷信，——如骂杨朱墨翟为禽兽，却尊孔丘为德配天地，道冠古今！——故第四步是综合前三步的研究，各家都还他一个本来真面目，各家都还他一个真价值。③

胡适认为未经整理的古书是这样"乱七八糟""无头无脑""胡说谬解""武断迷信"的东西，教一般青年们怎样读得？鲁迅也有同样的看法，我们的古书多是封建时代遗留下来的，其中所含有的多半是封建时代的思想，这对于专门学者都是研究的材料，对于一般青年却可能是一种毒害。青年人缺乏鉴赏力和免疫力，往往容易上当，所以鲁迅主张"要少——或者竟不——看中国书"。对于攻读中国文学专业的大学生及文学研究者，

---

① 《鲁迅全集》第6卷，第119页。
② 《鲁迅全集》第13卷，第570页。
③ 《新青年》第7卷第1号，1919年12月1日。

则又另当别论。也就在 1927 年 7 月 16 日，鲁迅在广州知用中学作题为《读书杂谈》的演讲，谈到自己"常被询问：要弄文学，应该看什么书？"时，鲁迅就这样说过：

> 我以为倘要弄旧的呢，倒不如姑且靠着张之洞的《书目答问》去摸门径去。①

张之洞所撰《书目答问》，初刊于 1876 年，共收录古籍 2200 种，较系统地介绍中国古籍梗概及目录版本常识，是旧学书籍的综合性选目，历来被视作有价值的导读书目，流传颇广。"靠着张之洞的《书目答问》去摸门径去"，这可就得大量地、广泛地阅读"中国书"了。鲁迅的挚友许寿裳在《亡友鲁迅印象记·和我的交谊》中说："吾越乡风，儿子上学，必定替他选一位品学兼优的做开蒙先生，给他认方块字，把笔写字，在教本面上替他写姓名，希望他能够得到这位老师品学的熏陶和传授。一九一四年，我的长儿世瑛年五岁，我便替他买了《文字蒙求》，敦请鲁迅做开蒙先生。鲁迅只他认识二个方块字：一个是'天'字，一个是'人'字，和在书面上写了'许世瑛'三个字。我们想一想，这天人两个字的含义实在广大得很，举凡一切现象（自然和人文），一切道德（天道和人道）都包括无遗了。"② 可见，对于年幼的学童，鲁迅并没有把读书的地位看得有多高。事隔 15 年，到了 1930 年秋许世瑛入清华大学中国文学系读书，许寿裳"请教鲁迅应该看些什么书"时，鲁迅便开示了一张相当厚重的"必读"书单，现将这份书单抄录如下：

  计有功　宋人　《唐诗纪事》（四部丛刊本，又有单行本。）
  辛文房　元人　《唐才子传》（今有木活字单行本。）
  严可均　　《全上古……隋文》（今有石印本，其中零碎不全之文甚多，可不看。）
  丁福保　　《全上古……隋诗》（排印本。）
  吴荣光　　《历代名人年谱》（可知名人一生中之社会大事，因其书为表格之式也。可惜的是作所认为历史上的大事者，未必真是"大

---

① 《读书杂谈——七月十六日在广州知用中学讲》，《鲁迅全集》第 3 卷，第 460 页。
② 许寿裳：《亡友鲁迅印象记》，人民文学出版社，1953 年，第 93 页。

事",最好是参考日本三省堂出版之《模范最新世界年表》。)

　　胡应麟　明人　《少宝山房笔丛》(广雅书局本,亦有石印本。)

《四库全书简明目录》(其实是现有的较好的书籍之批评,但须注意其批评是"钦定"的。)

《世说新语》　刘义庆(晋人清谈之状。)

《唐摭言》　五代王定保(唐文人取科名之状态。)

《抱朴子外篇》　葛洪(内论及晋末社会状态。有单行本。)

《论衡》　王充(内可见汉末之风俗迷信等。)

《今世说》　王晫(明末清初之名士习气。)①

许寿裳说:"以上所列书目,虽仅寥寥几部,实在是初学文学者所必需翻阅之书,他的说解也简明扼要。"②1936年4月15日,鲁迅在给四川文学青年颜黎民的信中谈及有关读书的问题时说:

　　你说专爱看我的书,那也许是我常论时事的缘故。不过只看一个人的著作,结果是不大好的:你就得不到多方面的优点。必须如蜜蜂一样,采过许多花,这才能酿出蜜来,倘若叮在一处,所得就非常有限,枯燥了。

　　专看文学书,也不好的。先前的文学青年,往往厌恶数学,理化,史地,生物学,以为这些都无足重轻,后来变成连常识也没有,研究文学固然不明白,自己做起文章来也胡涂,所以我希望你们不要放开科学,一味钻在文学里。③

对于"文学青年"和研究者,鲁迅主张"多读",多进行"研究性的阅读",又说读书要"杂",即便是"讲天王星,或海王星,虾蟆的神经细胞,或只咏梅花,叫妹妹",只要有"关于社会的议论"的,都可以看,甚至主张要读明明知道是"有害"的书。他在《随便翻翻》一文中说:

　　讲扶乩的书,讲婊子的书,倘有机会遇见,不要皱起眉头,显示憎厌之状,也可以翻一翻;明知道和自己意见相反的书,已经过时

---

① 许寿裳:《亡友鲁迅印象记》,第93—94页。
② 同上书,第94页。
③ 《360415 致颜黎民》,《鲁迅全集》第14卷,第76—77页。

的书，也用一样的办法。例如杨光先的《不得已》是清初的著作，但看起来，他的思想是活着的，现在意见和他相近的人们正多得很。这也有一点危险，也就是怕被它诱过去。治法是多翻，翻来翻去，一多翻，就有比较，比较是医治受骗的好方子。乡下人常常误认一种硫化铜为金矿，空口是和他说不明白的，或者他还会赶紧藏起来，疑心你要白骗他的宝贝。但如果遇到一点真的金矿，只要用手掂一掂轻重，他就死心塌地：明白了。①

鲁迅把青少年"一般的阅读"与大学以上文史等科学生，以及"文学青年"和研究者"研究性的阅读"严格区分开来。鲁迅自己购书之多，藏书之富，阅读之勤，探求之深，也从另一个侧面为我们的"阅读"树立了典范。

二是中国社会太黑暗了，鲁迅喻之谓"黑色的染缸"。他提出的"要少——或者竟不——看中国书，多看外国书"，无非是要让青年人关注"现在"，放眼域外，汲取异域先进的"科学"与"民主"思想，拯救我们这个"风雨如磐"的祖国。这在鲁迅论及中国国情的一系列文章中均有记述。1919年3月15日发表的《随感录·五十四》中说：

> 中国社会上的状态，简直是将几十世纪缩在一时：自油松片以至电灯，自独轮车以至飞机，自镖枪以至机关炮，自不许"妄谈法理"以至护法，自"食肉寝皮"的吃人思想以至人道主义，自迎尸拜蛇以至美育代宗教，都摩肩挨背的存在。
>
> 这许多事物挤在一处，正如我辈约了燧人氏以前的古人，拼开饭店一般，即使竭力调和，也只能煮个半熟；伙计们既不会同心，生意也自然不能兴旺，——店铺总要倒闭。
>
> ………………
>
> 此外如既许信仰自由，却又特别尊孔；既自命"胜朝遗老"，却又在民国拿钱；既说是应该革新，却又主张复古：四面八方几乎都是二三重以至多重的事物，每重又各各自相矛盾。一切人便都在这矛盾中间，互相抱怨着过活，谁也没有好处。

---

① 《鲁迅全集》第6卷，第141—142页。

> 要想进步，要想太平，总得连根的拔去了"二重思想"。因为世界虽然不小，但彷徨的人种，是终竟寻不出位置的。①

1934年8月23日写的《汉字和拉丁化》一文中说：

> 到别国已在人工造雨的时候，我们却还是拜蛇，迎神。②

鲁迅始终担心我们这个老大的民族会在世界竞争的大潮中失去了"位置"，不遗余力地抨击的"尊孔""读经""迷信""开倒车""向后看"的社会风气。1925年3月12日，鲁迅在给徐炳昶的信中说：

> 看看报章上的论坛，"反改革"的空气浓厚透顶了，满车的"祖传"，"老例"，"国粹"等等，都想来堆在道路上，将所有的人家完全活埋下去。"强聒不舍"，也许是一个药方罢，但据我所见，则有些人们——甚至于竟是青年——的论调，简直和"戊戌政变"时候的反对改革者的论调一模一样。你想，二十七年了，还是这样，岂不可怕。③

朱自清将这种"可怕"的现象，归结为"梦想过去"和"鄙弃'现在'"，他在1926年4月11日写的《现代生活的学术价值》一文中说：

> 我们中国人一直是"回顾"的民族，我们的黄金世界是在古代。"梦想过去"的空气笼罩了全民族，于是乎觉得凡古必好，凡古必粹，而现在是"江河日下"了。我不敢说中国人是最鄙弃"现在"的民族，我敢说我们是最鄙弃"现在"的民族之一。过去有过去的价值，并非全不值得回顾，有时还有回顾的必要；我所不以为可的，是一直的梦想，仅仅乎一直的梦想！他们只抱残守缺地依靠着若干种传统，以为是引他们上黄金世界的路。他们绝不在传统外去找事实，因此"最容易上古人的当"。上当而不自知，永远在错路上走，他们将永不认识过去的真价值。他们一心贯注的过去，尚且不能了了，他们鄙夷不屑的现在，自然更是茫然。于是他们失去了自己，只麻木地一切按

---

① 《鲁迅全集》第1卷，第360、361页。
② 《鲁迅全集》第5卷，第585页。
③ 《鲁迅全集》第3卷，第22页。

着传统而行；直到被传统压得不能喘气而死。①

针对当时社会上"崇古轻今的风气"，朱自清希望"有'现代的嗜好'的人"，摆正传统与现实的关系，切切实实地关注"现代"，又说"现代这一块肥土，我们老是荒弃不耕，总未免有些可惜吧！"②朱自清当年在清华任教，对于北京乃至全国的思潮和流变看得很清，这篇《现代生活的学术价值》，比鲁迅的给徐炳昶的信只晚了一年，完全可以放在一起来阅读，从而更深刻地理解鲁迅"要少——或者竟不——看中国书，多看外国书"的警示意义。

三是希望全民族睁开眼睛看世界，接受异域"科学"和"文化"的洗礼。鲁迅要青年"多看外国书"，并以翻译的"实绩"为译界树立了如何"拿来"的典范。他在为《域外小说集》初版第一册写的《序言》中说：

> 《域外小说集》为书，词致朴讷，不足方近世名人译本。特收录至审慎，迻译亦期弗失文情。异域文术新宗，自此始入华土。使有士卓特，不为常俗所囿，必将犁然有当于心。按邦国时期，籀读其心声，以相度神思之所在，则此虽大涛之微沤与，而性解思惟，实寓于此。中国译界，亦由是无迟莫之感矣。③

翻译《域外小说集》时，鲁迅和周作人还在日本东京，当时国内"流行林琴南用古文翻译的外国小说，文章确实很好，但误译很多"，周氏兄弟"对此感到不满，想加以纠正，才干起来的"。④许寿裳在《亡友鲁迅印象记·杂谈翻译》中说："他们所译偏于东欧和北欧的文学，尤其是弱小民族的作品，因为它们富于挣扎、反抗、怒吼的精神。"在论及鲁迅所译的安特莱夫和迦尔洵的几篇作品说："我曾将德文译本对照读过，觉得字字忠实，丝毫不苟，无任意增删之弊，实为译界开辟一个新时代的纪念碑。"⑤

这之后，鲁迅翻译了爱罗先珂"想从速赠与中国的青年"的童话剧

---

① 《朱自清全集》第 4 卷，江苏教育出版社，1996 年，第 192 页。
② 同上书，第 198 页。
③ 《鲁迅全集》第 10 卷，第 168 页。
④ 《320116 致增田涉》，《鲁迅全集》第 14 卷，第 196 页。
⑤ 许寿裳：《亡友鲁迅印象记》，第 56 页。

《桃色的云》，以及"是童心的，美的，然而有真实性的梦"的《爱罗先珂童话集》；翻译了荷兰望·蔼覃"象征写实的童话诗"《小约翰》，以及卢那察尔斯基的《艺术论》；翻译了夏目漱石、森欧外、有岛武郎、江口涣、菊池宽、芥川龙之介、秋田雨雀、武者小路实笃、厨川白村、鹤见祐辅、坂垣鹰穗、片山孤村、岛崎藤村、金子筑水、片上伸、青野季吉、升曙梦、上野阳一、中泽临川、生田长江、铃木虎雄、黑田辰男、千叶龟雄、野口米次郎、山岸光宣、上田进、立野信之、中根宏、冈泽秀虎、藏原惟人等众多日本进步作家的文学作品和文艺理论著作。

厨川白村《苦闷的象征》和《出了象牙之塔》在日本并不叫座，可在中国经鲁迅翻译出版又成为大学文艺理论教材后，名声大噪。他的《走向十字街头》《近代文学十讲》和《文艺思潮论》也相继在中国出版，受到中国读者的追捧，"苦闷的象征""象牙之塔""十字街头"成了时代的"流行语"。以"十字街头"为例，著名美学家朱光潜写过题为《谈十字街头》的论文，著名演员赵丹演过《十字街头》的电影，鲁迅主编过名叫"十字街头"的左联刊物。周作人在谈及译介日本文学时说，"喜欢翻译日本文学的，有鲁迅、崔万秋、谢六逸、徐祖正，还有我"①，把鲁迅列在第一位。也正是出于要让青年"多读外国书"的热望，鲁迅总是感叹我国的译界太迟缓，"外国的好的东西"并未能在中国产生应有的影响。

鲁迅 1928 年 12 月 23 日写的《〈奔流〉编校后记·七》中说，托尔斯泰是"十九世纪的俄国的巨人，中国前几年虽然也曾经有人介绍，今年又有人叱骂，然而他于中国的影响，其实也还是等于零"②。

1929 年 1 月 18 日写的《〈奔流〉编校后记·八》中，感叹在中国的外国人很少有认真地将中国"现在的文化生活——无论高低，总还是文化生活——绍介给世界"，而"外国的好的东西"也未能输运进中国来。文中还引用了苏联文学家伊发尔批评中国翻译界的话，说在外国"好像已经是一百来年以前的名字了"，中国还以为是"新鲜"的名字。鲁迅沉痛地说："我深信这是真的，在变动，进展的地方，十年的确可以抵得我们的一世纪或者还要多。"③

---

① 周作人：《闲话日本文学》，《国闻周报》第 11 卷第 38 期，1934 年 9 月 24 日。
② 《鲁迅全集》第 7 卷，第 180 页。
③ 同上书，第 187 页。

1934年5月14日写的《读几本书》中说："在中国的文坛上，有几个国货文人的寿命也真太长；而洋货文人的可也真太短，姓名刚刚记熟，据说是已经过去了。易卜生大有出全集之意，但至今不见第三本；柴霍甫和莫泊桑的选集，也似乎走了虎头蛇尾运。但在我们所深恶痛疾的日本，《吉诃德先生》和《一千零一夜》是有全译的；沙士比亚，歌德，……都有全集，托尔斯泰的有三种，陀思妥也夫斯基的有两种。"①

1935年11月，鲁迅翻译的果戈理长篇小说《死魂灵》第一部由上海文化生活出版社出版。许寿裳在论及这部译作时称，这"是一件艰苦的奇功，不朽的绝笔"，并援引了鲁迅《"题未定"草·一》和《"题未定"草·二》中的两段话，来说明翻译的艰辛：

> 可恨我还太自大，竟又小觑了《死魂灵》，以为这倒不算什么，担当回来，真的又要翻译了。于是"苦"字上头。仔细一读，不错，写法的确不过平铺直叙，但到处是刺，有的明白，有的却隐藏，要感得到；虽然重译，也得竭力保存它的锋头。里面确没有电灯和汽车，然而十九世纪上半期的菜单，赌具，服装，也都是陌生家伙。这就势必至于字典不离手，冷汗不离身，一面也自然只好怪自己语学程度的不够格。②

"字典不离手，冷汗不离身"，鲁迅煞费苦心，费尽心血。至于"动笔之前"做的准备工作就更多了。他在《"题未定"草·二》中说：

> 动笔（翻译《死魂灵》——引者注）之前，就先得解决一个问题：竭力使它归化，还是尽量保存洋气呢？日本文的译者上田进君，是主张用前一法的。他以为讽刺作品的翻译，第一当求其易懂，愈易懂，效力也愈广大。所以他的译文，有时就化一句为数句，很近于解释。我的意见却两样。只求易懂，不如创作，或者改作，将事改为中国事，人也化为中国人。如果还是翻译，那么，首先的目的，就在博览外国的作品，不但移情，也要益智，至少是知道何地何时，有这等事，和旅行外国，是很相像的：它必须有异国情调，就是所谓洋

---

① 《鲁迅全集》第 5 卷，第 496 页。
② 《鲁迅全集》第 6 卷，第 363 页。

气。其实世界上也不会有完全归化的译文,倘有,就是貌合神离,从严辨别起来,它算不得翻译。凡是翻译,必须兼顾着两面,一当然力求其易解,一则保存着原作的丰姿,但这保存,却又常常和易懂相矛盾:看不惯了。不过它原是洋鬼子,当然谁也看不惯,为比较的顺眼起见,只能改换他的衣裳,却不该削低他的鼻子,剜掉他的眼睛。我是不主张削鼻剜眼的,所以有些地方,仍然宁可译得不顺口。①

准备工作的第一步,就是"博览外国的作品,不但移情,也要益智,至少是知道何地何时,有这等事,和旅行外国,是很相像的"。为了"尽量保存洋气","宁可译得不顺口",也不"削鼻剜眼";宁可被骂为"西崽",也不愿意"竭力使它归化",这就是鲁迅一直坚持的"硬译"。

朱自清曾经把"五四"新文化运动的勃兴归结为受到外来影响。他在《现代生活的学术价值》一文中说:"近来的复活,却全是外国的影响。不过所谓外国的影响,也就可怜得很!据我所知,只在国语文学运动和五四运动以后数年间,现代的精神略一活跃而已。"②而鲁迅就是"活跃""现代的精神"的先驱。他曾在《"商定"文豪》一文中感叹过"言路的窄"③。"言路"窄,则"活路"必定也窄,因而他主张"舍掉古文而生存",提倡"多读看外国书","放开度量,大胆地,无畏地,将新文化尽量地吸收"④,打开"言路",拓宽"活路",使"现代的精神"真正地"活跃"起来。而要做到这一点,就必须"尊异端""非正统"。

## 五、如何看待"尊异端"与"非正统"

《中华读书报》2013年12月11日第七版,刊登了朱学文口述,牟坚整理的《侯外庐先生的晚年思绪》,谈及鲁迅的思想时有一段很精彩的叙述:

> 侯(外庐)先生推崇历代的异端思想家。异端思想家那种对正统

---

① 《鲁迅全集》第 6 卷,第 364—365 页。
② 《朱自清全集》第 4 卷,江苏教育出版社,1996 年,第 194 页。
③ 《鲁迅全集》第 5 卷,第 397 页。
④ 《看镜有感》,《鲁迅全集》第 1 卷,第 211 页。

思想的冲撞，他认为是最有生命力的。他说："研究思想史绝对不能只研究正统不研究异端，只有正统的和异端同时展现出来，才是一个真实的时代面貌。"1946年在香港鲁迅逝世十周年的一次纪念会上，侯先生谈到，学术界经常在讨论，鲁迅思想是受了什么外来思想的影响。许多人认为鲁迅受尼采、叔本华、达尔文的影响。侯先生认为更重要的应该探究鲁迅与中国文化源流的近亲关系。他认为，从嵇康、鲍敬言，一直到李贽，到龚自珍……历代的异端思想家个性多彩而鲜活。鲁迅早期深受嵇康影响，鲁迅的文学继承并发扬了尊异端非正统的传统精神。正统和异端各有传统，各有源流。鲁迅的定位正在这条异端的源流上。我觉得很精彩。后来我整理好这段读给他听的时候，他非常满意。

侯外庐认为"鲁迅的文学继承并发扬了尊异端非正统的传统精神"。鲁迅的确是"尊异端"的，他从小就喜欢读野史、笔记、小说，注意力在"杂学"方面，从他青年时代"走异路，逃异地，去寻求别样的人们"的志向中也可以看得出来。鲁迅的确具有一种"非正统"的逆反思维，他厌恶狗和猫，喜欢狼和猫头鹰。在谈到自己的杂文时，鲁迅非常自信地说，"就是偏要使所谓正人君子也者之流多不舒服几天"，"给他们的世界上多有一点缺陷"；① 在谈及写"杂感"的动意时，鲁迅说"无非借此来释愤抒情"，"不想和谁去抢夺所谓公理或正义"；"你要那样，我偏要这样是有的；偏不遵命，偏不磕头是有的；偏要在庄严高尚的假面上拨它一拨也是有的，此外却毫无什么大举"。② 鲁迅的睿智和锋芒，往往使人们很容易想到他的"尊异端非正统"，是一个叛逆者。

不过，鲁迅的"异端"和"叛逆"，正好展现了他彻底的自我牺牲精神，精密的是非之辨，最坚韧的战斗操守，最圣洁的人格的典范。许寿裳在《我所认识的鲁迅》和《亡友鲁迅印象记》中谈到鲁迅的为人和为文时说：

> 和鲁迅相处，听其谈吐，使人得一种愉快的经验，可以终日没有

---

① 《写在〈坟〉后面》，《鲁迅全集》第1卷，第300页。
② 《华盖集续编·小引》，《鲁迅全集》第3卷，第195页。

倦容。因为他的胸怀洒落，极像光风霁月，他的气度，又"汪汪若千顷之波，澄之不清，挠之不浊，不可量也"。他有时也说笑话，可以见其观察的锐敏，机智的丰饶，然而态度总是严正，发人猛省的。谈话如此，做起文章来也如此。偶尔弄点游戏笔墨，似乎是随便胡诌，其实含义还是一本正经，也足以发人猛省的。即使片言只语也弥足宝贵……①

鲁迅能健谈，和他相处，随便聊天，也可见其胸怀磊落，机智疾流，有光风霁月之概。所谈有种种，或叙述，或评论，或笑话，或悲愤，都令人感到亲切和痛快。……有人以为鲁迅好骂，其实不然，我从不见其谩骂，而只见其慎重谨严。他所攻击的，虽间或系对个人，但因其人代表着某一种世态，实为公仇，决非私怨。而且用语极有分寸，不肯溢量，仿佛等于称过似的。要知道：倘说良家女子是婊子，才是骂；说婊子是婊子，那能算是骂呢？②

对朋友，对青年，鲁迅"极像光风霁月"；对"敌人"和各式各样的市侩，鲁迅则予以无情的扫荡，永远的不妥协。诚如他在《这样的战士》③中所塑造的那位有虎虎生气的战士，在充满伪饰，到处隐藏着敌人的"无物之阵"之中（实际上是"有物"，即有敌人之阵），不管是什么"慈善家，学者，文士，长者，青年，雅人，君子"，不管他们打着怎样好的招牌："学问，道德，国粹，民意，逻辑，公义，东方文明"，也不管他们如何立誓"他们的心都在胸膛的中央"，他都能识破敌人的阴谋和假面具，"举起了投枪"，不克厥敌，战则不止。鲁迅在《论"费厄泼赖"应该缓行》中说，"忠厚是无用的别名"。对"咬人的狗"，切不可有"哀矜之意"，不管他正当得意之际，或才一时失掉了主子，或还尚未找到主子，都要打，"先行打它落水，又从而打之；如果它自坠入水，其实也不妨又从而打之"。只要他是咬人的狗，就得"痛打之"。④——这是鲁迅的战斗原则，绝对的"不中庸"，绝对的"不宽容"，即便"死后"，也毫不含糊。他在

---

① 许寿裳：《我所认识的鲁迅》，人民文学出版社，1952年，第114页。
② 许寿裳：《亡友鲁迅印象记》，第101—102页。
③ 《鲁迅全集》第2卷，第219—220页。
④ 《鲁迅全集》第1卷，第287、288页。

《半夏小集》中谈到"死后的身体"如何"处置"时说：

> 假使我的血肉该喂动物，我情愿喂狮虎鹰隼，却一点也不给癞皮狗们吃。
>
> 养肥了狮虎鹰隼，它们在天空，岩角，大漠，丛莽里是伟美的壮观，捕来放在动物园里，打死制成标本，也令人看了神旺，消去鄙吝的心。
>
> 但养胖一群癞皮狗，只会乱钻，乱叫，可多么讨厌！①

鲁迅就是这样的光明磊落，处处有别于"正统"的"文明"。但他对于我们民族的"好的传统"，一向是相当看重并大力弘扬的。

换一个角度看，鲁迅本人就是一个"传统"得不能再"传统"的典范。例如他处处迎合母亲，百依百顺，就连母亲包办的他与朱安的婚姻，也默默承受，宣称"这是母亲给我的一件礼物，我只能好好地供养它，爱情是我所不知道的"②，宁肯过着"寂寞如古寺僧人的生活"③。鲁迅很反感才子佳人小说，只因母亲爱看，也就"锐意穷搜"。这正如他所感慨的那样："我以为母爱的伟大真可怕，差不多盲目的……"④

对母亲就是这么的孝敬，对兄弟是十二分的友爱。许广平在《所谓兄弟》一文中说："鲁迅初到北京期间，和周作人通讯的频繁（据《鲁迅日记》，来往书信都有编号，前后各有三百封左右），邮寄书刊的不间断，人间友爱，兄弟之情，怡怡然异乎寻常。"此外，"除了负担全家生活的绝大部分费用之外，连周作人老婆的全家，都要鲁迅接济"。然而他却说："让别人过得舒服些，自己没有幸福不要紧，看到别人得到幸福生活也是舒服的！"⑤对周作人，鲁迅真正做到"长兄如父"，尽到了"长兄"应尽的义务和责任。周作人翻译的《红星佚史》《劲草》以及《域外小说集》等，鲁迅都为之修正⑥；周作人的《童话研究》《童话略论》等，鲁迅设

---

① 《鲁迅全集》第 6 卷，第 619 页。
② 许寿裳：《亡友鲁迅印象记》，第 62 页。
③ 许广平：《鲁迅和青年们》，《欣慰的纪念》，人民文学出版社，1981 年，第 44 页。
④ 雪峰：《鲁迅先生计划而未完成的著作》，《鲁迅论及其他》，充实社，1940 年，第 25 页。
⑤ 许广平：《鲁迅回忆录》，作家出版社，1961 年，第 56、51 页。
⑥ 参见蒙树宏编著：《鲁迅年谱稿》，第 60、67 页；鲁迅博物馆鲁迅研究室编：《鲁迅年谱》（增订本）第 1 卷，第 213 页。

法在《教育部月刊》上发表；周作人创作的《两个扫雪的人》《微明》《小河》《路上所见》《北风》《背枪的人》等白话诗，也大都经过鲁迅的修改或润色。《小河》全诗的五十七行中，鲁迅的修改共有八十多处。① 鲁迅在周作人的文学与学术领域充当了前辈乃至"导师"的角色，这是尽人皆知的。

鲁迅最富于爱心。对于友人，尤其对于青年，鲁迅的关爱无微不至，在物质上多所资助，在精神上则拼命服务，给青年看稿、改稿，介绍稿子，校对稿子，希望能出几个有用人才。他说：

> 我在过去的近十年中，费去的力气实在也并不少，即使校对别人的译著，也真是一个字一个字的看下去，决不肯随便放过，敷衍作者和读者的，并且毫不怀着有所利用的意思。虽说做这些事，原因在于"有闲"，但我那时却每日必须将八小时为生活而出卖，用在译作和校对上的，全是此外的工夫，常常整天没有休息。②

鲁迅就是这样肯替人用力。他的论敌骂鲁迅是"我们中国的 Don Quixote（珰吉珂德）""阴阳面的老人""语丝派首领""尖酸刻薄"，甚至骂他是"学匪，学棍，刀笔吏"，是"绍兴师爷""封建余孽""二重性的反革革命的人物"，是"堕落文人"，等等。而郁达夫则说鲁迅才是"真正的正人君子"③，许寿裳说"鲁迅是大仁，他最能够感到别人的精神上的痛苦"④。"真正的正人君子"和"大仁"，也都说明鲁迅有很"传统"、宽厚仁义的一面，用他的话说是："俯首甘为孺子牛"。鲁迅在《为了忘却的记念》一文中，写到柔石的为人时说："无论从旧道德，从新道德，只要是损己利人的，他就挑选上，自己背起来。"⑤ 这话，用在鲁迅自己身上也是十分贴切的。

对于文学和艺术的追求，鲁迅同样倚重"传统"，诚如李锐所说的"表

---

① 叶淑穗：《五四时期鲁迅批改的几首诗》，详见叶淑穗、杨燕丽：《从鲁迅遗物认识鲁迅》，中国人民大学出版社，1999年，551—554页。
② 《鲁迅译著书目》，《鲁迅全集》第 4 卷，第 187 页。
③ 陈子善、王自立编注：《郁达夫忆鲁迅》，花城出版社，1982年，第 28 页。
④ 许寿裳：《亡友鲁迅印象记》，第 82 页。
⑤ 《鲁迅全集》第 4 卷，第 497 页。

面上看来全面反传统的鲁迅成为了中国文化能够不死的象征和源泉"①。鲁迅的小说、散文、杂文和文艺评论，虽说都受到异域文艺的滋养，新得不能再新了，但又都是"中国"的，甚至可以说是"中国"得不能再"中国"了，因为鲁迅"国学"根基极其深厚，对于我们民族优秀文化传统的吸纳和传承，是同时代人无法企及的。1929年5月10日，鲁迅译完了日本学者野口米次郎作的《爱尔兰文学之回顾》，在《编辑后记》中称赞作者文字的"简明扼要"，"于爱尔兰文学运动的来因去果"说得很"分明"之后说：

> 当翻译完毕时，还想添几句话。那就是作者的"无论那一国的文学，都必须知道古代的文化和天才，和近代的时代精神有怎样的关系，而从这处所，来培养真生命的"的主张。这自然也并非作者一人的话，在最近，虽是最革命底国度里，也有搬出古典文章来之势，编印托尔斯泰全集还是小事，如 Trotsky，且明说可以读 Dante 和 Pushkin，Lunacharski 则以为古代一民族兴起时代的文艺，胜于近来十九世纪末的文艺。……②

这段话显然是说给"国人"听的，只有"知道古代的文化和天才"才能"借鉴"；而对于"借鉴"，鲁迅又特别强调"和近代的时代精神"的联系。只有从"和近代的时代精神有怎样的关系"这个结合点契入，才能创造出"培养真生命"的文学来，这是鲁迅一贯的思想和主张。

鲁迅在与青年文学家和艺术家交往时也一直在强调"传统"。我国新兴美术事业的开拓者陶元庆，1924年7月来到北京，与鲁迅的学生许钦文同住在绍兴会馆，每天努力地写生作画。鲁迅了解到陶的一些情况，就请他为《苦闷的象征》作封面画。陶欣然同意，画的是一个半裸体的女子，披着长长的黑发，用鲜红的嘴唇舔着镗钗的尖头。构图新颖，对比强烈。鲁迅看了连声说"很好，很好！"便用作《苦闷的象征》的封面，这是第一本用图案作封面的中国新文艺书籍。这之后，陶应邀为《朝花夕拾》《坟》《中国小说史略》《唐宋传奇集》《出了象牙之塔》及《工人绥惠略

---

① 李锐：《谁的"人类"》，选自林大中主编《九十年代文存》（下卷），中国社会科学出版社，2001年，第49页。

② 《鲁迅全集》第7卷，第191页。

夫》等著作和译作创作的封面画，鲁迅都非常满意，在信中把一再求画称作"得陇望蜀"，深表感谢并致歉意。1925年3月16日，鲁迅在《〈陶元庆氏西洋绘画展览会目录〉序》中，称陶"是一个潜心研究了二十多年的画家"，用深沉优美的文笔盛赞陶元庆绘画的成就：

> 在那黯然埋藏着的作品中，却满显出作者个人的主观和情绪，尤可以看见他对于笔触，色采和趣味，是怎样的尽力与经心，而且，作者是夙擅中国画的，于是固有的东方情调，又自然而然地从作品中渗出，融成特别的丰神了，然而又并不由于故意的。
> 
> 将来，会当更进于神化之域罢……①

1927年12月，陶元庆举行画展，鲁迅又作《当陶元庆君的绘画展览时——我所要说的几句话》一文，再次高度评价陶元庆的绘画：

> 他以新的形，尤其是新的色来写出他自己的世界，而其中仍有中国向来的魂灵——要字面免得流于玄虚，则就是：民族性。②

在谈到"古国的青年的迟暮之感"，"世界的时代思潮早已六面袭来，而自己还拘禁在三千年陈的桎梏里"，或者"有时就不过敬谨接收，又成了一种可敬的身外的新桎梏"时，鲁迅赞赏道：

> 陶元庆君的绘画，是没有这两重桎梏的。就因为内外两面，都和世界的时代思潮合流，而又并未梏亡中国的民族性。③

1928年8月6日，陶元庆病逝，鲁迅慷慨捐赠三百元，交许钦文在杭州西湖边上买地为陶修了坟园，取名"元庆园"，又和郁达夫等人一起签署《追悼陶元庆氏启事》，高度评价陶的美术作品，称"他用新的形，尤其是新的色，写出他自己底世界，却仍含着浓厚的民族性"，他的作品"特具一风格，新创一画派，早在艺术界放一异彩"。④

陶元庆的成长得益于鲁迅的关怀和指引。从鲁迅的文章中可以看出，

---

① 《鲁迅全集》第7卷，第272页。
② 《鲁迅全集》第3卷，第573页。
③ 同上书，第574页。
④ 陈子善、王自立编注：《郁达夫忆鲁迅》，第76页。

他特别看重书籍装帧画和插图的"民族性",把"民族性"界定为"中国向来的魂灵"。

我国新兴木刻事业的拓荒者陈烟桥,也曾得益于鲁迅的培育。陈烟桥给鲁迅寄书信和木刻作品多达三十余次,鲁迅给陈烟桥的信有 26 封之多,《鲁迅全集》中存有 12 封。1934 年 4 月 19 日,鲁迅在给陈烟桥谈木刻创作的一封信中,谈及文学时说:

> 现在的文学也一样,有地方色彩的,倒容易成为世界的,即为别国所注意。打出世界上去,即于中国之活动有利。可惜中国的青年艺人家,大抵不以为然。①

鲁迅强调"地方色彩",认为这样的文学"倒容易成为世界的"。"地方色彩"不仅指地方的风情,也涵盖了当地的优良传统,这才是"地方色彩"的精髓。

鲁迅给著名翻译家、剧作家姚克的书信共有 34 封,《鲁迅全集》中收 33 封。这是鲁迅给同时代人的书信中保存得最完整的一份。1934 年 4 月 9 日,鲁迅在致姚克的信中说:

> 中国不但无正确之本国史,亦无世界史,妄人信口开河,青年莫名其妙,知今知古,知内知外,都谈不到。当我年青时,大家以胡须上翘者为洋气,下垂者为国粹,而不知这正是蒙古式,汉唐画像,须皆上翘;今又有一班小英雄,以强水洒洋服,令人改穿袍子马褂而后快,然竟忘此乃满洲服也。此种谬妄,我于短评中已曾屡次道及,然无效,盖此辈本不读者耳。②

鲁迅借了"胡须"来批评"国粹家"和"改革家"浅薄,点出"中国不但无正确之本国史,亦无世界史"窘境,"妄人信口开河,青年莫名其妙",字里行间蕴涵着鲁迅对于青年的恳切期盼:要知道"本国"和"世界",对"传统"和"现代"都要有正确的认知。

作家、美术家魏猛克与鲁迅的通信将近五十通,《鲁迅日记》载魏写

---

① 《鲁迅全集》第 13 卷,第 81 页。
② 同上书,第 68 页。

给鲁迅的信有 29 封，鲁迅致魏猛克信有 20 封。现存于《鲁迅全集》的有三封，这三封的内容都是讨论连环图画和绘画技巧的。1934 年 4 月 19 日，鲁迅在给魏猛克的信中说：

> 新的艺术，没有一种是无根无蒂的，突然发生的，总承受着先前的遗产，有几位青年以为采用便是投降，那是他们将"采用"与"模仿"并为一谈了。中国及日本画入欧洲，被人采取，便发生了"印象派"，有谁说印象派是中国画的俘虏呢？专学欧洲已有定评的新艺术，那倒不过是模仿。①

鲁迅强调"新的艺术"要有"根蒂"，要有对于"先前的遗产"的"承受"，对于优秀的民族传统的坚守。在鲁迅的启示下，魏猛克写了《采用与模仿》一文，主张采用旧艺术的形式和技巧。文章发表后，被一些人指责为"机会主义""类乎投降"，鲁迅特地写了《论"旧形式的采用"》一文，支持了魏猛克的观点。文中写道：

> 我们有艺术史，而且生在中国，即必须翻开中国的艺术史来。采取什么呢？我想，唐以前的真迹，我们无从目睹了，但还能知道大抵以故事为题材，这是可以取法的；在唐，可取佛画的灿烂，线画的空实和明快，宋的院画，萎靡柔媚之处当舍，周密不苟之处是可取的，米点山水，则毫无用处。后来的写意画（文人画）有无用处，我此刻不敢确说，恐怕也许还有可用之点的罢。这些采取，并非断片的古董的杂陈，必须溶化于新作品中，那是不必赘说的事，恰如吃用牛羊，弃去蹄毛，留其精粹，以滋养及发达新的生体，决不因此就会"类乎"牛羊的。②

鲁迅把"采用旧艺术形式和技巧"比喻为"吃用牛羊"，"弃去蹄毛，留其精粹，以滋养及发达新的生体"，鼓励大胆地"采用"，不要怕会变成"牛羊"。鲁迅所说的"吃用"当然是精华，对于宋代"翰林图画院"中的宫廷画家，以及米芾、米友仁父子的山水画，鲁迅则持否认的态度，并在

---

① 《鲁迅全集》第 13 卷，第 70 页。
② 《鲁迅全集》第 6 卷，第 24 页。

《记苏联版画展览会》一文中专门批评了"写意"画。他说:

> 我们的绘画,从宋以来就盛行"写意",两点是眼,不知是长是圆,一画是鸟,不知是鹰是燕,竟尚高简,变成空虚,这弊病还常见于现在的青年木刻家的作品里……①

鲁迅再次强调向优秀的文学艺术学习和借鉴的重要性。可见鲁迅的"反传统"是有导向的。鲁迅完全出于要改变中国人的"精神"和"观念"的思考,不能再"回到古代去"。他所反的只是压抑人性,给"国人"带来肉体与精神双重痛苦的"固有文明"和"三纲五常";所反的只是"圣人"以及"圣人之徒"把中国造就成"无声的中国"的那些"文字""意见""道理"和"古训"。鲁迅的"反传统"的出发点,是要"立人","致人性于全",让人们都能"幸福的度日,合理的做人"②;使"沙聚之邦,转为人国"。从这个意义上说,鲁迅反传统的意义就是要我们立足于现实,既不炫耀过去,也不幻想将来,而是以更清醒的认识和更坚实的步伐面向未来,在"世界的时代思潮早已六面袭来"的大潮中,既要勇于"和世界的时代思潮合流","而又并未梏亡中国的民族性",这样才能屹立于世界民族之林。他的这份爱国之心,随着研究人性和国民性的深入而越发热切。1903年3月下旬,东渡留学周年之际,鲁迅毅然断发,拍照纪念,随即写了那首满腔赤诚的《自题小像》,立下"我以我血荐轩辕"这一庄严的誓言。这之后的三十余年,鲁迅刻苦奋斗以至于死,"好像一只牛,吃的是草,挤出的是牛奶,血"③,完全是为中华民族的生存而牺牲。鲁迅1934年5月30日写的《戌年初夏偶作》中说"心事浩茫连广宇,于无声处听惊雷"④,1935年12月5日写的《亥年残秋偶作》中说"竦听荒鸡偏阒寂,起看星斗正阑干"⑤,1936年8月23日写的《且介亭杂文末编·"这也是生活"……》中说:"无穷的远方,无数的人们,都和我有关。我存在着,我在生活,我将生活下去,我开始觉得自己更切实了,我

---

① 《鲁迅全集》第6卷,第499页。
② 《我们现在怎样做父亲》,《鲁迅全集》第1卷,第135页。
③ 许广平:《献词》(手迹),《欣慰的纪念》,扉页。
④ 《鲁迅全集》第7卷,第472页。
⑤ 同上书,第475页。

有动作的欲望——"①即便到了死神行将降临的时刻，鲁迅想起的还是"生活"和"欲望"，他那极度衰弱的躯体中，仍然跳动着一颗战斗者的赤心，燃烧着熊熊的生命的火焰。

郁达夫曾经说过："鲁迅虽死，精神当与我中华民族永在。"②又说"没有伟大的人物出现的民族是世界上最可怜的生物之群；有了伟大人物，而不知拥护，爱戴，崇拜的国家，是没有希望的奴隶之邦！"③研究鲁迅，探求鲁迅与当代中国的对话关系，是鲁迅研究者义不容辞的责任和义务。只是"知之惟艰"，真实的鲁迅，等待着我们更多的发掘。

[《名作欣赏》2021年第25期（9月号）、第28期（10月号）连载时有删减，编入本书时恢复了原貌]

---

① 《鲁迅全集》第6卷，第624页。
② 郁达夫手迹，《辛报》1936年10月23日第1版。
③ 郁达夫：《怀鲁迅》，《文学》第7卷第5号，1936年11月1日。

第二辑

理解与考辨

# 太学举幡辉青史　后此神州日日新
## ——几代人的"五四"（1919—1949）

## 一、"五四运动"和"'五四'精神"的命名

1919年5月4日，北京各校学生"因山东问题失败"，怀着满腔的怒火，在天安门集会、宣读《北京学生界宣言》，又游行到东交民巷，火烧赵家楼，在中国现代史上写下了辉煌的一页。

天安门集会游行和火烧赵家楼的壮举留下的文献资料中，最珍贵的要推顾兆熊《一九一九年五月四日北京学生之示威运动与国民之精神的潮流》[①]、罗家伦《"五四运动"的精神》[②]、张东荪《"五四"精神之纵的持久性与横的扩张性》[③]。这三篇"短评"，是"五四运动"最重要的三份文献。

顾兆熊（孟余）是北京大学教授、教务长。他在5月4日天安门集会游行后的第五天发表的这篇评论，是目前见到的最早有关"五四"的文献资料。顾兆熊称5月4日的行动为"北京学生之示威运动与国民之精神的潮流"，是铲除"旧秩序"与恶社会，建设新秩序、新社会的"示威运动"；是反对"旧道德"（"被动的道德""旧时之伪道德"），提倡"新道德"（"主动的道德"）的"示威运动"；是"良善分子与恶劣分子"的"可贵"的"决斗"，他从这场运动展望国家的未来，对前途充满憧憬："吾观此次学生之示威运动，似青年之精神的潮流，已有一种趋势。倘再输以详确之学说，教以真道德之实质与决斗之作用，则将来之社会，必可转病

---

① 《晨报》1919年5月9日"评坛"栏。
② 《每周评论》第23号，1919年5月26日。
③ 上海《时事新报》1919年5月27日"时评"栏。

弱为强健也。"顾兆熊把 5 月 4 日的集会游行界定为"一九一九年五月四日北京学生之示威运动",而所谓"运动"至少有以下两种含义:(一)不是一时的心血来潮,(二)是为目标进行的努力和抗争。顾兆熊把集会游行上升到"运动"的层面,这个"定性"充分表现了一位北大教授的敏锐和卓识。

作为北大学生领袖,罗家伦对顾兆熊所说的"一九一九年五月四日北京学生之示威运动",作出了更准确、更鲜明的历史定位。他在 5 月 26 日发表的《"五四运动"的精神》一文中提出了"五四运动"这个词。"五四运动"这个词显然比"一九一九年五月四日北京学生之示威运动"的提法更响亮,更简洁,更好记。

政治活动家、上海《时事新报》主编张东荪 5 月 27 日发表《"五四"精神之纵的持久性与横的扩张性》,率先提出"'五四'精神"这个词,虽说该文比罗家伦的《"五四运动"的精神》晚一天发表,但他的这个"'五四'精神"的提法,比罗家伦的"'五四运动'的精神"更准确、更科学。

顾兆熊的《一九一九年五月四日北京学生之示威运动与国民之精神的潮流》最可贵之处,是最早提出了"运动"这个词,将游行示威、火烧赵家楼的壮举定性为"运动";罗家伦的《"五四运动"的精神》最可贵之处,是最早提出了"五四运动"这个词,给"五四运动"命名;张东荪的《"五四"精神之纵的持久性与横的扩张性》可贵之处,是最早提出了"'五四'精神"这个词,给"'五四'精神"命名。这三篇文献,既互为呼应,又层层深入。顾文和罗文侧重在给"一九一九年五月四日北京学生之示威运动"作历史定位,张文侧重在给"一九一九年五月四日北京学生之示威运动"的"精神"作历史定位。从此,"五四运动"和"'五四'精神"这两个词镌入史册,"五四"两个字成了中国现代史上最神圣、最鲜明、最响亮的名词,标志着中国进入了一个新的时代;"'五四'精神"成了中华民族最可宝贵的民族精神,与反帝和反封建紧密地联系在一起。

## 二、"五四运动"的种种划定与阐释

"五四"作为一场伟大的爱国运动和新文化运动在我国现代史上永放

光芒。孙中山先生在"五四运动"以后曾有很热烈的赞叹新文化运动的话,他说:

> 自北京大学学生发生五四运动以来,一般爱国青年,无不以革新思想为将来革新事业之预备。于是蓬蓬勃勃,发抒言论。国内各界舆论,一致同倡。各种新出版物,为热心青年所举办者,纷纷应时而出。扬葩吐艳,各极其致,社会遂蒙绝大之影响。虽以顽劣之伪政府,犹且不敢撄其锋。此种新文化运动,在我国今日,诚思想界空前之大变动。推原其始,不过由于出版界之一二觉悟者从事提倡,遂至舆论放大异彩,学潮弥漫全国,人皆激发天良,誓死为爱国之运动。倘能继长增高,其将来收效之伟大且久远者,可无疑也。吾党欲收革命之成功,必有赖于思想之变化,兵法"攻心",语曰"革心",皆此之故。故此种新文化运动,实为最有价值之事。①

金兆梓在《我之社会改造观》一文中说:

> 自世界大战之结果,产生思想界之革新。此种新思潮,挟其澎湃汹涌之势,沛然直卷入于吾国而莫之能御。吾国有志之士,久苦于政治之黑暗,社会之消沉,本来已有迎新之机,至是遂如响斯应,树之风声,不崇朝而波靡全国。五四之后,更如春雷一震,万蛰皆惊,无在而不呈其怒苗之象。与吾墨守习俗礼制之旧社会,处处觉其扞格不相入。于是改造改造之声,几令人耳欲聋。②

可自1919年以来的,人们对"五四运动"的阐释却见仁见智。"五四运动"究竟从何时算起截止到什么时候截止,各有各的认知,较为代表性的阐释有以下五种:

一是1919年的"五四",即所谓"狭义"的"五四"。蔡元培1920年5月4日发表的《去年五月四日以来的回顾与今后的希望》③,甘蛰仙

---

① 《与海外同志募款筹办印刷机关书(1920年1月29日)》,《孙中山全集》第5卷,中华书局,1985年,第209—210页。
② 《东方杂志》第17卷第12号,1920年6月25日。
③ 《晨报》1920年5月4日"五四纪念增刊"。

1923年5月4日发表的《唯美的人格主义（第五个五四的感言）》①，以及1928年5月4日《中央日报》社论《五四运动的成绩》，1931年5月4日南京《中央日报》社论《五四运动与今后学生应努力之新途径》，等等，这些作为"五四"纪念有代表性的文论，所纪念的都是1919年的"五四"，虽说也都把"五四"上升到"青年运动""政治的运动""国家的运动""国民运动""民族运动""打破恶社会制度的运动"的高度，但一致认为这是一场学生运动，青年学生是这场"惊天动地的大运动"的"中流砥柱"②。

二是1919年起截至"民国十年止"的"五四"。周作人在《五四运动之功过》中说："五四运动是国民觉醒的起头，自有其相当之价值"，"五四是一种群众运动，当然不免是感情用事，但旋即转向理知方面发展，致力于所谓新文化的提倡，截至民国十年止，这是最有希望的一时期"③。

三是"从火烧赵家楼的前二年或三年起算到后二年或三年为止"的"五四"。茅盾在《"五四"运动的检讨——马克思主义文艺理论研究会报告》中说，"五四"应该"从火烧赵家楼的前二年或三年起算到后二年或三年为止。总共是五六年的时间。火烧赵家楼只能作为这运动发展到实际政治问题，取了直接行动的斗争的态度，然而由此也就从顶点而趋于下降了。这样去理解'五四'，方才能够把握得'五四'的真正历史的意义"④。

四是"民国六七年的五四运动"。1935年5月5日，张熙若在天津《大公报》发表的《国民人格之培养》一文中，有"民国六七年的五四运动"的提法，对"五四运动"作了"广义"的阐释和解读。"民国六七年的五四运动"这个提法，立即得到胡适的赞同。胡适在随后发表的《个人自由与社会进步——再谈五四运动》一文中说，张熙若"把'五四运动'一个名词包括'五四'（民国八年）前后的新思潮运动，所以他的文章里有'民国六七年的五四运动'一句话。这是五四运动的广义，我们也不妨沿用这个广义的说法"⑤。

五是"1915—1920年"的"五四"。胡绳《关于撰写〈从五四运动到

---

① 《晨报副镌》1923年5月4日。
② 钱用和女士：《"五四"的精神》，《晨报》1920年5月4日"五四纪念增刊"。
③ 1925年6月29日《京报副刊》，署名"益嚛"。
④ 《文学导报》第1卷第2期，1931年3月5日，署名"丙申"。
⑤ 《独立评论》第150号，1935年5月12日。

人民共和国成立〉一书的谈话》中说:"'五四运动'既是指 1919 年 5 月 4 日的学生爱国运动,又是指一个时期的新文化的思想运动,即 1915—1920 年这一段","五四运动既是旧民主主义革命时期的基本结束,又是新民主主义革命的开始,是二者交替的时期"。①

## 三、1920 年代对"'五四'精神"的阐释

对"五四运动"的界定和阐释见仁见智,对"'五四'精神"的阐释也是色彩纷呈。各自身份的不同,立场和认知上的差异,以及时代的制约等诸多因素,使得人们对"'五四'精神"的阐释各执一词,"和而不同"。

罗家伦 1919 年 5 月 26 日发表的《"五四运动"的精神》,将"五四运动"的精神归为"三种":第一"是学生牺牲的精神";第二"是社会裁制的精神"; 第三"是民族自决的精神",并三呼万岁:"学生牺牲的精神万岁!""社会裁制的精神万岁!""民族自决的精神万岁!"

张东荪 1919 年 5 月 27 日发表的《"五四"精神之纵的持久性与横的扩张性》,将"五四运动"精神概括为"雪耻除奸的精神"。

傅斯年把"'五四'精神"说成是"北大的精神"。他在 1919 年 9 月 5 日撰写的《〈新潮〉之回顾与前瞻》一文中说:"五四运动过后,中国的社会趋向改变了。有觉悟的添了许多,就是那些不曾自己觉悟的,也被这几声霹雷,吓得清醒。北大的精神大发作。社会上对于北大的空气大改换。以后是社会改造运动的时代。我们在这个时候,处这个地方,自然造成一种新生命。"②

太空把"五四运动"的精神概括为"民主"精神、"创造我们的新生命"的精神。他在《五四运动之回顾》中说:"五四运动的动机,就是山东问题,外交问题;但是说到五四运动的精神,决不如此单简,五四运动的精神到底什么? 就是发挥"德谟克拉西"(Democracy)的精神,拿出最大的努力,斩断奴隶索子,打破黑暗势力,创造我们的新生命!"③

---

① 《胡绳全书》第 7 卷,人民出版社,2003 年,第 56 页。
② 《新潮》第 2 卷第 1 号,1919 年 10 月 30 日。
③ 《晨报》1921 年 5 月 4 日。

罗家伦的"三种真精神"说、张东荪的"雪耻除奸的精神"说、傅斯年的"北大的精神"说、太空的"'德谟克拉西'（Democracy）的精神"说，代表着"五四运动"刚刚发生的1919年，作为"五四运动"的亲历者和见证人对"'五四'精神"的界定和解读。傅斯年作为北大学生运动的领袖，对北大当然是情有独钟。他在这里所说的"北大的精神"，大概也就是北大校长蔡元培当年倡导的"民主""自由"的思想，不屈不挠的大无畏的精神，以及"内图个性的发展，外图贡献于人群"①的信仰。

　　1925年5月9日，周鲠生在《现代评论》第1卷第22期发表的《青年学生的政治运动》一文中说："'五四运动'之可贵，在其激发于关系国家主权名誉之大事，全然出自青年学生自动的行为代表一种纯洁的为国奋斗的精神。青年学生们！大家不要失掉了这种精神罢。"把"'五四'精神"归结为"一种纯洁的为国奋斗的精神"。5月22日，韵笙在《莽原》周刊第5期发表的《五四的象征》中说："五四运动的产生"，"实和欧洲的文艺复兴有同等的价值"。1928年，叶圣陶创作的长篇《倪焕之》第二十章专写"五四运动"，将"'五四'精神"归纳为"批判"的精神、"怀疑"的精神、嗜尚"西洋的学术思想"的精神及"德谟克拉西"的理想。

　　只是这众声喧哗中也有不协调的音符。尤其是1920年之后，由于社会日趋黑暗，前途渺茫，人们对"五四"的评价也就滋生了分歧。1921年5月4日，罗家伦为纪念"五四"，发表了《一年来我们学生运动底成功失败和将来应取的方针——穷则变——变则通——通则久》，文章开篇就盛赞"五四"，说：

> 　　无论是赞成的反对的，总不能不认"五四运动"是中华民国开国以来第一件大事。这件事为中国的政治史上添一个新改革，为中国的社会史上开一个新纪元，为中国的思想史上起一个新变化！②

可文章的后半部分就来了个大逆转，猛烈地批评"五四"，说"五四运动"已经"失败"了，结尾连呼"三个破产"："全国的青年破产！全国的教育破产！全国一切的新运动破产！"从"三呼万岁"到"三呼破产"前后不

---

　　① 宋云彬：《继续蔡先生的精神》，《宋云彬杂文集》，生活·读书·新知三联书店，1985年，第361页。
　　② 《晨报》1920年5月4日"五四纪念增刊"。

过两年，持这种看法的还远不止罗家伦一个人。

茅盾在论及"五四运动"时也曾说过，"'五四'以斗争的姿态出现，从高唱'文学革命'到赵家楼的群众运动，为时不过一年，从火烧赵家楼到激起了全国的学生运动，'父'与'子'的斗争，为期亦不过一年；当时真有点雷鸣电掣，扫荡一切的气势，然而'其兴也暴，其衰也骤'，正合着谚所谓'飘风疾雨不终期'，转瞬间'五四'便已下火"①。朱光潜肯定"五四运动"是"思想革命的先声"，但又指出"五四运动"未能取得"绝对的成功"，"他们好像在一池死水中投下一块大石，惹起满池浪纹以后，不久浪纹渐消，水又回复到静止状态"，"没有能酝酿一个健全的中心思想，没有能培养一种有朝气而纯正的学风。五四运动颇类似德国的'狂飙突进'，但是没有一个哥德和席勒的时代接着来，也没有一个像德国唯心派那样雄厚的哲学潮流去灌输生气。它的来势很凶猛，但是'飘风不终日，骤雨不终朝'，它多少是一种流产"。②

相对说来，像茅盾和朱光潜的批评还是温和的。1921年"五四"二周年纪念，伏庐的《五四纪念日的些许感想》③、延谦的《"五四"的我感》④就都谈到社会上对"五四运动"的恶评："五月四日是打人的日子"；"这群少年，不过是一时的乌合之众，有意的捣乱"；"五四运动"是"学生干政的运动"。蒋梦麟在《扰攘不安的岁月》中就曾说到"学生在'五四'胜利之后，果然为成功之酒陶醉了"，"学校里的学生竟然取代了学校当局聘请或解聘教员的权力。如果所求不遂，他们就罢课闹事"，"他们向学校予取予求，但是从来不考虑对学校的义务。他们沉醉于权力，自私到极点。有人一提到'校规'他们就会瞪起眼睛，噘起嘴巴，咬牙切齿，随时预备揍人"。⑤1924年"五四"五周年纪念日，马叙伦在纪念文章《五四》中罗列"五四"的"坏样"："出风头啦，吵架啦，嫉妒相争啦"，以及"纨绔子弟的习气"；说"五四'衰老'"了，担心"四十五十而无闻焉"。⑥周作人1925年为"五四"六周年纪念写的《五四运动之功

---

① 茅盾：《"五四"与民族革命文学》，《文艺新闻》第53号，1932年5月2日。
② 朱光潜：《五四运动的意义和影响》，《中国青年》第6卷第5期，1942年5月1日。
③ 《晨报》1921年5月4日。
④ 《晨报》1921年5月4日。
⑤ 蒋梦麟：《西潮与新潮——蒋梦麟回忆录》，东方出版社，2006年，第155页。
⑥ 夷初：《五四》，《晨报副镌》1924年5月4日。

过》中说：

> 五四运动是国民觉醒的起头，自有其相当之价值，但亦有极大的流弊，至今日而完全暴露。……五四以来前后六年，国内除兵匪起灭以外别无成绩，对外又只是排列赤手空拳的人民为乱七八糟的国家之后盾，结果乃为讲演——游行——开枪——讲演……之循环，那个造因的五四运动实不能逃其责。……五四运动之流弊是使中国人趋于玄学的感情的发动，而缺乏科学理知的计划，这样下去实在很是危险，正如某君所说的碰了壁。我并不赞成张香涛的中体西用之说，但是以我们现代人而识见还在其下，这不特是我们之耻，也是我们的不可恕的罪了。①

把"五四以来前后六年"国内的"兵匪起灭"，以及"讲演——游行——开枪——讲演……之循环"归咎于"五四运动"。周作人在这里所说的"我们现代人"，应该包括《新青年》同人在内的拥戴新文化和新思潮的先驱者和青年知识群体，而周作人居然说出"我们现代人"的"识见"在提倡"中体西用"的张之洞之下，还真让人有点匪夷所思。可见"周氏兄弟失和"绝非仅仅如某些研究者所说的"由于羽太信子的从中挑拨"②那么简单。

梁启超在 1925 年 5 月 4 日《晨报副刊》"五四运动纪念号"发表的《学生的政治运动》一文中说："五四"不过是"中国的——或者说还是北京"的"学生节"罢了，对"纪念"颇有些反感。他说：

> "五四"这个名词，不惟一般社会渐渐忘记，只怕学生界本身对于他的感情也日淡一日了。晨报真是笃于念旧，每年继续不断的在今日总要替学生界做一回生日会，我想，参与盛会的人不应该客气瞎恭惟，还是说几句知心的话，促起大家的回顾反省才是。

而梁启超说的"知心的话"就是告诉"天真烂漫的青年们"："五四运动"的结果，"只赢的胶澳督办一个缺，几年来被许多军阀党阀抢来抢去！"告诫青年学生不要去"吃政治饭当小政客"，文章最后写道：

---

① 《京报副刊》1925 年 6 月 29 日。
② 详见蒙树宏编著：《鲁迅年谱稿》，广西师范大学出版社，1988 年，第 145 页。

  我对于学生的政治活动，原则上是不反对的。但须知：现在所谓政治是万恶渊丛，现在所谓政治活动是诱惑青年一大坑陷。不是脚跟立得很坚定的人，我劝他别要轻易踏进这关门。

  梁启超的这番"规劝"，其用心是要"淡化""五四"，反对学生运动。从这个意义上说《晨报》的"笃于念旧"是值得赞扬的。1920年至1926年的七年间，《晨报》每逢"五四纪念日"都会"纪念"，虽说所刊登的文章和抒发的"感言"不尽相同，有激昂的呼喊，也有落寞和感伤；有循循善诱的引导，也有十分严厉的抨击，但都在营造"纪念"的氛围。甘蛰仙在《唯美的人格主义（第五个五四的感言）》一文中写道，"去年今日，我在晨报上发表了第四个五四底感言；其大意不外乎主张就高尚热烈的服务精神，和真诚精专的治学精神，兼顾而交用之，以嘉惠方来；我现今不赘述了。但是要把这种治学的服务的良好精神，归到唯美的人格主义上去：我却不能已于言"，进而大谈其"唯美的人格主义"。① 唯刚在《大学与学生》一文中批评青年学生中的"虚伪与堕落"，提倡"改良社会可先改良学校，立志做人要先立志做好学生"。② 而就《晨报副镌》（《晨报副刊》）1924—1925年"五四运动纪念号"而言，对"五四运动"总的评价是比较客观和公允的，"切不可忘了五四运动的涵义和精神""反抗帝国主义者的侵略""改造腐败不中用的政府"③ 仍然是"纪念"的总的基调。《晨报副镌》1924年5月4日第3版刊登了《五四纪念爱国歌》（赵国钧作歌萧友梅制谱），现将歌词抄录于下：

  五四，五四！爱国的血和泪，洒遍亚东大陆地！雄鸡一鸣天下白！同声击贼贼胆悸！爱国俱同心！壮哉此日！壮哉五四！

  五四，五四！自由的血和泪，洒遍亚东大陆地！为民众而争正义！军警刀枪都不顾！精神冠古今！壮哉此日！壮哉五四！

  五四，五四！真理的血和泪，洒遍亚东大陆地！扫荡千古群魔毒！文化革新应运起！光大我国史！壮哉此日！壮哉五四！

  五四，五四！和平的血和泪，洒遍亚东大陆地！强权打破光明

---

① 《晨报副镌》1923年5月4日。
② 《晨报副刊》1925年5月4日。
③ 君度：《五四运动之革命的涵义》，《晨报副镌》1924年5月5日。

来！老大古国见新气！国魂兮不死！壮哉此日！壮哉五四！

遗憾的是到了1927年5月4日——"五四"八周年纪念日，《晨报副刊》就只发了主编瞿菊农的短文《谈自由》，"作为五四运动的一番纪念"。而所谓的"纪念"，也只是告诫学生正确理解"自由"的含义，"不要救国适以害国，更不要放纵的侵犯他人的自由"。

对"五四"的"忘却"，显然是执政当局的专制所致。早在1920年4月14日，教育部就命令北京大学彻查《学生周刊》，"嗣后务宜研讨学术，妥慎立言"，勿得再有"偏急议论，至受法令干涉"。1925年5月4日，教育部命令北京大学禁止学生游行讲演并国耻亦不许纪念。命令云：

> 日前学联会议决五四，五七两日，游行讲演。现开政府方面，借词此事与地方治安有关，特由警厅致函教部，设法阻止。国立学校已于昨日接到该项公文，用志于左：
>
> ……准京师警察厅函开，据探报，五四，五七等日，本京各校学生，拟择地集众露天讲演，并结队游行，散发传单等语。如果所称属实，诚恐奸人乘机扰乱，所关甚巨。亟应先事预防，除饬各警署一体注意外，相应函达贵部，即希转行查明。各校学生，如有前项情事，应请预为防范，严加禁止。以维秩序，而保公安。等因，到部，合亟令行该校，仰即遵照办理，是为至要。此令。

北洋政府教育部明令不许纪念"五四"，南京国民政府成立后，对纪念"五四"的防范就更厉害了。1928年5月3日"五四运动"九周年前，南京《中央日报》刊登中宣部制定的《五四纪念宣传大纲》，该大纲指出共产党利用每年的"五四"纪念进行"鼓煽"，将"五四"运动分化成"阶级斗争"，使学生界四分五裂，"这是'五四'以后最不幸的现象"。也正是由于执政当局的蓄意压制，1930年代"五四运动"一度成了"北大纪念日"，"除了北京大学依惯例还承认这个北大纪念日之外，全国的人都不注意这个日子"①。

从这个意义上说，叶圣陶的长篇《倪焕之》第二十章就显特别可贵，

---

① 参见胡适：《个人自由与社会进步——再谈五四运动》，《独立评论》第150号，1935年5月12日。

这一章专谈"五四运动",原载《教育杂志》第 20 卷第 9 号,出版时间为 1928 年 9 月 20 日。1928 年,在我国现代文学史上是一个值得注意的年份。国民党反动派实行"文化围剿",屠杀革命作家。1928 年 1 月中旬,胡愈之为躲避白色恐怖,在上海悄悄踏上法国"波尔多芬"号邮轮,开始了他历时三年游历欧洲的生活。2 月 24 日,郭沫若化名吴诚,借用赴东京考察教育的南昌大学教授的身份,独自乘日本邮船"卢山丸"离开"很不情愿离开的祖国",流亡日本。7 月初,茅盾东渡日本,成了"亡命之客"①。然而,能流亡海外的作家毕竟只是少数,更多正直的进步作家只能陷入无路可走的惶惑中。朱自清的名篇《那里走——呈萍郢火栗四君》②就写于 1928 年 2 月 7 日。萍,是茅盾;郢,是叶圣陶;火,是刘薰宇;栗,待考。他们都是朱自清最信得过的朋友。朱自清在文章中说"我既不能参加革命或反革命",我往"那里走"呢?"萍郢火栗四君"当年是怎么答复朱自清的,现在已无从查考了,但从《倪焕之》第二十章看来,当年的叶圣陶还是显得很坚强的,经历了"五四"落潮和 1927 年的"大变动",在那"流亡"和彷徨的年代,在许许多多善良的人感叹"每逢五月便伤神"的时候,叶圣陶真诚、全面、完整地解读"五四",颂扬"五四"时代青年的朝气和努力,以及他们跟中国的古老社会决裂乃至宣战的精神,是有着特定的时代意义的。

## 四、1930 年代对"'五四'精神"的阐释

1930 年代,随着民国政府的"民族""国家"和"主义"话语的强化,以及民族矛盾的上升,对"五四"的纪念受到种种钳制。在为数不多的纪念和研究中,茅盾对"五四"的解读,以及《中国新文学大系》的出版,值得关注。

茅盾 1930 年 4 月自日本回国后,为了阐述"马克思主义文艺理论",写过一系列关于"'五四'运动的检讨"的论文,现择要介绍于下:

1931 年 8 月发表《"五四"运动的检讨——马克思主义文艺理论研究

---

① 秦德君:《我与茅盾的一段情》,香港《广角镜》第 151 期,1985 年 4 月 16 日。
② 《一般》第 4 卷第 3 期,1928 年 3 月。

会报告》，把"五四"界定为"是中国新兴资产阶级的运动"，"无产阶级运动崛起，时代走上了新的机运，'五四'埋葬在历史的坟墓里了"。①

1931年9月发表《关于"创作"》说，"'五四'的旗号"是"打'孔家老店'"。为什么要打"孔家老店"？因为"孔家老店"的存在不利于中国资产阶级。"'五四'并没完成它的历史的使命"。"'五卅'暴发后宣告'五四'时代的正式告终"。②

1932年5月发表《"五四"与民族革命文学》说："'五四'运动并未完成它的历史的任务：反封建与反帝国主义的斗争。'五四'虽然以'反封建'为号召，但旋即与封建势力为各种方式的妥协，对封建势力为各种方式的屈服！"③

1934年4月发表《从"五四"说起》说："'五四'时代的文艺理论，在'五卅'时期已经不能在青年心里发酵，到了现在，更加被人唾弃。"④

1939年7月发表《"五四"运动之检讨》说："'五四'运动的两面大旗是：拥护'德先生'和'赛先生'。二者都是资本主义文化的主要内容。因此，'五四'新文化运动也可以说是资本主义文化运动。"⑤

茅盾在1930年代谈"五四"的论文还远不止这几篇，虽说有很大的局限性，但他把"德先生"和"赛先生"看作"'五四'运动的两面大旗"；把周作人所说的"五四"后"反已愈逃愈远"的"《新青年》同人所梦想的德先生和赛先生"，仍界定为"'五四'精神"，是值得肯定的。

而与茅盾的这些论述比较起来，《中国新文学大系》的出版就值得大书特书了。

1935年《中国新文学大系》由上海良友图书印刷公司出版。《中国新文学大系》的篇目及编选者撰写的《导言》，几乎全都涉及对"五四运动"的评述，在某种意义上又唤起了人们对"五四"全方位的记忆。

最醒目的当推蔡元培为《中国新文学大系》写的《总序》。他在《总

---

① 丙申：《"五四"运动的检讨——马克思主义文艺理论研究会报告》，《文学导报》第1卷第2期，1931年8月5日。
② 《北斗》创刊号，1931年9月20日。
③ 《文艺新闻》第53号，1932年5月2日。
④ 《文学》第2卷第4号，1934年4月1日，署名"芬"。
⑤ 新疆学院校刊《新芒月刊》第1卷第1期，1939年7月。

序》中把"五四运动"界定为我国"复兴的开始"。更有意思的是,上海良友图书印刷公司从蔡元培的《总序》中摘出一段,在文字上稍作改动后作为《中国新文学大系》的"广告辞",大量刊载,广为传播。先看蔡元培的《总序》:

> 我国的复兴,自五四运动以来不过十五年,新文学的成绩,当然不敢自诩为成熟。其影响于科学精神民治思想及表现个性的艺术,均尚在进行中。但是吾国历史,现代环境,督促吾人,不得不有奔轶绝尘的猛进。吾人自期,至少须以十年的工作抵欧洲各国的百年。所以对于第一个十年先作一总审查,使吾人有以鉴既往而策将来。希望第二个十年与第三个十年时,有中国的拉飞儿与中国的莎士比亚等应运而生呵![1]

再看上海良友图书印刷公司为《中国新文学大系》刊登的"广告辞":

> 蔡元培先生说:"我国的'复兴',自五四运动以来,不过十五年,新文学的成绩,当然不敢自诩为成熟;其影响于科学精神,民治主义(即新青年所标揭的赛先生与德先生)及表现个性的艺术,均尚在进行中。但是吾国的历史,现代环境,督促吾人,不得不有奔轶绝尘的猛进。吾人自期,至少应以十年的工作,抵意大利的百年。所以对于第一个十年,先作一总检查,使吾人有以鉴既往而策将来,决不是无聊的消遣!"[2]

借用蔡元培的《总序》,上海良友图书印刷公司对"科学精神"和"民治主义"作了阐释,即"赛先生"与"德先生"。至此,"五四运动"有了最完整的表述:"五四运动""正像欧洲的'文艺复兴'一样,是一切新的开始"[3]。"五四运动"的精神是"赛先生"与"德先生"。在这之前,也有过"五四运动""像欧洲的'文艺复兴'"的提法,北京大学档案馆保

---

[1] 《中国新文学大系·建设理论集》,上海良友图书印刷公司,1935年,第11页。
[2] 见良友图书公司发行的《中国新文学大系预约样本》。
[3] 赵家璧:《前言》,《中国新文学大系·建设理论集》,第1页。

存的 1925 年 5 月 4 日的"五四纪念会"的通告上就是这么说的[①]，但似乎也只是"一家之言"，尚未能形成全社会的共识。蔡元培《总序》面世后，"文艺复兴"的言说不胫而走。同时代许多人都认为"五四运动"开启了我国政治运动和"文学革命"的新纪元，在社会、学术、思想、文化各方面都产生了深远的影响。"太学举幡辉青史""后此神州日日新"。[②]

《中国新文学大系》的编者是胡适、郑振铎、茅盾、鲁迅、郑伯奇、周作人、郁达夫、朱自清、洪深和阿英，这十人中对"五四"的评价最具有代表性的当推郁达夫。郁达夫在编纂《中国新文学大系·散文二集》之前，就写过《五四文学运动之历史的意义》，侧重评述"五四"与新文学的关系，他说：

> 五四运动所给与的社会的影响，比文学的影响，要大得多；不过中国新文学的诞生，当然应该断自五四始。现在且简略地来谈一谈五四与文学的关系。
>
> 第一，最重要的一点，是因五四的一役，而打破了中国文学上传统的锁国主义；自此以后，中国文学便接上了世界文学的洪流，而成为世界文学的一枝一叶了。如封建思想的打倒，德谟克拉西的提创，民族解放的主张等等，是风靡世界的当时的倾向。中国自五四以后，才处入了世界呼吸的神经系统之下，世界一动，中国便立时会起锐敏的感觉而呈反应。
>
> 第二，五四运动，在文学上促生的新意义，是自我的发见。欧美各国的自我发见，是在十九世纪的初期，中国就因为受着传统的锁国主义之累，比他们捱迟了七八十年。自我发见之后，文学的范围就扩大，文学的内容和思想，自然也就丰富起来了。北欧的伊孛生，中欧的尼采，美国的霍脱曼，俄国的十九世纪诸作家的作品，在这时候，方在中国下了根，结了实。
>
> 第三，文言的废除，白话的风行，不过是一种表现形式的更新，它的意义当然也有相当的重要，但只以这一点来说五四与文化，是不

---

[①] 《京学界举行五四纪念会》有云："北京的学界以'五四'等于欧洲之'文艺复兴'"，决定今日午后一时"开纪念大会"。（抄录于北京大学档案馆）

[②] 俞平伯：《一九七九年己未"五四"周甲忆往事十章并注》，《俞平伯全集》第 1 卷，花山文艺出版社，1997 年，第 591 页。

能抓住五四运动的重心的。

以上是五四运动在文学上的历史的意义,以扩大的眼光,从文化史方面立脚而下起论断来,当然更有许多别的意义好说,因为要逸出文学的范围以外,所以不提。

至于促成五四运动的社会基础,当然是在封建制度的崩溃,与国际资本帝国主义的压迫。民族意识的抬头,也是上举两种现象的自然反响,系同时发生的三一体。

五四运动,不过是中国思想解放,文艺复兴的一个序幕,它的结果,与后来的影响,还要看我们的能不能努力合上世界的革命潮流,而把促生五四运动的社会遗毒,全部肃清,才能说话。①

郁达夫在《〈中国新文学大系·散文二集〉导言》中论及"五四"与现代散文的发生时说:"五四运动的最大的成功,第一要算'个人'的发见。从前的人,是为君而存在,为道而存在,为父母而存在的,现在的人才晓得为自我而存在了。我若无何有乎君,道之不适于我者还算什么道,父母是我的父母;若没有我,则社会,国家,宗族等那里会有?以这一种觉醒的思想为中心,更以打破了械梏之后的文字为体用,现代的散文,就滋长起来了。"②在郁达夫看来文学是"人学",因为有了"'个人'的发见",才有了"'文学'的发见"。郁达夫所说的"五四运动"的这一"最大的成功",对"五四"的意义作了最精确的总结和提升。

## 五、1940 年代对"'五四'精神"的阐释

1940 年代,伴随着中国共产党领导的新民主主义革命的进程和"反围剿"的胜利,"五四运动"成了纪念和研究的热点。毛泽东《五四运动》(1939 年 5 月)、《青年运动的方向》(1939 年 5 月 4 日)、《新民主主义论》(1940 年 1 月)的发表,对"五四运动"作了更清晰的定性,"反帝反封建的革命运动""启蒙运动"和"无产阶级世界革命运动的一部分",成了评价"五四运动"的准则。国民党政府出于消解和对抗的谋划,也一反常

---

① 《文学》创刊号,1933 年 7 月 1 日。
② 《中国新文学大系·散文二集》,上海良友图书印刷公司,1935 年,第 5 页。

态地纪念"五四",大肆鼓吹"'五四'精神"就是"三民主义精神",发扬"'五四'精神",必须以"三民主义"为中心①,"今日全国青年,惟当竭尽全力,服从领袖,贡献能力,就是爱国的最大表现,也就是发扬'五四'的精神"②等荒谬的论调,如若违背了他们的这些教化,纪念"五四"就成了"非法活动"。

1939年陕甘宁边区的青年组织规定"五月四日为青年节"。1945年5月,中华全国文艺界抗敌协会第六届年会定"五月四日为文艺节"。1949年12月23日,中国人民政府政务院正式规定"五月四日为中国青年节","五四"成了全国的节日。郭沫若1941年在为"五月四日为青年节"写的《青年哟,人类的春天》中说:

> 我们把五四定为青年节的意义,也就是这种意识觉醒的明白的表示了。我们希望:五四运动时所表现的那种磅礴的青年精神要永远保持,而今后无数代的青年都要保持着五四运动的朝气向前跃进。继承五四,推进五四,超过五四。使青年永远文化化,文化永远青年化。……
>
> "五四"运动成为文化运动的纪念碑,中国文化乃至中国民族经这一运动而青年化了。"五四"以来的二十二年间的进展,毫不夸张地,可以说抵得上"五四"以前的二千二百年间的进展。我们不要为泥古的习惯所囿,应该把眼光看着前头。二千二百年来的文化积蓄,固然有它精粹的成分存在,值得我们研究、阐发、保存、光大,但从那年代的久远和适用价值的有限上来,我们的进修实在是十分迂缓……到了现代,空前的距离有了无限的缩短,时间的范畴得到无限的扩充,人力的效率增大到无穷倍。这是事实,也可以说是人力造成的奇迹。我们虽然还未走到近代文化的最高峰,但自"五四"以来,我们是不息的在向上走着。这路是荆棘的路,但同时也是争取荣冠的路。我们要发挥我们文化民族的使命,便不得不斗争。没有斗争便没有文化。目前的世界有极端疯狂的暴力正在向着文化摧残,向着创造文化的精神摧残,把人类拖到黑暗的悲惨的死灭地狱,我们要从这世

---

① 《"五四"勖青年》(社论),南京《中央日报》1940年5月4日。
② 《国民革命与五四运动》(社论),南京《中央日报》1943年5月4日。

界末日中把文化救起，把创造文化的精神救起，救起自己本身，救起全民族，救起全人类。①

从上文可以看出，这时的"五四"纪念，已经成了一种革命的"仪式"，因而也就成了民国政府的心头大患。1944年、1945年的昆明和成都的"五四"纪念遭到反动派的破坏和压制，就是一个例证。

1944年5月初，西南联大文艺社决定举办一场文艺晚会，纪念"五四"青年节。这一年，国民党政府宣布改3月29日革命先烈纪念日为青年节，号召举行纪念活动。西南联大学生坚决不予理睬，他们与闻一多、李广田商量后，确定将"青年节"晚会的议题定为《"五四"以来新文艺成就的回顾》，邀请罗常培讲《"五四"前后新旧文体的辩争》，冯至讲《新文艺中诗歌的收获》，朱自清讲《新文艺中散文的收获》，沈从文讲《"五四"以来小说的发展及其与社会的关系》，卞之琳讲《新文艺与西洋文艺的关系》，李广田讲《新文艺中杂文的收获》，闻一多讲《新文艺与文学遗产》，杨振声讲《新文艺的前途》，地点定在学校南区10号大教室。这八位教师演讲的海报贴出后，同学们欢呼雀跃，纷纷提前赶去听讲，教室被挤得水泄不通，会议组织者只好临时决定把会场改到图书馆大阅览室，听众又蜂拥而至。可演讲刚刚开始，电灯突然熄灭了，显然是反动派在蓄意破坏，会场顿时骚动起来，主持人被迫宣布改期举行。②

1945年5月4日下午1时，西南联大、云南大学、中法大学、英语专科学校四校学生自治会，在云大操场举行"五四纪念大会"。闻一多、潘光旦、潘大逵、曾昭抡、吴晗、李树青等教授出席了大会。到会者还有中学生、职业青年、新闻记者及盟国友人，共六千余人。

会议开始时，突然下起雨来，有人躲到树下避雨，会场秩序出现紊乱。闻一多站出来大声疾呼："是青年的都过来！是继承五四血统的青年都过来！""这雨算得什么雨，雨，为我们洗兵！"这件事，吴晗在《哭一

---

① 重庆《新华日报》1941年5月4日。
② 这次流产的文艺晚会后于5月8日在联大图书馆前大草坪重新举行，演讲的老师又增加了两位，孙毓棠讲《谈谈现代中国戏剧》，闻家驷讲《中国的新诗与法国文学》。听众除西南联大学生外，还有云大和其他大中学校的学生，三千余人席地而坐，自始至终秩序井然。晚会开得十分成功。参见西南联合大学北京校友会编《国立西南联合大学校史》，北京大学出版社，1996年，第451—452页。

多父子》一文中有较详细的叙说:"正当开始的时候,天不作美,在下雨了,参加的男女青年在移动,在找一个荫蔽,会场在动乱了。你,掀髯作狮子吼,'这是天洗兵!不怯懦的人上来,走近来,勇敢的人走拢来!'在你的召唤之下,群众稳住了,大家都红着脸走近讲台,冒着雨,开成了这个会。"①会后,举行了万人游行,人们高呼"立即结束国民党独裁专政!""建立联合政府!""取消特务!"等口号,走过昆明的主要街道。这是皖南事变后,国统区出现的第一次群众示威游行。

纪念"五四"成了"革命"和"斗争"的象征,成了与民国政府斗争的一种策略。在国统区成都,"五四"纪念与"反纪念"的斗争更为白热化。且看叶圣陶1945年5月4日写的一则日记:

(下午)二时,再至青年会,参加庆祝文艺节之会。到者除文协会友外,尚有各文艺团体之主持人及各报副刊编者。余为主席,致词半小时,复请周太玄演说,谈五四精神。继之则为余兴节目。

…………

(晚)与二官(女儿叶至美,就读于金陵大学外文系——引者注)驱车往华西坝。坝上殊热闹,各大学皆特出壁报纪念"五四",蔚为大观。方在开大中学一百零五个学生团体之纪念"五四"大会。后有特务人员来捣乱,裂旗拆台,会遂散。特务人员以此为工作,为报销,不足深责,而行此制者,其恶不可恕矣。

余所参加者为营火会,亦各大学学生所召集。燃木柴一大堆,火焰炽然,会众围之,藉草而坐。歌声四起,别有情味。虞特务人员再来捣乱,则各校推出纠察队。致辞者四人,陈觉玄、沈体兰(燕大秘书长)、文幼章(美国人)及余。……②

纵观1940年代,为了民族和国家的前途,纪念"五四"的意义显得越来越重要,纪念"五四"的文章也越来越多,这里侧重说说郑振铎、郭沫若和沈从文三人写的文章。

著名文学家、学者郑振铎是"五四运动"急流中涌现出来的风云人

---

① 吴晗:《哭一多父子》,《周报》第46期,1946年7月20日。
② 《叶圣陶集》第20卷,江苏教育出版社,2004年,第397—398页。

物。1917 年，他从温州来到北京，考入交通部北京铁路管理学校（今北京交通大学前身）。也就在这一年，郑振铎受到俄国"十月革命"和《新青年》的影响，结识了与当时也在北京求学的瞿秋白、耿济之、瞿菊农，就经常在一起切磋交流，畅谈国家大事。1919 年"五四"那天恰逢是星期天，郑振铎没去学校，午间休息时突然被门外的叫喊声惊醒，原来那就是震惊中外的"火烧赵家楼"。赵家楼离他的住处西石槽 6 号很近，郑振铎、瞿秋白等人就读的都不是"名校"，所以 5 月 4 日那天北京大学等校的学生"起事"时，他们都因为没有得到通知而未能参加。但从第二天起，他们就都全身心地投入了爱国运动，如创办著名的《新社会》旬刊（后来，许地山、郭梦良、徐六几也参加编辑）；与郑天挺、郭梦良、徐六几、朱谦之、黄庐隐等在京福建籍同乡创办油印刊物《闽潮》，还一起组织了一个"S.R. 学会"（按：S.R. 是 Social Reformation 的缩写，意思是社会改革）；和北大学生易家钺、罗敦伟等人成立"青年自立会"；和罗敦伟、徐六几、周长宪等人创刊《批评》半月刊；主持"社会实进会"的讲演会，邀请胡适、高厚德（H. S. Galt）、陶履恭、周作人等名家讲演；主持出版"永嘉（即温州）新学会"会刊《新学报》；翻译列宁 1917 年 4 月初写的《俄罗斯之政党》①等重要文章；和耿济之一起翻译《国际歌》歌词（这是最早的中文译词）；等等。郑振铎一生辉煌的文学事业和学术事业，就是从"五四"时期开始的。他在那时开始翻译和组织翻译俄国文学作品、介绍和组织介绍西方文学理论、创作新诗和小说、编辑文学丛书等等。特别值得一提的是，以他为核心，发起和成立了我国现代文学史上第一个纯文学社团"文学研究会"。所有这一切，都与郑振铎积极投身"五四运动"有关，与"五四运动"的影响有关。

1946 年，郑振铎发表了《前事不忘》《五四运动的意义》《五四运动的精神》《迎"文艺节"》《说"文艺节"》《〈文艺复兴〉发刊词》等一系列论述"五四运动"的文章，还为《世界晨报》等报刊题词纪念"五四"，并创作一部专写"五四运动"的小说——一部未完成的小说《向光明去（断片）》②。他在 1958 年 6 月致人民文学出版社的信中说："虽是断

---

① 《新中国》月刊第 1 卷第 8 期，1919 年 12 月 15 日。
② 《郑振铎文集》第 1 卷，人民文学出版社，1959，第 437 页。

片，但没有发表过，是描写五四运动的，似还可用。"① 小说今见前六章，二万五千多字。从结构、人物、线索、场面、氛围等等方面看来，作者无疑是准备写一部长篇的，可能是因为当时工作繁忙，未能完成，十分遗憾。郑振铎对"五四"的评述，可推 1946 年为"五四运动"第二十七个纪念日写的《五四运动的意义》作代表，文章说：

> 这运动开始于北京东城赵家楼曹汝霖住宅的一火，其光芒竟不数月而普照于整个中国。中国的现代化运动乃由此而急骤的进行着。封建的最顽固的壁垒，最后竟被攻破了。思想的解放，文艺的解放，使后来的青年们得到了自由观察，自由思想，自由写作的机会。这二十多年的比较蓬勃的学术文艺的发展，可以说都是导源于五四运动之一举的。
>
> 所以，"五四"是一个特别值得纪念的一个划时代的日子。
>
> 五四运动所要求的是科学与民主。这要求在今日也还继续着。
>
> 我们纪念"五四"，我们不要忘记了五四运动所要求而今日仍还没有完全达到的两个目标："科学与民主"。
>
> 我们现在还要高喊着，要求"科学与民主"！②

"五四"是"中国的现代化运动"的起始，"思想的解放，文艺的解放"，青年们"自由观察，自由思想，自由写作"，以及"这二十多年的比较蓬勃的学术文艺的发展"，"可以说都是导源于五四运动"，"五四"高举的"科学与民主"，仍是我们奋进的方向。郑振铎的这些论述都极为生动，极为深刻。

1919 年"五四"发生时，郭沫若正在日本留学。他在《序我的诗》一文中谈到"五四"对他的影响时说：

> "五四"运动发动的那一年，个人的郁积，民族的郁积，在这时找出了喷火口，也找出了喷火的方法。我在那时候差不多是狂了。民七民八之交，将近三四个月的期间，差不多每天都有诗兴来袭我，我抓着也就把它们写在纸上。当时宗白华在主编上海《时事新报》的

---

① 《郑振铎文集》第 1 卷卷首手迹，人民文学出版社，1959 年。
② 《民主》第 29 期，1946 年 5 月 4 日。

《学灯》，他每篇都替我发表，给予了我以很大的鼓励。因而有我最初的一本诗集《女神》的集成。

但我要坦白的说一句话，自从《女神》以后，我已经不再是"诗人"了。自然，其后我也还出过好几个诗集，有《星空》，有《瓶》，有《前茅》，有《恢复》，特别像《瓶》，似乎也陶醉过好些人，在我自己是不够味的。要从技巧的立场来说吧。或许《女神》以后的东西要高明一些，但像产生《女神》时代的那种火山爆发式的内发情感是没有了。潮退后的一些微波，或甚至是死寂，有些人是特别的喜欢，但我始终是感觉着只有在最高潮时候的生命感是最够味的。①

1940年代，郭沫若已经成了鲁迅的"继承者"，成了"中国革命文化界的领袖"②。1941年11月16日，重庆各界隆重纪念郭沫若五十诞辰暨创作生活二十五周年。当天，《新华日报》在头版发表了周恩来《我要说的话》以代社论，高度评价了郭沫若，将郭沫若与鲁迅相提并论："鲁迅是新文化运动的导师，郭沫若便是新文化运动的主将。鲁迅如果是将没有的路开辟出来的先锋，郭沫若便是带着大家一道前进的向导。鲁迅先生已不在世了，他的遗范尚存，我们会愈感觉到在新文化战线上，郭先生带着我们一道奋斗的亲切，而且我们在永远祝福他带着我们奋斗到底的。"郭沫若成了"新文化运动的主将"，成了在"新文化战线上"带领文化界的战士们奋勇前进的"又一面旗帜"。③从这个意义上说，郭沫若畅谈"五四"的文章有"指导意义"，理应值得格外关注。

除了上面提到的《青年哟，人类的春天》和《序我的诗》之外，郭沫若还写过《新文艺的使命——纪念文协五周年》④《"五四"课题的重提》《中华全国文艺协会总会文艺节告全国文艺工作者》⑤和《学术工作展望》等一系列文章，他在《"五四"课题的重提》中说：

---

① 重庆《中外春秋》月刊第2卷第3、4期合刊，1944年5月。
② 吴奚如：《郭沫若同志和党的关系》，《新文学史料》1980年第2期。
③ 阳翰笙：《回忆郭老创作二十五周年纪念和五十寿辰的庆祝活动》，《新文学史料》1980年第2期。
④ 重庆《新华日报》1943年3月27日。
⑤ 重庆《新华日报》1946年5月4日，编入《郭沫若全集》第20卷时改题名为《纪念第二届"五四"文艺节告全国文艺工作者书》。

> "五四"运动的课题是接受赛先生（科学）与发展德先生（民主）。这课题依然是一个悬案……今天底任务中我们依然继续"五四"精神，加紧解决我们的悬案：接受科学并发展民主。……今天要接受科学，主要的途径应该是科学底中国化。……要做到这一层，总要有政治的民主化以为前题……①

在《学术工作展望》中再次说道："五四以来的课题：实现科学与民主，到今天依然是我们学术工作者急待解决的课题。"② 这些热切的话语今天读来依然十分亲切。

在"五四"唤醒的一代青年中，沈从文是最富有代表性的。是1919年"五四"的召唤，使青年沈从文离开"打打杀杀"的"军队"，从"边城"湘西来到"五四"策源地北京，梦想"读书"，立志"从文"。沈从文多次谈到他一生遇到的好人太多了，这些好人大都是他在北京遇到的。他多次谈到他从林宰平、徐志摩、胡适、陈西滢、杨振声、丁西林诸先生那儿得到"一种作人虔敬的力量""对工作的热忱态度"，因而能"稍稍打破了五四初期作家的记录，而且还走得满有兴致。也间或不免受小石子绊倒，可是歇一会会又依然走去！"③ 是林宰平、徐志摩、胡适、陈西滢、杨振声、丁西林帮助沈从文走上了文学的道路，而帮助他的这批人从某种意义上说都是"五四人"。也正是因为这样，沈从文特别感念"五四"，感念"五四人"。他在《青年运动》一文中说，"五四"是破除"迷信"的"思想解放运动"；"'新青年'运动"和"五四"，"推动了中国革命"，"重造一个崭新的中国"。④ 在《"五四"二十一年》中说，"五四运动"是"'思想解放'与'社会改造'运动"，在文中论及"文学革命"，谈起"把明白易懂的语体文来代替旧有的文体"时说：

> 对语体文的价值与意义，作过伟大预言的，是胡适之先生。二十年前他就很大胆的说："语体文在社会新陈代谢工作上，将有巨大的

---

① 重庆《群众》月刊第10卷第9期，1945年5月15日。
② 重庆《中国学术》季刊创刊号，1946年8月。
③ 《沈从文全集》第18卷，北岳文艺出版社，2002年，第458—459页。
④ 北平《实报》1935年12月29日。

作用。二十世纪的中国文学史，语体文必占重要的努力。"这种意见于二十年前说出，当时人都以为痴人说梦，到如今，却早已成为事实了。但二十年前胡适之先生能够自由大胆表示他的意见，实得力于主持北京大学的蔡孑民老先生，在学校中标榜"学术自由"。因学术自由，语体文方能抬头，使中国文学从因袭、陈腐、虚饰、俗套、模仿中，得到面目一新的机会，酝酿培养思想解放社会改造的种子。①

沈从文在上文中还指出，"'五四'精神"的特点是"天真"和"勇敢"。他在为"五四运动"二十八周年纪念写的《五四》一文中说，"五四二字实象征一种年青人求国家重造的热烈愿望，和表现这愿望的坦白行为"②，把民族与国家的希望寄托在青年身上。1948年写的《纪念五四》一文再次谈到"'五四'精神"特点是"天真"和"勇敢"。③沈从文纪念"五四"的文章中最有特色的当推《五四和五四人》，这篇文章说"'五四'精神"得靠"五四人"来诠释，在谈到他所接触到的"五四人"时说：

> 照我所接触的五四学人印象而言，他们一面思想向前，对于取予都十分谨严，大多数都够得上个"君子"的称呼。即从事政治，也有所为有所不为，永远不失定向，决不用纵横捭阖权谲诡祟自见。这不仅值得称道，实在还值得后来者取法，因为这是人的根本价值。其次是对事对人的客观性与包涵性，对于政见文论，一面不失个人信守，一面复能承认他人存在。尤其是用于同学师友间，得到真诚持久的融契。民主与自由不徒是个名词，还是一个坚定不移作人对事原则。这不可说不是亲炙孑民先生人格光辉的五四人幸运。因为有了这个，才会有学术上的真进步。这是培养创造种子的黑壤，能生发一切不同的苞芽。这不同又由一个较长时间来自然清算，得失即近乎公正本来。也因此，学校能始终作各种进步的尝试与发展。对学校制度，从近处看或为尾大不掉；从远处看，即永远有个新的趋势及变的事实。五四人之存在于北平，服务于清华北大两校的，尽管思想如何不同，却能永远保持个人友好，这一点也值得后来者认识借镜。五四人因所

---

① 《沈从文全集》第 14 卷，北岳文艺出版社，2002 年，第 133—134 页。
② 天津《益世报·文学周刊》第 39 期，1947 年 5 月 4 日，署名"编者"。
③ 天津《益世报·文学周刊》第 90 期，1948 年 5 月 4 日。

学不尽同,虽同在一学校,所负责任又不一致,也因之在学术成就上未见齐一。然而一种青春不老创造的心,却似乎能始终表现于各自工作上。这一点,实在说,是只有新的北大人从更多方面来学习认识,才会转而为自己一种工作态度指向的。以五四学人的学而言,不论是日坐讲台作精密析理的冯友兰,或日守办事桌应付杂事之郑天挺,其克服困难守定工作那点忠诚,则完全出自同一源泉。参加扭秧歌的朱自清,和为学校收购古物的杨振声,同学以为是两种人两种事情的,其实还是出自同一那个青春不老的创造心,企图把生命与国家发展连接而为一,贡献自己于后来者那点忠诚心不二,而还带一点天真的稚气,不同的不过所取用方式,由一个十六岁到二十岁同学看来不同而已。

五四又来了,大家为纪念这个五四,为迎接这个五月,都显得十分紧张、兴奋,同时也异常忙碌。一个新的北大人必不少以为一切要更进一步,有个更进步表现,才能发扬光大五四精神。时代变动大,社会一切在分解,也待新生,三千同学中能共同组成个千人大合唱,也自然能在许多必要独自为战工作上,表现出真正战斗持久精神,与进步事实。但广泛与深刻的来认识北大五四人,在当前似乎也十分需要,因为基于这种认识,才会有个反集权的民主与自由作风来发扬光大!①

这两段话说得真精彩。"五四人"都有富国强国的理想,都有忧患意识,都有追求真理、崇尚科学的热忱,都有做人的准则——有所为有所不为,都是君子,爱己也爱人,都有"一种青春不老创造的心",都还带有一点天真的稚气,因而极其可爱,极其可贵。

## 六、《"五四"卅周年纪念专辑》和北大《五四纪念特刊》

1949年3月25日,中共中央和人民解放军总部迁至北平。4月21日,毛泽东、朱德向人民解放军发布向全国进军的命令。4月23日,南京解放、国民党反动统治宣告结束,从而使得纪念"五四运动"三十周年有了特殊的意义。当时身为华北人民政府教育部教科书编审委员会主任的

---

① 北平《平明日报·五四史料展览特刊》,1948年5月4日,署名"窄霉斋主"。

叶圣陶在 4 月 18 日的日记中记了一笔："夜至东长安街，代表文协，出席'五一'、'五四'纪念大会之筹委会。一坐又是两小时有半，惫不可支。"由此可见，"'五四'纪念大会之筹委会"是中共中央组织的。1949 年 6 月，《"五四"卅周年纪念专辑》由新华书店发行，版权页上署"编者'五四'卅周年纪念专辑委员会"。这"'五四'卅周年纪念专辑委员会"，与"'五四'纪念大会之筹委会"一样，应当也是中共中央组织的，规格很高。请看《"五四"卅周年纪念专辑》的目录：

  毛泽东同志论"五四"运动
  "五四"运动与知识分子的道路　　　　　　陈伯达
  纪念"五四"三十周年应有的认识　　　　　吴玉章
  人民革命的信炮——"五四"运动　　　　　黄炎培
  急起直追参加革命建设工作　　　　　　　　范文澜
  还须准备长期而坚决的斗争　　　　　　　　茅　盾
  从源头到洪流　　　　　　　　　　　　　　胡　风
  "五四"与马列主义的胜利　　　　　　　　沈志远
  由"文化古都"转变到文化新都　　　　　　夏康农
  "五四"精神和知识分子的思想改造　　　　陈学昭
  "五四"运动的历史意义　　　　　　　　　蒲　靭
  "五四"与今天　　　　　　　　　　　　　田家英
  从"五四"看知识分子　　　　　　　　　　宋云彬
  "五四"与科学　　　　　　　　　　　　　张东荪
  "科学与民主"　　　　　　　　　　　　　　周建人
  "五四"的两个基本口号　　　　　　　　　　何幹之
  新民主与新科学　　　　　　　　　　　　　袁翰青
  纪念"五四"要学会生产工作　　　　　　　千家驹
  从掌握革命斗争知识到提高生产斗争知识　　杜任之
  "五四"与文字改革　　　　　　　　　　　胡愈之
  "五四"纪念再谈谈新文字　　　　　　　　陆志韦
  "五四"与新文学　　　　　　　　　　　　杨振声
  "五四"运动的领导者李大钊　　　　　　　　劳　荣

| | |
|---|---|
| "五四"——中国青年节 | 扬 公 |
| 今年"五四"话法律 | 费 青 |
| 不断的进步 | 叶圣陶 |
| "五四"运动的回忆 | 邓颖超 |
| 回顾与前瞻 | 俞平伯 |
| "五四"三十年 | 魏建功 |
| 纪念"五四"的第三十年 | 罗常培 |
| "五四"回忆 | 刘清扬 |
| 回忆与感想 | 欧阳予倩 |
| "五四"感言 | 闻家驷 |
| 唯一的真理 | 何家槐 |
| 会师 | 臧克家 |
| "五四"哺育了我 | 王亚平 |
| "五四"三十周年述感 | 潘 菽 |
| "五四"以来青年运动的教训 | 沈体兰 |
| "五四"三十周年纪念日中国科学工作者协会 写给中国和世界科学工作者的公开信 | |
| "五四"运动介绍 | |

"纪念专辑"的作者都是中国社会的精英，他们对"五四"的缅怀和"述感"，也不纯粹是为了"纪念"，更多的是在"反省"，思考如何传承"五四"精神，在新中国即将诞生的前夕立定志向，开创未来，从而使得这本《"五四"卅周年纪念专辑》的思想内涵极其宽广。

开篇《毛泽东同志论"五四"运动》，汇集的是毛泽东《新民主主义论》和《反对党八股》中有关"五四运动"的论述。"'五四'卅周年纪念专辑委员会"在为该文加的"编者按"中说：

> "五四"运动到现在三十周年了，我们怎样认识这个运动的性质，估价其历史意义和影响，今后如何承继并发扬"五四"运动中的光荣传统，争取中国人民解放事业最后的与彻底的胜利，——所有这些，在中国人民伟大领袖毛泽东关于"五四"运动的言论中都有过英明的指示。为了纪念"五四"运动三十周年，特将这些言论汇集发

表，以供学习、研究。

也正是有了在毛泽东"英明的指示"的引导，此时的中国社会对"五四运动"和"知识分子"有了更清晰的评价和定位。"五四运动"是"震撼世界的一次伟大的东方民族觉醒的革命运动"①，是"中国新民主主义革命运动开端的节日，是中国革命青年运动的节日，也是新文化运动的节日"②。"'五四'运动是中国历史上真正光荣，真正伟大，真正划时代的一次大运动。"③ 在论及"五四运动"与"知识分子的道路"时，大多援引毛泽东《在延安文艺座谈会上的讲话》，彰显知识分子"必需改造自己"的重要性，表示要"去掉自高自大，轻视劳动的观点，并树立革命的人生观"④，在"思想和生活"上真正"配得上称作'革命的知识分子'"⑤。田家英在《"五四"与今天》中论及"民主与科学"时说：

> "五四"当时提出的口号是民主与科学。这个口号在当时还只能是朴素地提出来。今天，我们要以毛泽东为人民服务的新人生观来武装自己的头脑，来充实"五四"以来民主与科学的口号。即将在全国胜利的新民主主义革命是伟大的，但革命以后建设一个新中国的工作更加伟大，更加艰巨。今天，我们要实现的民主，就是以工农为基础的人民的民主；我们所追求的科学，就是建设工业化的人民国家的科学。只有以为人民服务、和人民打成一片的精神，从事艰巨的工作，我们才能对中国对人民有所贡献，才能成为真正的民主与科学的战士。
>
> 纪念"五四"运动的三十周年，要在毛泽东为人民服务的伟大旗帜下，继续历史的事业前进！⑥

做"革命的知识分子"，"在毛泽东为人民服务的伟大旗帜下，继续历史的

---

① 沈志远：《"五四"与马列主义的胜利》，《"五四"卅周年纪念专辑》，第52页。
② 《"五四"运动介绍》，《"五四"卅周年纪念专辑》，第226页。
③ 范文澜：《急起直追参加革命建设工作》，《"五四"卅周年纪念专辑》，第52页。
④ 陈学昭：《"五四"精神和知识分子的思想改造》，《"五四"卅周年纪念专辑》，第73页。
⑤ 宋云彬：《从"五四"看知识分子》，《"五四"卅周年纪念专辑》，第92页。
⑥ 《"五四"卅周年纪念专辑》，第88—89页。

事业前进","为新的更广大的革命斗争和社会建设付出力量来"①,成了纪念"五四"总的基调。

与《"五四"卅周年纪念专辑》相呼应,"北大纪念五四筹备会"也编辑出版了《五四纪念特刊》②,并且赶在"五四"纪念的前一天(1949年5月3日)出版,这是"五四运动"策源地的北京大学在北平解放后第一次纪念"五四",迎接新中国诞生的喜悦之情显得特别高亢。现将《五四纪念特刊》的篇目抄录于下:

> 展开一个热烈的学习运动——纪念"五四"三十周年
> 五四的体验　　　　　　　　　　　　　　　钱端升
> 新民主与新科学　　　　　　　　　　　　　袁翰青
> 急起直追参加革命建设工作　　　　　　　　范文澜
> "五四"三十周年纪念(贺词)　　　　　　　吴玉章
> 加紧学习——发扬"五四"的科学精神　　　曾昭抡
> 五四感言　　　　　　　　　　　　　　　　闻家驷
> 关于李大钊先生　　　　　　　　　　　　　川　岛
> 第一首歌(为北平解放后的第一个"五四"作)　冯　至
> 五四在北大　　　　　　　　　　　　　　　费　青

《五四纪念特刊》的出版要早于《"五四"卅周年纪念专辑》,《五四纪念特刊》中袁翰青的《新民主与新科学》、范文澜的《急起直追参加革命建设工作》、闻家驷的《五四感言》都编入了《"五四"卅周年纪念专辑》,"一稿两用"。《五四纪念特刊》卷首的《展开一个热烈的学习运动——纪念五四三十周年》,是"北大纪念五四筹备会"写的评论,把当时北大如何纪念"五四"以及纪念"五四"所追求的目标,说得既明确又具体,这里抄录评论的头两节:

> 从五四到今天的新民主主义革命已获得了巨大的胜利,并带给了中国人民新的艰巨的建设任务。今天,我们是这一巨大建设工程的后备军,"学习"是我们主要的战斗任务!今天,在中国人民胜利的兼

---

① 扬公:《"五四"——中国青年节》,《"五四"卅周年纪念专辑》,第154页。
② 现存北京大学档案馆,下文引用此书内容不再出注。

程进军中，工农劳动人民加紧生产，用生产竞赛纪念他们的节日——五一，我们要向他们看齐，展开一个热烈的学习运动，用学习竞赛纪念我们的节日——五四。

在反动派的黑暗统治下，在旧的不合理的教育制度下，我们深深中了封建思想、买办思想、剥削思想，和其他种种坏思想的毒害，我们不能从正确的观点、方法观察事物，研究学问。今天，我们急需学习的是革命的理论——马列主义和毛泽东思想，从而建立革命的人生观，世界观，用正确的科学的观点、方法观察事物，洗刷干净我们过去在思想上所受的毒害，彻底改造我们自己。只有以马列主义和毛泽东思想武装了我们的头脑，彻底改造了我们自己，才不致在工作上迷失了方向，才能与工农结合在一起，共同为新中国的建设而努力！

纪念"五四"已经从"五四"引申开来，畅谈起学习马列主义和毛泽东思想、改造人生观和世界观的紧迫性和重要性，而纪念"五四"的最好的方式，就是"展开一个热烈的学习运动"，学习马列主义和毛泽东思想，伴随着一个崭新的时代即将到来的是新的召唤，清新而又浓厚的新的时代的气息！

钱端升的《五四的体验》，谈到"五四"时期"知识分子所犯的错误"，一是与工人及店员"未作长久的广泛的联系"，二是"当时的领导运动者有不少人充满了领袖欲，以至很快地和青年群脱了节，灭低了青年运动的力量"。他希望知识分子坚定"正确的方向"，"为保障工作和行动完全符合于革命的要求起见，仍须旦夕以三十年前的错误为戒，而深自惕励"。范文澜的《急起直追参加革命建设工作》，侧重谈知识分子"改造"的迫切性，强调作为五四运动的继承者和发扬者，必须"急起直追"，在"参加革命建设工作"的过程中改造思想。文章说：

"五四"运动的光荣、伟大、划时代是属于中国共产党、中国无产阶级、中国人民所有的。小资产阶级知识分子（除去投入无产阶级阵营的一部分）动摇、消极、悲观，资产阶级知识分子与敌人妥协，站到反动方面去，如果他们在"五四"运动中也曾有光彩的话，那只能说，或多或少的光彩是有过的，可惜不久，有的就失去了光彩，有的背叛"五四",变为可耻的反动知识分子。

……

我在"五四"运动前后,硬抱着几本经书、汉书、说文、文选、诵习师说,孜孜不倦,自以为这是学术正统,文学嫡传,看不起那时流行的白话文、新学说,把自己抛弃在大时代之外。后来才知道错了!错了!剑及履及般急起直追,感谢时代不抛弃任何一个愿意前进的人,我算是跟上时代了。想起那时候耳不闻雷霆之声,目不观泰山之形,自安于蚯蚓窍里的微吟,如何不后悔呢!

今天,轰轰烈烈的革命胜利,其显而易见易闻,比雷霆泰山不知要高大多少倍,大量知识分子倾向或涌入革命阵营,这决不是偶然的现象。可是还有一部分人舍不得旧有的一套,不愿意改变自己的立场、观点、方法,有的自嫌迟暮,懒得再下功夫去改造。这两种思想都是不对的。新中国伟大的建设工作——经济的、政治的、文化的、军事的——正在开始,只要参加这个工作总是早而不算迟的,关键在于立场观点方法的改变是否早而不迟。如果愿意改就有改的机会,但迟到不禄而还没有改那就算是迟了。

我也是一个知识分子,虽然经过改造,却改造得很不够,愿意和我的同伴们共同努力,攀着时代的轮子,永远前进。我们要在革命建设工作的实际行动中证明我们都是"五四"运动的继承者和发扬者。[①]

闻家驷的《"五四"感言》,强调"世变日亟,时不我予",认为知识分子"需要把自己过去的工作重新检讨一下,看看我们的工作是不是有利于人民大众。如果不是的,我们应该如何改进。如果已经是的,是不是还要加强,使之更符合于人民大众的利益"[②]。吴玉章《"五四"三十周年纪念(贺词)》中的"发扬'五四'精神,站稳革命阶级立场,为新民主主义的人民共和国而奋斗"正好用来概括上面几篇纪念文章的基本思想。

与"展开一个热烈的学习运动""急起直追——参加革命建设工作""站稳革命阶级立场,为新民主主义的人民共和国而奋斗"相呼应的,是对"五四"时代提出的"民主"与"科学"两个口号的重新定义。

---

① 《"五四"卅周年纪念专辑》,第33、34—35页。
② 同上书,第198、196页。

袁翰青的《新民主与新科学》的主旨是，"中国有了新民主。中国需要新科学！"他说"五四"时代提出的"民主"这个口号，可那时候大部分知识分子"所仰望的民主还只是资产阶级的形式民主"，今天"我们已迈进了无产阶级领导的新民主阶段"，"毫无疑问地已跨过了'五四时代'的要求"。言外之意是"五四"时代提出的"民主"这个口号已过时、不适用了。"五四"时代所提出另一个口号"科学"，是"单纯的科学"，也不合用，于是提出了"新民主"与"新科学"这两个概念。他解释说：

> 我们这里所谓"新科学"，并不是科学的内容而言……所谓"新"是指的研究科学的制度、作风、态度和目标而言。新民主主义的文化是民族的、大众的。可是我们以前的自然科学工作却不幸是殖民地型的、贵族的。如何使中国的科学成为民族的和大众的，是"新科学"的一个主题。
>
> 在文艺界，那种"为文艺而文艺"的思想早已被肃清。在科学界，却还充满了"为科学而科学"，"为兴趣而科学"的气氛。是的，我们不应当是短视的功利主义者……今天我们是在二十世纪五十年代的中国，不是牛顿时代的英国。……"新科学"是有计划、有组织、为人民的科学工作，这是时代的迫切要求。新中国的科学工作者是不应当辜负了时代的。①

曾昭抡的《加紧学习——发扬"五四"的科学精神》跟袁翰青的观点相似，认为"五四"时代提的"科学"是"单纯的科学"。他说：

> 三十年前，大多数人的眼界，趋于窄狭。当时的科学，大抵仅指自然与应用科学而言。现在科学的定义扩大了。不但政治、经济、社会学等种种社会科学，可归于科学范围。即如历史等学问的处理，亦日趋于运用科学方法。所以今日说到提倡科学，决不是重理工而轻文法，乃是发扬科学的精神，将其应用于科学研究，以及行政事务的处理。

曾昭抡对"科学"的解释，无疑是相当精确的，但说"科学"在"五四"时代"大抵仅指自然与应用科学而言"，恐怕就不那么契合陈独秀及《新

---

① 《"五四"卅周年纪念专辑》，第103、104—105页。

青年》同人的本意了。陈独秀在《青年杂志》发刊词《敬告青年》中提出的"孰为新鲜活泼而适于今世之争存，孰为陈腐朽败而不容留置于脑里"的"六项标准"是：

（一）自主的而非奴隶的。
（二）进步的而非保守的。
（三）进取的而非退隐的。
（四）世界的而非锁国的。
（五）实利的而非虚文的。
（六）科学的而非想像的。

科学者何？吾人对于事物之概念，综合客观之现象，诉之主观之理性而不矛盾之谓也。想像者何？既超脱客观之现象，复抛弃主观之理性，凭空构造，有假定而无实证。

陈独秀在阐明六项标准之后，着重指出"近代欧洲之所以优越他族者，科学之兴，其功不在人权说下，若舟车之有两轮焉"。"国人而欲脱蒙昧时代，羞为浅化之民也，则急起直追，当以科学与人权并重"。① 陈独秀所推举的科学，既包括自然科学，也包括社会科学和哲学，重在提倡科学精神，尊重科学规律，它的对立面是主观臆断、盲从迷信、愚昧无知，简言之曰蒙昧。

也许，袁翰青和曾昭抡对"民主"与"科学"这两个口号的"反省"，与当对"五四运动"的评价有关，与对陈独秀以及"五四"领袖的评价有关（如批判胡适的"宣传杜威实验主义""标榜自由主义""反对革命"等）。费青的《五四在北大》在肯定了北大对"五四"的贡献、北大师生"有识见，有勇气"之后，接着说：

但是，革命的进程是迂回曲折的。"五四"以来，文化界固然产生了无数的勇敢斗士，同时却不少中途退即，甚至转化而为帮凶帮闲的丑角。即就北京大学来讲，一辈青年参加火烧赵家楼的英雄们，多少还迄今保持了旧时气骨，多少已投入了民族罪人的怀抱？

当此全国一片解放欢呼声中来纪念这个"五四"节日，我们——

---

① 《青年杂志》创刊号，1915年9月15日。

身处在"五四"策源地的北大人一直感到无限的兴奋和感触。我们不应自豪,却只有惕励。过去的光荣迫使我们赶着时代前进又前进。古老的中华民族正在茁壮起来,重新赶上世界革命力量的前列。苍旧的北大红楼,我们自信也正在焕然重新,来保持它"五四"的光荣。

"世变日亟,时不我予"。新中国即将诞生,北大人要保持"'五四'的光荣",就必须"加紧学习"!袁翰青在《新民主与新科学》中说"中国有了新民主",今天需要的是"新科学"。"发扬'五四'精神"的唯一的要求就是"站稳革命阶级立场,为新民主主义的人民共和国而奋斗"。北大人在 1949 年新中国诞生前夕对"'五四'精神"的阐释,与当时社会的主流思潮是一致的。茅盾 1949 年 5 月 4 日发表的《还须准备长期而坚决的斗争——为"五四"三十周年纪念作》一文中说:

> 今年是"五四"的三十周年,在这"红五月",半封建半殖民地的旧中国从此结束,震撼了全世界的一个新中国已经产生,"五四"的历史任务也终于完成了……①

作为文学家兼革命家的茅盾是这么认定的,作为"杰出的抒情诗人"的冯至也是这么说,且看他的《第一首歌(为北平解放后的第一个"五四"作)》:

三千年的老岁月
　　退给了年青的今天;
三十年的青年的血
　　换来了灿烂的今天。

在这三十年的过程
　　有离叛,有坚持——
离叛是自然的淘汰,
　　坚持的给我们证实:

腐朽的都成为阴影

---

① 《人民日报》1949 年 5 月 4 日第 5 版。

　　　　沦入无底的深渊；
　　三十年前的一粒光
　　　　如今照遍了山川。

　　我们起始歌唱
　　　　我们的第一首歌，
　　像人类从木石里
　　　　第一回钻出来火。

　　我们起始歌唱
　　　　我们的第一首歌，
　　像人类才有了锄头
　　　　第一回到田里耕作。

　　我们起始歌唱
　　　　我们的第一首歌，
　　隔离久的心
　　　　如今又融成一个。

　　脖子上没有了锁链，
　　　　脸面上恢复了红颜：
　　三十年前一粒光
　　　　如今照遍了山川。

冯至纵情高歌"三千年的老岁月／退给了年青的今天；／三十年的青年的血／换来了灿烂的今天""三十年前的一粒光／如今照遍了山川"，这优美的乐章中交织着像茅盾那样的由衷的喜悦："震撼了全世界的一个新中国已经产生，'五四'历史任务也终于完成了。"

　　1944年5月西南联大学生、青年诗人何达为纪念"五四"写了一首题为《五四颂》的新诗，诗中写道：

　　五四／是从暗哑的历史里／跳出来的／血红的大字／／五四／是从暗哑的世纪里／爆发出来的／怒吼的声音／／五四／用中国人的愤怒／震落了／签订卖身契的笔／／五四／在青年人的生命上／挂上了／

拯救民族的勋章。①

事隔五年，在新中国如一轮朝阳即将喷薄而出的时刻，作为青年诗人何达的师长们（范文澜等）对"五四"有了全新的解读："'五四'运动的光荣、伟大、划时代是属于中国共产党、中国无产阶级、中国人民所有的"！②"五四运动""以马列主义和毛泽东思想武装了我们的头脑"，彻底改造人生观、世界观，成了"五四运动"策源地北大师生的共识，这又是一个观念的突变。"赶着时代前进又前进"，使自己更美丽，更智慧，更坚强，也就很自然地成了新时期继承和弘扬"'五四'精神"的主旋律。

（《新文学史料》2009年第3期刊载时题为《几代人的"五四"》，2022年3月11日修改）

---

① 何达：《我们开会》，上海中兴出版社，1949年，第86—88页。
② 范文澜：《急起直追参加革命建设工作》，《"五四"卅周年纪念专辑》，第33页。

# 从音乐美术中领会人类的思想情感智慧光辉
## ——湘西音乐美术与沈从文创作之关联

湘西有"歌乡"的美誉。沈从文在1957年写的《湘西苗族的艺术》中说,在他的家乡"热情多表现于歌声中。任何一个山中地区,凡是有村落或开垦过的田土地方,有人居住或生产劳作的处所,不论早晚都可听到各种美妙有情的歌声。当地按照季节敬祖祭神必唱各种神歌,婚丧大事必唱庆贺悼慰的歌,生产劳作更分门别类,随时随事唱着各种悦耳开心的歌曲。至于青年男女恋爱,更有唱不完听不尽的万万千千好听山歌。即或是行路人,彼此漠不相识,有的问路攀谈,也是用唱歌方式进行的。许多山村农民和陌生人说话时,或由于羞涩,或由于窘迫,口中常疙疙瘩瘩,辞难达意。如果换个方法,用歌词来叙述,就即物起兴,出口成章,简直是个天生诗人。每个人似乎都有一种天赋,一开口就押韵合腔。刺绣挑花艺术限于女人,唱歌却不拘男女,本领都高明在行"[①]。

沈从文自幼生活在"歌乡",耳濡目染,爱好音乐是很自然的事。沈从文的祖母张氏为苗族,母亲黄素英为土家族,他的血脉中流淌着苗族和土家族的血液,有一份楚文化禀赋:重生命、重自然、重个性、重情感,对于神韵的形态、色彩、声音乃至气味都十分敏感。他在《关于西南漆器及其他 一章自传—— 一点幻想的发展》中说:"我有一点习惯,从小时养成,即对音乐和美术的爱好,以及对于数学的崇拜。从一个亲长口中,知道一切问题都和数学碰头,宇宙间至大和最小都可由数学测知,而一个新的进步的文化或文明,数学恰占有主要位置。真正公平的社会分配制度,更离不了数学的处理。所以我尊敬数学甚于一切。至于对音乐和美术爱

---

[①] 《沈从文全集》第31卷,北岳文艺出版社,2002年,第329页。

唱歌的人用他的力量，把一切新时代的文明来输入到这半开化的城镇里，住在城中的绅士，以及绅士的太太小姐，能够常常用丝绸包裹身体，能够用香料敷到身上脸上，能够吃新鲜鲍鱼蜜柑的罐头，能够有精美的西式家具，便是这样无用的，无价值的，烂贱的，永远取用不竭的力量的供给拖拉来的。

这在河中有船行走时，大致也许就成了如此情形了吧，这歌声，只是一种用力过度的呻吟。是叹息。是哀鸣。然而成了一种顶熟习的声调，严冬与大热天全可以听到，太平常了。在众人中也不会为这歌声兴起一种哀感了，不会的。把呻吟，把叹息，把哀鸣，把疲乏与刀割样的痛苦融化到这最简单的反复的三数个字里，在别一方面，若说有意义，这意义总也不会超乎"渔歌欸乃胜过蛙鼓两行"的意义吧。但在自己这方面，似乎反而成了一种有用的节拍，唱着喊着，在这些虽有着人的身体的朋友躯干上就可以源源不绝的找出那牛马一样的力量，因此地方文化随到交通也一天一天的变好了。①

在这里，沈从文对"摇老和里""咦老和里"有十分精辟的解读：纤夫不畏严寒，不避暑夏，"把呻吟，把叹息，把哀鸣，把疲乏与刀割样的痛苦融化到这最简单的反复的三数个字里"，用古朴粗犷的号子，形成一股强大的向心力，战胜险滩，穿越狭谷。"摇老和里""咦老和里"固然是"叹息""哀鸣""疲乏与刀割样的痛苦"，但又何尝不是统一节奏，整合意志，鼓舞情绪，"有愿吃苦的一段努力"；这古朴粗犷的号子让纤夫"源源不绝的找出那牛马一样的力量"，使得"地方文化随到交通也一天一天的变好了"。很显然，沈从文所展示的并不是纤夫的屈辱的地位和沉重的苦难，而是他们"血液里的铁质"，他们如何用血汗挥写湘西的水上文明。因而这奋呼用力之声也就成了纤夫心灵的宣泄和情感的慰藉，他们在听到自己的歌声时也会有某种满足和愉悦，而不会"因这个木块上的半淹灭的文字把歌声稍稍放轻"。

我国现代文学史上写"纤夫"的诗很多，木叶愁在《纤夫的歌》中写道：

---

① 《沈从文全集》第2卷，第226—227页。

> 黑茫茫的夜，黑茫茫的河，
> 沿河塍，我们哼一支沉郁的歌，
> 抵着腿子，弯弓着腰，
> 我们忍千忍万回倦累，拉着渡！
> 　我们牵别人的船渡这条河，
> 一天重似一天的是这两把肩荷……①

诗人李抟程的诗集《婴儿的诞生》里有一首《拉纤》，被诗评家誉为写"纤夫"诗的杰作。全诗共有三节，援引于下：

> 绳索陷进肉里，
> 两肩压弯了腰身，
> 右手着地帮着右脚蹬，
> 要挣断绷紧的缆绳，
> 要挣出鲜红的心。
> 　唉啊——唉啊——唉啊——
> 　痛苦牵成一条线，
> 　像无尽的江水
> 　流，流向天边。
>
> 肉在身上跳跃，
> 全身暴起了青筋，
> 汗水从第一个人头顶，
> 流到最后一个人脚跟，
> 淹没一个个脚印。
> 　唉啊——唉啊——唉啊——
> 　汗水流成一条线，
> 　像无尽的江水，
> 　流，流向天边。
>
> 哀号直到日落，

---

① 《申报·自由谈》1934年10月2日。

绳索牵回了人群，
又挨过一天的苦痛，
又送走一天的旅程，
黑夜带来了鼾声。
呼——呼——呼——
鼾声像卸不完的重负，
随着无尽的江水，
流，流向天边。①

这三节诗，第一节写得最好："绳索陷进肉里，／两肩压弯了腰身，／右手着地帮着右脚蹬"，纤夫赤裸着胸膛，可以看出他们的心猛烈地搏动——胸膛似乎就要被挣破了，就要跳出那颗"鲜红的心"。木叶愁和李拚程的这两首诗，与我国现代文学史上写劳苦大众苦难的诗篇相仿，都侧重"写实"，如臧克家1932年4月写的《老马》："总得叫大车装个够，／他横竖不说一句话，／背上的压力往肉里扣，／他把头沉重的垂下！//这刻不知道下刻的命，／他有泪只往心里咽，／眼里飘来一道鞭影，／他抬起头望望前面。"②诗人笔下的"老马"是沉默的，"他横竖不说一句话"，"这刻不知道下刻的命"，突出他们的屈辱和沉默，以及诗人对他们的同情。沈从文从"摇老和里""咦老和里"中感悟到更多的是纤夫作为"人"的"尊严"。如果说木叶愁、李拚程和臧克家写的是纤夫和"老马"这些被剥削、被奴役者的"日常生活"，沈从文写的就是纤夫的"生命形式"，或者说是"生命史"。他们不肯"把歌声稍稍放轻"，不肯浪费"生命"，这种做人的尊严和虔诚，令我们肃然起敬！

在湘西，号子也叫橹歌。号子又分为拉纤号子、摇橹号子、漂滩号子、荡桨号子、拦头号子等。船快到码头或离开码头时，由于水势平缓，船夫们划桨喊摇橹号子，喊法是一人领唱（喊）众人和，节奏铿锵有力，为避免号子的单调，在号子中夹进内容丰富的唱词：或两岸风光，或民情风俗，或历史传奇。在1934年写的《湘行散记——老伴》中，沈从文写到乘船抵达泸溪县城时的情景："靠岸停泊时正当傍晚，紫绛山头为

---

① 李拚程：《婴儿的诞生》，上海星群出版公司，1947年，第8—10页。
② 臧克家：《烙印》，开明书店，1934年，第31页。

落日镀上一层金色,乳色薄雾在河面流动。船只拢岸时摇船人皆促橹长歌,那歌声糅合了庄严与瑰丽,在当前景象中,真是一曲不可形容的音乐。"[1] 写他离开泸溪县城的时候说:"我有点忧郁,有点寂寞。黑暗河面起了快乐的橹歌。……歌声在黑暗中流动,从歌声里我俨然彻悟了什么。"心情愉悦时,沈从文从橹歌中领略到的是"不可形容"的美;心情忧郁寂寞时,又能从"流动"的歌声里"俨然彻悟了什么",明白"在历史前面,谁人能够不感惆怅?"[2] 在《湘行书简》中,沈从文反反复复写到"橹歌太好了","好到无法形容"。这"无法形容"的"好",大概也就是上面写到的"不可形容"的美,或者说从"流动"的歌声里"俨然彻悟了什么"。

与纤夫、船工相仿,打油工的劳作也是很原始的。湘西出产桐油。打油工的歌原本也只是号子,但沈从文却从中品味出了"庄严"和"神圣"。且看短篇《油坊》中的一段文字:

> 若我们离开这油坊一里两里,我们所能知道这油坊是活的,是有着人一样的生命,而继续反复制作一种有用的事物的,将从什么地方来认识?一离远,我们就不能看到那山堆的桐子仁,也看不到那形势奇怪的房子了。我们也不知道那怪屋里是不是有三条牯牛拖了那大石碾盘打转。也不知灶中的火还发吼没有。也不知里是空洞死静的还是一切全有生气的。是这样,我们只有一个办法,说是听那打油人唱歌,以及跟了歌声起落仿佛作歌声的拍的宏壮的声音。从这歌声,与油楗的打击的大声上,我们就俨然看出油坊中一切来了。这歌声与打油声,有时五里以外还可以听到,是山中庄严的音乐,庄严到比佛钟还使人感动,能给人气力,能给人静穆与和平,就是这声音。从这声音可以使人明白严冬的过去,一个新的年份的开始,因为打油是从二月开始。且可以知道这地方的平安无警,人人安居乐业,因为地方有了警戒是不能再打油的。[3]

在我国现代作家中,类似沈从文这样赞美"劳者之歌"的,似乎只有徐志

---

[1] 《沈从文全集》第 11 卷,北岳文艺出版社,2002 年,第 292 页。
[2] 同上书,第 297 页。
[3] 《沈从文全集》第 7 卷,北岳文艺出版社,2002 年,第 235 页。

摩写于1925年的《庐山石工歌》：

一

唉浩！唉浩！唉浩！
　唉浩！唉浩！
我们起早，唉浩，
　看东方晓，唉浩，东方晓！
唉浩！唉浩！
　鄱阳湖低！唉浩，庐山高！
　　唉浩，庐山高；唉浩，庐山高；
唉浩，庐山高！
　　唉浩，唉浩！唉浩！
　　唉浩！唉浩！

二

浩唉！浩唉！浩唉！
　浩唉！浩唉！
我们早起，浩唉！
看白云低，浩唉！白云飞！
　浩唉！浩唉！
天气好，浩唉！上山去；
　浩唉，上山去；浩唉，上山去；
　　浩唉，上山去！
　浩唉！浩唉！……浩唉！
　　浩唉！浩唉！

三

浩唉！唉浩！浩唉！
唉浩！浩唉！浩唉！
浩唉！唉浩！浩唉！
唉浩！浩唉！浩唉！
　太阳好，唉浩，太阳焦，
　　赛如火烧，唉浩！

大风起，浩唉，白云铺地；
　　　当心脚底，浩唉；
　　　　　浩唉，电闪飞，唉浩，大雨暴；
　　天昏，唉浩，地黑，浩唉！
　　　天雷到，浩唉，天雷到！
　　　浩唉，鄱阳湖低；唉浩，五老峰高！
　　　浩唉，上山去，唉浩，上山去！
　　浩唉，上山去！
　　　　唉浩，鄱阳湖低！浩唉，庐山高！
　　唉浩，上山去，浩唉，上山去！
　　　　唉浩，上山去！
　　唉浩！浩唉！唉浩！
　　　　唉浩！唉浩！浩唉！
　　　　唉浩！浩唉！唉浩！
　　浩唉！唉浩！浩唉！①

　　1980年代初，我曾有过夏天到北京十三陵种树的经历。在山上种树，必须起个大早，赶在太阳出来之前就把该种的树全都栽种好，因为太阳一出来就太烤了，热得让人受不了；要是遇上雷暴雨，闪电就在头顶，雨水夹着石子乱溅，那情景就更危险了。而庐山石工就在这种恶劣的天气里打着号子"上山去"，顶着"赛如火烧"的"太阳"、迎着"白云铺地"的"大风"采石。山上瞬息万变，没多久就"天昏""地黑""电闪飞""天雷到""大雨暴"，随时都有生命危险，但"石工"依然喊着"浩唉！浩唉！浩唉！"的号子"上山去"，从雾气沉沉的清晨一直劳作到天黑，日复一日。徐志摩被庐山石工这种"上山去"的精神深深地打动，从而创作了这首让人感到十分震撼的诗篇。

　　《庐山石工歌》1925年4月13日在《晨报副刊》第82号刊出时，诗后刊有《附录徐志摩欧游途中来函》，是徐志摩3月16日在西伯利亚写给《晨报副刊》主编刘勉己的，信中写道：

---

　　① 《庐山石工歌》编入《徐志摩全集》第4卷时（天津人民出版社，2005年），文字和标点符号有少许改动，这里抄录的是《晨报副刊》第82号初刊稿。

勉己兄

　　我记得临走那一天交给你的稿子里有一首《庐山石工歌》（是用铅笔写在北票煤矿公司的信笺上的），盼望你没有遗失。那首如其不曾登出，我想加上几句注解。庐山牯岭一带造屋是用本山石的，开山的石工大多是湖北人，他们在山坳结茅住家，早晚做工，赚钱有限，仅够粗饱，但他们的精神却并不颓丧（这是中国人的好处）。我那时住在小天池，正对鄱阳湖，每天早上太阳不曾驱净雾气，天地还只暗沉沉的时候，石工们已经开始工作，唉浩的声音从邻近的山上度过来，听了别有一种悲凉的情调。天快黑的时候，这唉浩的声音也特别动人。我与歆海住庐山一个半月，差不多每天都听着那石工的喊声，一时缓，一时急，一时断，一时续，一时高，一时低，尤其是在浓雾凄迷的早晚，这悠扬的音调在山谷里震荡格外使人感动，那是痛苦人间的呼吁，还是你听者自己灵魂里的悲声？Chaliapne（俄国著名歌者）有一只歌，叫"鄂尔加河上的舟人歌"（Volga Boatmen s' Song），是用回返重复的低音，仿佛鄂尔加河沉着的涛声，表现俄国民族伟大沉默的悲哀。我当时听了庐山石工的叫声，就想起他的音乐，这三段石工歌便是从那个经验里化成的。我不懂得音乐，制歌不敢自信，但那浩唉的声调至今还在我灵府里动荡，我只盼望将来有音乐家能利用那样天然的音籁谱出我们汉族血赤的心声！

　　　　　　　　　　　　　　　　　　志摩　三月十六日西伯利亚

徐志摩说他从《庐山石工歌》那样"天然的音籁"中，听到的是"是痛苦人间的呼吁"，是"听者自己灵魂里的悲声"，是类似俄罗斯《伏尔加船夫曲》中那种"伟大沉默的悲哀"，并说"那浩唉的声调至今还在我灵府里动荡，我只盼望将来有音乐家能利用那样天然的音籁谱出我们汉族血赤的心声！"徐志摩所说的"我们汉族血赤的心声"，就是中华民族堪与俄罗斯儿女媲美的那种忍辱负重，能以坚韧不拔的精神，担负起历史所赋予的重任。

　　徐志摩对《庐山石工歌》的这些感悟，是可以用来作为解读湘西纤夫、船工、打油工那些"神圣"的"歌声"的参照的。只不过，沈从文在湘西的"歌声"中淡化了徐志摩所说的"悲凉的情调"，格外的"庄严"

和"动人"。打油工的歌声与打油声,"是山中庄严的音乐,庄严到比佛钟还使人感动,能给人气力,能给人静穆与和平";船工的橹歌以及纤夫的"摇老和里""咦老和里",让沈从文认识了我们的民族的伟大、民族生命力的生生不息,因而对劳动人民始终怀有最虔诚的敬意。诚如他在《〈生命的沫〉题记》中所说的,"坐在房间里我耳朵里永远响的是拉船人声音,狗叫声,牛角声音"[1],因而在任何情况下都不气馁,且自始至终把自己定位为"乡下人","对于农人与兵士,怀了不可言说的温爱"[2]。

## 二、"杂糅神性和魔性"的山歌

湘西青年男女的山歌唱出了人性最真切的欲望。短篇《龙朱》中说:"一个男子不能唱歌他是种羞辱,一个女子不能唱歌她不会得到好的丈夫。抓出自己的心,放在爱人的面前,方法不是钱,不是貌,不是门阀也不是假装的一切,只有真实热情的歌。所唱的,不拘是健壮乐观,是忧郁,是怒,是恼,是眼泪,总之还是歌。一个多情的鸟绝不是哑鸟,一个人在爱情上无力勇敢自白,那在一切事业上也是全无希望可言,这样人决不是好人!"[3] 短篇《媚金·豹子·与那羊》中的媚金是"白脸苗中顶美的女人",豹子是凤凰族中"相貌极美又顶有一切美德"的男子。他们用山歌相约在夜间到山上的宝石洞中相会。媚金唱道:

> 我的凤,我就照到你的意见行事。
> 我但愿你的心如太阳光明不欺,
> 我但愿你的热如太阳把我融化。
> 莫让人笑凤凰族美男子无信,
> 你要我做的事自己也莫忘记。

豹子又唱:

> 放心,我心中的最大的神。

---

[1] 《沈从文全集》第16卷,北岳文艺出版社,2002年,第306页。
[2] 《〈边城〉题记》,《沈从文全集》第8卷,北岳文艺出版社,2002年,第57页。
[3] 《沈从文全集》第5卷,北岳文艺出版社,2002年,第327页。

豹子的美丽你眼睛曾为证明。
豹子的信实有一切人作证。
纵天空中到时落的雨是刀，
我也将不避一切来到你身边与你亲嘴。①

短篇《凤子》中写到黄昏中男女分手时节对唱的山歌，堪称清丽隽逸的民间抒情诗：

我不问乌巢河有多少长。
我不问萤火虫能放多少光：
你要去你莫骑流星去，
你有热你永远是太阳。
你莫问我将向那儿飞，
天上的岩鹰鸦雀都各有窠归。
既是太阳时候也应回山后，
你只问月亮"明夜里你来不来?"②

前四句是女子唱的，她爱慕男子，"你有热你永远是太阳"，用试探的口吻问他会不会还来；后四句是男子的对答，明夜只要有"月亮"就一定来，绝不会像"流星"似的一去不返。再看《凤子》中"井边女子"为奚落"城里客人"随口唱的山歌：

笼中畜养的鸟它飞不远，
家中生长的人可不容易寻见。
我若是有爱情交把女子的人，
纵半夜三更也得敲她的门。③

虽说是随口唱来，不假思索，但构思精巧，语言稚朴，感情奔放。湘西青年男女对于爱是这样热烈、粗犷、通体透明。《月下小景》里女子唱道：

---

① 《沈从文全集》第 5 卷，第 354—355 页。
② 《沈从文全集》第 7 卷，第 149 页。
③ 同上书，第 156 页。

"身体要用极强健的臂膀搂抱,灵魂要用极温柔的歌声搂抱。"[①] 既缠绵又舒缓。常言道:"山歌无假戏无真。"山歌表现的是真情实感。"山歌"是"不识字的诗人的作品"[②],是人类物质文化、精神文化与制度文化的凝聚体,是民间文化的百科全书。沈从文的抒情气质和"单纯",以及他善于写"人"的"精神生活"的视角,都得益于湘西山歌的滋养。

山歌的地域性是极其鲜明的。沈从文小说中的湘西山歌,跟我国其他地区的山歌不一样,这里列举几首耳熟能详的山歌:

**陕南山歌**:这山望见那山低,望见一树好画眉;画眉见人高飞起,贤妹见人头一低,有话不说在心里。

这首山歌勾画出一幅富有诗意的生活场面:写景,由远渐近;写物,由静而动;写人,由形及神。体小而容量大,景淡而情意深。拙朴、清新,特别是末句,毕肖地写出了陕南少女羞涩、腼腆、蓄而不发的恋情。

**陕北信天游**:羊肚肚(哪)手巾(哟噢)三道道蓝,(啊呀)咱们见面(噢的哪个)容易(哎嗨)拉话话(儿)难。

一个在(哪啊)山上(哟噢)一个在(哪啊)沟,(啊呀)咱们探不上(的哪个)拉话(哎嗨)招一招手。

一个在(哪啊)坡坡(哟噢)一个在(哪啊)院,(啊呀)咱们探不上(的哪个)亲口(咱就)笑上一面。

我见我的妹子儿(哟噢,你)活不成个人,(啊呀)我这泪疙蛋蛋泡在(哎嗨)沙壕壕林。

写的是陕北风光,朴素自然。而这"山""沟""坡""院",实际上都代表着"传统观念"对男女主人公的束缚,使得他们不敢逾越一步,显得无奈而悲凉。

**吴歌(苏州地区的情歌)《约郎约到月上时》**:约郎约到月上时,看看等到月蹉西;不知奴处山低月出早,还是郎处山高月出迟?

纯真的少女,居然猜疑月出不同时。特殊细腻的心理感受、期待中的焦急

---

① 《沈从文全集》第 9 卷,北岳文艺出版社,2002 年,第 221—222 页。
② 《门外文谈·七　不识字的作家》,《鲁迅全集》第 6 卷,人民文学出版社,2005 年,第 97 页。

自信、热切执着而又带有几分失落的神情都表现得惟妙惟肖。

**四川南部地区的"四句头"山歌：**高高山上（哟哎）一树（喔）槐（呀喂），手把栏杆（啥）望郎来（哟），娘问女儿（呀）你望啥子（哟喂）？哎我望槐花（啥）几时开（哟喂）？

虽说歌词带有几分戏谑的成分，但把躲闪掩饰的神态写活了，没有沈从文山歌中的坦诚、热烈、真挚。我国有"十里不同风，百里不同俗"的说法，山歌也凸显出各地的自然环境、文化、精神、信仰、道德等风情。而沈从文借助山歌（音乐）表现的是湘西青年男女的活泼、灵动和纯情，一种健康的生命形态。沈从文在用乐章叙事、写人的同时，把山歌恰到好处地嵌入小说中，增添了小说的地域性、抒情性和音乐美。

短篇《月下小景》中寨主的独生子傩佑是"唱歌圣手"，他深深爱着的那位"天真如春风，快乐如小猫""异常活泼"的女子也有一副柔美的歌喉。傩佑为了得到他喜欢的女子，"不要牛，不要马，不要果园，不要田土，不要狐皮褂子同虎皮坐褥"。两人在一个月光皎洁之夜纵情享受了"爱"的幸福之后，为了反叛"女人同第一个男子恋爱，却只许同第二个男子结婚""第一个男子因此可以得到女人的贞洁，就不能够永远得到她的爱情"的"魔鬼习俗"，追求圣洁和完满的爱情，双双"服毒"，在"死亡"里追求"爱"的神圣和真实的"永生"，读来感人肺腑。

中篇《边城》里翠翠的父亲是当地"唱歌的第一手"。翠翠的母亲生性开朗活泼，喜爱唱歌。秀拔出群、为人聪慧且极其重情的傩送二老也是唱歌的好手。睡梦中翠翠的灵魂为一种美妙的歌声浮起来了，唱歌人就是要走"马路"的二老（用唱歌来求婚）。乡绅王团总想把女儿许给二老，并用一座"崭新的碾坊"作陪嫁，二老不为所动，他爱翠翠，一心想接撑老水手的渡船。小说结尾写到二老出门寻找"落水"的哥哥，翠翠则是虔诚地等待："这个人也许永远不回来了，也许'明天'回来！"不可知的结局以及忧伤和凄婉的抒情，加重了小说悲凉的氛围。

短篇《渔》写湘西华山寨的风俗，"女人遗花被陌生男子拾起，这男子即可进一步与女人要好唱歌"，得到女人的心。吴姓弟弟从和尚口中隐隐约约地知道他捡到的这束野菊花很可能是甘姓女子留下的，这甘姓女子是正是他父亲"断气"时叮嘱必杀的仇人。尽管这样，这位秀美、浪漫、富有诗人气质的吴姓弟弟仍沉浸在爱的遐想中唱道：

> 你脸白心好的女人，
> 在梦中也莫忘记带一把花，
> 因为这世界，也有做梦的男子。
> 无端梦在一处时你可以把花给他。
> ……
> 柔软的风摩我的脸，
> 我像是站在天堂的门边——这时，
> 我等候你来开门，
> 不拘那一天我不嫌迟。①

把美好的爱情喻为"天堂"，说得要多甜美有多甜美。苗族婚俗最大的特点是自由开放。《永绥厅志·卷之六·苗峒》（宣统版）："（苗人）其处女与人通者，父母知而不禁，反以为人爱其美。"但他们恋爱自由的传统中包含了极其丰富而真挚的情感。沈从文描写的美丽而微带忧郁的爱情，故事本身就是湘西大地上"古艳动人"的歌谣。

散记《沅陵的人》中写到一位貌美的寡妇，带个年幼的儿子住在柳林岔镇上。河对面的高山上有个庙，庙中住了位年轻的和尚，他诚心苦修。寡妇因爱慕和尚，每天必借烧香之名去看他，二十年如一日。和尚一心向佛，不作理会，同样二十年如一日。儿子长大后，慢慢地知道了这件事。他不敢规劝母亲，也不能责怪和尚，唯恐母亲年老眼花，一不小心就会堕入深水中淹死。又见庙宇在一个圆形峰顶，攀缘实在不容易。因此特意雇石工在临河的悬岩上开凿出一条小路，找铁工制就一条粗而长的铁链索，固定在上面，作为援手的依托。又在两座山之间造了一座拱形的石头桥，上山顶庙里时可少走一大半路。这些工程完成以后，这儿子就出门远走，再也不回来了。沈从文就这个故事发了一段感慨："这是一个平常人为满足他的某种愿心而完成的伟大工程"，"美丽而微带忧郁"。虽说是"人的事情。与人生活不可分，却又杂糅神性和魔性"，"古艳动人"。②

---

① 《沈从文全集》第 5 卷，第 277 页。
② 《沈从文全集》第 11 卷，第 359、360 页。

短篇《巧秀和冬生》写巧秀和她妈妈母女两代人的爱情故事。巧秀家住在溪口，她妈二十三岁就守寡，那时巧秀还不到两岁。后来巧秀妈跟黄罗寨的打虎匠相爱，族里人发现后觉得受到了侮辱，要惩罚打虎匠。所谓惩罚，是可以"雷声大雨点小"，打一打就算了的。但族长坚持要严惩。巧秀妈未出嫁时，族长想要她做儿媳，巧秀妈不同意，因为族长的儿子是跛子。后来族长又想调戏她，被巧秀妈骂了一顿。就因为有这些私愤，族长让人当着巧秀妈的面，把打虎匠的双脚捶断。打虎匠被抬回黄罗寨时，巧秀妈跟着要去黄罗寨伺候打虎匠，族长大为震怒。为了维护本族的"名誉"，决定把巧秀妈"沉潭"，免得招惹黄罗寨人笑话。他们把巧秀妈的衣服脱光，绑起来，脖子上挂上个石磨，推到船上。船向长潭划去，巧秀妈一声不吭。船划到了水最深的地方，一位年长的族人问她："有什么话嘱咐？"巧秀妈想了想，低声说："三表哥，做点好事，不要把我的女儿掐死喔，那是人家的香火！长大了，不要报仇，就够了！"话刚说完，冷不防一下子就被掀下深水潭。小说的结尾写道：

> 一切东西都不怎么坚牢，只有一样东西能真实的永远存在，即从那个小寡妇一双明亮，温柔，饶恕了一切带走了爱的眼睛中看出去，所看到的那一片温柔沉静的黄昏暮色，以及两个船桨搅碎水中的云影星光。巧秀已经逃走半个月，巧秀的妈沉在溪口长潭中已十六年。
> 
> 一切事情还没有完结，只是一个起始。①

十六年前巧秀妈被沉潭。十六年后年仅十七岁的巧秀又重复了她母亲走过的路，与她喜欢的人"私奔"。湘西女子对爱情就是这么的"坦白与诚实"，既"圣洁"又"奔放"，既"矜持"又"疯狂"，她们朴质和平，但对人性和生命的理解是这么豁达。诗人慈林在一首题为《湘女》的诗中写道："湘女，你为何多情 // 静也盈盈 / 动也盈盈 / 你的美目是一泓春水 / 凝也盈盈 / 流也盈盈 // 湘女，你为何多情 // 梦也娉娉 / 醒也娉娉 / 你的红唇是一团艳火 / 笑也娉娉 / 嗔也娉娉 // 湘女的情是水 / 冰清玉洁 / 汇入情郎的波心 // 湘女的情是火 / 狂野不羁 / 烧掉负心人的假情 // 湘女

---

① 《沈从文全集》第 10 卷，北岳文艺出版社，2002 年，第 431—432 页。

的情是水／湘女的情是火／／胆怯的情人／请不要靠近。"①沈从文笔下的湘西女子真的是柔情"是水",激情"是火"!

《月下小景》中寨主的独生子傩佑说:"美的都用不着家:流星,落花,萤火,最会鸣叫的蓝头红嘴绿翅膀的王母鸟,也都没有家的。谁见过人蓄养凤凰呢?谁能束缚着月光呢?""人"常常不同意的,"神"是同意的。"没有航舶不能过那条河,没有爱情如何过这一生?""我们来活活泼泼的做人,这才有意思!"②《水云》中写到"成功与幸福,不是伟人的目的,就是俗人的期望,这与我全不相干。值得歌颂的是青春,以及象征青春的狂热,寄托狂热的脆弱中见神性的笑语与沉思"③。也正是这"见神性的笑语与沉思"中浸润着"年青人"的"血"或"梦"④,杂糅了"神性"和"魔性"。

### 三、"认识其他生命,实由美术而起"

湘西苗族、土家族又是爱"美"的民族,楚人爱美。如果说他们的热情表现在山歌上,他们的爱美则主要表现在服饰习俗上。苗家姑娘戴的头帕绚丽多姿,佩戴的银饰令人眼花缭乱,衣裤上绣有龙、凤、蝶、鱼虾、花草等图案,真的是"花姑娘"。工艺品如花带、花鞋、挑纱、织锦、刺绣、印染、纺织、剪纸、银饰,历史悠久,技艺精湛。沈从文在《湖南的人民艺术》中说:"'湘西土家族苗族联合自治州'地区的编织物和棉布刺绣,特别精彩照人。编织物色彩鲜艳,构图华美,刺绣也风格独具,图案秀美活泼,即以'穿花凤'主题绣而言,好花样就不下百十种,真可说美不胜收";"编织艺术更是当行出众,每一幅都具有丰富想象和热烈感情,又一望而知是从一个悠久传统民族文化中孕育而出的";"凤凰苗族善于编织腰带,制作精美,花样繁多,仿佛随手作来,无不得心应手";"苗族又和侗、瑶各族,都精于刺绣,配色设计,各有不同艺术风格。瑶族纹样致密如纳锦,多在黑地土布上用棕黄线作几何图案。苗族刺绣用

---

① 慈林:《慈林的诗和他写诗的日子》,2008年3月印,第4—5页。
② 《沈从文全集》第9卷,第225、223、224页。
③ 《沈从文全集》第12卷,北岳文艺出版社,2002年,第127页。
④ 《〈长河〉题记》,《沈从文全集》第10卷,第5页。

色多极热烈，用蓝地比较普遍。挑花绣则淡雅有韵，特别善于变化写生图案，布置疏密得体，艺术成就和第一等白描画相近。既好好保存了本民族古典艺术的和色技巧，又能不断吸收汉文化的写生花鸟处理技法。这些创作多属于生活日用品范围，并非商品，创造欲望和爱情友谊发生密切联系"，"一针一缕，交织着青春爱美的情感，以及个人对于明日美好生活的希望"。[1]

因为爱好美术，沈从文十四五岁时"常常偷取大伯用的画具，照木版小说和画谱上稿子作画，又格外对文学中的自然景物有情感，到部队中生活极困苦，却大半从自然景物中取得一点快乐"[2]。1923年春夏间，在湘西巡防军统领陈渠珍身边做书记的半年里，沈从文从陈渠珍收藏的旧画和古董中受到较系统的美术熏陶。陈渠珍会议室四五个大楠木橱柜里陈放着百来轴自宋及明清的旧画，几十件铜器及古瓷，还有一大批碑帖，以及十来箱书籍。沈从文在整理登记时"学会了许多知识"，闲暇时便把那些旧画挂到壁间独自鉴赏。他在《从文自传》中说："我从这方面对于这个民族在一段长长的年分中，用一片颜色，一把线，一块青铜或一堆泥土，以及一组文字，加上自己生命作成的种种艺术，皆得了一个初步普遍的认识。由于这点初步知识，使一个以鉴赏人类生活与自然现象为生的乡下人，进而对人类智慧光辉的领会，也发生了极宽泛深切的兴味。"[3] 他多次谈到美在生命，自称是一个对一切都无信仰的人，却只"信仰生命"。《关于西南漆器及其他 一章自传——一点幻想的发展》中说：

> 认识我自己生命，是从音乐而来；认识其他生命，实由美术而起。就记忆所及，最先启发我教育我的，是黄蜂和蟢子在门户墙壁间的结窠。工作辛勤结构完整处，使我体会到微小生命的忠诚和巧智。其次看到鸟雀的作窠伏雏，花草在风雨阳光中的长成和新陈代谢，也美丽也严肃的生和死。……再其次看到小银匠捶制银锁银鱼，一面因事流泪，一面用小钢模敲击花纹。看到小木匠和小媳妇作手艺，我发现了工作成果以外工作者的情绪或紧贴，或游离。并明白一件艺术品

---

[1] 《沈从文全集》第31卷，第333、334页。
[2] 《致沈虎雏》，《沈从文全集》第19卷，第304页。
[3] 《沈从文全集》第13卷，北岳文艺出版社，2002年，第356页。

> 的制作，除劳动外还有更多方面的相互依存关系。而尤其重要的，是这些小市民层生产并供给一个较大市民层的工艺美术，色泽与形体，原料及目的，作用和音乐一样，是一种逐渐浸入寂寞生命中，娱乐我并教育我，和我生命发展严密契合分不开的。①

无论是"黄蜂和蟪子"，还是"小木匠和小媳妇"，他们的"微小生命"中总有一种"忠诚和巧智"，"严肃的生和死"都是为了"美"。沈从文用泛神论的情感去接近美术，与他对音乐的理解是完全一致的，他从中认识到生命的最高意义。

作为"乡下人"的沈从文不光是欣赏民间艺术（也就是鲁迅所说的"生产者"的艺术），也欣赏文人雅士的艺术（如上面谈到的陈渠珍的收藏）；不光是喜欢湘西山歌，也喜欢西洋古典音乐。他在文章中多次谈到巴赫、勃拉姆斯、莫扎特和肖邦，真的是视野开阔，取精用宏，因而成就了他的大气。但定位于"乡下人"的沈从文，更喜欢的可能还是湘西的音乐和美术。沈从文爱好音乐，与他懂音乐有关。他小时候学过吹号和击打锣鼓，后来学会吹箫、弹琵琶、唱昆曲，是音乐的行家。沈从文爱美术，也与他懂美术有关。他擅长书法，尤其是草书，清新秀丽、遒劲潇洒，有"兰亭醉墨"的美誉。他的画被称为"是一种极有韵致的妙物"②。也正是因为懂得音乐、美术，他才会对湘西的"农人与兵士"，以及湘西的工艺美术有全新的认识和独到的感悟。在《关于西南漆器及其他 一章自传——一点幻想的发展》中说：

> 工艺美术却扩大了我的眼界，而且爱好与认识，均奠基于综合比较。不仅对制作过程充满兴味，对制作者一颗心，如何融会于作品中，他的勤劳，愿望，热情，以及一点切于实际的打算，全收入我的心胸。一切美术品都包含了那个作者生活挣扎形式，以及心智的尺衡，我理解的也就细而深。③

---

① 《沈从文全集》第 27 卷，第 22—23 页。
② 黄永玉：《太阳下的风景——沈从文与我》，邵华强编：《沈从文研究资料》（上），花城出版社、生活·读书·新知三联书店香港分店，1991 年，第 238 页。
③ 《沈从文全集》第 27 卷，第 23 页。

沈从文的创作从谋篇布局到审美追求都直接或间接地受到音乐、美术的影响，在创作过程中表现"美"，凸显"神韵"（他笔下的人物有的非但没有"形象"，甚至连正经的名字都没有，如《丈夫》中的丈夫、《巧秀和冬生》里巧秀的妈妈等），化"粗俗"为"妩媚"。他在谈到小说创作时说要"安排得法"①；"一切作品皆应植根在'人事'上面"，"贴近血肉人生"②；要驾驭好文字，"使其具有光辉"③。他的小说注重间接"呈现"，不用直接的"诉说"；以"丰富的想象"见长，不取呆板的写实。在谈到《一个传奇的本事》的创作方法时他说，这个小文"以本地历史变化为经，永玉父母个人一生及一家灾难情形为纬，交织而成一个篇章。用的彩线不过三五种，由于反复错综联续，却形成土家族方格锦纹的效果。整幅看来，不免有点令人眼目迷乱，不易明确把握它的主题寓意何在。但是一个不为'概念''公式'所限制的读者，把视界放宽些，或许将依然可以看出一点个人对于家乡'黍离之思'"④。新加坡学者王润华说《边城》有"山水画的素质"，《边城》的叙事方式体现了"中国山水画的结构"。⑤

　　沈从文用写"曲子"的方法来写小说，"表现一抽象美丽印象"⑥，"把脑子里与颜色声音分不开的一簇簇印象，转移重现到纸上"，以"情"感人，反复渲染；淡化情节，突出人物的生活印象和矛盾纠结的心理意识。这种浪漫而带有些神奇色彩的写作姿态也形象化地道出了沈从文创作的特色。如果说音乐侧重表达人类的精神活动，那么美术表达的就是人类的科学条理和智慧光辉。沈从文的作品风格新奇优美，被称作"传奇""田园诗""牧歌体""抒情诗小说""散文化抒情诗小说""叙事的诗化""抒情的故事化""情绪的散步"，从中也可看出作品有音乐、美术的成分。在我国现代文学史上把人的容貌、个性、心灵、品格写得最完美的是沈从文；把人的"生命形式"写得最健全的是沈从文；把人的情感燃烧得最炽热也是沈从文。沈从文笔下的人物无论是俊的、丑的、文的、野的、贵

---

①　《短篇小说》，《沈从文全集》第16卷，第497页。
②　《论穆时英》，同上书，第233页。
③　《论技巧》，同上书，第472—473页。
④　《〈一个传奇的本事〉附记》，《沈从文全集》第12卷，第234页。
⑤　王润华：《论沈从文〈边城〉的结构、象征及对比手法》，《沈从文小说理论与作品新论——沈从文小说理论、批评代表作的新解读》，台北：文史哲出版社，1998年，第109页。
⑥　《烛虚》，《沈从文全集》第12卷，第25页。

的、贱的、年长的、年幼的都有信仰,有智慧,有憧憬,生命之火煜煜照人。流光溢彩的文字写就了今日之楚骚,回荡着动人的旋律。

(原载《北京大学学报》2008 年第 2 期,2022 年 3 月 8 日修订)

# 日本《中国文学》月报中的"周氏兄弟"

日本中国文学研究会大概成立于 1934 年 4 月，是由日本文学评论家、中国文学研究家竹内好和武田泰淳、冈崎俊夫等人一起组建的。这一年，竹内好毕业于东京帝国大学，致力于研究中国文学，组建了中国文学研究会。会刊《中国文学》月报[①]创刊于昭和十年（1935）3 月，由竹内好主编。昭和十二年（1937）12 月出至第 34 号时，改由松枝茂夫担任"编辑发行兼印刷人"。昭和十五年（1940）3 月出至第 60 号时，改由竹内好担任"编辑发行兼印刷人"。昭和二十一年（1946）2 月出至第 93 号时，改署"编辑人：千田九一"。昭和二十三年（1948）3 月，《中国文学》月报出至第 105 号时停刊。

中国文学研究会的宗旨是：否定官方化的日本汉学，追求学问的自由和研究的创新。当时日本的中国研究是清一色的中国古典典籍的研究。竹内好、武田泰淳、冈崎俊夫等一批年轻学者勇敢地站出来挑战整个日本的中国研究界，誓言要与现实中"活的中国"接触，并强调这种接触的重要意义。当时日本学界普遍称中国文学为"支那文学"，他们却尊称为"中国文学"。从此，"中国文学"这个词才在日本流传开来。中国文学研究会在一则"短讯"中宣称："中国文学研究会是研究中国文学和日中两国文化交流的学术团体，现在，例会（每月一回）、恳话会、月报发行等事业也都办起来了。将来会出杂志、展览会、讲习会，文化俱乐部的事也已着手计划，希望得到这方面信息的请通报地址。会费一年一圆，会员要为本会主办的定期和不定期的刊物写稿。"现将头三回"例会"的"会报"抄录于下：

---

① 创刊时名为《中国文学月报》，1940 年第 60 号起更名为《中国文学》。本文统称为"《中国文学》月报"。

**第一回例会**

昭和九年（1934）十月二十九日，帝大（帝国大学，即东京大学）佛教青年会馆。出席者五十名。

郁达夫论（不安的文学）　　一户务氏

最近的中国文坛　　辛岛骁氏

**第二回例会**

昭和九年（1934）十二月五日，帝大佛教青年会馆。出席者三十三名。

中国新文学的展望　　池田孝氏

（特别资料展览）

**第三回例会**

昭和十年（1935）一月二十六日，学士会馆。出席者百四名。

易に就て（关于《易经》）　　郭沫若氏

这三回"例会"出席人数最多的是"第三回"，有一百多人。郭沫若名气大，演讲的内容也很受欢迎。那时的日本，凡是懂得中国文化的都迷信"占术"，既迷信中国"占术"，也迷信西方的"占术"。中国的"占术"源自《易经》，因而郭沫若的演讲就格外有吸引力。日本汉学家高田集藏聆听了郭沫若的演讲后写了一首诗，题为《听郭沫若先生〈易〉谈而后书怀》，诗云：

由来蜥易具神机　　秦火不烧汉代肥
历世学儒谁捉者　　惟有时圣解潜飞

把郭沫若誉为"时圣"。日本外事协会的小泽正元也对郭沫若的演讲赞誉有加。他在《敬颂〈中国文学月报〉之创刊》的贺词中说："拜听了郭沫若君的演讲，获益匪浅，太感谢了。不仅是文学，还有一般的中国文化，以后请把演讲的范围扩大，我们会更高兴。"也正是出于对郭沫若的仰慕，竹内好请郭沫若为《中国文学》月报题写了刊名。

《中国文学》月报上有很多中国现代作家的史料，现就有关"周氏兄弟"的材料作一点介绍。

## 一、关于鲁迅

《中国文学》月报上对鲁迅的介绍,最亮眼的要推赛棱社(又有人译为"片笛社"①)为鲁迅《中国小说史略》以及改造社为《大鲁迅全集》作的大幅广告。现将这两则广告译抄于下:

鲁迅历时 20 年用苦心写出来的世界名著《中国小说史》全部翻译过来了!!

鲁迅著　增田涉译注

装帧题签　三上於菟吉

《中国小说史》　菊刊九木五百十二页

天金布装函入豪华版

定价五元　送料十八钱

增田涉先生译注的鲁迅先生的著作《中国小说史》公开出版,不仅是小社同人的荣幸。这本书不仅论述了从古代到清末的中国小说,也论述了政治经济、民族社会与小说之间的相互作用和影响。对这部小说史的评价应该是前无古人的旷世之作。它超越了文学史,达到了人文史的顶峰,是中国研究者以及学者和文人必读的世界的巨著。②

《大鲁迅全集》

中国对于世界来说是一个伟大的谜!!

解开这个谜的唯一的钥匙是这部《大鲁迅全集》

编辑顾问　茅　盾　许景宋　胡　风　内山完造　佐藤春夫

翻译者　鹿地亘　日高清磨瑳　增田涉　小田岳夫　松枝茂夫　井上红梅　山上正义　佐藤春夫

全七卷内容目次(略)③

这两则广告大气磅礴,精彩至极,字里行间洋溢着译者和出版社对鲁迅的无限敬仰。《中国小说史略》的译注者增田涉在《鲁迅的印象》一文

---

① 详见增田涉:《鲁迅的印象》,香港:天地图书有限公司,1980年,第 275 页。
② 《中国文学》月报第 6 号,昭和十年(1935)年 8 月 25 日发行。
③ 《中国文学》月报第 23 号,昭和十二年(1937)年 2 月 1 日发行。

中说，1926年他在高中就读时就知道鲁迅的名字，进入大学以后，直接阅读鲁迅的小说，鲁迅这个名字，嵌进他的心底，使他永难忘却的，是由于鲁迅的《中国小说史略》。他说：

> 当时，我们在大学听盐谷温先生讲中国小说史，盐谷先生的《中国文学概论讲话》被认为是研究有关中国小说史的最高权威著作，资料最为详尽。鲁迅的《中国小说史略》出现了，这部著作资料丰富，体系完整，条理井然，令盐谷先生叹为观止。《中国小说史略》还对当时没有人注意到的问题提出卓越的见解，为新的研究工作作出许多指示。在这本书的激励下，盐谷先生得以完成明代小说"三言"（《喻世明言》、《警世通言》、《醒世恒言》）、"二拍"（《拍案惊奇》、《二刻拍案惊奇》）的研究，并弄清楚了《今古奇观》的全书结构。
>
> 我和长泽规矩也君、辛岛骁君协助盐谷先生的研究。我们一起到上野图书馆查《醒世恒言》，又查"三言"的编者（冯梦龙）的有关资料，工作相当繁杂，但我们作这种调查研究，都是在《中国小说史略》的启发下才得以进行。在工作过程中，我们更加深深感到《中国小说史略》是中国小说史划时代的名著。我虽然刚进大学，但对《中国小说史略》的作者——实际上他是这方面的了不起的学者——的尊敬之念，已经在头脑里深深植根。不仅我个人如此，当时的同窗，都是这样。
>
> 我离开学校后（在校期间已开始），有一段时间协助佐藤春夫先生从事翻译中国小说等方面的工作。我热切地希望到中国看看。当长约一千张稿纸的翻译工作告一段落时，便抓住这个机会，决定往上海去。这时是昭和五年（1930年）底。由于船只航期的关系，次年三月才成行，到达上海。最初准备旅行一个月左右，因为当时我对中国文坛的事情并不特别关心，也不知道鲁迅住在上海。一天，我手持佐藤春夫给我写的拜访内山完造的介绍信，到内山书店去，从内山先生口中，得悉鲁迅正在上海，并且每天都在内山书店出现。
>
> 我想：这个了不起的人物既然在这里，在许多方面我都要争取机会努力向他学习。[①]

---

[①] 增田涉：《鲁迅的印象》，第2—4页。

增田涉经内山完造介绍拜会了鲁迅，阅读了鲁迅赠送的《朝花夕拾》和《野草》后，开始向鲁迅请教有关《中国小说史略》的问题。他在《鲁迅的印象》一文中说：

> 接着，我便开始向他请教有关《中国小说史略》的问题。我从一开始便准备翻译这本（出于内山完造氏的建议），因此，鲁迅几乎是逐字给我讲解。这时候我的学习地点已不在内山书店的铺面，而是在鲁迅的住宅。我们在内山书店"漫谈"（当时这样说）结束，我便与鲁迅一道到他的住处去（从内山到鲁迅的家步行只要两三分钟）。我们两人在书桌傍并坐，我把《中国小说史略》原文逐字逐句译成日文，遇到难懂之处，便请鲁迅指点；在字句或内容上有不明之处，我都一一提出。鲁迅回答问题时，解释字句较为容易，但有关内容方面，需要作各种说明，费时不少。我们一般是在下午两点或三点开始，直到黄昏五、六点。当然，这段时间我们也常常杂以聊天，谈到每天的时事。记得鲁迅给我讲解完这本书，先后已费时三月。
>
> 其时，鲁迅与外间几乎没有应酬，见不到来客。在宽敞的书房的客厅中，鲁迅夫人许广平女士，在距我们不远处，做她自己的工作（读书、抄写、编织）。鲁迅的儿子海婴多半是由保姆领到外面去，很少在家。因此，没有人打扰我们，使我能得到许多教益。
>
> 接着，鲁迅又给我讲完《呐喊》、《彷徨》两部小说集，这时已是年末了。由于听讲的关系，这一年四季，我每天都到他的书房去，听他讲授约三小时的课。上课时许广平女士以点心和茶款待我，每周约两次请我与他们共进晚餐。他不知疲累，循循善诱，手把手地教我，这种恩德，可谓难以言谢，我至今仍不能忘却。①

鲁迅与增田涉的"漫谈"和"并坐"，能让我们很自然地联想起许寿裳在《鲁迅的游戏文章》一文中所谈到的意境："和鲁迅相处，听其谈吐，使人得一种愉快的经验，可以终日没有倦容。因为他的胸怀洒落，极像光风霁月，他的气度，又'汪汪若千顷之波，澄之不清，挠之不浊，不可量也'。"② 他的这种"光风"和"气度"，同样展现在与增田涉的交往中，且

---

① 增田涉：《鲁迅的印象》，第 5—6 页。
② 许寿裳：《我所认识的鲁迅》，人民文学出版社，1952 年，第 114 页。

看《鲁迅日记》中的相关记载：

> 4月11日　晚治肴八种，邀增田涉君、内山君及其夫人晚餐。
>
> 5月6日　午后增田君及清水君来，谈至晚。
>
> 5月8日　下午同增田、文英及广平往上海大戏院观《人兽世界》。
>
> 5月10日　下午雨。同增田访清水君于花园庄，晚饭后归。
>
> 5月16日　午后同增田、镰田两君往观第四回申羊会洋画展览会。
>
> 5月19日　下午与田君来，并赠糖一合，约访斋藤揔一君，傍晚与增田君同往。
>
> 5月30日　赠增田君《四库[部]丛刊》本《陶渊明集》一部二本。
>
> 6月2日　晚内山君招饮于功德林，同席宫崎、柳原、山本、斋藤、加藤、增田、达夫、内山及其夫人。
>
> 6月12日　下午邀清水、增田、蕴如及广平往奥迪安大戏院观联华歌舞团歌舞，不终曲而出，与增田君观一八艺社展览会。
>
> 6月19日　下午增田、清水二君来谈，留之晚饭。
>
> 6月27日　下午同增田君及广平往日本人俱乐部观太田及田坂两君作品展览会，购取两枚，共泉卅。观木村响泉个人展览会。归途在ABC酒店饮啤酒。
>
> 6月28日　夜同增田君及广平出观跳舞。
>
> 6月29日　午后同增田君往上海艺术专科学校观学期成绩展览会。
>
> 7月17日　下午为增田君讲《中国小说史略》毕。①

增田涉与鲁迅相识于内山书店，4月11日第一次到鲁迅家中做客，鲁迅设家宴款待他和内山夫妇。大约是这时候开始，鲁迅对《中国小说史略》逐字逐句的讲解，7月17日下午讲毕。

众所周知，鲁迅从1910年开始辑校《古小说钩沉》，到《中国小说史

---

① 《鲁迅全集》第16卷，人民文学出版社，2005年，第249—261页。

略》的写成,经历了十多年。1923年12月,《中国小说史略》(上卷)由新潮社正式出版,这部被奉为中国小说史的开山力作,是以他自1920年起在北京大学等高等学校讲授中国小说史课程的讲义为基础修订而成的。1924年6月,《中国小说史略》(下卷)由新潮社出版。1925年9月由北京北新书局合为一本印行,内增第一、第十七两节,并作《再版附识》。1930年、1932年、1934年又加以修改,才最后完成。鲁迅在1930年11月25日写的《〈中国小说史略〉题记》中说:

> 回忆讲小说史时,距今已垂十载,即印此梗概,亦已在七年之前矣。尔后研治之风,颇益盛大,显幽烛隐,时亦有闻。如盐谷节山(盐谷温,字节山——引者注)教授之发见元刊全相平话残本及"三言",并加考索,在小说史上,实为大事;即中国尝有论者,谓当有以朝代为分之小说史,亦殆非肤泛之论也。此种要略,早成陈言,惟缘别无新书,遂使尚有读者,复将重印,义当更张,而流徙以来,斯业久废,昔之所作,已如云烟,故仅能于第十四十五及二十一篇,稍施改订,余则以别无新意,大率仍为旧文。大器晚成,瓦釜以久,虽延年命,亦悲荒凉,校讫黯然,诚望杰构于来哲也。①

鲁迅的《中国小说史略》令增田涉的老师盐谷温叹为观止,在鲁迅《中国小说史略》的激励下,盐谷温得到弟子增田涉、长泽规矩也、辛岛骁的协助,完成明代小说"三言""二拍"的研究,并弄清楚了《今古奇观》的全书结构。这正是鲁迅所说的,是他的《中国小说史略》开启了中国小说的"研治之风"。

增田涉尊称鲁迅为"我的恩师"。在整个译注过程中,鲁迅是无条件地满足增田涉的要求,"几乎天天拨出下午写作的时间,给他讲解《中国小说史略》,形似学生,实视同至亲好友一样。谈得高兴了,就在家里用饭,继续至夜,或一同到外面看电影等等"②。这种"形似学生,实视同至亲好友一样"的亲情和友情,不仅使增田涉满足了求知的欲望,也使日译本《中国小说史略》成了权威的译本。鲁迅在《〈中国小说史略〉日

---

① 《鲁迅全集》第9卷,人民文学出版社,2005年,第3页。
② 增田涉:《鲁迅的印象》,第7页。

译本序》中说:"听到了拙著《中国小说史略》的日本译《支那小说史》已经到了出版的机运,非常之高兴",这是他们共同劳作的硕果。鲁迅在《且介亭杂文二集·后记》中说:

> 在《中国小说史略》日译本的序文里,我声明了我的高兴,但还有一种原因却未曾说出,是经十年之久,我竟报复了我个人的私仇。当一九二六年时,陈源即西滢教授,曾在北京公开对于我的人身攻击,说我的这一部著作,是窃取盐谷温教授的《支那文学概论讲话》里面的"小说"一部分的;《闲话》里的所谓"整大本的剽窃",指的也是我。现在盐谷教授的书有中译,我的也有了日译,两国的读者,有目共见,有谁指出我的"剽窃"来呢?呜呼,"男盗女娼",是人间大可耻事,我负了十年"剽窃"的恶名,现在总算可以卸下,并且将"谎狗"的旗子,回敬自称"正人君子"的陈源教授,倘他无法洗刷,就只好插着生活,一直带进坟墓里去了。①

1925年11月,陈源(西滢)在《现代评论》的"闲话"栏目中撰文指责鲁迅的《中国小说史略》抄袭了盐谷温的《中国文学概论讲话》,由此引发了一场辩论。直至今天,仍时有余波泛起。顾颉刚的女儿顾潮在《历劫终教志不灰——我的父亲顾颉刚》一书中说:

> 在"女师大潮"中,鲁迅、周作人坚决支持学生的运动,而校长杨荫榆的同乡陈源为压制学生运动的杨氏辩护,两方发生了激烈的论战,鲁迅与陈源由此结了深怨。鲁迅作《中国小说史略》,以日本盐谷温……文学概论讲话……为参考书,有的内容是根据此书大意所作,然而并未加以注明。当时有人认为此种做法有抄袭之嫌,父亲亦持此观点,并与陈源谈及,1926年初陈氏便在报刊上将此事公布出去。②

"当时有人认为此种做法有抄袭之嫌",这话说得很模糊,但"父亲亦持此观点,并与陈源谈及"却坐得很实,是顾颉刚认为《中国小说史略》"有抄袭之嫌","并与陈源谈及","陈氏便在报刊上将此事公布出去","剽

---

① 《鲁迅全集》第6卷,人民文学出版社,2005年,第465—466页。
② 顾潮:《历劫终教志不灰——我的父亲顾颉刚》,华东师范大学出版社,1997年,第103页。

窃"说的源头是顾颉刚。然而,只要将鲁迅的《中国小说史略》与盐谷温的《中国文学概论讲话》稍加比对,所谓的"剽窃"和"抄袭之嫌"也就不攻自破。现将盐谷温《中国文学概论讲话》第六章"小说"部分的细目抄录于下:

第一节 神话传说
  《楚辞》《天问》篇——《山海经》——昆仑山——西王母
第二节 两汉六朝小说
 一 汉代小说
  小说底起原——神异经——海内十洲记——汉武故事——汉武内传——别国洞冥记——飞燕外传——杂事秘辛——吴越春秋——越绝书
 二 六朝小说
  拾遗记——搜神记——搜神后记——异苑——续斋谐记——述异记——还冤志等
第三节 唐代小说
 一 别传
  海山记——迷楼记——开河记——李卫公别传——虬髯客传——李林甫外传——东坡老父传——高力士传——梅妃传——长恨歌传——太真外传
 二 剑侠
  红线传——刘无双传——剑侠传(聂隐娘昆仑奴)
 三 艳情
  霍小玉传——李娃传——章台柳传——会真记——游仙窟
 四 神怪
  柳毅传——杜子春传——南柯记——枕中记——非烟传——离魂记等
第四节 诨词小说
 一 诨词小说底起原
  宣和遗事——京本通俗小说
 二 四大奇书
  水浒传——三国志演义——西游记——金瓶梅

## 三　红楼梦

红楼梦底起原——红楼梦底结构——红楼梦底大旨——红楼梦底作者——红楼梦底影写——红楼梦亡国论

我国古代小说，从先秦到清代绵延两千年，作品繁富，情况复杂，盐谷温的《中国文学概论讲话》中的"小说"部分，仅就细目而言，过于单薄，文字也不到 6 万字。而鲁迅的《中国小说史略》列 28 篇，将近 19 万字，仅从目录便能看出这是一部具有经典性质的"杰构"，现将目录抄录于下：

题记

序言

第一篇　史家对于小说之著录及论述

第二篇　神话与传说

第三篇　《汉书》《艺文志》所载小说

第四篇　今所见汉人小说

第五篇　六朝之鬼神志怪书（上）

第六篇　六朝之鬼神志怪书（下）

第七篇　《世说新语》与其前后

第八篇　唐之传奇文（上）

第九篇　唐之传奇文（下）

第十篇　唐之传奇集及杂俎

第十一篇　宋之志怪及传奇文

第十二篇　宋之话本

第十三篇　宋元之拟话本

第十四篇　元明传来之讲史（上）

第十五篇　元明传来之讲史（下）

第十六篇　明之神魔小说（上）

第十七篇　明之神魔小说（中）

第十八篇　明之神魔小说（下）

第十九篇　明之人情小说（上）

第二十篇　明之人情小说（下）

第二十一篇　明之拟宋市人小说及后来选本

第二十二篇　清之拟晋唐小说及其支流

第二十三篇　清之讽刺小说

第二十四篇　清之人情小说

第二十五篇　清之以小说见才学者

第二十六篇　清之狭邪小说

第二十七篇　清之侠义小说及公案

第二十八篇　清末之谴责小说

后记

鲁迅做的是筚路蓝缕的拓荒工作，盐谷温《中国文学概论讲话》第六章"小说"与鲁迅的《中国小说史略》实在"无从对比"。可陈源在1925年11月21日的《现代评论》第2卷第50期的"闲话"专栏发表《剽窃与抄袭》一文，含沙射影地诬蔑鲁迅的《中国小说史略》"整大本的剽窃"，又在《晨报副刊》第1433号（1926年1月30日）上发表的《西滢致志摩》中，公开诬蔑鲁迅的《中国小说史略》是"抄袭"，信中写道：

> 他常常挖苦别人家抄袭。有一个学生钞了沫若的几句诗，他老先生骂得刻骨镂心的痛快，可是他自己的《中国小说史略》却就是根据日本人盐谷温的……文学概论讲话……里面的"小说"一部分。其实拿人家的著述做你自己的蓝本，本可以原谅，只要你在书中有那样的声明，可是鲁迅先生就没有那样的声明。在我们看来，你自己做了不正当的事也就罢了，何苦再去挖苦一个可怜的学生，可是他还尽量的把人家刻薄。"窃钩者诛，窃国者侯"，本是自古已有的道理。

对于这种污辱，鲁迅当然难以容忍。1926年2月1日，鲁迅写了《不是信》一文，将自己的《中国小说史略》和盐谷温的《中国文学概论讲话》进行比对，为自己做了必要的辩解。他写道："盐谷氏的书，确是我的参考书之一，我的《小说史略》二十八篇的第二篇，是根据它的，还有论《红楼梦》的几点和一张《贾氏系图》，也是根据它的，但不过是大意，次序和意见就很不同。其他二十六篇，我都有我独立的准备，证据是和他的所说还时常相反。例如现有的汉人小说，他以为真，我以为假；唐人小说的分类他据森槐南，我却用我法。六朝小说他据《汉魏丛书》，我据别本及自己的辑本，这工夫曾经费去两年多，稿本有十册在这里；唐人小说他据谬误最多的《唐人说荟》，我是用《太平广记》的，此外还一本一本搜起来……。其余分量，取舍，考证的不同，尤难枚举。自然，大致是不能不同的，例如他说汉后有唐，唐后有宋，我也这样说，因为都以中国史实为'蓝本'。"这里，我们可以看到，鲁迅是摆事实，讲科学，有力地批驳了陈源。鲁迅还告诉陈源："好在盐谷氏的书听说（！）已有人译成（？）中文，两书的异点如何，怎样'整大本的摽窃'，还是做'蓝本'，不久（？）就可以明白了。在这以前，我以为恐怕连陈源教授自己也不知道这些底细，因为不过是听来的'耳食之言'。不知道对不对？"①

可以这样说：自从陈源 1925 年 11 月《剽窃与抄袭》发表之日始，鲁迅就蒙受了"剽窃"的恶名。虽说早在 1926 年盐谷温的《中国文学概论讲话》就有了中译本，但陈源"剽窃"说所造成的恶劣影响并未得到彻底的洗刷。直到《中国小说史略》有了日译本，鲁迅才感到欣慰。

值得补充的还有两点，一是鲁迅的襟怀极为坦荡。1931 年 9 月 15 日日记记："得小峰信并八月分板税四百，订正本《小说史略》二十本，即赠增田君四本。"1931 年 9 月 17 日记："以《中国小说史略》改订本分寄幼渔、钦文、同文书院图书馆各一本，盐谷节山教授三本。"② 拿到"订正本《小说史略》二十本"，"即赠增田君四本"，为的是便于增田涉的"译注"，而寄"盐谷节山教授三本"，则表明鲁迅对研究中国小说的盐谷温充满感念之情，同时也能说明他并没有"整大本的剽窃"《中国文学概论讲话》。二是增田涉等日本友人的光明磊落。鲁迅的《中国小说史》是增田涉译注的，增田涉是盐谷温的学生，增田涉如此崇拜鲁迅，推崇鲁迅的《中国小说史》，盐谷温岂能不知？竹内好、武田泰淳、冈崎俊夫等一批年轻人创办《中国文学》月报之初，恭请盐谷温等名家出面支持，《中国文学》月报创刊号刊的《〈中国文学月报〉的感想和希望》中，打头的一篇贺词就是盐谷温的《祝〈中国文学月报〉的发刊》，而鲁迅《中国小说史》的大幅广告就刊登在《中国文学》月报上，盐谷温不会不知道。假如鲁迅

---

① 《鲁迅全集》第 3 卷，人民文学出版社，2005 年，第 244—245 页。
② 《鲁迅全集》第 16 卷，第 269 页。

真的"抄袭"了,作为盐谷温弟子的增田涉及《中国文学》月报同人能这么推崇吗?据说鲁迅认识盐谷温,盐谷温对鲁迅"参考"他的书感到很高兴。而在日本学界非但从未有人说鲁迅"抄袭",反倒认为"说鲁迅'抄袭'"的人太不了解盐谷温了。因为盐谷温很守旧,不会说中文,没有到过中国。他们那一代学者学"汉文",仅仅局限于"看"和"写"。他们佩服中国古代文化,但对现代中国不感兴趣,认为现代中国没文化,知道古文就可以了。所以日本学界绝对不相信鲁迅"抄袭"盐谷温的《中国文学概论讲话》,认为鲁迅的见解肯定与盐谷温不一样。鲁迅的是"新"的,即便看似与盐谷温相同,其实绝不相同。也正是出自鲁迅的《中国小说史略》是划时代的巨著这一定位,赛棱社才精心印制。鲁迅 1935 年 6 月 10 日《致增田涉》的信中说:"《中国小说史》豪华的装帧,是我有生以来,著作第一次穿上漂亮服装。我喜欢豪华版,也许毕竟是小资的缘故罢。"[①] 1935 年 6 月 27 日《致山本初枝》中的信中又说:"增田一世所译我的《中国小说史略》,也已发排,由'赛棱社'出版,好像准备出豪华版。我的书这样盛装问世,还是第一次。"[②]

## 二、关于周作人

从《中国文学》月报中可以清晰地看到以竹内好为首的日本中国文学研究会对周作人的态度,有一个由崇拜到唾弃的转变。日本中国文学研究会成立后,欢迎来访的第一批中国作家就是周作人和徐祖正,时为"昭和九年(1934)八月四日"。"会史"头条便是:

> 周作人徐祖正两氏欢迎会
> 昭和九年(1934)八月四日,山水楼。与谢野宽、佐藤春夫、有岛生马、新居格、竹田复五氏等共同发起,出席者二十五名。[③]

出自崇拜周氏的心理,日本中国文学研究会热切地期待周氏再度来访,《中国文学》月报第 13 号(1936 年 4 月)刊登了一则"周作人氏来朝"

---

① 《鲁迅全集》第 14 卷,人民文学出版社,2005 年,第 359 页。
② 同上书,第 364 页。
③ 《中国文学》月报创刊号。

的"文化消息",全文译抄于下:

> 周作人氏来朝
> 北京大学外国文学系日本文学组去年来的徐祖正教授去了欧洲之后,今年是周作人外派,他本年七月份可能来日本一年。

其实,所谓的"周作人氏来朝"只是他们的推测和希望,周作人并没有来日本。中国文学研究会对于周氏的作品也潜心研读,《中国文学》月报第32号(1937年10月)"讲习会"载:"《周作人散文钞》讲读会继续举行,每周月曜日午后六时半在事务所召开。"《中国文学》月报第33号(1937年12月)"讲习会"载:"《周作人散文钞》讲读会预定来月中旬终了"。"讲习会"也就是"读书会",仅《周作人散文钞》阅读的时间就长达三个月。

从现有的史料看,日本中国文学研究会对周氏态度的降温,始于鲁迅的逝世。日本友人包括日本中国文学研究会同人深深倾倒于中国文学,非常敬爱鲁迅,把"鲁迅先生之死"看作"世界的损失","怀着永久哀悼"。常任侠在《哀悼鲁迅先生在东京》一文中记述了东京友人哀悼鲁迅的场景,现摘抄于下:

> 鲁迅先生之死,应该说,这是世界的损失,不是单独中国的损失,所以对于这位文化战士,艺术巨人,怀着永久哀悼的,也不仅是中国人。
> 当鲁迅先生死时,我正在东京,记得那是1936年10月19日的早晨,我翻开《读卖新闻》,一个鲁迅先生的像,一个《亲日文学家鲁迅之死》的标题,映入我的眼中,使我突然起一个震悚。
> 哦! 鲁迅先生死了! 这战士,他舍我们而去了,他永恒的休息了。
> 同我邻室的一位朝鲜文学家金时昌君,是我们帝大的同学,他在编辑一个进步的叫做《堤防》的文学杂志。在洗脸时,遇见我,他以哀戚的声音,向我说:"鲁迅様死了!"
> "是的,鲁迅様死了!"
> 我回答着。我们的眼都红红的。我继续说:"鲁迅様不仅是我们

的，也是你们的，也是世界上一切被压迫民族的。"

"是的，我们朝鲜人，有正义感的朝鲜人，对于这位巨人是不能忘记的。"

说着，我们相对流下泪来。

我到帝大去，在参考室内，遇到几个研究中国文学的同学，有的人在翻阅鲁迅先生的遗著《中国小说史略》的增田涉的译本。他们看见一个中国人的我，仿佛慰唁似地说：

"鲁迅様死了，留着这些宝贵的遗作的鲁迅様死了。这是可悲的事情呀！"

我到考古学教室去，史学教室去，遇到的熟人，都是这样表示着叹惋的意思。而文哲学系中的护手江泰君、大中臣君、齐藤君，几个平时特别欢喜研究鲁迅先生的著作者，更加流露着悲戚，这些悲戚是发自内心的。

············

这之后，我们在东京，曾为鲁迅先生开过一次追悼会，是在神田日华学会举行的。到的人非常多。这一天，自己因为帝大的几个教授的约定，去看岩崎家静嘉堂文库藏书的，里面都是我们宋元以来旧刊的宝藏。文库在市外的山里面，等我急急地赶回来到会场，而佐藤春夫氏的演讲已经完毕了，流着眼泪走出来。即是这眼泪，也可看出深厚的情谊。那天演讲的，还有郭沫若先生和其他的朋友们。临走，我取了一束鲁迅先生遗像前的菊花，一直供到不久离开东京的时候。①

日本改造社组织编译出版的《大鲁迅全集》共七卷，第一卷"小说集"，第二卷"散文诗、回忆记、历史小说"，第三卷"随笔、随感录（一）"，第四卷"随笔、随感录（二）"，第五卷"随笔、随感录（三）"，第六卷"文学史研究"，第七卷"书信·日记"。为了求"全"，改造社多方寻访。1936年11月13日，郁达夫以福建省参议员的身份来到东京，日

---

① 常任侠：《哀悼鲁迅先生在东京》，1938年2月12日长沙《抗战日报》，又载1940年10月19日重庆《新蜀报·蜀道》第259期，编入常任侠所著《东瀛印象记》，商务印书馆，2013年，第51—52、55页。

本中国文学研究会在《中国文学》月报第 21 号（12 月 1 日）发表"郁达夫氏来朝"的"文化消息"，表示欢迎，还安排郁达夫于 12 月 5 日作题为"中国诗的变迁"的专题演讲（后因警察的干扰而取消）[①]。正在编译《大鲁迅全集》的日本改造社社长山本实彦得知郁达夫来日的消息后，即派 S 君带领郁达夫驱车到千叶县川市町郭沫若寓所，邀请郭沫若一同来改造社，出席他们为郁达夫举行的洗尘的晚宴。晚宴除了为郁达夫"洗尘"，还有一个目的，就是利用郁达夫来日这个机会把郭沫若也请来，一同为他们编译的《大鲁迅全集》把关。郭沫若在《达夫的来访》中是这样描述的：

> 达夫在车上告诉我，我们的目的地是先到改造社，当晚为编译《鲁迅全集》正在开会，有佐藤春夫诸人在座。……
>
> 到了京桥的改造社，下车，上了楼。从临街的楼房中出来一位矮胖中年人，把我们迎接着。那人自己先行介绍，是改造社的社长 Y。……
>
> 房里两壁堆着打着纸包的书，正中竖放着一张长桌，桌上堆了几垛鲁迅的作品集。桌的四周围着十来个人，的确有佐藤春夫在座。其他认得的居半数以上。
>
> 编译会是刚好开完了的光景，拟定了几张目录放在桌上。
>
> 社长 Y 先向我说："请过目一下吧，有不周到的地方务望指教。"
>
> 我接了一张目录来细看了一遍，凡是鲁迅已发表过的著作是全部罗致了的。又看到其中有"书简"的一类。
>
> Y 要我参加一点意见，我想到南京的《新民报》正在发表着鲁迅给李秉中的信，便向他们报告了。Y 不以此为满足，叫我不要客气再说一些。我便想到鲁迅所搜集的许多的隋唐墓志铭来。这一部分的搜集我本没有看见过，四年前上海的内山老板曾到东京向文求堂的主人谈起，说鲁迅有发表的意思。事后文求堂的主人才对我说，因分量太大，出版经费不赀，故未实现。我想到这层来，觉得这一定是很好

---

[①] 《中国文学》月报第 22 号（1937 年 1 月 1 日）《会报》："豫告的郁达夫氏演讲《中国诗的变迁》，当天早晨突然从外部的原因（警察——译者注）中止了，实在对不起。改为竹内好氏演讲，题为《中国文学的研究方法》。"

的历史研究的资料，便又向着大家报告了一番，明知那种朴学式的内容，和集纳型的改造社是不大相合的。说了之后，果然没有得到什么反响。接着我又真正不客气地说了几句话，我说：机会是很难得的，趁着出全集的机会，最好是把鲁迅未发表的遗著全都搜罗起来。我看，向北平的周作人请教，一定会有好的结果的。……

但当我的话还没有十分说完，社长Y摇起头来了，同时又把两只手背挨拢一下又分开了来。他说："他们两弟兄是这样的啦。鲁迅的葬仪时，周氏都没有亲临，并且连吊电也没有。"

我很想再说一句，叫作"至亲无文"。话都溜到唇边了，但又吞了下去。同时，我又想到我自己也是没有吊电的，听说上海有一部分的人也因此对于我有所责备。我这"无文"当然又说不上"至亲"，事实上是住在乡间，过海电报不知怎么打，更想到拍电致吊本在表示自己的哀感，只要自己真实地感着悲哀，又何必一定要表示？因此也就节省了几个钱。

然而吊电的有无，事实上才有那么的严重！①

"他们两弟兄是这样的啦"，仅这句话就表明山本实彦和佐藤春夫等人对周氏的反感，对他不再抱有任何希望。虽然唐弢说过，鲁迅逝世，消息传到北平，周作人"面露悲痛之色"，但他在接待《大晚报》记者以及通知母亲时，都说了不该说的话。例如他对《大晚报》记者说，鲁迅"起初可以说是受了尼采的影响很深，就是树立个人主义，希望超人的实现。可是最近又有点转到虚无主义上去了"，"他的个性不但很强，而且多疑，旁人说一句话，他总要想一想这话对于他是不是有利的地方"，等等。面对"悲痛到了极点"的母亲，周作人非但不设法安慰，反倒说出"我苦哉，我苦哉……"，让母亲怀疑他想摆脱"养活"母亲的责任而"气愤"。②

周氏"叛逆"后，日本中国文学研究会同人出于"厌战"的心理，对周氏的态度发生了"逆转"。1941年4月，周作人与钱稻孙等一行人赴日本东京出席东亚文化协议会文学部会议。这时的周作人，已是日本军队卵

---

① 《郭沫若全集》第13卷，人民文学出版社，1992年，第406—408页。
② 详见张菊香、张铁荣编著：《周作人年谱》，天津人民出版社，2000年，第507—509页。

翼下的伪华北政务委员会教育总署督办及日本军方直接控制的伪东亚文化协议会会长。竹内好在为《中国文学》月报第 72 号（1941 年 5 月）写的《后记》中说：

> 东亚文化协会召开，周作人氏来朝，这是一件轰动性的大事。这之前，是昭和九年夏天和徐祖正一同来的，中国文学研究会于这一年的 4 月成立。我们和日本文学者开了一个欢迎会，中国文学研究会就是以这次欢迎会为契机，以一个正式的形象展现在世人的面前。我们欢迎周作人、徐祖正，只是以邻国的文学者的身份欢迎了他们。但这次已经没有了这个机缘。相隔七年，周氏这次获得最高的礼遇，日程很繁忙，出门有很多日本政界的要人欢迎。但是我们有不得不顾虑的事情，对于顾虑我也不后悔。应该做的事情我们做，不应该做的事情我们绝对不能做，这样对周氏不能说非礼，周氏本人也可以理解我的吧。
>
> 本来是不该见面，但因为有事，因我个人的原因，到帝国旅馆周氏下榻的宿舍作了礼节性的拜访了周氏，即使能见周氏一面，对我来说也是喜出望外的事。关于见他的事我还想在其他地方费点笔墨写下来。在我的印象里周氏穿的是很白很白的布底鞋，这深深地印在我的脑海中，是一个文学家的样子。来访的客人很多，我很快就告辞了。我和周氏叙旧，发现周氏已经忘了曾经给了我一本刘复选编的《初期白话诗稿》。我的来访可能给周氏添了麻烦，但是为了中国的文学，我必须留下一笔。4 月 18 日周氏离开日本的当天的早上，我向中国文学研究会说明这个情况。

周氏把灵魂卖给了魔鬼，成了日本军界政界的宠物，原本仰慕周氏的日本中国文学研究会"已经没有了（欢迎周氏）这个机缘"，这是事实，但更主要的是日本中国文学研究会不愿意违心地来附会，明确地表明"不应该做的事情我们绝对不能做"。竹内好因"个人的原因"，到周氏下榻的旅馆作了礼节性的拜访，但周氏对他似乎很冷淡，"4 月 18 日周氏离开日本的当天的早上"，竹内好急忙"向中国文学研究会说明"他访问周氏的缘由和经过。这种急于"说明"也可以解读为是果断地"切割"，也从一个侧面说明当年日本中国文学研究会同人对周氏的鄙视和警惕。

1980年代以来,对"周氏兄弟"的评价有过"大起大落"。学术研究见仁见智,但日本中国文学研究会同人七十多年前对"周氏兄弟"的评价,值得我们关注。

(本文与日本鹿儿岛大学小林基起合作,
原载《中国现代文学研究丛刊》2016年第11期)

# 朱光潜《诗论》的五个版本及其写作的背景和历程

朱光潜在回顾自己的学术道路时说:"在我过去的写作中,自认为用功较多,比较有点独到见解的,还是这本《诗论》。我在这里试图用西方诗论来解释中国古典诗歌,用中国诗论来印证西方诗论;对中国诗的音律、为什么后来走上律诗的道路,也作了探索分析。"[①] 朱光潜对《诗论》情有独钟,他一辈子都在打磨这本专著,所留下的五个版本,让我们看到他长期琢磨,潜心研究的过程。

## 一、第一个版本的《诗论》讲义(1934年)

《诗论》原名《诗学通论》,是朱光潜在英法留学期间写的,初成于1932年年底。朱自清1933年1月13日日记中有:"阅孟实《诗学》,甚佳。"次日又记:"读《诗学》毕,大佳,大佳。"[②] 1933年秋,朱光潜结束八年的留学生活回国。北京大学文学院院长胡适看了他作为"资历的证件"的《诗论》,极为欣赏,不仅聘朱光潜任西语系教授,还特意安排他"在中文系讲了一年""诗论"[③],开创了外文系教授到中文系任课的先例。当年旁听过"诗论"的荒芜回忆说,朱光潜当时在课堂上发的讲义,后来经过整理修改,便成为他的专著《诗论》[④]。

当时在课堂上发的"讲义"大16开本,封面署"诗论 七月五日装成 近代文附",正文书名为"诗学通论",每页的边侧都印有"北京大学

---

[①] 朱光潜:《〈诗论〉后记》,《朱光潜全集》第3卷,安徽教育出版社,1987年,第331页。
[②] 《朱自清全集》第9卷,江苏教育出版社,1997年,第185页。
[③] 朱光潜:《〈诗论〉抗战版序》,《朱光潜全集》第3卷,第4页。
[④] 荒芜:《师友之间——我所知道的朱光潜先生》,《读书》1980年第6期。

讲义 文七四 G 出版组印李校（或赵校、宋校）"的字样。《诗论》讲义正文共七章，约十万字。现将目录抄录如下：

第一章　诗的起源——歌谣（上）
第二章　诗与谐隐
第三章　诗的实质与形式（对话）
第四章　诗与散文（对话）
第五章　中国诗的节奏与声韵的分析
第六章　中国诗何以走上"律"的路？（上）赋对于诗的影响
第七章　中国诗何以走上"律"的路？（下）声律的研究何以特盛于齐梁以后？

近代文　附（略）

第一章"诗的起源"。述说诗的发生"远在有文字记载之先"；它的起源以人类的天性为基础，如情感的表现、"模仿"与"游戏"本能所生的快乐。诗歌和音乐、跳舞三者同出一源："诗歌音乐跳舞在起源时是一个混合的艺术"，是"群众的艺术"。原始的诗是"口头"的，正如歌谣的创作，大概初出于个人，而为群众所完成的。"歌谣都'活在口头上'，它的生命就在流动生展"，一经文字的记载，"给它一个写定的形式"，就"妨碍它的生展"。

第二章"诗与谐隐"。"谐"就是"说笑话"，"隐"是"用文字捉迷藏"。"凡是'谐''隐'都带有文字游戏性"。诗歌和"谐趣""隐语"及"文字游戏"等有着密切的关系；诗歌的特殊表现法，如"重叠""接字""趁韵""和韵""排比""回文"等种种技巧，就以谐、隐和文字的游戏来做基础。

第三章"诗的实质与形式（对话）"。既批评"拥护形式者"（秦希）片面强调的"形式美"，也反对"拥护实质者"（鲁亮生）的"实质比形式重要"论。通过"主张实质形式一致者"（褚广建）与秦、鲁等人的"对话"，指出"诗的语言要有一种特殊的内容，也要有一种特殊的形式"，是精练的"写的语言"，而不是粗疏的"说的语言"，诗人所能倚仗的只能是语言。

第四章"诗与散文(对话)"。诗与散文的分别,在形式上和实质上都不见有确实的根据。说诗是"具有音律的纯文学",也仅就其大体而言;"诗和散文的分别也只是相对的而不是绝对的"。"诗有固定的音律",在于节制粗野的情感和想象,把现实的事物提高为理想的世界。但"诗可以由整齐的音律到无音律,散文也可以由无音律到有音律"。"就形式说,散文的音节是直率的,无规律的;诗的音节是循环的,有规律的。就实质说,散文宜于叙事说理,诗宜于抒情遣兴。"

第五章"中国诗的节奏与声韵的分析"。节奏由音的长短、高低、轻重三要素构成,源自艺术上"同一中见差异"或"整齐中寓变化"这一"基本原理"。中国诗的节奏,大半靠着"顿","说话的顿和读诗的顿不同","说话完全用自然的语言节奏,读诗须参杂几分形式化的节奏",声音和意义两个方面最好能够兼顾。英文诗中的"音步",法文诗中的"顿"和中国诗的"顿"颇相近,而亦有差别之处。中国诗的读法,"到顿必扬","中国诗的节奏第一在顿的抑扬上见出,至于平仄相间,还在其次"。"韵有两种:一种是句内押韵,一种是句尾押韵。它们实在都是叠韵,不过在中文习惯里句内押韵叫做'叠韵',句尾押韵则叫做'押韵'或'押韵脚'。韵与声是密切相关的。""韵对于中国诗的重要不仅在点明节奏。就一般诗来说,韵最大功用在把涣散的声音团聚起来,成为一种完整的曲调。它好比贯珠的串子,在中国诗里这串子尤不可少。""散文的节奏可以完全是语言的节奏,而诗却于此之外,另有一种形式化的节奏。如果把这个形式化的节奏(如平仄韵脚音步之类)完全丢开,则作者没有理由把他的作品排列成诗的形式。"既然是诗,就要有"诗的形式",就必须给读者"所预期的有规律的音节"。

第六章"中国诗何以走上'律'的路?(上)赋对于诗的影响"。"中国诗走上'律'的路,最大的影响是从'赋'来的。""诗本是'时间艺术',赋则有几分是'空间艺术'",作为"一种大规模的描写诗"的"赋","侧重横断面的描写,要把空间中纷陈对峙的事物情态都和盘托出,所以最容易走上排偶的路"。律诗"意义的排偶"和"声音的对仗",都是受赋的影响。

第七章"中国诗何以走上'律'的路?(下)声律的研究何以特盛于齐梁以后?"东汉以后,"因为佛经的翻译与梵音的输入,音韵的研究极发达。这对于诗的声律运动是一种强烈的兴奋剂"。赋的影响和梵音的影响之外，另一个更重要的原因，"就是乐府衰亡以后，诗转入有词而无调的时期"，诗的音乐要在词的文字本身见出。永明声律运动就是这种演化的自然结果。

## 二、第二个版本的《诗论》讲义（1936年）

朱光潜在北大讲"诗论"，也应朱自清的邀请到清华讲过"诗论"。每讲一回，他都要把"原稿"更改一回，留下来的第二本讲义，也是大16开本，封面署"诗论 廿五年五月廿一日装成"，正文书名为"诗论课程纲要 上部 美学通论 下部 诗学通论"，每页的边侧也都印有"北京大学讲义 文七四（文二八）G 出版组印张校（或赵校、宋校、李校）"字样。遗憾的是这份《诗论》讲义，只有"上部 美学通论"，"下部 诗学通论"仅见目录，印制的时间是1936年5月21日。现将目录抄录如下：

  第一章 诗的起源与变迁——民间诗与文人诗
  第二章 诗与散文
  第三章 诗的实质与形式——情思与语言的关系
  第四章 诗的音律
  第五章 中国诗何以重韵
  第六章 中国诗的声律何以特盛于齐梁以后
  第七章 中国诗何以走上"律"的路——赋对于诗的影响
  第八章 诗的意象
  第九章 诗与画
  第十章 诗的情趣
  第十一章 中国诗和西方诗在意象与情趣方面的比较
  第十二章 中国诗和西方诗在技巧方面的比较
  第十三章 诗的种类——中国何以无长诗
  第十四章 论中国新诗
  第十五章 诗的功用

附　　录
　　一、西方诗学略史
　　二、中国诗学略史

　　与第一本讲义相比，第二本讲义的章节翻了一倍，没有一两年工夫是赶不出来。由此可以推定第一本讲义是朱光潜回国的第二年即1934年印制的。

　　朱光潜回国后受到胡适要"重振京派"的怂恿，和杨振声、沈从文、周作人、俞平伯、朱自清、林徽因等八人一起组成编委会，筹办文学杂志，由上海商务印书馆出版。而在《文学杂志》创刊之前，朱光潜就在他家里——慈慧殿三号组织过"读诗会"。这个集会按时举行，北大的参加者有梁宗岱、冯至、孙大雨、罗念生、周作人、叶公超、废名、卞之琳、何其芳、徐芳等，清华的有朱自清、俞平伯、王了一、李健吾、林庚、曹葆华等，此外还有林徽因和周煦良等等，"差不多集所有北方系新诗作者和关心者于一处"，吟诵新诗、旧诗、外国诗，探讨"新诗在诵读上，有多少成功可能？新诗在诵读上已经得到多少成功？新诗究竟能否诵读？"这在当时"可以说是极难得的"。[1]仅就上面提到的这些名家，就可以想象朱光潜先生家"读诗会"的场景，人才济济，名流云集。

　　《朱自清全集》第9卷（即日记卷）中，1934年5月23日、1935年1月20日、1935年2月16日、1935年3月25日、1935年4月3日、1935年11月10日、1937年3月14日、1937年4月22日、1937年4月24日先后写到到慈慧殿三号参加"读诗会"的经过。历史学家顾颉刚也曾写到应邀到"读诗会"讲"吴歌"（1936年4月25日）[2]，这些都是"读诗会"最珍贵的原始资料。从这些资料可以推断"读诗会"成立于1934年5月，每月大概一至二次，直到1937年"七七事变"才中止。朱自清住在城外清华大学北院，离朱光潜家较远，常常为赶"公共汽车而伤透脑筋"，再加上担任清华大学中文系主任工作繁忙，不是每次的"读诗会"都参加的，所以日记里的"读诗会"并不完整。沈从文在《谈朗诵诗》中说：

---

[1] 《沈从文全集》第17卷，北岳文艺出版社，2002年，第247页。
[2] 顾潮编著：《顾颉刚年谱》，中国社会科学出版社，1993年，第251页。

当时长于填词唱曲的俞平伯先生，最明中国语体文字性能的朱自清先生，善法文诗的梁宗岱、李健吾先生，习德文诗的冯至先生，对英文诗富有研究的叶公超、孙大雨、罗念生、周煦良、朱光潜、林徽因诸先生，此外还有个喉咙大，声音响，能旁若无人高声朗诵的徐芳女士，都轮流读过些诗。朱、周二先生且用安徽腔吟诵过几回新诗旧诗，俞先生还用浙江土腔，林徽因女士还用福建土腔同样读过一些诗。总结看来，就知道自由诗不能在诵读上有什么意想不到的效力。不自由诗若读不得其法，也只是哼哼唧唧，并无多大意味。多数作者来读他自己的诗，轻轻的读，环境又优美合宜，因作者诵读的声容情感，很可以增加一点诗的好处。若不会读又来在较多人数集会中大声的读，就常常不免令人好笑。

这个集会在我这个旁观者的印象上，得来一个结论，就是：新诗若要极端"自由"，就完全得放弃某种形式上由听觉得来的成功。但是这种"新"很容易成为"晦"，为不可解。废名的诗是一个极端的例子。何其芳、卞之琳几人的诗，用分行排比增加视觉的效果，来救听觉的损失，另是一例。若不然，想要从听觉上成功，那就得牺牲一点自由，无妨稍稍向后走，走回头路，在辞藻与形式上多注点意，得到诵读时传达的便利，林徽因、冯至、林庚几人的诗，可以作例。①

可见，"读诗会"所探讨的都是新诗创作面临的最"切实"的问题。他们既重视外国诗论以及法、德和英文诗的译介，也注重对我国古典诗词歌赋，以及民歌小调和方言土语的研究，放眼世界，雅俗兼顾。为了使新诗更好地为"现实"服务，"读诗会"专题研究过"朗诵诗"。沈从文在《谈朗诵诗》中说：

"朗诵诗"成为一个时髦的名词，并不是很久的事。它的来源还同"集体创作"一样，是由比邻转贩前来的。这名辞虽在一部分海上出版物上创作诗上见到，真的老老实实的朗诵试验，依然还在北方，比读诗会稍慢一点，以北大歌谣学会，燕大通俗读物编刊社，北平研究院历史语言系作中心，有个中国风谣学会产生。这团体目的顾名思

---

① 《沈从文全集》第17卷，第248页。

义即可知是着力于民间诗歌的。集会时系在北平中南海北平研究院戏剧陈列馆，参加者有胡适之、顾颉刚、罗常培、容肇祖、常惠、佟晶心、吴世昌……诸先生，杨刚、徐芳、李素英诸女士。集会中有新诗民歌的诵读，以及将民间小曲用新式乐器作种种和声演奏试验。集会过后还共同到北平说书唱曲集中地的天桥地方，去考察现代技艺人表演各种口舌技艺的情形。并参观通俗读物编刊社所编鼓词唱本表演情形。当时这个组织，正准备一面征集调查，一面与说书人用某种形式合作，来大规模编制新抗日爱国适用于民间的小册子，可惜这个计划，因芦沟桥事变便中止了。①

这样的"读诗会"真的很难得。1934年冬，萧乾获邀第一次参加读诗会，听朱光潜和梁宗岱辩论"刚性美"和"柔性美"；听何其芳羞怯地朗诵他的新诗《梦后》，以及与会者对《梦后》的评点，"仿佛有一种喝足了醇香的陈酒而醉醺醺的感觉"，朱光潜的客厅"恰似一座金矿"展现在他的面前，"到处都是闪光的矿石"。②杨周翰说，朱光潜慈慧殿的"寓所就是一间文学沙龙，我也经常去敬陪末座。朱先生使我开扩了对西方文学的眼界，同时使我对创作发生了兴趣"③。

得益于"读诗会"的鼎力支持，沈从文主编的天津《大公报·文艺》于1935年9月1日创刊，刊名"文艺"两个笔势狂放、遒劲洒脱的大字就出自朱光潜之手。出自朱光潜之手。《大公报·文艺》的创刊，给北方一批爱好文艺的青少年开辟了创作的园地，催促了新文艺的延续和发展。

1935年12月6日，《大公报·文艺》副刊的"诗特刊"创刊，"每月刊两次"，这"诗特刊"也是在"读诗会"上商定的。沈从文在《新诗的旧账——并介绍〈诗刊〉》④中郑重说明办刊的目的，就是要为"目前正陷入一个可悲的环境里"的新诗寻找"出路"。1936年7月19日，"诗特刊"第17期刊登的《编者致辞》中说：

---

① 《沈从文全集》第17卷，第248—249页。
② 李辉：《萧乾传》，江苏文艺出版社，1993年，第58、59—60页。
③ 杨周翰：《饮水思源：学习外语和外国文学的经历》，季羡林等：《外语教育往事谈——教授们的回忆》，上海外语教育出版社，1988年，第217页。
④ 《大公报·文艺》副刊第40期，1935年11月10日，署名"上官碧"。

承各方师友的帮忙指导，我们第一个"专刊"竟能这样顺利地出现，这自是极应向各位作者感谢的。在这种功利的年月，居然还有那么些位对诗歌热心，远瞻中国新文学的前程，这是一件值得欣喜的事。此后，在诸位师友的督促下，对这方面我们将永不松懈地努力下去。①

1937年7月25日，"诗歌特刊"出至第9期因《大公报》停刊而终结。朱光潜在"诗特刊"发表的《从生理观点论诗的"气势"和"神韵"》②和《心理上个别的差异与诗的欣赏》③，是该刊最精彩的论文。前一篇突出"诗的命脉是节奏"；后一篇谈诗歌欣赏，对"什么是诗"以及如何鉴定诗的"好坏"作了精辟的阐释，这些真知灼见也都融入《诗论》的改定和写作中。说到为新诗寻找"出路"，朱光潜的心情似乎比同人更为急切。他曾多次说到我国是一个"诗国"，"中国文学只有诗还可以同西方抗衡"，"它的精炼深永却往往非西方诗所可及"。④但新诗在新文学各门类中成绩较差，"旧形式破坏了，新形式还未成立"；"新诗不但放弃了文言，也放弃了诗的一切形式"。⑤他担心我国的诗歌会"终绝"，内心充满了焦虑。组织"读诗会"和"诗特刊"的创刊，使他多了一份"远瞻中国新文学的前程"的欣喜，而同人观念碰撞所擦出的火花使得他对《诗论》的修改有了"源头活水"。

## 三、第三个版本《诗论》"抗战版"（1943年）

由于京沪两地相隔较远，协调起来不那么便捷，朱光潜主编的《文学杂志》拖延到1937年5月1日才正式出版。当年文学刊物在编排体例上大多是以"论文"打头，随后是"小说""散文""诗歌""戏剧"；或者用"小说"打头，"论文""散文""诗歌""戏剧"紧随其后。《文学杂志》则把"诗论"（评论）排在卷首，随后是"诗"，其次为"小说""散文"和

---

① 《大公报·文艺》副刊第182期"诗歌特刊"，1936年7月19日。
② 《大公报·文艺》副刊第65期"诗特刊"，1935年12月23日。
③ 《大公报·文艺》副刊第241期"诗歌特刊"，1936年11月1日。
④ 朱光潜：《给一位写新诗的青年朋友》，桂林《大公报·文艺》副刊第14期，1941年4月18日。
⑤ 《现代中国文学》，《文学杂志》第2卷第8期，1948年1月。

"戏剧","书评"殿后。把诗歌理论和诗歌创作放在最突出的位置,而每期的《编辑后记》都会对该期所刊发的作品逐一评点,从而使《文学杂志》卷首卷尾都折射出理论的光芒。虽说《文学杂志》的宗旨是"殊途同归地替中国新文艺开发出一个泱泱大国",但明显带有向诗歌"倾斜"的偏好。至于作者,几乎囊括了平津文坛所有的名家,因而被称誉为"象征着一个文艺复兴的朕兆"。

由于抗战的全面爆发,《文学杂志》第1卷第4期面世后就停刊了,朱光潜匆匆逃离北平,前往成都任四川大学文学院长。1939年1月由成都转到乐山,担任武汉大学教务长,讲授的课程有美学、文学批评、莎士比亚、英诗、德文、法文等,用力最勤的还是诗歌。朱光潜结合教学,对《诗论》进行反对修订和打磨。叶圣陶当时也在武汉大学执教,与朱光潜朝夕相处,且看叶圣陶1940年11月的几则日记:

> 11月8日 孟实以所作《诗学通论》稿示余,当细读之。①
> 11月9日 读孟实《诗学通论》,迄于傍晚。②
> 11月10日 上午续看孟实《诗学通论》。③
> 11月11日 看孟实稿毕,说理颇精,而嫌其简略。④
> 11月13日 (午后)三时半,至孟实所,将其原稿交还。⑤

漫天烽火,朝不保夕,但朱光潜对"诗"的研究始终没有放弃。他在1941年5月12日给好友方东美的信中说:

> 弟自入蜀以来,人事多扰,所学几尽废,而每日必读诗……⑥

至于朱光潜如何"读诗",我们可以从当年武汉大学学生齐邦媛的回忆录《巨流河》中略窥一斑。齐邦媛1943年考入武大外文系,是朱光潜最得意的女弟子。齐邦媛写朱光潜在英国文学史课上讲解华兹华斯《玛格丽特的悲苦》时介绍说:

---

① 《叶圣陶集》第19卷,江苏教育出版社,2004年,第303页。
② 同上。
③ 同上。
④ 同上。
⑤ 抄自叶圣陶日记。
⑥ 《朱光潜全集》第9卷,安徽教育出版社,1993年,第72页。

华兹华斯较长的一首《玛格丽特的悲苦》(The Affliction of Margaret)，写一妇女，其独子出外谋生，七年无音讯。诗人隔着沼泽，每夜听见她呼唤儿子名字："Where art thou, my beloved son, …"（你在哪儿，我亲爱的儿啊……）逢人便问有无遇见，揣想种种失踪情境。

朱老师读的时候"语带哽咽"，念到最后两行："If any chance to heave a sigh,（若有人为我叹息，）// They pity me, and not my grief.（他们怜悯的是我，不是我的悲苦。）"老师"取下了眼镜，眼泪流下双颊，突然把书合上，快步走出教室，留下满室愕然，却无人开口说话"。"文学名师至情的眼泪"对齐邦媛这些喜欢"崇拜偶像的大学二年级学生来说"，"是一件奢侈的事"，她们为懂得诗歌如何抒写"一个艰困的时代"而"感到荣幸"。①

齐邦媛又写到朱光潜讲雪莱的《奥兹曼迪斯》，就诗的"寂寞与荒凉"谈起中国文学中的很多名句及语言中不同的"感觉之美"。在讲解《西风颂》时朱光潜说："中国自有白话文学以来，人人引诵它的名句：'冬天到了，春天还会远吗？'(If Winter comes, can Spring be far behind?)已到了令人厌倦的浮泛地步。雪莱的颂歌所要歌颂的是一种狂野的精神，是青春生命的灵感，是摧枯气朽的震慑力量。全诗以五段十四行诗合成，七十行必须一气读完，天象的四季循环，人心内在的悸动，节节相扣才见浪漫诗思的宏伟感人力量。朱光潜的读解和欣赏，深深打动了青年学子。齐邦媛在谈到她是朱光潜的"心灵后裔"时说：

朱老师上课相当准时，他站在小小的讲台前面，距我们第一排不过两尺。他进来之后，这一间石砌的配殿小室即不再是一间教室，而是我和蓝天之间的一座密室。无漆的木桌椅之外，只有一块小黑板，四壁空荡到了庄严的境界，像一些现代或后现代的studio。心灵回荡，似有乐音从四壁汇流而出，随着朱老师略带安徽腔的英国英文，引我们进入神奇世界。也许是我想象力初启的双耳带着双眼望向窗外浮云的幻象，自此我终生爱恋英文诗的声韵，像山峦起伏或海浪潮涌的绵延不息。英文诗和中国诗词，于我都是一种感情的乌托邦，即使

---

① 齐邦媛：《巨流河》，生活·读书·新知三联书店，2011年，第113页。

是最绝望的诗也似有一股强韧的生命力。这也是一种缘分，曾在生命某个飘浮的年月，听到一些声音，看到它的意象，把心拴系其上，自此之后终生不能拔除。①

中国那么大，时代那么混乱，人民那么艰辛，如果没有诗歌，也就没有声音。透过朱光潜在课堂上哽咽不能止的泪水和"大力地挥拂、横扫"的手势，呈现在我们眼前的是朱光潜异于常人的率真和悲壮。如何借鉴西方诗歌的理论和艺术，融入我国已有的传统，来促进我国新诗创作和诗歌理论研究的进步和繁荣，成了朱光潜最神圣的追求；而这种追求越急切，也就越觉得《诗论》仍很"粗浅"，预备把它"搁"下来，等"有闲暇再把它从头到尾重新写过"。不料陈西滢和其他几位朋友等不及，他们主编了一套"正中文学丛书"，硬要拉《诗论》来"充数"（《〈诗论〉（抗战版序）》），朱光潜只好把书稿贡献出来。1943 年 6 月，《诗论》由重庆国民图书出版社出版（封面和版权页均署"朱光潜主编　朱光潜著"），学界称为"抗战版"，全书凡十章，目录如下：

序
第一章　诗的起源
第二章　诗与谐隐
第三章　诗的境界——情趣与意象
第四章　论表现——情感思想和语言文字的关系
第五章　诗与散文
第六章　诗与乐——节奏
第七章　诗与画——评莱森的诗画异质说
第八章　中国诗的节奏与声韵的分析（上）论声
第九章　中国诗的节奏与声韵的分析（中）论顿
第十章　中国诗的节奏与声韵的分析（下）论韵
附　录　一封公开信《给一位写新诗的青年朋友》

仅从目录就能看出，与第二个版本的"讲义"（1936 年）相比，《诗论》"抗战版"又有了重大的修改。如第七章"诗与画——评莱森的诗画

---

① 齐邦媛：《巨流河》，第 119 页。

异质说",明显是第二本"讲义"中第九章"诗与画"的改写。因为这第二本"讲义"未能找到,这里只能就《诗论》"抗战版"与第一本"讲义"(1934 年)作一些浅层的比对。

与第一本"讲义"相比,"抗战版"在文字方面更简洁流畅,每章的正文部分都加了标题,使内容更加醒目。例如第一章"诗的起源","讲义"中分设"一""二""三""四""五""六"六个段落;"抗战版"拟了六个标题:

一　历史与考古学的证据不尽可凭
二　心理学的解释:"表现"情感与"再现"印象
三　人类诗歌与鸟歌的比较
四　诗歌与音乐跳舞同源
五　诗歌所保留的诗乐舞同源的痕迹
六　原始诗歌的作者

相对于"讲义","抗战版"新写了第三章"诗的境界——情趣与意象"和第七章"诗与画——评莱森的诗画异质说";重写了第四章"论表现——情感思想和语言文字的关系";"讲义"的第五章"中国诗的节奏与声韵的分析"拉长为第八、第九和第十章;而"讲义"的第六、第七两章则被割舍了。现就新增的第三、第七两章,以及重写的第四章和"附录"作一点介绍。

第三章"诗的境界——情趣与意象",阐释诗的境界是情趣("情")和意象("景")的融合。情趣("情")和意象("景")两个要素的发生,都源于直觉("见")或想象(即"见"所带有的"创造性":"所见意象必恰能表现一种情趣"),它们忻合无间,创造出"诗的境界"。"诗的境界"固然有"'隔'与'不隔'""'有我之境'与'无我之境'""'超物之境'与'同物之境'"几种分别,但都不是绝对的。诗虽有"主观的"(偏重情感的"表现")和"客观的"(偏重人生的"再现")两种偏向,但"没有诗完全是主观的","也没有诗完全是客观的",主观的和客观的分别只是情趣和意象两者间配合上有等差罢了。中国古诗的演进,也可以借此来分析出三个步骤(因情生景或因情生文;情景吻合,情文并茂;即景生情或因文生情)。

第四章"论表现——情感思想和语言文字的关系",是对讲义第三章"诗的实质与形式(对话)"的重写。将"对话"改写成"论述",加重了理论的分量,又使之与上一章衔接得更自然紧密。开篇即对"表现"作了明确的定义:"所谓表现就是把内在的'现'出'表'面来,成为形状可以使人看见",克罗齐称之为"外达"(L'estrinsecayione),托尔斯泰称为"传达"(communication)。又对"实质"和"形式"作了界定:"情感思想(包涵意象在内)合为实质,语言组织为形式",两者不可分隔。所谓"美",并非专属于形式的成分,也并非纯粹属于作者直觉所得的结果,而是语言和情感、思想彼此联贯融合的艺术活动所创造出来的。又论及"'寻思'与修改":"寻思""就是把模糊隐约的变为明显确定的,把潜意识和意识边缘的东西移到意识中心里去";"寻思必同时是寻言,寻言亦必同时是寻思"。最后对"文字"的"死活"作出界定:"散在字典中的文字,无论其为古为今,都是死的;嵌在有生命的谈话或诗文中的文字,无论其为古为今,都是活的。"进而批评"做诗如说话"的口号,提倡用"写的语言"写诗。

第七章"诗与画——评莱森的诗画异质说"。"诗画同质与诗乐同质是古今中外一个普遍的信条。"莱森有诗画异质说,以为画只宜于描写静物,诗只宜于叙述动作;图画叙述动作时必化动为静,诗描写静物时亦必化静为动。此种学说,有很多贡献,如强调艺术的"特殊"性;看出艺术与媒介的重要关联;"从读者的观点讨论艺术"等。但立论的根据,与事实也不免有相违背之处。例如中国画首重"气韵生动","中国诗向来就不特重叙事","尤其是西晋以后的诗,向来偏重景物的描写,与莱森的学说恰相反。"

附录的一封公开信《给一位写新诗的青年朋友》,强调"诗的公同性"和"特有的个性",这两个成分合起来才是一首诗的形式。"诗的真正形式",不是"七律、商籁之类躯壳",而是"节奏的规律化",或者说是"语言的音乐化"。"学"诗有西方诗、中国旧诗、民间文学三个途径,而写新诗的青年朋友一定要善为运用,切不可倚傍门户,要有自由独立的精神,努力创造新的内容和新形式相融合的作品。这封"公开信"的结尾部分写道:

中国诗现在还没有形成一个新的"民族形式","民族形式"的产生必在伟大的"民族诗"之后,我们现在用不着谈"民族形式",且努力去创造"民族诗"。未有诗而先有形式,就如未有血肉要先有容貌,那是不可想象的。至于"旧瓶装新酒"的比喻实在有些不伦不类。诗的内容与形式的关系不是酒与瓶的关系。酒与瓶可分立;而诗的内容与形式并不能分立。酒与瓶的关系是机械的,是瓶都可以装酒;诗的内容与形式的关系是化学的,非此形式不能代表此内容。如果我国有新内容,就必须创造新形式。这形式也许有时可从旧形式脱化,但绝对不是呆板的模仿。应用"旧瓶"是朝抵抗力最低的路径走,是偷懒取巧。

热忱地希望"写新诗的青年朋友"抖擞精神,"死心踏地做自己的功夫,摸索自己的路径,开辟自己的江山",努力去创造伟大的"民族诗"。

经过增删重写,《诗论》"抗战版"成了我国诗学中"一种极有系统的著作"。张世禄在评论中说:"凡是对于诗学的重要的和基本的问题,大致一一加以探讨,包罗无遗。开头从诗的起源上推究诗歌和乐舞的关系,因而确定了'诗是有音律的纯文学'这一个基本的观念,再以此为出发点,进而讨论诗的创作及内容和形式上的种种问题,终于归结到了内容和形式的不可分隔。诗的作品,一半是音乐的,一半又是语言的;因为是音乐的,所以要注重声音的节奏及和谐;因为是语言的,所以要讲究情趣和意象的美妙,以及两者间的契合。诗人所追求的,就是在怎样使音乐化的声音和含有美妙的情意的语言,相融合起来,以构成一种艺术品。朱氏此书颇能依据这种意旨来发挥,不但使读者对于诗学得到一个深切的认识,而且给予中国目前的新诗运动一种明确的指示;就是希望新诗的作者,不要专从旧形式的解放上着想,而要从根本的正确的艺术活动上努力锻炼,以求得一种新的内容和形式相融化的作品的出现。这是此书的特色之一。"①

---

① 张世禄:《评朱光潜"诗论"》,《国文月刊》第58期,1947年8月。

## 四、第四个版本《诗论》"增订版"（1948 年）

1946 年 8 月，朱光潜经重庆、武汉辗转回到离开八年的北大，任西语系主任并兼任文学院代院长。1947 年 6 月，停刊了十年之久的《文学杂志》复刊（自第二卷始），朱光潜在复刊号的《复刊卷头语》中表示，要自觉地肩负起文艺复兴的使命，"集合全国作者和读者的力量，来培养成一个较合理底文学刊物，借此在一般民众中树立一个健康底纯正文学风气"[①]。

《文学杂志》复刊后一共出了十八期，编排上保持了原来的风格，以"诗论"（评论）打头，紧随其后的是"诗"，然后才是"小说""散文"和"戏剧"。除前四期的作者大多继续写稿外，新加进了一大批知名学者和青年作家。他们大多为北大、清华、燕京等大学的教师或学生。复刊后的《文学杂志》刊登的文学论文有七十多篇，"诗"专栏刊登的诗作就更多了。对于一直"留意中国诗"的朱光潜来说，通过主编复刊后的《文学杂志》，每天都在与诗歌和诗论打交道，对《诗论》又有了更宏观和更深入的思考，修订起来也就更得心应手。

经过修订后，朱光潜仍将《诗论》收入他主编的"正中文学丛书"，由正中书局于 1948 年 3 月出版，学界称为"增订版"。"增订版"保留了"抗战版"的规模，恢复了第一本"讲义"（1934 年）中的第六章和第七章，即"增订版"中的第十一章"中国诗何以走上'律'的路（上）：赋对于诗的影响"；第十二章"中国诗何以走上'律'的路（下）：声律的研究何以特盛于齐梁以后？"，此外又增加了第十三章"陶渊明"和"增订版序"。现将"增订版"目录抄录于下：

  抗战版序
  增订版序
  第一章 诗的起源
  第二章 诗与谐隐
  第三章 诗的境界——情趣与意象
  第四章 论表现——情感思想和语言文字的关系
  第五章 诗与散文

---

[①]《复刊卷头语》，《文学杂志》第 2 卷第 1 期，1947 年 6 月。

第六章　诗与乐——节奏

第七章　诗与画——评莱森的诗画异质说

第八章　中国诗的节奏与声韵的分析（上）：论声

第九章　中国诗的节奏与声韵的分析（中）：论顿

第十章　中国诗的节奏与声韵的分析（下）：论韵

第十一章　中国诗何以走上"律"的路（上）：赋对于诗的影响

第十二章　中国诗何以走上"律"的路（下）：声律的研究何以特盛于齐梁以后？

第十三章　陶渊明

附　录　一封公开信《给一位写新诗的青年朋友》

与"抗战版"相比对，"增订版"在文字上又作了"雕琢"和"推敲"，章节和标题也作了相应的调整和修改。第一本讲义（1934年）中的第六章"中国诗何以走上'律'的路（上）：赋对于诗的影响"，分（一）（二）（三）（四）共四节；第七章"中国诗何以走上'律'的路（下）：声律的研究何以特盛于齐梁以后？"，分（一）（二）两节，都没有标题。恢复进"增订版"时不仅在内容上作了改写还拟了"标题"，使内容和条理都显得特别清晰，现将"标题"抄录于下：

第十一章　中国诗何以走上"律"的路（上）：赋对于诗的影响

一　自然进化的轨迹

二　律诗的特色在音义对仗

三　赋对于诗的三点影响

四　律诗的排偶对散文发展的影响

第十二章　中国诗何以走上"律"的路（下）：声律的研究何以特盛于齐梁以后？

一　律诗的音韵受到梵音反切的影响

二　齐梁时代诗求在文词本身见出音乐

"增订版"中"新"写的《陶渊明》是一篇诗人论，也可看作一篇带有批评性质的传记。从体例上看似乎与全书不很协调，其实是有很深的内在联系的。宛小平和魏群认为作者是"以人格来透视艺术的风格，并尝试用类似传体写严肃的学理著作"①。朱立元、张旭曙的《〈诗论〉导读》里说："第十三章看似游离于全书完整结构，实则是朱光潜匠心独运地以陶渊明为个案印证他的诗境说的普适性。"②关于《陶渊明》，1948年年初，朱光潜在回答重庆《大公报》问"我的下一本书将是什么？"时，有如下表述：

> 二十年前就已蓄意写一部《魏晋人品》，想在魏晋时代选十来个代表人物，替他们写想象的传记（如同Ludwig和Maurois所做的），综合起来可以见出那个时代的精神。这些年来，我颇留意中国诗，也想挑选一些诗人出来作一种批评的研究（如同我去年写的《陶渊明》那一类文章）。但是我目前在学校里担任行政事务，精力疲于簿书酬对，什么时候我可以抽工夫做我自己所爱做的事，我自己也不知道。③

朱光潜"二十年前就已蓄意写一部《魏晋人品》"，在魏晋名家中最景仰陶渊明，1919年在香港大学读书时就抄录陶渊明《形影神》中的四句诗"纵浪大化中，不喜亦不惧，应尽便须尽，无复独多虑"，作为修身处世的准则，还把这四句诗写给朋友们共勉。他特别欣赏陶渊明的"醇朴""冲澹"和极为丰富的精神生活，1935年在《说"曲终人不见，江上数峰青"——答夏丏尊先生》一文中称"静穆"是艺术的极境，说"陶潜浑身是'静穆'，所以他伟大"④，因而受到鲁迅严厉的批评。鲁迅在《"题未定"草·七》中深刻地阐述了文学批评要"顾及全人"的理论，指出朱光潜的评论是寻章摘句，"割裂为美"，"是衣裳上撕下来的一块绣花"，加以"吹嘘或附会"，把读者"弄得迷离惝恍"。⑤

当时也有人站出来为朱光潜鸣不平，而朱光潜本人则定下神来，回头认真研读陶渊明。他从陶渊明的"欣慨交心"中取出"欣慨"两个字作为室名，请两位会篆刻的朋友替他刻了"欣慨室"三字图章，又请马一浮为他写了"欣慨书斋"四字的横幅。朱光潜在"陶渊明"一章中认为"欣慨交心"这句话，可以总结陶渊明的精神生活。"他有感慨，也有欣喜；惟

---

① 宛小平、魏群：《朱光潜论》，安徽大学出版社，1996年，第163页。
② 朱立元、张旭曙：《〈诗论〉导读》，《诗论》，上海古籍出版社，2001年，第3页。
③ 《朱光潜全集》第9卷，第312页。
④ 《中学生》第60期，1935年12月。
⑤ 《鲁迅全集》第6卷，人民文学出版社，2005年，第439—444页。

其有感慨，那种欣喜是由冲突调和而彻悟人生世相的欣喜，不只是浅薄底嬉笑；惟其有欣喜，那种感慨有适当底调剂，不只是奋激伴狂，或是神经质底感伤。他对于人生悲喜两方面都能领悟。"激励自己在"多可喜，亦多可悲"的现实人生中孕育高超的胸襟和深广的同情。

1945年9月，燕京大学刊印了陈寅恪的《陶渊明之思想与清谈之关系》，文章结论说：

> 渊明之思想为承袭魏晋清谈演变之结果，及依据其家世信仰道教之自然说而创改之新自然说。惟其为主自然说者，故非名教说，并以自然与名教不同。但其非名教之意仅限于不与当时政治势力合作，而不似阮籍、刘伶辈之伴狂任诞。盖主新自然说者不须如主旧自然说之积极抵触名教也。又新自然说不似旧自然说之养此有形之生命，或别学神仙，惟求融合精神于运化之中，即与大自然为一体。因其如此，既无旧自然说形骸物质之滞累，自不致与周孔入世之名教说有所触碍。故渊明之为人实外儒而内道，舍释迦而宗天师者也。①

在朱光潜看来，陈寅恪的陶渊明研究在方法与结论上都值得商榷，于是写了早就想写的《陶渊明》②，对陶渊明研究提出了新的见解。他在文章中说：

> （陈寅恪在《陶渊明之思想与清谈之关系》一文里作的结论——引者注）本来都极有见地，只是把渊明看成有意地建立或皈依一个系统井然壁垒森严底哲学或宗教思想，像一个谨守绳墨底教徒，未免是"求甚解"，不如颜延之所说的"学非称师"，他不仅曲解了渊明的思想，而且也曲解了他的性格。渊明是一位绝顶聪明底人，却不是一个拘守系统的思想家或宗教信徒。他读各家的书，和各种人物接触，在于无形中受他们的影响，像蜂儿采花酿蜜，把所吸收来底不同底东西融会成他的整个心灵。在这整个心灵中我们可以发现儒家的成分，也可以发现道家的成分，不见得有所谓内外之分，尤其不见得渊明有意

---

① 陈寅恪：《陶渊明之思想与清谈之关系》，燕京大学哈佛燕京社，1945年，第56页。
② 《陶渊明》（上），天津《大公报·星期文艺》第1期，1946年10月13日；《陶渊明》（下），天津《大公报·星期文艺》第2期，1946年10月20日。

要做儒家或道家。假如说他有意要做某一家，我相信他的儒家底倾向比较大。

至于渊明是否绝对没有受佛家的影响呢？寅恪先生说他绝对没有，我颇怀疑。渊明听到莲社的议论，明明说过它"发人深省"，我们不敢说"深省"底究竟是什么，"深省"却大概是事实。寅恪先生引《形影神》诗中"甚念伤吾生，正宜委运去，纵浪大化中，不喜亦不惧，应尽便须尽，无复独多虑"几句话，证明渊明是天师教信徒。我觉得这几句话确可表现渊明的思想，但是在一个佛教徒看，这几句话未必不是大乘精义。此外渊明的诗里不但提到"冥报"而且谈到"空无"（"人生似幻化，终当归空无"）。我并不敢因此就断定渊明有意地援引佛说，我只是说明他的意识或下意识中可能有一点佛家学说的种子，而这一点种子，可能象是熔铸成就他的心灵的许多金属物中的寸金片铁；在他的心灵焕发中，这一点小因素也可能偶尔流露出来。……他的诗充满着禅机。

朱光潜进而从"身世""情趣""胸襟"和"人格"等方面论述陶渊明的"情感生活"，结合"情感生活"阐述陶诗的"冲澹"，引领读者品味陶诗中的"苦闷"和"忧生之嗟"。他在论述陶渊明的"人格"时着重谈了"隐逸""忠臣"和"侠气"；在评述说陶诗的好处时突出一个"真"字，称陶诗使人读了有"亲"的感觉，这是陶诗"近人情"所致；针对苏东坡的"质而实绮，癯而实腴"、刘后村的"外枯而中膏，似淡而实美"、姜白石的"散而庄，淡而腴"、释惠洪的"初视若散缓，熟视有奇趣"等等评述，朱光潜作了深入的探究后认为"陶诗的特色正在不平不奇、不枯不腴、不质不绮，因为它恰到好处，适得其中；也正因为这个缘故，它一眼看去，却是亦平亦奇、亦枯亦腴、亦质亦绮。这是艺术的最高境界。可以说是'化境'，渊明所以达到这个境界，因为像他做人一样，有最深厚的修养，又有最率真的表现"。这些论述都是很精辟的。青年评论家少若盛赞《陶渊明》是一篇"专以'知人论世'作综合批评的大作"①。

如果说《诗论》的前十二章是"诗"的"宏观"研究，那么《陶渊

---

① 少若：《陶渊明批评》，《文学杂志》第 2 卷第 8 期，1948 年 1 月。

明》就是"诗"的"微观"研究。从"二十年前就已蓄意写一部《魏晋人品》",到《说"曲终人不见,江上数峰青"——答夏丏尊先生》,再到1947年的《陶渊明》,都说明朱光潜是自觉的"我要写";而鲁迅的《"题未定"草·七》和陈寅恪的《陶渊明之思想与清谈之关系》,则是他"我要写"的催化剂。从这个漫长的过程不难看出,《陶渊明》作为朱光潜"挑选一些诗人出来作一种批评的研究"的一个尝试,其酝酿和写作与《诗论》是同步的。《诗论》前十二章重在阐述"诗是什么""诗应该如何",这最后一章重在说明"诗人应该如何"以及"如何写诗评",提醒人们诗歌研究不可忘记了"诗人",从而给《诗论》画上了一个完满的句号。

## 五、第五个版本《诗论》"三联版"(1984年)

1984年7月《诗论》由生活·读书·新知三联书店重版,学界称之为"三联版"。"三联版"保留"增订版"的规模,增补了"中西诗在情趣上的比较"和"替诗的音律辩护",分别附在第三章和第十二章的后面。朱光潜1984年4月21日写的"后记"中说:

> 《诗论》自一九四七年以后,一直没有单独印行。去年,三联书店建议我将《诗论》重版,对他们的盛意我十分感谢。

"三联版"对以往版本中的一些文字讹错作了订正,标题也进行了提炼,这些修润和打磨同样得益于作者对诗持续不断的研读和关注。朱光潜1975年3月28日给章道衡的信中说:

> 弟素不能书,但爱读碑帖,正如素不能诗而每日必读诗。[①]

朱光潜在这里所说的"每日必读诗"着实令人惊异。人们往往把"自古学诗宜少年"奉为"规箴",强调启蒙学诗的重要性。可朱光潜一辈子都信奉"不学诗,无以言"的信条,学生时代"每日必读诗",当上大学教授后仍坚持"每日必读诗",即便在烽火连天的抗战流亡生活中,在新中国

---

① 《朱光潜全集》第10卷,安徽教育出版社,1993年,第430页。

成立初期因"历史问题"被"管制"和"改造"的境遇中,在"文革"那个令人窒息的蹉跎岁月里,朱光潜都坚持"每日必读诗",用拼搏的灯火照亮屈辱和苦难的暗隅,沉湎于学术中而淡忘其余的一切。正是古今中外诗歌瑰宝的沾溉,使他在诗歌研究领域又有了丰厚的积累,对《诗论》"订正"起来也就从容自如。

《诗论》"抗战版"和"增订版"的目录只列章,不设"节",而"三联版"的各章后面都列出"节"和"标题",提纲挈领、引人入胜,让人一看到目录就想阅读全文,翻检起来也更为便捷。现将"三联版"《诗论》的目录抄录于下:

  抗战版序
  增订版序
  第一章　诗的起源
    一　历史与考古学的证据不尽可凭
    二　心理学的解释:"表现"情感与"再现"印象
    三　诗歌与音乐、舞蹈同源
    四　诗歌所保留的诗、乐、舞同源的痕迹
    五　原始诗歌的作者
  第二章　诗与谐隐
    一　诗与谐
    二　诗与隐
    三　诗与纯粹的文字游戏
  第三章　诗的境界——情趣与意象
    一　诗与直觉
    二　意象与情趣的契合
    三　关于诗的境界的几种分别
    四　诗的主观与客观
    五　情趣与意象契合的分量
    附:中西诗在情趣上的比较
  第四章　论表现——情感思想与语言文字的关系
    一　"表现"一词意义的暧昧

二　情感思想和语言的联贯性
　　三　我们的表现说和克罗齐表现说的差别
　　四　普通的误解起于文字
　　五　"诗意""寻思"与修改
　　六　古文与白话
第五章　诗与散文
　　一　音律与风格上的差异
　　二　实质上的差异
　　三　否认诗与散文的分别
　　四　诗为有音律的纯文学
　　五　形式沿袭传统与情思语言一致说不冲突
　　六　诗的音律本身的价值
第六章　诗与乐——节奏
　　一　节奏的性质
　　二　节奏的谐与拗
　　三　节奏与情绪的关系
　　四　语言的节奏与音乐的节奏
　　五　诗的歌诵问题
第七章　诗与画——评莱辛的诗画异质说
　　一　诗画同质说与诗乐同质说
　　二　莱辛的诗画异质说
　　三　画如何叙述，诗如何描写
　　四　莱辛学说的批评
第八章　中国诗的节奏与声韵的分析（上）：论声
　　一　声的分析
　　二　音的各种分别与诗的节奏
　　三　中国的四声是什么
　　四　四声与中国诗的节奏
　　五　四声与调质
第九章　中国诗的节奏与声韵的分析（中）：论顿
　　一　顿的区分

二　顿与英诗"步"、法诗"顿"的比较
　　三　顿与句法
　　四　白话诗的顿
第十章　中国诗的节奏与声韵的分析（下）：论韵
　　一　韵的性质与起源
　　二　无韵诗及废韵的运动
　　三　韵在中文诗里何以特别重要
　　四　韵与诗句构造
　　五　旧诗用韵法的毛病
第十一章　中国诗何以走上"律"的路（上）：赋对于诗的影响
　　一　自然进化的轨迹
　　二　律诗的特色在音义对仗
　　三　赋对于诗的三点影响
　　四　律诗的排偶对散文发展的影响
第十二章　中国诗何以走上"律"的路（下）：声律的研究何以特盛于齐梁以后？
　　一　律诗的音韵受到梵音反切的影响
　　二　齐梁时代诗求在文词本身见出音乐
　　　附：替诗的音律辩护
　　　　——读胡适的《白话文学史》后的意见
第十三章　陶渊明
　　一　他的身世、交游、阅读和思想
　　二　他的情感生活
　　三　他的人格与风格
附录　给一位写新诗的青年朋友
后记

　　前面已经介绍过，这《诗论》"讲义"正文的题名是《诗学通论》，1940年11月送请叶圣陶审阅的原稿仍为《诗学通论》。"通论"，当指通达的议论，是"诗学"这一学科的全面的论述。《后汉书·冯衍传下》云："讲圣哲之通论兮，心愊忆而纷纭。"可见朱光潜对于"诗"的研究的定位之高。虽说正式出版时把《诗学通论》改名为《诗论》，并一再谦称这只是"我的初步分析"。但朱光潜的这个"初步分析"不失为我国现代诗学的丰碑。不仅为新诗的发展探寻道路，也为诗歌史的研究提出了全新的见解。仅以第一本"讲义"（1934年）的第六章为例，朱光潜对中国诗体的变化以及律诗的兴起和六朝诗人的贡献就有如下评述：

> 中国诗的体裁中最特别的是律体诗。它是外国诗体中所没有的，在中国也在魏晋以后才起来。起来以后，它的影响就非常广大。……
> 无论近人怎样唾骂律诗，它的兴起是中国诗的演化史上的一件重大事变，这是不能否认的。律诗极盛于唐朝，但是创始者是晋宋齐梁时代的诗人。唐朝诗人许多都是六朝诗人的私淑弟子。……[陈子昂、李白]他们好像以为唐诗是平地一声雷似地起来的。历史家分诗的时期，也往往把六朝归入一个阶段，唐朝又归入另一阶段，好像以为两段落中间有一个很清楚的分水线。这种卑六朝而尊唐的传统看法不但是对于六朝不公平，而且也没有认清历史的连续性。平心而论，如果我们把六朝诗和唐诗摆在同一个平面上去横看，六朝自较唐稍逊。六朝诗人才打新方向走，还在努力新风格的尝试，自然不免有许多缺点。但是如果把六朝诗和唐诗摆在一条历史线上去纵看，唐人却是六朝人的继承者，六朝人创业，唐人只是守成。说者常谓诗的格调自唐而始备，其实唐诗的格调都是从六朝诗的格调演化出来的。

朱光潜认为："文学史本来不可强分时期，如果一定要分，中国诗的转变只有两个大关键。第一个是乐府五言的兴盛，从《十九首》起到陶潜止。它的最大的特征是把《诗经》的变化多端的章法、句法和韵法变成整齐一律，把《诗经》的低回往复一唱三叹的音节变成直率平坦。""第二个转变的大关键就是律诗的兴起，从谢灵运和'永明诗人'起，一直到明清止，词曲只是律诗的余波。它的最大特征是丢开汉魏诗的浑厚古拙而趋向精妍新巧。这种精妍新巧在两方面见出，一是字句间意义的排偶；一是字句间声音的对仗。"由此可见："这两个大转变之中，尤以律诗的兴起为最重要；它是由'自然艺术'转变到'人为艺术'；由不假雕琢到有意刻画。如果《国风》是民歌的鼎盛期；汉魏是古风的鼎盛期，或者说，民歌的模仿期;晋宋齐梁时代就可以说是'文人诗'正式成立期。由'自然艺术'到'人为艺术';由民间诗到文人诗;由浑厚纯朴到精妍新巧,都是进化的自然趋势,不易以人力促进,也不易以人力阻止。"[①]上述议论仅就诗体的变化来说,的确是独具慧眼,是对中国诗史作整体考察的榜样。

（原载《中国现代文学研究丛刊》2018 年第 5 期，<br>2022 年 3 月 13 日稍作修订）

---

① 详见朱光潜著,商金林校订:《诗论讲义》,北京大学出版社,2018 年,第 151—155 页。

# 林茂鸟自归　水深鱼知聚
——《暮年上娱——叶圣陶俞平伯通信集》浅析

苏州人杰地灵，名家辈出。文史学家王伯祥（1890—1975），社会活动家章元善（1892—1987），历史学家顾颉刚（1893—1980），作家、教育家、编辑出版家、社会活动家叶圣陶（1894—1988），文学家俞平伯（1900—1990），被誉为"姑苏五老"。王、章、顾、叶是地地道道的苏州人，俞平伯原籍浙江省德清县，但他生在苏州，在苏州一共住了十六年，苏州人也都认他是"同乡"。叶圣陶与王伯祥是中学同学，与章元善是小学同学，与顾颉刚是私塾、小学和中学同学，与俞平伯的交往则始于1918年。俞平伯与章元善两家原本是世交，与顾颉刚是北大同学，与叶圣陶和王伯祥结缘得益于新文学。他们都是一辈子很亲密的朋友，相濡以沫，心心相通。

## 一、"姑苏五老"中的叶圣陶和俞平伯

俞平伯1915年秋考入北京大学文科国文门。1920年年初毕业，同傅斯年一起赴英国留学。到伦敦不久，由于英镑涨价，自费筹划尚有未周，只好回国。这年9月，经蒋梦麟推荐，俞平伯到杭州浙江第一师范学校教国文，在那里结识了北大同学朱自清。1921年10月，俞平伯辞去一师教职，准备赴美考察教育。学校委托朱自清邀请叶圣陶来一师执教，接替俞平伯。后因香港水手罢工，俞平伯出国的事耽搁了半年，直到1922年7月9日才从上海坐上赴美的远洋轮。

迟迟不能出洋，俞平伯就和叶圣陶、刘延陵、朱自清一起发起创办新诗刊物。1922年1月15日，我国新诗史上的第一个新诗刊物《诗》月刊

创刊了。1922年11月中旬，俞平伯从温哥华乘船回到上海，在上海大学讲授《诗经》和中国小说，1924年12月中旬携眷回到北京，在北京外国语专门学校任教，后来到清宫懋勤殿整理书画。1928年到清华大学中国文学系任教，并在北京大学、燕京大学、女子学院兼课，直至1937年卢沟桥事变发生为止。

"姑苏五老"中，叶圣陶和俞平伯都是作家，共同的话语会更多些。1922年4月，俞平伯作《〈隔膜〉书后》（收入《西还》），称赞叶圣陶短篇集《隔膜》是"光，热，馨香底结晶"。5月，在叶圣陶的鼓励和启发下，俞平伯重行写定谈人生的诗，并以叶圣陶所设譬喻"如环的"为题，发表在《文学旬刊》第42期。6月，叶圣陶和郑振铎编定的《雪朝》由上海商务印书馆出版，这是周作人、朱自清、俞平伯、刘延陵、郑振铎、郭绍虞、徐玉诺、叶圣陶等八人的新诗合集。1923年3月，俞平伯加入由叶圣陶和王伯祥等人发起的朴社，每人每月出十元钱，集资出版书籍。5月12日，文学研究会会刊《文学旬刊》第73期公布该刊编辑人名单，叶圣陶和俞平伯、王伯祥、顾颉刚均列名其中。1924年4月，叶圣陶与俞平伯、朱自清等组织"我们社"，出版同人刊物《我们的七月》《我们的六月》。5月起，俞平伯主编的"霜枫丛书"由霜枫社陆续出版。其中有俞平伯校点的《浮生六记》，以及他和叶圣陶的散文合集《剑鞘》，这两本书的广告词出自叶圣陶之手，称得上是两首小诗，现抄录于下：

**霜枫之一　浮生六记　沈复著　俞平伯点阅**

作者是个习幕经商的人，全凭真率的性情和天禀的文才，写成这部反映出身世和心灵的自传。俞平伯先后作序文两篇，就它的本质和艺术加以批评，并钩稽书中事实，编成年表，对于读者尤为便利。

**霜枫之四　剑鞘　叶绍钧、俞平伯著**

中含二人的论说美文小说札记书评等，俱经抉择，力扫浮滥，作者的才性，作品的风裁，比较观之，颇有兴趣。[①]

1925年12月，俞平伯的诗集《忆》在北京朴社出版，书名由叶圣陶题写。俞平伯在开明书店出版的《杂拌儿》（一名《梅什儿》，1928年）、

---

① 《文学》第128期，1924年6月30日。

《燕知草》(1930年)、《读词偶得》(1934年)、《清真词释》(1947年)等著作,也都是叶圣陶亲手编校的。俞平伯在《〈读词偶得〉缘起》中说:"三、四年来频频得圣陶兄的催促与鼓励,我虽几番想歇手,而居然做完上半部,譬如朝顶进香,爬到一重山头,回望来路,暗暗叫了声惭愧。"① 俞平伯为《读词偶得》写的《一九四七年新版跋语》中说:"与圣陶兄久不相见,他始终勉励我,离群天末之思固不可托诸鳞鸿毫素耳。"②《读词偶得》从写作到出版,从初版到"新版","频频得圣陶兄"的"催促"和"勉励"。俞平伯在《〈清真词释〉序》中说叶圣陶不仅为他"校印"《清真词释》,就如何"读"和"释"《清真词》也有过许多切磋和交流。

俞平伯迁居北京后,"五老"面晤的机会少了,就写书信互致问候。"姑苏五老"中王、章、顾、叶的书法均堪称一流,虽说不是书法家,但都在书法方面下过真功夫,认真临写过多种碑帖,他们的字无论从架构上考校,还是从整体布局与行气来看,都自成一体,潇洒流畅,充满了浓浓的书卷气。不过,叶圣陶对王、章、顾"三老"的书法并不太赏识,至于他自己的字则说"有时尚可,有时极难看",而对俞平伯的字特别偏爱。在现代书法中,叶圣陶最欣赏弘一法师李叔同,在《弘一法师的书法》③ 一文中说过很多赞美的话。在李叔同之外,也很欣赏俞平伯。俞平伯的字笔度精妍、端庄典雅,叶圣陶爱不释手。他在1974年11月3日给俞平伯的信中写道:"兄之书法,工笔好,随意亦好,弟真个爱之。皆贴于一道令纸订成巨册中,时时出而观玩之。"④ 遗憾的是1920年代至1940年代的书信大多在战火中和抗战"逃难"时焚毁或丢失了。新中国成立后,"五老"都聚到北京,开会或学习常在一起,又都住在东城,走动起来很方便,也就用不着写信了。王伯祥说"林茂鸟自归,水深鱼知聚",而俞平伯则称自己是"稚弟","谨当追陪诸位兄长之后",以得挈领为喜。

"文革"中"五老"都受到磨难。"文革"后期生活相对平静了,朋友间的正常交往也逐步恢复,可"五老"年事已高,有的还乔迁到宣武区

---

① 《俞平伯全集》第4卷,花山文艺出版社,1997年,第5页。
② 同上书,第73页。
③ 《叶圣陶集》第5卷,江苏教育出版社,2004年,第443—444页。
④ 叶至善、俞润民、陈煦编:《暮年上娱——叶圣陶俞平伯通信集》,花山文艺出版社,2002年,第10页。

和西城区，虽说"小聚殊有味，惜相去稍远，往返车程不甚便"（俞平伯1974年12月12日致叶圣陶）。不能经常来往"促膝面对"，只好"以信代晤"，用写信来畅怀倾吐，"一书便作一相见"（叶圣陶语）。叶圣陶与俞平伯往来的书信最勤，"数日即有一信往复，甚或一日二书，彼此以书翰进行思想交流，文辞切磋，兴之所至，辄奋笔疾书，或赏析、或质疑，一无矫饰，内容丰富；国运家事，典籍字画，新撰旧作，砌草庭花，以至宇宙观，人生观，无所不臻，尔来吾往，有书必复，尝戏云：酬答如是，无异于打乒乓球"①，其思绪之敏捷，学识之渊博，兴趣之宽广，友情之弥笃，在同辈人中并不多见。两位老人谢世后，叶至善、俞润民、陈煕将两位老人1974至1985年间的八百余通书信汇集起来，依岁月之嬗递，编成一部45万字的大书《暮年上娱——叶圣陶俞平伯通信集》，由花山文艺出版社于2002年1月出版。

## 二、书简往回如打乒乓球

打开《暮年上娱——叶圣陶俞平伯通信集》（以下简称《暮年上娱》），我们首先看到的是两位老人接读来信时那种喜悦和陶醉的心情。叶圣陶1975年8月18日给俞平伯的信开头写道，"平伯尊兄：昨接复示并新稿，喜不可支。书简往回如打乒乓球"。因为快到中元节了，就在信中谈起江南过中元节的风俗。俞平伯8月21日回信："圣兄左右：诵十八日书，'往回如打乒乓球'喻妙而切"，随后讲起北京有别于江南过中元节的风俗，说"江乡昔梦已远，晚节京尘重叙，谓非胜缘得乎"。叶圣陶1976年1月28日给俞平伯信的开头写道："平伯吾兄赐鉴：上午接复示，长至四页，大餍贪食多多益好之鄙怀，于此又见兄兴致之好，腕力之益健，总之，悦怿无量。"随后抄录了他在《人民文学》新春座谈会上吟诵的《水调歌头》，请俞平伯指教。俞平伯2月1日回信说："得读新词甚佳，弟病中惮于构思，殊有望洋之感耳。"随后说到"新词"有一字可"避"，并列出可选用的几个字，供叶圣陶斟酌，叶圣陶自然十分欣喜。俞平伯1976年4月1日给叶圣陶的信开头写道，"诵上月廿八手书，内容丰富，应接

---

① 许宝骙：《序》，《暮年上娱——叶圣陶俞平伯通信集》，第1页。

不暇"。在当天写的第二封信中说:"圣陶吾兄左右:前书有三纸,语竟未说完,可笑。"叶圣陶4月2日回信说,"又连承两球,敢不勉还一击"。4月10日给俞平伯的信中说:"连承两球,妙绪络绎,览之放下,重复展观。"

他们之间有说不完的话,信长的多达4000字。俞平伯1976年6月25日给叶圣陶信的开头写道:"圣陶吾兄尊鉴:每得赐书,均要言不烦,意切而情真,辄低徊三复之。弟妇亦言,圣翁之书必须读两遍。层楼兀居,佟傯中有岑寂。庚(1930年——引者注)辛(1931年——引者注)归京,即住建外,如客异地,不觉其在北京——自前乙卯(1915年——引者注)来京六十一年矣——曾有句云,'一似迷方感,归来懒出门'。至近日两人都病,更极少出门,出则必多劳人力,不喜为之。雒诵来书,如清风披拂,涤我烦襟,是为不可缺之俦侣,又不仅是'上娱'已也。又闻将宠弟等以新篇,不胜欣企之情,惟只宜从容以之遣兴耳。"(《暮年上娱》第147页)叶圣陶6月27日回信说:"平伯兄赐鉴:昨接大札,反复观之数遍。兄言弟书'为不可缺之俦侣',此正弟之所欲言,弟于兄书亦复如是。打乒乓虽是戏言,而往复心通,殊非易得。得之则惯之,发出一书,即计来书之时日。邮递同志每日来二次,其到达之时刻萦绕于心,苟来时无所盼之书,则有失望之感矣。"(《暮年上娱》第148页)可喜的是推测的"来书之时日",从未让他们"失望"过,"语少而意富且旨",全是"真情实话","展诵之欣,如饮醇醪"。

叶圣陶人脉较广,性情敦厚谦和。俞平伯性格内敛,我行我素。他俩能成为一辈子的朋友,得缘于他们的为人处世都极其认真,又都能真心诚意地为对方考虑,奉行一种最典型的"利他主义"。1976年3月15日,叶圣陶听说朱自清夫人陈竹隐病了,就写信告诉俞平伯,说一定要去看望她,"期于'五一'以后","届时兄能出门,弟当致一小车同载往返"。当时叶圣陶的待遇已经恢复,出门可由教育部配车,可真到要车的时候又觉得因私要车不合适,决定改乘公共汽车。叶圣陶住在东四八条,俞平伯住在永安南里,陈竹隐住在清华大学,途中要换几次车,叶圣陶担心俞平伯的身体吃不消,就给他写信说:"弟可以要教部之车,而清华道远。耗油量多,不欲以私事而享此'法权'。至于雇车,其事不易,费亦不少。考虑久之,是否容弟先往,缓日再为偕访。"(叶圣陶1976年5月22日致俞

平伯,《暮年上娱》第132页）

俞平伯回信说:"诣清华访陈夫人尊意至妥。弟近尚不宜远行,俟迟日体健再拟同往。"请叶圣陶"晤朱夫人时,祈为我等代候"。叶圣陶5月31日给俞平伯写信报告陈竹隐的近况。俞平伯6月2日回信对"竹隐夫人晚岁独处一室"深感忧虑,而对叶圣陶的"郊行愉健",则深感欣慰。

其实,叶圣陶的"郊行愉健",全是报喜不报忧。叶圣陶5月30日记:"晨间偕至善出门往清华园。本当到平安里乘出城之汽车,而至善误记,以为须到和平里再乘车。以此之故,多走了好些路,耽搁了时间,十点乃到朱夫人所居之宿舍","坐约一小时而辞出","到家时已十二点二十分"。① 他这时已是82岁高龄的老人了。

在清华园,陈竹隐跟叶圣陶说了一件很烦心的事:新中国成立初期放在朱自清书房供人参观的两册《犹贤博弈斋诗钞》丢了。朱自清生前亲自编定过两本旧体诗集,一本是《敝帚集》,取"敝帚自珍"之意;另一本就是《犹贤博弈斋诗钞》,寓略强于博弈之玩的意思。这些旧体诗没有发表过,但它恰恰是朱自清在研究我国古典文学方面下过苦功夫的见证。朱自清在清华大学和西南联合大学教授我国古典文学,讲得最多的是诗。为了教好古诗词,他不仅下苦功夫把大量古诗词背下来,而且从逐句换字地拟古做起,学习写作旧体诗词。从古诗十九首到唐、宋许多名家的作品,他都在仔细揣摩后重新填写过。他认为只有这样,才能真正体会其中的况味,才能讲好课,教好学生。《敝帚集》写于全面抗战以前;《犹贤博弈斋诗钞》写于全面抗战以后,是朱自清在1946年7月即将北归时编定的。他在《〈犹贤博弈斋诗钞〉自序》中谈及为什么要写这些"拟古"作品时说:"余以老泉发愤之年,僭大学说诗之席",而痛感"声律对偶,劣得皮毛",开始发愤学诗;抗战西迁,师友唱酬,"其间独咏写怀,联吟记胜","翰墨相将,唱酬无致,诗简往复,便尔经年,古律参差,居然成帙"。② 虽说"偏意幽玄,遂多戏论之类","只可自娱","惟是中年忧患,不无危苦之词;不是"独咏写怀",而是"联吟记胜"。这段时间,叶圣陶与朱自清有很多唱和,深知《犹贤博弈斋诗钞》对于朱自清研究有着非同寻常的

---

① 《叶圣陶日记:一九七六年》,《叶圣陶研究年刊》(2012年),开明出版社,2012年,第156页。

② 《朱自清全集》第5卷,江苏教育出版社,1996年,第241—242页。

意义。一到家，他就分别给北京图书馆以及朱光潜、吕叔湘等他认为有可能知道线索的朋友写信打听，并和吕叔湘、季镇淮一起寻找，最后终于找到了，这让俞平伯极为欣喜。他在10月9日给叶圣陶的信中说："三君寻求之力为不虚矣。异日吾兄必有抄本，弟当假观，重读而细绎之。"（《暮年上娱》第173页）俞平伯知道叶圣陶眼勤手勤，见到好的诗文总会抄录下来细细揣摩，因而推定"异日吾兄必有抄本"。

叶圣陶处处为俞平伯的健康着想，对他的心情关注得尤为精细。1976年2月16日，俞平伯与夫人许宝驯在家中开"鹧鸪天词歌唱录音曲会"，唱词是许宝驯所填的《鹧鸪天·耐圃八十自嘲》，词云：

> 少小不谙世俗情，老来犹乏应酬能。躬逢盛世容吾拙，白首相将度岁春。　心寂寞，意沉吟。天涯芳草倚阑人。如梭岁月无知过，试向新来学习增。

这首词由谢锡恩谱曲并指挥，周铨庵、张允和、朱复、陈颖、俞成参加演唱，自娱自乐。许宝驯是俞平伯舅舅许引之的女儿，字长环，后改为莹环，晚年自号耐圃，长俞平伯四岁，浙江杭州人，在北京长大。许宝驯自幼受到良好的家庭教育，能弹琴、度曲、作诗、绘画，并善书法。俞平伯觉得《鹧鸪天》词好，"谱在昆腔西乐之间，亦尚好"，就请叶圣陶到寓所欣赏，听曲会录音。叶圣陶听了总觉得词调有些"寂寞"，4月10日给俞平伯写信说：

> 在尊处听唱《鹧鸪天》，又闻"寂寞"之语，乃于信笔涂抹之间自然脱颖而出，不俟思索。苟能于教宗起信，必无所谓寂寞。惟其寂寞，故贵真朋友（此朋友包括家属在内）。真朋友相值，暂时得不寂寞，斯至乐矣。恐此亦是年岁较大之人之通病欤。瞎说一阵，兄将笑之。（《暮年上娱》第107页）

老年人免不了会有寂寞之感。可俞平伯夫妇都信佛，叶圣陶就讲起"苟能于教宗起信，必无所谓寂寞"的道理；又说"惟其寂寞，故贵真朋友"，此中心意俞平伯自然都能理解。他在4月13日给叶圣陶的回信中说："手示中有一括弧，'此朋友包括家属在内'，亦中肯之至言，天亲人伦之征。见乎辞矣。"并说夫人许宝驯看了也会"必惊且喜也"，"感谢感谢"。

俞平伯与许宝驯感情深笃。俞平伯享受了"丈夫"加"弟弟"的种种幸福，就连"文革"中在河南干校接受"再教育"期间，也仍在夫人亲自料理之下独享清福。1982年2月7日，夏历壬戌元宵节的前夕，许宝驯撒手人寰，64年恩爱夫妻造成永诀。哀伤中的俞平伯一连作了《悼亡诗》20首，他把《悼亡诗》连同他拟的一则联语"此后无人惊独语，更从何处话前尘"寄给叶圣陶。也正是因为俞平伯与夫人感情太好，使得好些亲友认为俞平伯很难渡过这个难关，找上门来向叶圣陶诉说俞平伯的哀伤，恳请叶圣陶出出主意该如何去劝慰俞平伯。叶圣陶听了很生气，说他们"庸人自扰"，根本不了解俞平伯。他说俞平伯思想很通达，对于"生死"看得很透彻，绝对不会有事的。他在2月27日给俞平伯的回信中说："迭诵所示诗，悉心默念，似有所会，不敢评议，不敢劝慰，惟恐其渎也。"叶圣陶的夫人胡墨林早在1957年3月2日就去世了，因而更能体会俞平伯"独居"后的心情。他太了解俞平伯了，知道这个时候应该让俞平伯发泄发泄，说什么劝慰的话都是无用的，就抄了两句他当年写的诗"永劫君孤往，余年我独支"，作为对俞平伯《悼亡诗》的"敬答"（《暮年上娱》第459页）。俞平伯3月1日的回信中说"敬答"言简意深，不仅让他所"喜读"，也成了"逝者之幸"。

### 三、切磋诗文，那是两人谈得最尽兴的事

"五老"的交往中有很多很好的"传统"。"文革"前叶圣陶家的昙花每年都开，开花之时一定邀请王、顾、章、俞前来观赏。俞平伯的《秋夕叶圣陶招饮看昙花》中写道："移从灵鹫瑶华远，传作轮王瑞应看。惊喜翩然开夕秀，秋窗留醉话苍颜。"① "话苍颜"说的是"五老"在一起赏花饮酒畅叙。叶圣陶的宅院中有两株树龄高达百年的海棠，每年海棠盛开时，必请王、顾、章、俞"四老"前来共赏，戏称"五老会"。叶圣陶1980年6月为俞平伯长卷《重圆花烛歌》的题诗中有"周甲交情回味永，海棠花下今又春"之句，这"海棠花下"说的就是"五老会"。王伯祥过世后改为"四老会"，顾颉刚过世后改为"三老会"。1982年的春天来得

---

① 《俞平伯全集》第1卷，花山文艺出版社，1997年，第535页。

早,海棠花也开得最为繁密。4月10日,叶圣陶把俞平伯和章元善接到家里饮酒赏花。他在当天的日记中写道:

> 至善于八点二十分出门,往迎元善与平伯。……与元善、平伯共谈。三聋居然彼此能大略听清,如此晤叙共言难得。又言看海棠适盛开,尚未有一片花飞,亦为可喜。……调云(阿姨)治馔益精,共言色色俱佳。……食毕复闲谈,至两点客去……皆折海棠一支。

俞平伯4月16日在给叶圣陶的信中说:"十日欢叙堪称良会,晴和花开,视去岁雨中尤胜。兼晤郎媛(至善、至美、至诚——引者注)三君,喜慰。新枝海棠携归盛放,得驻春痕二日。"(《暮年上娱》第466页)章元善过世后"赏花"改为"二老会",海棠盛开时还是接俞平伯前来观赏。难怪俞平伯总说叶圣陶对他"宠爱有加"。

俞平伯心里也总是惦念着叶圣陶。有了好的花种,会分送叶圣陶种植;家里的花开了,就选"缤纷繁丽"的花朵压制成标本,送给叶圣陶欣赏(《暮年上娱》第5、6页);得到上好的花笺,会分送请叶圣陶"乞于闲时挥写"(《暮年上娱》第7页);偶获珍稿,也都送请叶圣陶一一展观(《暮年上娱》第10页)。至于切磋诗文,那是两人谈得最尽兴的事。1975年1月3日,叶圣陶为了纪念他们共同的朋友朱自清作了一首《兰陵王》,初稿写出后即寄请俞平伯"严格推敲"(《暮年上娱》第23页)。一时间两人的通信竟达到每日一封的程度,来往书札多达18封,还于2月10日面谈了一次。俞平伯1月6日在信中列了一个表格,分为"原作""拟改""附记"三栏,提出了14条修改意见,并另写3张信纸,对每一条意见做了详尽的阐释。叶圣陶看了,逐字逐句地提出讨论,采纳的说出好在哪里,不拟采纳的也说出自己的想法和理由,字斟句酌,来回商定。《兰陵王》调分三片,属长调,但终究字数有限,篇幅不大,要容纳他们二人对朱自清几十年的忆念,是件极难的事情。但经过两人反复磋商与推敲,终成杰作。现抄录于下:

### 兰陵王

一九七四岁尽前四日,平伯兄惠书言:"瞬将改岁发新,黎旦烛下作此书，忆及佩弦在杭第一师范所作新诗耳。"①佩弦之逝已二十余年，览此感逾邻笛，顿然念之不可遏，必欲托之于辞以志永怀，连宵损眠，勉成此阕。复与平伯兄反覆商讨，屡承启发，始获定稿。伤逝之同悲，论文之深谊，于此交错，良可记也。

猛悲切，怀往纷纭电掣。西湖路，曾见恳招，击桨联床共曦月。相逢屡间阔。常惜、深谈易歇。明灯坐，杯劝互殷，君辄沉沉醉凝睫。　　离愁自堪豁。便讲舍多勤，瀛海遥涉，鸿鱼犹与传书札。乍八表尘坌，万流腾涌，蓉城重复謦欬接。是何等欣悦。　　凄绝，怕言说。记同访江楼，凭眺天末。今生到此成长别。念挟病修稿，拒粮题帖。斯人先谢，世运转，未暂瞥。②

创作过程中，叶圣陶与俞平伯字斟句酌、来回商定的例子能举出很多，如"击桨"，初稿中是"拨桨"，俞平伯觉得"拨"弱，建议改用"打"。叶圣陶觉得"打"字显得粗些，经过反复磋商，最后才改为"击"。写定后平伯把这首词抄送朋友们共赏，在评语中说："此篇用美成四声，参考近人《周词订律》，用力至劬。如首三字，尾六字，悉符清真原唱。其他亦备见匠心，兹未及觊缕云。……清真只赋情艳，衡以今谊，犹病凡俗。此则笃念心交，事连宗国，尽柔刚之美，与《兰陵王》之声情清越者相应，若青蓝竞彩冰水增寒矣。"③

叶圣陶帮俞平伯打磨诗文的事例也很多。俞平伯1982年8月19日给叶圣陶的信中说有篇"错误的文章"登在《南洋商报》上，"很糟心"。这篇文章题为《杂谈曼殊诗〈简法忍〉》，刊登在8月9日新加坡《南洋商报》上，文章谈"欣赏与了解"的"孰先孰后"。俞平伯说按"常情"应该是"了解为先"，不过"不了解"的也可以欣赏，"欣赏亦可先于了解"，列举的诗是苏曼殊的《简法忍》，诗云："来醉金茎露，胭脂画牡丹，落花深一尺，不用带蒲团。"

俞平伯说这首诗"不大好懂"，"只有第一句邀客饮酒是明白的。以下三句都似乎有问题。如第二句、第三句相连么？牡丹和落花有关系么？画

---

① 诗云："除夜的两支摇摇的白烛光里，／我眼睁睁瞅着／一九二一年轻轻地踅过去了。"
② 陈次园、叶至善、王湜华编注：《叶圣陶诗词选注》，开明出版社，1991年，第250页。
③ 同上。

的自不会落。且牡丹名贵，花落亦不会深至一尺。就三、四句说，即使庭院花深盈尺，为什么就不带蒲团，难道打坐在满地残红上么？诗人之言固不宜呆看，而总觉不明。虽是不明无碍其好"。① 文章见报后才发现"论证未确"，就写信告诉叶圣陶。叶圣陶1982年8月11日回信说：

> 尊稿论曼殊诗者已看毕。欣赏不一定后于理解，兄意多层，弟皆信从。曼殊此诗，总之要法忍来，其他都是兴到之语。第二句或是黄公所谓"隐语"与弟所说"密码"，或是说来共画牡丹寄兴。（兄以为有此可能否？）至于"深一尺"，亦如"白发三千丈"，"潭水深千尺"，尽往多里说。说了落花多就想坐落花，于是来了"不用带蒲团"。如此浅说，说得过否？（《暮年上娱》第483页）

《简法忍》中的"简"似应作"柬"字解；"法忍"当是一位和尚的法号。落花既深一尺，可作坐垫用，大可以不带"蒲团"了。叶圣陶的"浅说"，对《简法忍》作了极精辟的解读。俞平伯8月14日回信说：

> 前以小文复制清本奉呈，遂得指正，幸也。读之惊喜逾恒。"浅说"岂但"说得过去"，竟是一语道破。其妙处正在于浅。弟以妄想引起曲说，走入迷宫愈走愈远，片言唤醒，恍若发蒙。原题只云"简法忍"（"简"字通"柬"），不言约在酒家，则禁忌、帻子等等都落空了。拉扯就是附会，曲解就是穿凿。还有一点，前文未提到法忍其人亦欠完全。《燕子龛遗诗》在此诗下面有《南楼寺怀法忍·叶叶》：
> 
> 万物逢摇落。姮娥耐九秋。
> 
> 缟衣人不见，独上寺南楼。
> 
> "姮娥"、"缟衣"，盖谓女子。曰"缟衣"者，以别于缁衣，其在家修行，非比丘尼。有关于佛教，就说到蒲团。原约她来饮酒赏花作画，若连吃肉，无乃好笑。"深一尺"不必泥定是何花，甚言之以示春色阑珊，宜及时行乐耳。"来"字领起，以下一气呵成，行云流水直贯篇终。诗心通乎禅理，而兄之胜解如之，弟作庸妄可烧矣。若夫切磋论文之乐，于尘缘为希有，而况同在晚岁欤。（《暮年上娱》第487页）

---

① 《俞平伯全集》第3卷，花山文艺出版社，1997年，第409—410页。

10月4日，俞平伯在《南洋商报》发表《〈谈曼殊诗〉一文订误》，开头写道："八月九日，《南洋商报》载我的《杂谈曼殊诗〈简法忍〉》一文，论证未确，恐生疑惑。爰录近与叶圣陶先生通信二则，以代更正，并此致歉。"通信二则即《叶圣陶一九八二年八月十一日来书》和《俞平伯同月十四日复书》。俞平伯在为叶圣陶"来书"加的附言中说："叶老之书佳绝，可细看，则前文可废。我称为'简而深，直而和，金玉之音'，盖不虚也。"①

## 四、广博深入　无所不臻

1976年，中国艺术研究院红楼梦研究所成立《红楼梦》校注出版小组，校注《红楼梦》。4月，冯其庸来到叶府，恳请叶氏父子（叶圣陶和长子至善）审读《红楼梦》校订样本及注释稿。叶圣陶答应后就写信告诉俞平伯，并就《红楼梦》的版本、标点、注释、作者，以及《红楼梦》研究的历史和现状等诸多学术问题进行探讨。叶圣陶1976年5月22日在给俞平伯的信中说：

> 上周陈次园来，谈及兄为英文本"红楼"之译者杨君解决"享强寿"三字之义。看"红楼"已不知其几遍，近时亦偶翻一回半回为遣，而于可卿出殡之铭旌迄未留意，方次园举出此三字时，闻而茫然。及闻述兄之解释，乃信兄读此之精审不可及。特未知一般铭旌是否书明年寿，抑此为曹雪芹之偶尔弄笔。又，秦可卿终年三十有余，似嫌其大，凤姐长一辈，犹仅二十余岁。偶想及，书之为谈资。（《暮年上娱》第132页）

仅就这封信而言，涉及的学术问题就有很多。再如，俞平伯1979年2月28日给叶圣陶的信中说，戴不凡的《揭开〈红楼梦〉作者之谜——论曹雪芹是在石兄〈风月宝鉴〉旧稿基础上巧手新裁改作成书的》，似与"鄙见有合"。叶圣陶3月9日回信说，"观其（戴文——引者注）所举诸内证，皆明全书行文自相矛盾，似可相信。戴文颇长，态度欠佳，甚不明快"。

---

① 《俞平伯全集》第3卷，第415—416页。

(《暮年上娱》第 303 页）俞平伯 3 月 11 日回信说：

> 戴君之文有新见解。弟方在研读，亦觉其稍冗，未脱自传说与脂批之笼罩。其说若行：一、摇动曹雪芹之著作权，二、降低《红楼梦》之声价，影响非浅，想红学家当众起而咻之，争鸣结局如何，良不可知也。其说之后半（即曹雪芹整理）易成立，而其前半（石头玉兄创作）则否。岂贾宝玉自作《红楼梦》欤？殆非常情所许也。（《暮年上娱》第 304 页）

随后两人又谈起新创刊的《红楼学刊》。叶圣陶 9 月 8 日给俞平伯的信中说，《红楼学刊》中"尊诗及他友诗词皆有错字，校对疏忽，见之殊不舒服。此册中弟以为王朝闻与蔡义江两篇最佳，王君于文艺创作与文艺评论真能心知其故，今时未可多得。不识兄以为何如"。（《暮年上娱》第 337 页）俞平伯 9 月 10 日回信说："学刊中颇有文章，（王蔡文容细读）补注亦均妥，只讹字太多，累及书品耳。"（《暮年上娱》第 338 页）

两位老人谈论的议题当然远不止这些。文学、历史、宗教、哲学，唯心唯物、有神无神乃至马恩学说无所不谈，还论及金石字画、电影戏曲、山川园林、花虫鱼草以及休闲方式等等，真可谓"古今中外""海阔天空"。俞平伯 1976 年 5 月 28 日给叶圣陶的信中说：

> 圣陶兄大鉴：
>
> 　　此书冗长，有"前言"祈先省览。近所讨论题目太大，实是地老天荒的，也就是来札所云"历万世而不已"的问题，以弟之孤陋恐未能胜任，故前书有姑作为漫谈之说。然如能在谈论之初，先把立场表出，庶不至于游骑无归，而吾二人间取同存异，亦方便良多，可省无数闲笔墨也。其另一点，吾兄处人事较繁，弟杜门养疴多暇，拉杂妄涂聊代晤面，每不觉言之长矣。承不弃屏，且引为"上娱"至感至感，又深知雅怀诚挚，辞无虚设也。但义既虚玄，辞又连娄，以之尘渎，似觉未宁。窃谓如值事多，信到无妨暂搁一边，俟暇时借以遣兴，再答亦未为迟也。（《暮年上娱》第 135 页）

随后信中就"神秘的看法""唯心唯物之论争""常识、情、理三者"等诸多方面展开谈论，仅"理"就涉及《起信论》《心经》和《圆觉经》。

其实,"如值事多,信到无妨暂搁一边"的话是一时的客气,既然是"打乒乓球",一旦发了球,就总盼望对方挥拍对打。俞平伯1976年5月30日给叶圣陶的信中说:"严译《天演论》多识前言,良为奥博,惟每羼杂己见,其论业力、遗传(九十四页)似混心物之辨;言瞿昙创教似一完整体系,而大小两乘实有原始后起之别,无容混为一谈者也。与吾兄共读是书诚为难得之机会,盼得攻错,释疑匡谬。"(《暮年上娱》第138页)叶圣陶5月31日回信说:

平伯兄赐鉴:

　　昨今两日上午皆接覆书,计共八笺,如此殷勤言语,敢不反复含咀,兄书越来越可珍矣。"前言"二点,自谓能领略。弟不甚想到究竟的方面,而兄之所诣颇愿听闻,虽听而不悟,亦不碍其为上娱。打破乌盆纹到底,终是个不可知,恐怕永远如是。

　　廿八夕尊书至为丰富,拟排日观之味之,今不多说。严氏译《天演论》,去年曾借早期印本抄写一遍,昨日尊书对此译有评议,亦将据所示而重读之。(《暮年上娱》第139页)

叶圣陶的回信至少有三点值得注意。一是俞平伯提出的问题他会"反复含咀"。二是"严译《天演论》多识前言",均"能领略"。叶圣陶早在中学读书时就读过《天演论》,1923年与顾颉刚一起编纂的民国第一部初中语文课本(《新学制初中国语教科书》)就选用了《天演论》的两篇《导言》,他对《天演论》是有研究的。三是"将据所示而重读"《天演论》,而在1975年他已经"借早期印本抄写"过一遍了。为何要"抄写",看他写的一首《抄书》就明白了:"一目十行下,或吞囫囵枣;一字莫遁逃,还是抄书好。陶不求甚解,岂谓竟草草?何由毋草草?抄书径可蹈。提笔意始凝,并驱手共脑,徐徐抄写之,徐徐事究讨。细嚼得真味,精鉴乃了了,瑾瑜固惬心,瑕亦辨微小。此际神完固,外物归冥邈,罔觉渐移晷,不闻当窗鸟;佳境良难状,其甘只自晓。"[①]叶圣陶在中学读书时就养成了"抄书"的好习惯,一辈子都爱"抄书"。至于"打破乌盆纹到底"云云,意在表明他会与俞平伯好好探讨他提出的这些问题。叶圣陶嗜书如

---

① 《叶圣陶集》第8卷,第322页。

命,直到 1975 年还在"抄读"《天演论》;这一年,他 81 岁。而俞平伯看的书似乎比叶圣陶还多还杂。叶圣陶生前跟我谈起俞平伯时说,有人总以为俞平伯是"老古董",但要是能把他读过的书都读一遍,并且都能读懂,就一定会认识到俞平伯"很新"。也正是因为他们的一生都在大量、广泛地读书,所以才会有许许多多的共同语言和高尚的情操。

1984 年秋,俞平伯来信说到他四岁读《大学》,引起叶圣陶重读《论语》的兴趣。俞平伯 9 月 22 日回信说:"偶呈管见,乃深蒙奖借,引及《论语》,何幸如之,惭愧感激!引起我兄读《论语》之兴味,则更堪喜悦。有《四书便蒙》之大字本即弟四岁时所读者,拟借奉披览,尽可从容,留在邺架。书有十本,拟嘱韦奈(外甥——引者注)暇时送呈左右。弟曩在吴门,屏居书房,未能与诸友共学,咫尺天涯,视为平生之缺憾;于今耄耋京尘,以儿时课本得与尊前同读,或亦有似补天荒石欤?"(《暮年上娱》第 591 页)叶圣陶接到《论语》后,边读边与叶至善讨论。俞平伯 1985 年 5 月 12 日给叶圣陶信中说:"昨至善君来,携致《论语》,欣感。"(《暮年上娱》第 600 页)叶圣陶对《论语》的阅读揣摩长达七八个月之久,这让俞平伯很欣喜感激。

值得补一笔的是 1987 年秋天,已是九十三岁高龄的叶圣陶偶然想起三十年前中华书局出版过一本杨伯峻的《论语译注》,"当时翻过,好像不错",就让叶至善把书找来,连同杨伯峻写的"注释"和"余论",念给他听,"一字不落从头念,要慢,每天至多念十个'配其'","边念边议",尽可能把"深文大义"都吃透,这大概是叶圣陶生前读(听)的最后一本书了。叶圣善写的《我给父亲念〈论语〉》,编在《叶至善集》第 4 卷"散文卷"① 中,感兴趣的朋友可以找来看看。

叶圣陶给俞平伯的最后一封信,写于 1985 年 1 月 2 日,信中说:"兄出诗集,弟举双手赞同。惜诗既难于注,而兄又是反对自注者。须嘱出版社特别留心校对。再则既已说定出书,须说明不要太迟缓。太快不可能,以今日之实况言之,交稿齐后一年出版,差不多矣。写字越不像样,观之自厌。"(《暮年上娱》第 597 页)这一年叶圣陶九十一岁,视力极差,写字时手脑不能并用,手不听大脑的指挥,字写得歪歪扭扭,也就不再写信

---

① 开明出版社,2014 年。

了。信中说的"诗集"是《俞平伯旧体诗钞》。见叶圣陶赞成出版，俞平伯就请他写序，在 5 月 12 日的信中说："盼得吾兄数语宠之，胜似千言，不敢请耳，固所愿也，且亦读者所期望也。"(《暮年上娱》第 601 页）叶圣陶一向是有求必应，只因住在北京医院，写字又极其困难，就让俞平伯的女儿到医院来，把他要说的话记下来，送交俞平伯过目。俞平伯 6 月 16 日来信说："小女笔录粗疏，恐未适用。最盼口授删改，仍嘱至善君整理定稿，多改不妨，乔梓口气总相似也。"(《暮年上娱》第 601 页）这是俞平伯写给叶圣陶的最后的一封信。

《〈俞平伯旧体诗钞〉序》写定于 1985 年 7 月 14 日。叶圣陶在《序》中说，"中年以来，我对新体诗的看法是'尝闻瓶酒喻……念瓶无新旧，酒必芳醇'……我是做不到'酒必芳醇'的。我的无论什么文辞都意尽于言，别无含蓄，其不'芳醇'可知。平伯兄可不然。他天分高，实践勤，脚踏实地，步步前进，数十年如一日……他后来写旧体诗实是由他的新体诗过渡的，写作手法有些仍沿着他以前写新体诗的路子"，称赞俞平伯用"写新体诗"的手法来写旧体诗，使之到了"酒必芳醇"的境地。

两位老人真的做到活到老，学到老，兴奋到老，激情到老。叶圣陶俞平伯都是文学修养极高的人，经典满腹，学富五车。《暮年上娱》是他们的私下心坎独白，犹同经书那样，学路完整，大气千秋。他们所追求的是"毕写吾真"。即便是"懵懂愚顽"的"芹言"，"七情所幻"的"情魔"，"迂阔堪噱"的"俚语"，也都清真沉厚，别具风致，让我们看到这两位大家晚年的辉煌，可谓弥足珍贵。

[原载《名作欣赏》2021 年第 34 期（12 月号），
2022 年 3 月 5 日修订]

# 望之俨然　即之也温

——我记忆中的叶至善先生

小沫、永和姐弟俩经过四五年的搜集和整理，将至善先生的文集汇编成《叶至善集》，分为编辑、传记、科普、散文、创作和书信共六卷，即将由开明出版社出版。《叶至善集》的出版，是出版界的一件盛事。小沫要我写篇序，记忆的闸门一经打开，往事纷至沓来。

## 一

1976年冬天，第一次到叶府拜访至善先生，见面时如何称呼他怎么也想不好。虽说"文革"已经结束，但"革命"的风气犹存，最流行的是叫"同志"，客气一点的称职务。在我国现代作家中，子承父业，做得最杰出的，当首推至善先生，他是知名度很高的作家、教育家和编辑出版家，叫"同志"就显得不够尊敬。叫职务吧，也不好叫。至善先生当过《开明少年》和《中学生》杂志的主编，是中国少年儿童出版社的社长兼总编辑，还担任过中国科普作家协会的理事长，怎么叫才好呢，再说那时他还在"赋闲"，叫职务就有点"哪壶不开提哪壶"了，急急巴巴地叫了一声"叶老师"，这一叫就是三十年，直到他2006年离世时都没有改过口。

这"老师"也真没白叫。从那以后，至善先生真的成了我的老师。怎样做人，怎样读书，怎样写文章，怎样认识真理、明辨是非，处处给我示范。这三四十年来，我的点滴进步都可以追溯到他的循循善诱，言传身教。至善先生也在文章中提起过我，在《父亲长长的一生》中是这样说的：

> 七十年代后期，金林兄就常来看我。他在各个图书馆尘封的旧

> 报刊堆里找材料，发现了些什么，就像见着矿脉露了头，兴冲冲地跑来了，像是炫耀，又像是报喜。有时候还真个解开了在我心中藏了半个多世纪的疑团。如一九二五年十二月六日的青云路惨案，我那时没满八岁，分明记得有这么回事，却连到底发生在哪一年都说不清楚。是金林兄找来了我父亲在当晚写的报道——《"同胞"的枪弹》；是父亲听我念了他自己写的报道，才陆续回忆起了当时的若干细节。要不，在前头，我不可能把这件惨案交代得这样有头有尾的。这是后话。由于金林兄发掘不止，我和至诚知道，父亲有许多散文没编进集子，因而后来的选家和评论工作者选来选去，评来评去，总是《藕与莼菜》《没有秋虫的地方》那些篇目；后来出了本《小记十篇》，又尽在这十篇中打主意。兄弟俩都认为这种现象不太好，应该改变，跟父亲说了。他老人家说情形确乎如此。我和至诚又说，商金林找来了这许多没收进过集子的短文，内容各式各样，编两本集子也绰绰有余，我们很想试一试。①

他在这里说的编"两本集子"，就是后来出版的《叶圣陶散文甲集》和《叶圣陶散文乙集》。"七十年代后期"，百废待兴，图书馆满腔热忱地欢迎八方来客，全心全意地为读者服务。那时国家图书馆还没有建，老北京图书馆在北海，报库在西皇城根，杂志则藏在雍和宫东侧的柏林寺，距离叶府都不算远，我常到这几处查阅书刊，有了收获就"兴冲冲"来到叶府"炫耀"和"报喜"。常常是至善先生先看，看得感兴趣了就叫圣陶先生出来念给他听，我也乘机请教我想知道的问题，获益颇多。后来读到圣陶先生的日记，写到我的还真不少。

1980年12月2日记："下午商金林来，至善出去听传达报告（关于宣传工作），至诚与之接谈，弘琰亦在旁，余听他们谈话。商金林搜集余文篇之有关资料已两年半，非常熟悉。渠之所谈，往往令余生'果有是耶'之感觉。近亦搜集有关丏翁之资料，对欧阳、弘琰颇有助益。"欧阳是上海三联书店的欧阳文彬，她来北京是为上海文艺出版社编《叶圣陶论创作》②。弘琰是夏丏尊的孙女夏弘琰，她来北京是为浙江文艺出版社编

---

① 叶至善：《父亲长长的一生》，江苏教育出版社，2004年，第447—448页。
② 欧阳文彬选编：《叶圣陶论创作》，上海文艺出版社，1982年。

《夏丏尊文集》①。1981年8月24日记:"商金林来共晚餐。此君熟悉余文之篇目,编集可得其助力。"1981年10月19日记:"下午郑尔康来,渠从雁冰家代余借来一九二五年《公理日报》之复印本。此日报出二十余日而停刊。余所作署名秉丞者有六七篇。至诚得之甚喜。适商金林来,与尔康初相识。尔康方编辑其父之文集,金林善于搜集,余谓尔康可以托彼相助。"1981年12月10日记:"昔余家居乐山时与开明诸友之通信,调孚曾摘采之刊于当时上海之某杂志,名曰《乐山通信》。商金林为余查得此种杂志,复印相贻。至诚缮抄于稿纸,今日余乃看之改之。乐山一段生活殊可纪念,此稿可收入散文集中。全稿共四十一页,今日改二十余页而已。"②其实,我的这点"助力"真算不了什么,没想到他老人家总是放在心上,令我万分感激。

　　进入1980年代,我国的学术研究渐渐步入正轨并日益繁荣。由于研究资料匮乏,一时间走访名家成了寻找资料的一条捷径,人与人之间日常的往来也骤然急增。为了防备不速之客的打扰,许多人家大门上都装了"猫眼",听到敲门声,稍稍地从门里往外瞧,看清了是何方来客再决定是否开门相迎。叶府是一座四合院。白天,院子前面的两道大门都是虚掩着的。假如至善先生在家,推开第二道大门,跨过门槛,透过明亮的玻璃窗,便能看到他就坐在北屋书房里看稿或写稿。那年月,叶府真是门庭若市。有时我刚坐下,新的一拨客人又来了。遇到这种情况,至善先生就把我让到他的书房,让夫人夏满子和我聊聊家常,他接待来访的客人,要是圣陶先生得空也出来一同接待。来访的客人大多是有备而来,请教这样那样的问题,曾经不止一次听到至善先生对来访者说"是否可结束了","哎呀,怎么把我们当字典用啊!"希望访问的时间不要拉得太长。圣陶先生毕竟年事已高,坐得久了,话说多了就吃力。他又拘礼,不愿意让客人感到尴尬,所以类似"挡驾"的话只好由至善先生来说。有一位老朋友当着我的面劝至善先生说:"你那么忙,事前没有约好的客人有的可以不见的呀,你到别的房间去,说不在家不行吗?"至善先生则平静地说:"我这个人做了一辈子编辑,最不愿意的是让人失望。人家找到你,说明人家信赖

---

① 《夏丏尊文集》(三卷本),浙江文艺出版社,1983年。
② 抄自叶圣陶日记。

你，怎么可以拒绝呢？不见不合适，宁可把客人骂走，也不能躲着不见。"他待人就是这样真诚。其实，至善先生是很乐意与来访者一起交流的，待人以诚，识人唯长，这是他一贯的风格。只是有些来访者这也问那也问，就连一些常识性的问题也问个没完没了，总希望不虚此行，访问的时间越拉越长，这让至善先生感到真陪不起。

  从表面上看，"叶氏父子"是有差异的。圣陶先生出生在一个平民家庭，当小学教师时受到排挤，一度靠卖文补贴家用，后来成了名家，文章享誉海内外。他老人家真有几分"平民风"，朴实无华，和蔼可亲，朋友们都说"圣陶"这个名字也成了"微温""微甜"的象征，被誉为几代人的师表。与他老人家相比，至善先生则出身名门，岳父夏丏尊先生也是大名鼎鼎的作家、教育家、翻译家、出版家，成长在这种"幸福家庭"，免不了会沾染点"大少爷脾气"，有话直说，不会拐弯，不喜应酬，初次见面或者交往很浅的人往往感觉他不随和，但见多了就会感受到"有其父必有其子"。至善先生秉承父辈为人处世的精神，按父亲希望的那样做人做事、编书作文，待人真诚细心极了。例如客人说定下午2点钟来访，他会提前十多分钟坐在客厅里泡好茶等候，客人一敲门，就立即起身相迎。不过，要是你迟到个把钟头，进门又不说明理由，他会很生气。你请他帮办的事，他会很用心，即使是再微小的需求，也不会敷衍了事；可你要是不讲信用，办事敷衍潦草，他会很不客气地予以批评，不留情面。

  人民教育出版社的王泗原先生生前是叶府的"常客"，这是一位朴实得不能再朴实的学者，患有严重的关节炎，手脚不那么灵便，生活极其简朴。每逢过年，至善先生会让家里人做几样菜，由他亲自送给王先生。朱光潜先生善饮，"大小姐"出身的朱师母不会下厨，至善先生来北大看朱先生时，也会带几道好菜过来，陪朱先生喝酒聊天。

  1990年代初，我的家人移居海外。年三十一大早，小沫就来电话说至善先生请我到他家去过年。放下电话没多久，小沫又来电话说，至善先生特地叮嘱，要我千万不要买什么东西。我跨进叶府大门时，全家人都冲着我笑，说"老爸在等你呢"，催我快点到里屋去。至善先生见了我开口就问"买东西了没有"，我说"没有"。他便大笑了起来，握住我的手说："你真实在。"原来他让小沫打过第二个电话就懊悔了，觉得这个电话不该打，叮嘱我"千万不要买什么东西"的话不该说，说或许我本来就不会买什么，这么一叮嘱，反倒有提醒我要买东西之嫌，见我空着手来，这才如释重负。至善先生想得就是这么周到，这么细心。

吃年夜饭的时候至善先生跟我说，你以前总是下午来，以后改为上午来。一来他上午精神好，可以陪他多说说话。二来他家的午饭要讲究些，总会做几个菜，我可以吃了中午饭再走，趁便改善改善伙食；还说他家的菜叫"叶家菜"，比一般的馆子烧得好。这之后，我在叶府没少蹭饭。用餐时，至善先生总是把第一筷菜夹给满子，说一句"君子动口不动手"。第二筷菜就夹给我，要我多吃一点。元宵节做元宵，端午节扎粽子，也总会叮嘱家人给我留一份，让我感受到许多意想不到的温暖。

至善先生出生于1918年4月24日，在我的记忆中，他过生日总爱推延到"五一"前后，利用节假日，会更随意更轻松一些。1999年5月2日，家里为他做八十大寿，通知我也去，应邀参加的还有几位客人，年龄与我相仿，都是晚辈。那天天气特别好，中午就在院子里摆了两桌。我送了一只花篮，吃过蛋糕后，大家围着花篮照相。照过相，至善先生对我说："我下回过生日，你可不要买花篮。花篮倒是漂亮，不过摆两天就萎谢了，钱花得太不值得。你真要买，就给我买点吃的。"我知道至善先生是从来不吃补品的，问他买什么好，他笑着直摆手，倒是小沫心直口快，叫我买芝麻糊。上了年纪的人，觉睡得少，至善先生清早三四点钟就起床工作，早饭吃得早，到了九十点钟爱吃一小碗麦片或芝麻糊，算是加餐。这之后，我真的给他买过芝麻糊，他也总是说这个好，又说让我破费了心里不安，叮嘱我下回不用买了。圣陶先生谢世后，至善先生的生活并不富裕，长子三午、次子大奎身患残疾，得由他来负担。而他为了表示生活过得还算"小康"，年终的时候，会告诉我这一年的收支情况，有多少的盈余，他就是这么实在。人实在，文章写得也实在，常说写作就是"写诚实的自己的话"。

## 二

也正是因为出身于一个比较特殊的家庭，至善先生成名很早。1943年，与妹妹至美、弟弟至诚合著的散文集《花萼》由桂林文光书店出版。花萼，也叫华萼。棠棣之花，萼蒂相依，花两三朵为一缀，诗人常用来比喻兄弟友爱。这书名大概是圣陶先生给取的，寓意不言而喻。圣陶先生给儿女取命名至善、至美、至诚，也都寄寓了他的教育理想。三个儿女也都自觉地按照父亲的要求去做。至善先生的笔名是"于止"，寓勉力践行"止于至善"之意。1949 年，至善、至美、至诚又将他们的文章集结成《三叶》出版。1950 年，至善先生创作的科普作品《黄金的悲喜剧》由开明书店出版。他写的《织女星和牵牛星》编入《初级中学语文课本》第三册（新华书店 1950 年 6 月出版）。至于学着当编辑的时间就更早了。

至善先生早年就读于上海立达学园，1938 年跟随父母逃亡到重庆后就读于国立四川中学合川高中部，1939 年报考国立中央技艺专科学校农产制造科，1941 年毕业后先后在四川成都中央工业社、中央大学医学院、大有农产制造厂担任酒精技师和技术员。1944 年制造厂倒闭后到四川省广汉县立中学当化学老师，后来又应聘到蜀华中学执教。因为父母亲都是编辑，至善先生耳濡目染，技艺专科学校毕业后就帮着父母亲打下手，在工作之余帮着编写小学字典。1942 年协助圣陶先生编《普益国语课本》和《中学精读文选》。1945 年 8 月辞去教职，进入开明书店担任助理编辑，协助圣陶先生编《开明少年》和《中学生》杂志，并独立编写《开明新编初中代数教本》等教材。1950 年主编《开明少年》，1952 年转任《中学生》主编。1954 年 12 月，在中国人民政治协商会议第一届全国委员会常务委员会第六十二次会议上被选为第二届全国政协委员，此后一直连任至第九届。第六、七届任常委兼副秘书长，第八、九届任常委，是任全国政协委员届数最多的委员之一。1987 年 6 月，被增选为第七届民进中央副主席。此后连任第八、九届民进中央副主席，第十、十一届民进中央名誉副主席。1990 年 6 月，被推选为中国科普作家协会理事长。此外还担任过国家教委中小学教科书审定委员会委员、韬奋图书奖荣誉奖和国家图书奖终身评委、中国出版工作者协会顾问、中国编辑学会顾问等许多职务。但他总是把自己定位为一个编辑，一生以"我是编辑"为荣，不止一次地说过："我这辈子，其他都是虚的，编辑是实的。"当了半个多世纪的编辑，还"老觉得没做够"。

至善先生不认为当编辑是"为他人作嫁衣裳"。他说这么说似乎总觉得当编辑吃了亏，那农民种地、工人做工、医生给病人治病岂不都成了

"为他人作嫁衣裳"?我们这个社会"人人为我,我为人人",坦承自己之所以喜欢编辑工作,仿佛永远怀有巨大的"编辑瘾"的原因,"一是可以满足我的创作欲,跟当工程师当艺术家没有什么两样;二是可以满足我的求知欲,随时能学到杂七杂八的诸多知识。因而我乐此不疲,从未见异思迁"①。他的这些想法与圣陶先生的想法是一致的。圣陶先生早在1921年7月写的《"先驱者"》一文中就说:

> (编辑——引者注)的事业真是重要且伟大!他们给人以精神的粮食,授人以心的锁匙,他们不是超乎庸众以上的群么?——至少也应是先驱者。②

编辑面对的不仅仅是"幼稚"的"未成熟"学童,也面向"攻究科学的文学的乃至一切学问"的专家学者,面向"经商的做工的乃至营一切事业的"国民,这就要求"我们的编辑者都是富有经验的教育家和精通各种科学的学者","时代是刻刻趋新的,学问之海的容量是刻刻扩大的。要永久站在时代的前列,要探测深广的学海"③,编纂出精美的书刊,奉献纯正的"精神食粮",成为"追踪时代探测学海的引导者"。正是基于编辑是"先驱者"这个"定位",圣陶先生强调"编辑工作就是教育工作",编辑和教师一样都是在思想文化园地上辛勤劳作的园丁,是人类灵魂的工程师。也正是基于这个理念,至善先生才说编辑"跟当工程师当艺术家没有什么两样",编辑也是一种创造性的劳动,编辑工作讲究学术和艺术,这中间大有学问。每一本书,从提出选题到印制成书,每一个环节都可以发挥编辑的想象力和创造力,达到一种只有经过编辑加工筛滤才能形成的风格和水准,"努力做到无愧于读者,也就无愧于我们的可爱的祖国了"。④八十岁那年,也就是1998年,至善先生特地填了一首《蝶恋花》,不仅把它印在《我是编辑》⑤这本散文集的封面上,还用炭笔工工整整写出来,印在书的衬页上,最后写上"至善求正"四个字。词中写道:

---

① 《我喜欢编辑工作——在中国编辑学会上的发言》,《叶至善集》第1卷(编辑卷),开明出版社,2014年,第174页。
② 《叶圣陶集》第5卷,江苏教育出版社,2004年,第35页。
③ 同上书,第35—36页。
④ 《叶至善集》第1卷(编辑卷),第71页。
⑤ 叶至善:《我是编辑》,中国少年儿童出版社,1998年。

> 乐在其中无处躲。订史删诗，元是圣人做。神见添毫添足巨，点睛龙起点腮破。　　信手丹黄宁复可？难得心安，怎解眉间锁。句酌字斟还未妥，案头积稿又成垛。

"乐在其中无处躲"，编辑工作对于他说来是这样的欣喜和满足。谈编辑工作的诗作还有几首，请看他六十岁那年即 1978 年写的《贺新凉·望六书怀》：

> 矻矻何为者？事雕虫，咬文嚼字，灯前窗下。烟蒂盈盘茶重沏，忽忽秋冬春夏。且不悔为人作嫁。彩笔苦无回春力，敢丹黄信手胡描画。千古事，费评价。　　杞人自笑忧天塌。更何须、占风卜雨，担惊受怕。红紫万千迷人眼，细辨卉真葩假。再学习延安讲话。伏枥识途都无据，意拳拳尽力添砖瓦。翻旧调，寄骚雅。①

"且不悔为人作嫁"，这一句就是冲着当编辑是"为他人作嫁"这个说法来的，洋溢在字里行间的是他对编辑工作的无限热爱。

至善先生够得上"老开明"。1953 年开明书店与青年出版社合并，成立隶属于团中央的中国青年出版社，至善先生成了中青社"元老"。1956 年，决定成立中国少年儿童出版社，仍由中青社党组领导，"一个大院，两块牌子"。至善先生受命担任中少社第一任社长兼总编辑，但对中青社的工作一如既往的关心。1950 年代至 1960 年代，中少社与中青社互为呼应，共创辉煌。中青社推出《红日》《红岩》《红旗谱》《创业史》即"三红一创"红色经典读物的时候，中少社也出了《小兵张嘎》《铁道游击队的小队员们》《小武工队员》《两个小八路》，以及与学雷锋、学王杰相关的一大批少儿红色经典读物。作为中少社的领导，至善先生只要有可能，每一本新出版的书他都要亲自过目。童话作家孙幼军的《小布头奇遇记》，就是他一字一句斟酌着，在不改变作者文风的情况下进行修改的。他还亲自找到著名儿童漫画家沈培一起策划开本和装帧设计，在配置一百七八十幅插图之后，将这本书隆重推出，使之成了优秀的儿童文学作品。至善先生的上述业绩，我当然只能"听说"，可《蝶恋花》和《贺新凉》这两首词中写到的"句酌字斟还未妥，案头积稿又成垛"，以及"灯前窗下""咬

---

① 《叶至善集》第 5 卷（创作卷），开明出版社，2014 年，第 537 页。

文嚼字"的情景，却都是亲眼所见。因为名气太大了，送审的文稿书稿从四面八方涌来，"看稿改稿，浑忘昏昼"成了常态。手头的书稿还没有看完，要审的书稿又送过来了。但不管催得有多急，他总是"句酌字斟"，精益求精，真正觉得"妥贴"了才心安，所以凡是经他看过的稿子总是"一片红"。

至善先生跟我说过：改别人的稿子，得顺着作者的思路和口气来修改，改过之后还得是原来的风格，否则就成了替作者写稿了。凡是他改过的，他也都会说出改的理由来，让作者得到切实的指导。至于无须修改的稿件，他也会告诉作者不用修改的原因，给予表扬和激励。2004年秋，我撰著的《叶圣陶年谱长编》即将由人民教育出版社出版，校样出来后，我请至善先生拨冗审阅我写的《自序》。他当天就让儿媳蒋燕燕来电话说"写得挺好的，不用修改"。第二天，又让小沫来电话说"写得真的挺好"。他大概是觉得这"写得挺好的"一句话说得有点随意，所以又让小沫郑重其事地再说一回。作为一位著名的编辑出版家，他就是这样周密，处处替作者着想，让作者感到可亲可信可敬。

## 三

前面已经说过，至善先生在进开明书店之前当过中学教师，可他总说他不会讲课，更不会做报告，说是场面越大他越不会讲话，只喜欢聊聊天。这大概与他淡泊名利、不喜欢出头露面的个性有关。我曾在集会上听过他的讲话，都很简洁，没有客套，更不会拉架子，喊口号。其实，他是一位很"能说"的人，思维敏捷，逻辑性强，记忆力好得惊人，又博学多能，文化、教育、出版、历史、诗词、音乐、文坛掌故、前辈和朋友的往事，知道得可多了，天文、地理、科学、文学、人情、社会，说起来既生动又风趣。与他相对，真有"春风拂面"之感，一次聆教，终身受益。我这么说不是说"演说"的才能不重要，但生活中确有不擅长演说的人，如朱自清、沈从文。朱自清、沈从文讲课时为什么总是那么"紧张"我说不清，至善先生为什么"不会讲课"我也说不好，可他"不会做报告"的原因是略知一二的，简单点儿说就是不喜欢人云亦云，不喜欢煽情。

可他写的文章是得到朱自清、宋云彬、俞平伯等前辈们的赞赏的。朱自清和宋云彬 1942 年分别为《花萼》写过序，俞平伯称赞至善先生得到圣陶先生的"真传"，"乔梓口气总相似也"①。"科普卷"第一篇是写于 1945 年的《纪念"九一八"说起大豆》，全文共分为九节。第一节谈"日本为什么强占咱们东北"，写到《流亡之歌》和《长城谣》，点出"日本占领东北"，就在掠夺"森林，矿产，大豆，高粱"这些财富。第二节用数字告诉读者东北的森林、煤矿、铁矿、黄金及农产品在我国和在世界上所占的比重。第三、四两节说到有关"豆腐"的谚语，说到金圣叹"临到砍头的时候还对豆腐干恋恋不舍"的传说；说到豆浆、豆腐、豆腐干、豆腐皮制作的方法，以及清末民初我国留学法国的学生在巴黎开的一家豆腐公司的往事。第五节写到曹植咏酱油的《七步诗》"煮豆持作羹，漉豉以为汁"（"漉豉"就是酱油），又说到古书上有关"孔夫子喜欢吃酱"的记载，进而写到大豆"地地道道是我国的'国粹'"。第六节写到"豆油""豆饼"的制作、用途及出口情况。第七节写"豆芽中的维生素 C"。第八节写日本侵略者用马尔萨斯的《人口论》为他们侵略中国辩护。最后一节从大豆根上的小瘤说到"生物共生"，紧接着就声讨"为了自己过得更好"而"欺凌别的民族，掠夺别的民族"的德、意、日三个国际强盗。

把大豆写得如此丰富，联想得如此开阔，如数家珍，得心应手，知识性、思想性、文学性相当自然而又恰到好处地糅合在一起，给作品增添了无穷的魅力。就内容涉及的话题而言，真是包罗万有，纵横古今；就写作手法和特色而言，则是小中见大，夹叙夹议，既可以当作有厚重的思想力度的科普作品来欣赏，也可以作为一篇"窄而深"的、极富文学性的学术论文来阅读，像杂文，又像是"时事综述"，是一篇相当及时而又富有深远意义的爱国主义教材。

"科普卷"第二篇《黄金的悲剧》，抨击国民党政府的"币制改革"，从用"金圆券"代替"法币"，把人民积蓄的黄金、银圆全都掠夺一空的"刮民政策"写起，写到美国旧金山发现黄金和随即兴起的淘金热，中间带进滑稽明星卓别林的喜剧片《淘金记》和著名小说家杰克·伦敦的小说《一千打》；进而写到他本人在湖北沙市亲眼看到的淘金人沙里淘金的苦

---

① 叶至善、俞润民、陈煦编：《暮年上娱——叶圣陶俞平伯通信集》，花山文艺出版社，2002 年，第 601 页。

难生涯；接着写到真金不怕火炼的故事以及黄金的化学性质；写到公子哥儿出洋"镀金"在国外鬼混花钱买博士文凭光宗耀祖的丑事；写到金子的实用价值，以及在"充满了迷信、愚昧和欺诈的炼金术中，孕育出了现代科学中最发达的一个部门——化学"，写到化学的各种元素，写到"中子"和"质子"，写到原子核的"裂变"和"聚变"，写到"比黄金还宝贵不知多少倍的原子能"，由点到面，由浅入深，娓娓道来，既顺理成章，又别开生面，换一个话题就是一道风景。记得朱光潜先生曾经说过，他一生写得最用心的是《文艺心理学》和《诗论》，他在《谈美》一书的《开场话》中说："在写《文艺心理学》时，我要先看几十部书才敢下笔写一章。"[①]《诗论》花费的精力比《文艺心理学》要多得多，往往要看几本书才写一两行。至善先生写科普作品，大概也是像朱先生写《文艺心理学》和《诗论》那样，往往要看几本书才写一两行，要看很多书才敢写一章。他书读得多，读得杂，读得透彻，因而他的作品才能显得如此开阔，枝叶繁茂，这就是人们常说的"阅读决定写作"。

每次见面，至善先生总会问我"最近有哪些新闻"，告诉我他新近读过的书，要是我也看过的，他会问"好不好""好在哪儿"，引导我和他一起思考。要是没读过的，他会告诉我他的阅读心得，希望我也找来读一读。哪些书只需浏览，哪些书需要细读，至善先生也要求我多加区分。他强调对名家名著要反复阅读，一再叮嘱我要多看鲁迅、朱自清、沈从文和朱光潜的书，多看《论语》和《红楼梦》，还说到看书也得讲进度，说"看得快"也是一种基本功。他还说到"学"是模仿和拿来；"习"是练习和实践。鼓励我要"多写"。至善先生的最后一年是在医院里度过的，"写"是写不了了，可只要头脑清醒，就想看书。记得他最后看的是《红楼梦》，疲乏得连拿一本书的力气都没有了，就让家里人把《红楼梦》拆开来，"一回""一回"地拿给他看。真的是活到老，学到老。

就写作技艺而言，至善先生最娴熟的当推散文，写得既潇洒又随意，情真意切，各有各的风采。就学术成就而言，至善先生排在第一位的是科普作品。他秉承民主与科学的理念，十分看重科学。他说科学主要指的是"思想的科学化"，但科学技术和科学知识也相当重要，用精美的科普作

---

[①] 《朱光潜全集》第2卷，安徽教育出版社，1987年，第7页。

品向青少年传播科学思想，激发想象力，引导他们从小就热爱科学、确立向科学攀登的远大志向——这就是至善先生的科普情结。为此，他不断探索，在形式上大胆创新，变着法儿要把科普作品写得让读者喜欢看。他把相声、小说、戏剧等形式移植到科普创作中来，创作了科学相声、科学小说、科学戏剧。1957 年创作的科学相声《一对好伴侣》，为如何运用相声这一形式介绍科普知识作出了可贵的尝试。这一年发表的《失踪的哥哥》，以冷冻人为科幻构思，讲述了超低温条件下人体冷冻死而复生的故事，想象奇特，妙趣横生，是那个年代科幻小说的经典之作。1980 年代初，至善先生又用短篇形式介绍科学家，创作了短篇集《梦魇》，写达尔文、拉马克、布鲁诺、巴斯德、居里夫人怎样闯过一生中最严峻的时刻，以此来展示他们的精神风貌和内心世界。至善先生认为科学家跟其他人物一样，他们在一生中都碰到过一些很关键的问题，逼迫他们不得不作出抉择。"抓住这样的时刻，探索他们的内心活动"，就能把他们的精神境界表现得更丰满一些，让"读者看了或许能留下一点儿粗略的印象"，而这个创作动意的萌生则早在"向科学进军"的 1950 年代。①

从 1950 年代起，为了创作"科学家小说"，至善先生就开始收集资料，除了文字资料，图片资料也认真搜集。有不清楚的细节，他就向国内专家请教，还想方设法取得国外友人的帮助，尽可能做到"求真"和"有据"。比如他阅读文字资料时，原以为布鲁诺被烧死的地方——"繁花广场"是大教堂前的一个大广场，后来请教意大利专家，才知道是个不起眼的小集市。人们习惯于说"十年磨一剑"，至善先生写"科学家小说"，前后揣摩了三十年。他在《梦魇》的后记《多余的话》中说："用短篇小说的形式介绍科学家，在我是一种尝试，我好像闯进了一个陌生的领域，感受很新鲜，到处都有乐趣"，虽说因为种种原因，耽搁了不少时日，但"时间的流逝，我倒不十分惋惜。探索人物内心世界需要阅历，而阅历的增长总得付出时间作为代价，何况中间还有个史无前例的十年呐。如果没有这段阅历，我对那几位科学家的理解一定还要浅薄得多"。② 事实也正是这样，阅历越深，对所写人物的理解也越深，刻画出来的人物也就越鲜活，

---

① 《叶至善集》第 1 卷（编辑卷），第 296 页。
② 同上书，第 296、297 页。

作品的内涵也就越丰富。至善先生写"科学家小说",真可以说是痴心不改,孜孜以求,厚积薄发。

## 四

凡是看过《叶圣陶叶至善干校家书(1969—1972)》①的读者,都会为至善先生抱着"完全""彻底"的精神,忘我地、创造性地当好"牛倌"的事迹所感动。从1969年4月到河南潢川团中央"五七干校",到1972年12月结束"干校"生活回到北京。至善先生在"干校"三年又八个月,其间与父亲一来一往,写了很多信,仅收入《叶圣陶叶至善干校家书(1969—1972)》中的就多达500封,将近70万字。虽说是"家书",但"干校生活"是主体,说得最多的是"养牛"。至善先生到干校后就被分配在养牛组。养牛组人少牛多,忙得团团转,"喂草、喂料、喂水,把屎、把尿"②,就像对待托儿所的小孩那样,无微不至。至善先生爱"牛",爱得难以形容。

劳动强度是超负荷,生活条件艰苦得不能再艰苦了,但年过五十的至善先生就像圣陶先生童话《快乐的人》中的那位"最快乐的人"似的,"觉得事事快乐,时时快乐",真的是"吃嘛嘛香""住哪儿哪好",一有空就钻研"养牛经",摸索如何"改革牛鼻叉","牛鼻绳"该怎么搓打,到哪里去挖苦参给牛滋补,怎样给雄性水牛做绝育手术,怎样照料老母牛这个"产妇",怎样给牛打预防破伤风的疫苗,这一连串的"老大难",都在实践中有所发现,有所发明,从"必然王国"逐步过渡到"自由王国"。因为表现和业绩都太突出了,1971年6月,组织上安排他的夫人夏满子参加家属代表小组,到潢川"五七干校"参观慰问,家属代表们受到校部敲锣打鼓的欢迎,这在当年是最大的奖赏,最大的光荣。

有朋友告诉我说,至善先生去"干校"之前,在夫人满子的精心照顾下"养尊处优",要是换一个人,别说酷暑住四面漏雨、严冬住八面透风的牛棚,光是饮食这一关就很难熬,没料到他居然"能上能下",到了"干

---

① 叶小沫、叶永和编:《叶圣陶叶至善干校家书(1969—1972)》,人民出版社,2007年。
② 同上书,第24页。

校"就"脱胎换骨",变成了另一个人。他把至善先生的"蜕变"归结为他在"干校"受到的磨炼,是"被改造"的结果。这位朋友大概没有注意到至善先生是一位很讲"认真"的人,弘一法师一直是他的偶像,而弘一法师正是一位事事"认真"的典范。

关于弘一法师的为人,夏丏尊先生在《〈弘一大师永怀录〉序》中说:

> 综师一生,为翩翩之佳公子,为激昂之志士,为多才之艺人,为严肃之教育者,为戒律精严之头陀,而卒以倾心西极,吉祥善逝。其行迹如真而幻,不可捉摸,殆所谓游戏人间,为一大事因缘而出世者。现种种身,以种种方便而作佛事,生平不畜徒众,而摄受之范围甚广。①

夏丏尊先生对弘一法师的"认真"作了精准的诠释。至善先生很认同夏丏尊先生的评赞,十分欣赏弘一法师的"认真":当翩翩公子时是"认真"的翩翩公子,当志士时是"认真"的志士,当艺人时是"认真"的艺人,当教师时是"认真"的教师,出家后是"认真"的和尚。1929 年,夏丏尊先生集资为弘一法师在白马湖建筑"晚晴山房",弘一法师在"晚晴山房"驻锡期间,还是小姑娘的满子负责给他送饭,对于弘一法师无论吃什么都细细品味,绝不"乱吞胡咽"的神情记得特别清楚。至善先生从她那里对弘一法师有了更多的了解,告诉我说弘一法师最能"把日常生活咀嚼玩味",认为"世间竟没有不好的东西,一切都好,小旅馆好,统舱好,挂褡好,破席子好,破旧的手巾好,白菜好,萝卜好,咸苦的蔬菜好,跑路好,什么都有味,什么都了不得",说弘一法师对生活有"真"的了解,因而也能得到"真"的享受,这一切都得益于他的"认真"。至善先生在"干校"的"脱胎换骨",同样也得益于他的一贯的"认真"。虽说身居高位,享受高薪,生活优裕,但到了"干校"就认认真真地放下身段,过起"干校生活",披星戴月,战天斗地,晴天一身汗,雨天一身泥。放牧、铡草、配制饲料,就像看书写文章那样一丝不苟;给牛把屎、把尿,严防虻虫叮咬,就像当编辑时帮助作者看稿改稿、杜绝出错似的那么用心,自觉磨砺,创造性地把"牛倌"的工作做到最好,做到极限。"认真"才是至

---

① 《夏丏尊文集·平屋之辑》,浙江人民出版社,1983 年,第 358 页。

善先生"脱胎换骨"的源头。

　　至善先生多次跟我提起过他写作有两条守则：一条是要写自己的话，一条是要自己用心改。晚年还多次谈起周有光先生，赞赏周有光先生与时俱进，很早就用电脑写作。用电脑写作，最大的好处是便于修改，他自己没能趁早学电脑，写稿子只能伏在书桌上"爬格子"。

　　至善先生常说写东西是给读者看的，得要处处为读者着想，不仅要让读者看得懂，还得让读者感到有收获，没有白看，这就需要有从语言中挑选语言的本领，把话说得恰到好处，很得体，很真诚，很感人。他自己总喜欢反反复复地改，爬格子爬得特别辛苦。即便写一封短信，也总是先打底稿，反复看过后觉得满意了这才工整地抄写一遍。他给《叶圣陶集》图片写的文字说明，短的只有十几个字，长的也不过几十个字，但他反复打磨，定稿前还特地让小沫念给我听，看看是否很新颖、简洁、顺畅。《叶圣陶集》有两种版本，同一张图片在不同版本中的文字说明是不尽相同，这都是至善先生认真打磨的结果。至于长的文章，写作过程中的推敲和斟酌更多，改一次抄一回，一篇文章抄抄改改好几遍。至诚先生去世后，他写《至诚终于先去了》，文章刚写了一半，恰好我去看他，他就念给我听，念着念着就哭了起来。满子告诉我说"一边写也是一边哭"。到我下次再去的时候，文章已经写完了，他把结尾念给我听，叫我看看这结尾是否收得住，结尾是这样写的：

　　　　兆言陪我们到宾馆。我跟他说："你请谁帮我们买一只花篮，一定要用鲜花。你爷爷最讨厌纸花。"第二天，就是二十七日早晨，兆言打电话跟我说，花篮买到了，是鲜花，问我绸带上怎么写法。这倒是个难题，我想了想说："就这样写，'三官呀，好兄弟，你去早了。'具名嘛，就写'阿哥，阿姐，满姐姐。'你爸爸一死，只有你妈这样唤我们三个了。"

　　　　搁下话筒，我回过头来问至美，"这样好吗？"至美噎住了，手掩着脸点了点头，只见泪水从她的指缝里往外溢。①

　　还没听他念完，我的眼泪也流出来了。文章写得这么感人，固然是缘

---

① 《叶至善集》第4卷（散文卷），开明出版社，2014年，第354页。

于写实，缘于真情，可怎样才能把真情写出来，同样需要潜心构思，苦心经营。我与至诚先生也有很多交往，至善先生把文章念给我听，让我看到他不耻下问、极其谦恭的一面。

## 五

至善先生晚年有点悲凉和寂寞。"为了子女宁肯把心操碎的可敬的父亲"圣陶先生走了，"好兄弟"至诚走了，长子三午走了，次子大奎走了，相濡以沫的满子也患了老年痴呆症，无法交流了。他好多次和我谈到，他与父亲圣陶先生相比，最不如他的是没有朋友。茅盾、郑振铎、朱自清、俞平伯、郭绍虞、顾颉刚、王伯祥、章元善、胡愈之、朱光潜、王了一、赵朴初、徐调孚、周予同、周建人、巴金、萧乾、吕叔湘乃至胡绳、胡乔木等名家都是圣陶先生一辈子的朋友，而至善先生的朋友真的不那么多。好在他特别喜欢音乐，西方的，中国的，古典的，流行的，都喜欢听，晚年在看书和写作之余试着吹箫，吹埙，还向我打听能不能托日本朋友帮他买一把锯琴，后来又尝试着"倚声填词"，先编配了50首，编成一本小册子《古诗词新唱》（姑且称为"初版本"），由开明出版社1995年出版。后来又接着编配了100首，加起来150首。将150首古诗词填入人们耳熟能详的150首老歌。1998年由开明出版社汇编成厚厚的一册《古诗词新唱》（不妨称为"增订本"），出版后引起了同好者的关注，行家们对他在音乐方面的功力和造诣赞叹不止。

《古诗词新唱》（"初版本"）的衬页上印有至善先生1995年9月15日写的《至善赘言》：

> 中学时代唱过不少古诗词配上欧美曲调的歌，大多出自弘一法师之手，当然在他出家以前。我很喜欢唱这样的歌，因而记熟了不少古人的诗，同时记熟了不少欧美的曲调，有各国的民歌，也有名家的传世之作：可谓一举而两得，遂常生效颦之想。老来越发好弄，忙里偷闲，居然凑成了五十首，编排成这一本薄薄的《古诗词新唱》求正于顾曲之周郎。

"同好"看了又惊又喜，相互传颂，还举办过演唱会。至善先生在《〈古诗词新唱〉前言》("增订本")中说:"古代的诗词本来都是可以唱的。先是没有记谱法,没法把曲子记下来,只能口耳相传;后来记谱法是有了,却不很完善,又不能普及,主要仍旧依靠口耳相传。年代隔得久了,曲子渐渐亡佚,诗词失去了音乐的依傍,只能吟诵,没法再唱,实在是非常可惜的事。配上现成的曲子,使某些古诗词能够唱,多少可以弥补一点儿缺憾吧。如果能像弘一法师配的那样和谐,我就心满意足了。"[1]倚声填词是一件十分艰难的事。不仅词、曲要按词(曲)牌填词,就是格律诗也要按绝、律的字、句、声、韵写作。此外,诗、词都还有句式、对仗的要求。倚声填词因为有内容受形式束缚之弊,对字、词锤炼以及情意浓缩有更高的要求,只有配得"和谐"了,才更有利于吟咏、记忆、唱和、流传。至善先生煞费苦心,他给诗词配的曲子,屡见"奇妙",唱罢会"绕梁三日"。年过八旬,思维如此活泼,"脑细胞尚能跳迪斯科",让人有"只此一家"的羡慕。

听了"同好"的演唱,至善先生当然很欣慰,诚如他所说的,如果有人"在唱这些歌的实践中能得到乐趣,从而对诗词和曲子偶有兴会,就是我莫大的幸运了"。这"莫大的幸运"当然也得益于他的"认真"。他在《〈古诗词新唱〉前言》中说:

> 给一首诗或一首词配上现成的曲子,先得选定配哪一支曲子。有时候很凑巧,诗或词有多少句,曲子也是多少句,诗句和乐句正好一一相配,甚至各句的长短也差不多。有时候却不然,往往乐句多于诗句,或者长于诗句,我只好用重复的手段来处理:重复完整的诗句,或者重复诗句中的某个短语,某个语词,某个单字。
>
> ............
>
> 有的时候,曲子比诗词短,只好重复一遍,或者重复其中的某些乐句。有的时候,曲子比诗词长得多,只好截取其中的一段,或者删去其中的一段。碰到这些情形,我在《校后琐记》中都作了交代,好让歌唱爱好者评判处理得是否妥当。国外的歌中常常有"啊""哦"之类的叹词,都只好照搬;在我国的诗词中是没有这样的叹词的。[2]

---

[1] 《叶至善集》第1卷(编辑卷),第317页。
[2] 同上书,第317、318页。

找乐谱，选诗词，这种配合就像"相亲"似的要认真挑选，直到两相合适得不能再合适了才选定下来，词和曲选定后，还得磨合，再用艺术手段来加工处理，边填边唱，不断修改，务必完善。

　　《古诗词新唱》（"增订本"）面世后，至善先生全身心地投入《叶圣陶集》的修订工作，将1987年至1994年出版的25卷本，重新厘定为26卷，于2004年年底由江苏教育出版社出版。《叶圣陶集》第26卷是"传略和索引"，"传略"就是至善先生写的长达35万字的传记《父亲长长的一生》。

　　至善先生写《父亲长长的一生》的经过，我知道得很详细，也很关注这部传记。至善先生在父亲身边生活了七十年，父亲是他"朝夕在一起的老师、同事和朋友"。他曾经出过一本书，书名就叫《父亲的希望》，在这本书的自序中说："我一直生活在父亲身边，父亲按他的希望关心我，教育我：希望我身体比他强壮，心灵比他明澈；希望我能够生产出供人家切实应用的东西来，不要像他似的只干笔墨的事。"又说父亲的关怀和培养"像空气一样，我无时无刻不在呼吸"，"自己生活在空气的海洋里"，"父亲不在了"，"在琐琐屑屑的回忆中，我还能重温父亲对我的关心和教育"。[①] 父子如此情深，那么至善先生怎样写这部传记呢？还记得圣陶先生健在的时候，曾有出版社和杂志社"求"上门来，原因是他们出版（发表）的相关作家的介绍或研究的文章，引来作家子女们的愤怒和抗议，指责他们出版（发表）的文章是污蔑和造谣，损害了父母亲的清名，火急火燎地要追究责任。出版社和杂志社很无奈，恳请圣陶先生站出来"主持公道"。每当遇到这种事，至善先生总是很感慨，说做儿女的最好不要把父母亲说得那么"神圣"，把父母"不会怎样怎样"的话说得那么绝对，批评有些当儿女的连别人的文章都还没有看懂，就火冒三丈，兴师问罪，说这样做真傻。也正是因为看到这些"乱象"，他这本《父亲长长的一生》，从某种意义上说，就带有点儿女如何给父亲"树碑立传"的示范意义。他对父亲没有过多的赞美之词，只是把父亲放到时代的大潮中，放到文化人的群体中去叙说，侧重展示文化人这个特定的群体，帮助读者了解一个特定时代的特定人群。这种明智的做法，得益于至善先生的通达，也得益于至善

---

[①] 叶至善：《至善自序》，《父亲的希望》，中国青年出版社，2000年，第1—2页。

先生的认真。

说起"认真",还有一点是不能不说的。中国社会一直在风风雨雨中前行,"否定之否定"是文人学者普遍的苦恼。对于大多数人而言,1950年代之前有"自我",1950年代后则失去了"自我",到了1980年代才又找回了"自我"。这种现象在至善先生身上不能说没有,但表现得很轻淡。在历次运动中,他讲"团结",讲"谦让","知之为知之,不知为不知",从来"不凑热闹",也从未写过纯粹"跟风"或"应景"的文章,这种难能可贵的定力和真诚,尤为值得我们学习和景仰。最好的纪念是阅读。从这部《叶至善集》走进至善先生的世界,一定会厚实我们的底蕴,纯粹我们的精神,完美我们的性情的。

小沫要我写篇序,我只能写些琐琐碎碎的记忆,以表达我对至善先生的敬仰和怀念。

2014年9月5日于北大畅春园寓所

编入本集时文字上作了修改——2022年3月7日记

第三辑

# 史料与阐释

# 《胡风全集》中的空缺及修改

胡风1927年至1928年间为国民党湖北省党部机关刊物《武汉评论》和江西省政府机关刊物《策进周刊》写（译）的一系列诗文，是胡风研究极为重要的资料。遗憾的是除散文诗《死叶》编入《胡风全集》第1卷、杂论《题诗，等。——零想之四》编入《胡风全集》第5卷外，其余的仍散落在《武汉评论》和《策进周刊》上，造成《胡风全集》中的空缺。《胡风全集》（下文有时简称为《全集》）依据的版本也值得关注，长诗《时间开始了》的修改，就涉及诗的内容。

一

《胡风全集》共10卷，湖北人民出版社1999年1月出版。《全集》第1卷卷首刊有《胡风生平简介》，写得很简略，现将前半部分摘抄于下：

> 1902年11月1日（农历十月初二），胡风诞生于湖北蕲春县赤东乡（今黄土岭乡）中窑村一个以经营面食业为主的普通农民家庭。当时取名张名桢，后改学名张光人。
>
> 1912年，入私塾，接受启蒙教育。读中学时，开始接触新文学运动，并试用白话文写诗。
>
> 1923年，加入中国社会主义青年团，并积极投身反帝反封建的爱国运动。
>
> 1925年夏，考入北京大学预科，次年转入清华大学英文系。
>
> 1929年，赴日本留学，结识了日本左翼作家小林多喜二等人，并加入日本反战同盟、日本共产党和中国左翼作家联盟东京支部，积极从事革命文艺活动。

《胡风生平简介》从 1912 年一跳就跳到 1923 年；从 1925 年一跳就跳到 1929 年，留下了太多的空缺。1912 年至 1922 年（胡风 10 岁至 20 岁）、1925 年至 1928 年（胡风 23 岁至 26 岁），正是中国革命重要的年头，对于"自青年时代起即投身革命文艺、为鲁迅所开创的中国新文学做出了重大贡献的诗人战士"胡风来说，正值青春年华，他在这些年代的思想和履历当然是不会这么简单的。《胡风全集》第 10 卷附有《胡风生平年表》，"试图向读者清晰地勾勒出胡风所走过的人生轨迹，以有助于对他的全面了解"①。可这份年表仍很粗疏，对胡风"所走过的人生轨迹""勾勒"得不够"清晰"。且看 1927 年和 1928 年的相关叙述：

**1927 年　25 岁**

8 月—10 月末，应邓初民之命，在国民党湖北省党部任宣传干事，邓初民任宣传部长。帮助邓初民编了两期《武汉评论》。

……………

（11 月，到南昌后——引者注）由陶希圣介绍，编《国民日报》副刊（第一期名《野火》，第二期名《长天》），登载反帝、反封建、对现实不满的文章，被国民党反动当局注意。只出了两期。此时，认识了青年投稿者韩起。

**1928 年　26 岁**

2 月，由穆济波（在东大附中时的语文教员）、周璧光介绍进朱培德第五路军所属的金汉鼎第九军（滇军）政治部任宣传科长。周是政治部主任，穆是宣传处长。

因未到军部去讲"三民主义"，被金汉鼎怀疑是共产党，撤了职。在此共 28 天（2 月—3 月）。

后因共产党嫌疑，被军部逮捕过两次，均被周璧光保释了出来。

……………

同时，任江西省政府《策进周刊》特约撰稿员。②

胡风编《国民日报》副刊《野火》，"登载反帝、反封建、对现实不满的文章，被国民党反动当局注意。只出了两期"。胡风"被金汉鼎怀疑是

---

① 晓风：《编后》，《胡风全集》第 10 卷，湖北人民出版社，1999 年，第 607 页。
② 同上书，第 566—567 页。

共产党,撤了职","后因共产党嫌疑,被军部逮捕过两次",按说都是重要的经历,讲得越具体越好。《武汉评论》属于什么性质的刊物?胡风帮助邓初民编的"两期"是哪两期?胡风编《武汉评论》时是否写过文章?胡风在"金汉鼎第九军(滇军)政治部任宣传科长"时做过哪些工作?胡风"任江西省政府《策进周刊》特约撰稿员"期间写过哪些文章?等等,这些问题不讲清楚,读者就很难对胡风有个"全面了解"。晓风在《编后》中说:

> 胡风研究已不再是禁区。今天,在林林总总、大小名家的"文集"、"全集"中也终于有了摆在大家面前的这厚厚的10卷庄重的《胡风全集》。
> 
> 说它庄重,是因为它凝结着胡风为中国新文学奋斗献身的全部心血。不过,假如那二十多年的生命不是在狱中度过,那么,今天的《胡风全集》肯定将远不止这10卷,而将是十几卷,甚至20卷了。遗憾的是,这不过是个"假如"。
> 
> 说它庄重,还因为它是迄今为止在国内出版的第一部《胡风全集》,它收入了我们已收集到的、所整理出的胡风全部的著译文字。①

《编后》写得很有感情,但细细品味就觉得有些话说得不透,如《全集》"收入了我们已收集到的、所整理出的胡风全部的著译文字"。这话似乎可以从两个层面来解读:"已收集到的"文字不一定都编入《全集》;编入《全集》的都经过一番"整理",这"整理"二字与"全部心血"的说法是矛盾的。编《全集》免不了要作一番"整理",但这"整理"主要是鉴别真伪,考订版本,改正错误(如错别字),统一体例,都是技术性的工作,要是涉及文字的增删、篇目的斟酌,这就逸出了"编"的"职责"。

记得二十多年前社会上流行过这样的说法:现代作家出全集,是"地方割据,家属把关"。"地方割据"虽说带有"地方炫耀主义"的色彩,但"地方"舍得拿出钱来出书,凸显"地方"与作家的亲情,把作家作为"地方"的圣贤尊崇礼拜,把文学作为地域性的积累,总还是好事。"家属把关"本来也无可厚非,关键是看"把"了哪方面的"关",如果把技术层

---

① 《胡风全集》第10卷,第606—607页。

面的细活衍变成政治层面的筛选，把一些不那么"光辉"的诗文藏挟起来或修饰一番，这其实是对作家和全集的凌迟和篡改。

## 二

1923年春，胡风到南京东南大学附中的补习班学习，于暑期考入东南大学附中高一年级文科班，1925年夏同时考上北京大学预科和清华大学英文系本科一年级，1926年9月转入清华大学英文系二年级，11月回到家乡湖北蕲春参加大革命，任县党部常委兼秘书长，次年8月至10月任国民党湖北省党部宣传干事，并帮助邓初民编国民党湖北省党部刊物《武汉评论》。

对于这一段经历，胡风在《我的小传》中说"参加革命后，受过一些波折"①，这"波折"是什么，没有细说，后面又提到诗集《野花与箭》，"只记录了一点找路中的知识分子的苦闷感情"②；在《理想主义者时代底回忆》一文中，胡风对于这段经历，更多的是从情绪和感情状态的层面作了粗略的勾勒，没有具体谈自己当初到底做了些什么，只是援引诗歌来抒发苦闷的情绪，读者对于这一时段胡风的"彻底地战败"③只能获得一个模糊的印象。梅志在《胡风传》中写道："这一段经历，他认为是一生中不光彩的事，后来在写自传时用了'迷误'这两个字，批判了自己这段生活。"该书第四章"在漩涡中"，用了整整一章的篇幅讲述这一时期的胡风，为胡风自己所提到的"陷入泥沼"作种种辩解。按照梅志的说法，胡风的"陷入泥沼"，主要是指胡风在武汉以及江西编辑刊物和撰写文章，以及这个时期胡风"思想上混乱政治上茫然的生活"。梅志是这么说的：

> 邓初民要使他的宣传部有所表现，决定出版一本刊物，叫《武汉评论》。主编是他自己，但指定张光人当他的助手，帮他助编和校对，要约稿、取稿，甚至还要写文章。这些文章大都带有反共色彩，由邓初民提供素材和中心思想，几乎是命令式地让他照着写出来，并

---

① 《胡风全集》第7卷，湖北人民出版社，1999年，第207页。
② 同上书，第209页。
③ 《胡风全集》第2卷，湖北人民出版社，1999年，第272页。

做些文字上的描述。一次，邓初民和共产党员任干事说话，张光人也在场。他们谈到任干事要去鄂南工作的事。这使光人联想到一篇骂共产党的文章《鄂南的悲剧》，看来是为了掩护任干事，使他能在鄂南不被注意地开展工作。这场谈话使他更坚定了开始时的想法，湖北省党部一定是和共产党有某种默契的。

这种错综复杂的情况，使得张光人不得不按邓初民的指示和嘱咐，写出了并非自己愿意写的文章（笔名谷音），并且认为当时的明眼人多半会体会到这苦衷的。他的一些朋友似乎也理解这个情况，记得有两位当时在湖北算是红人（左倾）的女将胡兰畦和陆晶清，就对他很热情，表示愿为《武汉评论》写文章。不过，他从不自作主张主动约稿，自己也没有主动写过文章。

…………

他们对张光人在武汉的处境及用笔名写的文章，都没有表示什么意见。杨超看了这些文章后，只摇了摇头。听了光人的解说，好像很理解他不得不这样做的意义。朱企霞还将自己写的小说交光人，要他在刊物上发表，光人没有照办。这是一个斗争尖锐而又混乱复杂的时代，青年们为了取得生存，可以委屈一时，但应有信心，等待将来再大干一场！①

梅志这番话的要点有四个：一是胡风在《武汉评论》上的文章"大都带有反共色彩"，但这些文章都是"由邓初民提供素材和中心思想，几乎是命令式地让他照着写出来，并做些文字上的描述"，胡风"从不自作主张主动约稿，自己也没有主动写过文章"；二是这些文章有的是有特殊背景的，"一篇骂共产党的文章《鄂南的悲剧》"，是邓初民为了掩护共产党员任干事而有意让胡风写的，国民党"湖北省党部一定是和共产党有某种默契的"；三是胡风的这些文章当年曾得到左翼人士的理解，非但"当时在湖北算是红人（左倾）的女将胡兰畦和陆晶清"体谅胡风的"苦衷"，就连老同学杨超和朱企霞也"好像很理解他不得不这样做的意义"；四是"这是一个斗争尖锐而又混乱复杂的时代，青年们为了取得生存，可以委屈一时"。梅志的叙说是否都那么准确可信呢？我们不妨先看看《武汉评

---

① 梅志：《胡风传》，北京十月文艺出版社，1998年，第153—156页。

论》的创刊缘起，看看《鄂南的悲剧》都说了些什么，再看看胡风在《武汉评论》上都发表了哪些文章。

《武汉评论》1927年9月15日创刊，是国民党湖北省党部机关刊物。创刊号（第1卷第1期）刊登的《〈武汉评论〉征文启事》（下文有时简称为《征文启事》）中说：

> 由我们总理伟大的理论和崇高的精神所领导的国民革命运动自有客观的依据（中国的社会经济状况及二十世纪初叶的世界局势）和主观的要求（三民主义的新国家和新共产主义的大同社会）。换句话说，中国国民党（总理的化身）的革命运动是中华民族求得解放的唯一道路，而且是由中华痛苦民众解放到全人类解放的唯一道路。所以，中国国民党的理论是什么，中国的社会经济状况怎样，它的革命要求是什么，这已如一个有机体的生长程序，完全是一个客观的事实，不能由我们主观地接受一部份收藏一部份修改一部份的。
>
> 但是，自从党内的各级执行机关被共产党以党团的作用侵占了以后，本党的理论遂告沦亡，取而代之者是他们并未弄清楚性质和用途的舶来品的奸商口吻式的浅薄广告，他们口中的"马克思列宁主义"……

进而声讨共产党党团"侵占"领导权，破坏了国共合作。造谣煽动说"四·一二"把共产党的"势力打倒了"，"但我们的同志及一部份民众饱受了他们的宣传"，"有的依然迷信他们的'理论'而曲谅他们的行动"，"本刊的使命就在消灭这种现象——改造意识与聚中意识，至少也要使这目的在湖北领域内做到"。而所谓的"改造意识与聚中意识"，就是要使"饱受了"共产党马克思列宁主义的宣传的"我们的同志及一部份民众"，"回到三民主义怀抱来"。这就是《武汉评论》创刊的意图。"改造意识与聚中意识"不是"少数人所能做到的，是需要一切有能力的同志的扶助！"《征文启事》中的这一主导思想，在同期刊登的评论《给我力量》（署名"记者"）中，得到进一步的阐述：

> 现在，有一个大变动之后，一般同志们心惊目乱，认不清革命的道路；民众则如观野火，如看斗鸡，不认识我们的战斗与他们的关

系。所以，可左可右，没有主张，没有追求，成了一个极大的危机。要他们再来从事战斗，必须先把他们的意识集中或改造。

这时候，反动势力自然高涨，从外面攻击我们，造谣；从内面腐化我们，钻入。我们所需要的是真的战士与真的战斗，所以非先做一番"打鬼"或"消毒"的功夫不可！

从我们战线内叛变出去的往日同盟者（共产党人），我们还不忍以血眼相视。他们中固然不少急功近利的恶劣分子，但也有一部份富于幻想而有决心的可爱青年。前者，我们要以人道主义的精神将他们从污浊之渊中救起，后者，我们要用理性的呼声将他们从渺茫的梦里追回。

《给我力量》与《征文启事》相互呼应，竭力鼓吹对"一般同志们"和"民众"进行"意识集中或改造"的重要性和迫切性。文中所说的"反动势力"，以及"打鬼"和"消毒"，指的大概都是中国共产党。"我们要以人道主义的精神"将"从我们战线内叛变出去的往日同盟者（共产党人）""从污浊之渊中救起"；"我们要用理性的呼声"将"一部份富于幻想而有决心的可爱青年""从渺茫的梦里追回"，这就是《武汉评论》的理论导向和自我定位。

曾经见过一份批判胡风的材料，认定《〈武汉评论〉征文启事》和《给我力量》都出自胡风之手。这在今天看来也许缺少证据，不能坐得很实。但《武汉评论》上一些政治倾向性不好的文章，如《我们的今天》《鄂南的悲剧》《如此武汉》①《天明之前——给住各县市工作的同志们》《新的奋斗》②，署的都是胡风的笔名，这也许就是梅志所说的胡风听从邓初民之命"被动"写的文章吧。《如此武汉》由七则小文组成：（一）《墙头冷落标语稀》、（二）《好梦正朦胧》、（三）《武装同志渐斯文》、（四）《眼儿寂寞》、（五）《校工至上主义》、（六）《算一算》、（七）《"市"与"政"》），这七则小文内容均涉及"反共"，不宜援引。至于梅志特意标明有"掩护"作用的《鄂南的悲剧》，内容也相当反动，现抄录其中的两小节：

---

① 《武汉评论》第1卷第1期，1927年9月15日，均署名"谷音"。
② 《武汉评论》第1卷第3期，1927年10月25日，均署名"谷音"。

> 听说共产党人在蒲圻通城一带正在大显身手：勾结土匪，滥行屠杀，强迫民众置办武器，违者以反革命论……
> 革命的目的是为民众的幸福，并不是为"党"。事实上，国民党正在为"革命"前途而奋斗，正在拼命的设法以党的力量来解除民众的痛苦。不过我们的意思比共产党人要诚，我们的可能性比共产党人所主张的要大。然则共产党人这种行动除了说是为他们的"党"行报复而外，更有何辞以自解！

《鄂南的悲剧》恶毒攻击共产党人"以暴力来威逼甚至屠杀那些不受他们鼓惑的农民，想以魔鬼的方法来驱使这些无辜者，去为他们报私愤"，呼吁"明白的共产党员回过头来"，不要"日趋绝境"。

这种造谣污蔑"共产党人"的文章，对共产党员杨干事去鄂南开展革命工作能起到"掩护"作用？历史是复杂的，纠缠于历史，抓住一点，无限地上纲上线，固然不好，有些问题只能宜粗不宜细，或者干脆绕开不说。但既然要说，就得尊重历史，实事求是，"无中生有"不好，"有中生无"也不好，把胡风与《武汉评论》的是是非非全都推给邓初民，把胡风漂洗得干干净净、溜光水滑的，这胡风自责的"陷入泥沼"该作何解释呢？！

## 三

1928年春夏之交，胡风在南昌担任江西省政府机关刊物《策进周刊》的"特约撰稿人"。《策进周刊》版权页署"编辑处：江西省政府策进周刊编辑室，发行处：江西省政府秘书处总务科宣传股"，编者"行飞"（亦名"行晖"）。1928年5月8日，胡风在《策进周刊》第2卷第35期发表《在江西纪念"五四"》（署名"古因"），文章前面冠有胡风写给行飞的短信，信云："行飞兄：你一定要我作一篇纪念五四的文章，真逼得要我的命！你知道，这些时我过的是不是生活的生活呀！没法，花两点之钟，写一篇短小之文，好不好，我不负责！"1928年8月7日，胡风在《策进周刊》第2卷第47期发表的杂论《动摇中的死相——零想之三》（署名"古因"），文后亦附有胡风写给行飞的短信，信云："行飞兄：1.近来策进印刷太坏，恐于销行有碍。2. 另售外，应随报纸附送一份，否则流行范围小了许多也。3. 目录排列以四十三期较好，但应删去"策进周刊四十三期目录"字样，或仅存"目录"二字。4. 错字太多，《歌——》末一字'响'错成'的'真笑话！ 5. 何以不回信？弟因二十八（即 7 月 28 日——引者注）。"仅从这两封短信即可看出，胡风与《策进周刊》编者行飞颇为热络。这也能从一个侧面说明胡风与《策进周刊》的关系。行飞 1928 年底为《策进周刊》写的一篇社评《这一期——我们的自白》中说：

> "过完了"——六十五期的本刊，乃是行走在这年头里的最后一期。
> 
> 有什么话要说呢？……
> 
> 诚然，这一年来的本刊，受过不少人的赞许，同时也许受过不少人的批评，可是我们常常反问到自己，究竟还是值得赞许，还是值得批评呢？我们的回答是：赞许也好，批评也好，总要大家不抛弃三民主义的革命立场，总要大家是立足在三民主义的立场上来赞许本刊，或批评本刊，那末，这赞许这批评才有其客观的意义和代价；同时，本刊也决不能抛弃它的三民主义的革命立场，去"希求"任何人的赞许，更不能因直切的三民主义的革命言论"惧怕"任何人的批评，我们很坚决的肯定着：举凡一切抛弃了"三民主义的革命立场"的人，给予本刊的所谓"赞许"或"批评"，那末，我们是"不敢当"的，是"不能接受"的，是"不管怎样"的。
> 
> 毫无疑义的，本刊是江西省政府的言论机关，本刊的中心任务，是在宣传政府之一切政治的经济的设施，指导江西的一切训政工作，促进江西实现党治的光明社会。……①

行飞极力鼓吹《策进周刊》政治上的"主张"：一"是'反共'"，"积极的从革命理论的批驳与党的组织的发展，去'消灭'共产党"；二"是'爱护党国'"的"优点"，"党国"有缺点时，也会"把我们的意见，竭诚贡献"，"使党国的威信昭之于民众，使党国的统治在民众信仰之下得以巩固"。进而表示"晓得我们小的错误正多得很""小的错误在文字上都随

---

① 《策进周刊》第 3 卷第 65 期，1928 年 12 月 24 日，署名"编者"。

时随地的不知不觉的犯着"，今后"应该极力改正本刊"。而这"在文字上"不能有"小的错误"的表态，显然是在与胡风信中所说的"错字太多"相唱和，其目的无非是要更加猖狂地推行"反共"和"爱护党国"的"主张"。

社评把《策进周刊》的立场和面貌说得再清楚不过了。作为"特约撰稿人"，胡风在《策进周刊》上发表的诗文（包括译作）共有二十二篇（首），除上面提到的《在江西纪念"五四"》和《动摇中的死相——零想之三》之外，还有：

《死叶》，刊 1928 年 3 月 13 日出版的《策进周刊》第 2 卷第 27 期，署名"古因"；

《再论汪先生回国》，刊 1928 年 4 月 3 日出版的《策进周刊》第 2 卷第 30 期，署名"鼓声"；

《民众的剿共》，刊 1928 年 4 月 10 日出版的《策进周刊》第 2 卷第 31 期，署名"鼓声"；

《欢送了北伐将士以后》，刊《策进周刊》第 2 卷第 31 期，署名"鼓声"；

《党校风潮解决了》，刊 1928 年 4 月 17 日出版的《策进周刊》第 2 卷第 32 期，署名"鼓声"；

《今年的五一节》，刊 1928 年 5 月 1 日《策进周刊》第 2 卷第 34 期，署名"鼓声"；

《死叶》，刊 1928 年 6 月 5 日《策进周刊》第 2 卷第 38 期，署名"古因"；

《时代，青年，自杀，及其它——零想之一》，刊 1928 年 6 月 19 日《策进周刊》第 2 卷第 40 期，署名"古因"；

《绮芙林·荷普》，刊 1928 年 7 月 10 日《策进周刊》第 2 卷第 43 期，署"Evelyn Hope R. Browning 原作 古因（译）"；

《"珠"的问题——零想之二》，刊《策进周刊》第 2 卷第 43 期，署名"古因"；

《歌——》，刊 1928 年 7 月 17 日《策进周刊》第 2 卷第 44 期，署"Song From Charles The First P. B. Shelley 作 古因（译）"；

《歌——》，刊 1928 年 8 月 20 日《策进周刊》第 2 卷第 48 期，署"A．Tennyson 原作 古因（译）"；

《夜》，刊 1928 年 8 月 27 日《策进周刊》第 2 卷第 49 期，署名"古因"；

《花》，刊 1928 年 9 月 3 日《策进周刊》第 2 卷第 50 期，署"A．L．Tennyson 原作 古因（译）"；

《别后——寄 M》，刊《策进周刊》第 2 卷第 50 期，署名"古因"；

《题诗，等。——零想之四》，刊 1928 年 9 月 10 日《策进周刊》第 3 卷第 51 期，署名"古因"；

《来自庐山》，刊 1928 年 9 月 24 日《策进周刊》第 3 卷第 53 期，署名"古因"；

《寻梦》，刊 1928 年 10 月 10 日《策进周刊》第 3 卷第 54 期"双十节专号"，署名"古因"；

《略评近年来的文艺论争·引言》，刊 1928 年 10 月 15 日《策进周刊》第 3 卷第 55 期，署名"古因"；

《关于"意识的艺术"》，刊 1928 年 10 月 22 日《策进周刊》第 3 卷第 56 期，署名"古因"。

这些诗文，仅散文诗《死叶》编入《胡风全集》第 1 卷，杂论《题诗，等。——零想之四》编入《胡文全集》第 5 卷，其余的二十篇仍散落在《策进周刊》上，成了"佚文"。

## 四

《武汉评论》上的政论和《策进周刊》上的诗文未能编入《胡风全集》，当然是出自政治方面的考量。《再论汪先生回国》（汪先生即汪精卫——引者注）、《民众的剿共》、《欢送了北伐将士以后》、《党校风潮解决了》和《今年的五一节》等五篇文章，1957 年作为胡风的"反共文章"受到批判，如《民众的剿共》一文，仅从题名便可揣测到它的内容。

除了政党政治，胡风涉及文艺的论文也值得关注。1928 年前后我国文艺界的情况相当复杂。左翼作家出于对国民党反动派背叛革命的愤激，倡导"革命文学"，强调要写出"代表无产阶级苦痛的作品""代表时代反抗精神的作品""代表新旧势力的冲突及其支配下现象的作品"①。与此同时，国民政府中坚守"三民主义的革命立场"的"革命青年"，也在大肆鼓噪"革命文学"，而他们的"革命文学"其实是地地道道的"国民党文学""三民主义文学"。1928年12月初，江西省政府成立了"革命文艺研究会"，该会主要成员就是《策进周刊》主要"特约撰稿人"，蓼莪在《革命文艺研究会的成立与江西青年》一文中说：

> 革命文艺运动又是这革命斗争的前夜工作。……中国革命文艺的诞生，在这儿，又必然碰着两个顽敌：一是资本主义与封建阶级底临死的病榻呻吟，或缥缈的三更梦呓的自由艺术，一是"违反国情"的共产主义者底无产阶级的"游击艺术"。目前中国文艺界，还是这自由艺术与"游击艺术"互争雄长的时候，新的革命文艺虽在新的革命运动之前诞生了，它遭际的艰苦将更磨砺它奋进的决心，它要击碎这两个顽敌，树起一把熊熊的焰火。
>
> 革命文艺研究会的成立，是有重大意义的。它不是宣言过吗。"我们要放开喉咙喊出新社会的到来，我们要擎起秀笔写出劳动群众的不平"。这儿，自由艺术者自然要讽刺它，游击艺术者自然更要嘲骂它，然而讽刺也罢，嘲骂也罢，他们毕竟不能扑灭革命文艺的万丈光芒。②

国民政府的"革命文艺运动"是要围剿"'违反国情'的共产主义者底无产阶级的'游击艺术'"，即无产阶级革命文艺，亦即左翼革命文艺。这也提示我们在解读胡风当年的文艺观时，要注意到1928年前后一度流行过两种"革命文学"，其性质和内容截然相反，势如水火。当年胡风以诗人、翻译家和评论家的姿态活跃在《策进周刊》上，年轻气盛，踌躇满志，他在《略评近年来的文艺论争·引言》中说他写这篇文章是要为国民政府的"革命文学"作"'提要钩玄'的工作"，"他们（指左翼作家——引者注）底论点杂乱琐碎，不把主要的问题提出来讨论，却只是

---

① 泰东编辑部：《九期刷新征文启事》，《泰东月刊》第1卷第8期，1928年4月。
② 《策进周刊》第3卷第63期，1928年12月10日。

哓哓于无谓的意气之争，浪费，不切实，申述他们的主张就等于算一盘糊涂账，犯不着这样办"。《策进周刊》"跟着他们底论点翻筋斗一定会使读者堕入五里雾中，一时摸不着头脑，只落得脑袋乱蓬蓬，热烘烘"，主张对"革命文学""攻击的与坚持的，提出几个要点来加以解释"，"使关心这问题的朋友们能够得到些考虑或研究的帮助"。在为该文写的"附记"中说：

> 本来是想写出两节正文的，因为友人某君来大谈恋爱，把我底"灵魂"谈到虚无国去了。为不苟且起见，只好隔两天再写，现在先把所要讨论的子目写出，虽然写的时候为行文便利起见也许略有变更，但全文底主干大抵是这些：
> 1. 关于自觉的艺术
> 2. 个人意识与社会意识
> 3. 个性主义与集体主义
> 4. Sentimental 与 Romontis（原文如此，似应为 romantic——引者注）Spirit（感伤的与浪漫的情感——引者译）
> 5. 自然与机器
> 6. 文艺的或政治的——单元与二元之争
> 7. 从大众底怀抱里
> 8. ……①

可见这篇《略评近年来的文艺论争》本来是一篇长篇大论，除了"引言"，胡风至少还准备写七个专题，可后来只写了一篇《关于"意识的艺术"》（即原定的"关于自觉的艺术"）就打住了，他在《关于"意识的艺术"》的"附记"中解说：

> 发表了《略评近年来的文艺论争》底《引言》以后，很有几位朋友用吃惊的眼光看我，有的以为我不应该用"学者"底态度说话实在是"书呆子"，"落伍"，有的则深怕我反对"革命文学"，同他们捣乱。其实，我何尝存心反对革命文艺呢？革命文艺是有的，我承认。"学者"，不敢当，一直爱诚实，遇事喜欢看看实在，讨厌假，这些都

---

① 《策进周刊》第3卷第55期，1928年10月15日。

是真的。讨论革命文艺问题，也不过这意思。——我以为"事实"和"真实"是不会而且不应该冲突的。

　　然而，现在把《关于"意识的艺术"》这一节勉强写成了以后，其余的不再写了。一是问题太"浩瀚"，讨论起来太吃力，一是分期登起来，零零落落地，未免使读者不快。好在现在这一节可以独立成一篇小文的，虽然是太简略了。

胡风在这里所说的"用吃惊的眼光看"他的"几位朋友"，当然不是"无产阶级阵营"的左翼作家，而是《策进周刊》圈内的朋友。面对他们的"吃惊"，胡风郑重声明他不反对"革命文学"，不会"捣乱"，不会"落伍"，为了不再引起误会，就打消了续写《略评近年来的文艺论争》的念头，剩下的几个题目就"不再写了"。由此可见，胡风《略评近年来的文艺论争·引言》和《关于"意识的艺术"》中所宣称的"革命文学"和"意识"，并不是"无产阶级阵营"左翼作家所倡导的"革命文学"，而是蓼莪在《革命文艺研究会的成立与江西青年》一文中鼓吹的"革命文艺"，即"国民党文学""三民主义文学"。这倒并非在纠缠历史旧账，而是要客观地还原历史真相。

## 五

作为诗人和评论家，胡风在《策进周刊》发表的诗文中有时也写到他当时的"牢骚"，写到"生活底凄凉""人生之渺小"，以及"孤零和沦落底悲哀"（如《别后——寄M》），但他关注得更多的还是政治，即便是政治色彩不太浓的文章也趾高气扬，充斥着傲慢和偏见。《在江西纪念"五四"》一文中说：江西的"中学生都在抱着古文辞类纂，读古文背古文"；"江西青年与民众隔有十万八千里，成了一个'斯文阶级'"；"江西要从'五四'运动作起"。有感于"南京女中学生杨家庆女士投江自尽"而写的《时代，青年，自杀，及其它——零想之一》，借了杨家庆女士投江的事来评论"艺坛"，文章说：

　　我们青年有了遗传的潜力，受了家庭的薰养，受了"新的"学校教育……在这样不幸的处境中的我们青年呈现了些怎样的形态呢？有的抱着茫然的不平或幻灭的憧憬而倨昂着首,有的则极力除去自己情意的活动凡事都以"玩玩而已"的态度去对付而成了"无所为"的超人,这之外则有了沾着现实而看不见现实的幸福者与憎恶现实而又为现实所战败的不幸者。前者之中我们看得见的有在睡梦中都想着怎样可以出风头的漂亮青年,有以写"!""!!!"为能事的政论家,有在报纸上造别人恭维自己的空气的文学家,……后者之中有被现实所降服的咬着痛苦的奴才与乎被现实所压死好汉。不幸的杨女士不过是最后这种人中的一个而已。

胡风抨击"艺坛"上"以写'!''!!!'为能事的政论家",以及"在报纸上造别人恭维自己的空气的文学家",称他们是"失了理性的指导之茫然蠢动中牺牲了的勇敢青年",是"在迷迷糊糊中扬眉吐气地过着日子的青年","可憎"而又"可怜"。胡风所说的"理性",显然是他当时信奉的"党派"和"主义",而不是我们今天所说的"革命理性"。

《"珠"的问题——零想之二》就南昌《民国日报》登刊的《禁止妓女假冒密丝》的报道发表评说。"珠"为"完美的女性之比譬","鱼目"是"假冒密丝"鱼目混珠的"妓女"。胡风赞扬"妓女"的圣洁,批评"密丝"的"伪善"。文章说:

> 所谓短髦旗袍高跟皮鞋之时髦密丝呢!谁也不敢说其中没有勇敢地向善美的人生奔赴的强者,更不敢说没有为着"爱"而用生命挣扎着以至成功或毁灭的圣者,但大多数的灵魂之脆弱恐怕比之她们的华衣与脂粉而犹不如。除了安心地坐在可靠又可坐前"黑漆板凳"上的(平心说,那与妓女的从良又有什么区别呢?)以外,有诡伪百出的小政客(现在的女子大概还只能做小政客),有以"哭"为唯一武器的革命家,有以"我是女人"为武器到处献媚的交际花,有实际等于妓女的电影明星,有躺在阔人怀里的新式姨太太,……等等。
>
> "珠"呢?"鱼目"呢?怎样分呢?何从分呢?呢?呢?呢?
> …………
> 而我们的"密丝"们尚不习惯于光明正大的行径,尚不能甚至不愿意走那虽然艰辛然而伟大的人生之路。交友么?鬼鬼祟祟地;恋爱

么？偷偷摸摸地；生活么？猪猪鼠鼠地；没有为了信心能够披艰履锐的勇气，没有为了"爱"刀上水里都可以死的狂热，更没有改造她们的命运的意志。总之，她们只愿意混混而已。

胡风把"珠"与"鱼目"混为一谈，把"密丝"说成"躲在男子的腋里或被踏在男子的脚下"，批评"'珠'们的'混混主义'"。尤其是女界"有诡伪百出的小政客（现在的女子大概还只能做小政客），有以'哭'为唯一武器的革命家，有以'我是女人'为武器到处献媚的交际花，有实际等于妓女的电影明星"这些言论，笼统刻薄，是对"时髦密丝"的污蔑。

《动摇中的死相——零想之三》把中国文化概括为"淫骗本位"，"作为生活技能的，生产方面是'骗'，作为生活态度的，享受方面是'淫'"。宣称在"这动摇中的中国"，"看到的却是一个'死相'"。在谈及文艺界的情况时说：

> 从文艺上观察，销行得最多而能使我们少爷小姐们流泪或高兴的是《少年飘泊者》《情书一束》一类的作品，鲁迅作品的流行我以为并不在他作品里所表现的什么而在他的"滑稽"（如一般读者所说），而比较可宝贵的翻译和沉着的作品却始终只有"暗角落里"的命运，这样使人寂寞的事不也是不可否认的么？而同时，报章杂志上，什么姑娘，革命，血泪，灵的作品，肉的作品，外国诗的仿制，"文坛""园地"，等等，闹得不可开交，正如苍蝇之嗡嗡。

> 这些表示了什么？音乐也罢，歌舞也罢，文艺也罢，依然脱不了"上海气"的倾向，低级享乐主义的倾向，深言之，都是些与生命底里不发生影响和交流的浅薄而又虚伪的把戏。

胡风将蒋光慈的革命小说《少年飘泊者》和章衣萍格调低下的《情书一束》混为一谈，将鲁迅作品也说成为"都是些与生命底里不发生影响和交流的浅薄而又虚伪的把戏"，"鲁迅作品的流行我以为并不在他作品里所表现的什么而在他的'滑稽'"，而"比较可宝贵的翻译和沉着的作品却始终只有'暗角落里'的命运"。不难看出胡风当年所推崇的"比较可宝贵的翻译和沉着的作品"，显然不是以鲁迅为代表的新文学。

《题诗，等。——零想之四》一文中说："中国文学史是一片的荒凉，没有伟大的作品也没有泛滥的波澜,过去的桎梏永远不死!我们在中国文学史上找不出古典诗人,或浪漫诗人,或神秘诗人,或颓废诗人,或恶魔诗人(Diabolist)"。在翻译的丁尼生(A.Tennyson)的情诗《歌——》的"附记"中说:我们中国人"在功利主义与靡靡主义所形成的陈闷的气氛中从未对'爱'有过真实的了解与神圣的祭献"。这些话都说得太绝对、太偏激,或许也就成了不能编入《全集》的理由。

## 六

在1927年至1928年的两年里,胡风写的文章似乎还不止这些。1957年8月,文艺界批判胡风时编印过《胡风的反共文章》,揭发胡风写的"反共文章"还有五篇:

《给我力量》,《武汉评论》第1卷第1期 署名"记者";
《〈武汉评论〉征文启事》,《武汉评论》第1卷第1期 未署名;
《江西省党部改组委员会宣传部制定最近反共宣传大纲》;
《江西省党部宣传部为反共宣传运动周告江西青年书》;
《反共的今日和明日》,署名"张古因"。

这几篇文章"反共"色彩更浓,虽说未必一定就是胡风一个人写的,但张古因的确是胡风的笔名。重提这段历史并非硬要给胡风脸上抹黑,说他当年多么"反动",而是为了更真实而全面地了解胡风,了解那个年代纷乱而复杂的风云,更好地辨析茅盾和郁达夫等现代作家笔下这一时期革命者和知识青年的迷茫。把胡风的经历作为一个"个案"来审视,对于丰富现代作家人生道路和心灵历程的研究不无意义。1928年2、3月间的上海《民国日报·觉悟》发表过署名"文台"的一篇长文,题为《什么是共产党的理论什么是国民党的理论》,文章认为当时处在一个"理论蒙混的时期",什么是共产党的理论什么是国民党的理论、什么是安那其派的理论什么是国家主义派的理论区分不清。青年胡风思想上出现暂时的迷茫是可以理解的。我总以为胡风1927年至1928年在武汉和南昌的经历,对于他后来到上海流浪、到东京留学,以及为中国新文学奋斗献身,或许起到了激发和促进的作用,值得珍视。

改革开放以来我国现代作家的全集出得很多,作家研究更是日新月异,同时也不无遗憾。就拿全集来说,虽说全集总是不"全"的,但那是因为搜集不易,若是有意识地加以"整理"和筛选,也就失去了全集作为资料库的意义。政治上太敏感的文章可能不宜出版,但在全集的"说明"或"编后"中应有所交代,这才是编全集的严肃认真的态度。虽说作家研究也不能面面俱到,但若是只刻意营造"革命"和"前进"的一面,把急遽的时代风云都写成能"未卜先知",把艰难曲折的人生历程都写成"迎着光明走",那还有什么"曲折"和"漫长"可言呢?!

胡风在 1934 年 5 月写的《理想主义者时代的回忆——为〈文学〉周年增刊〈我与文学〉作》一文中,谈到 1925 年至 1929 年的经历和情感历程时说:

> 乘着"五卅"底退潮转到了北京以后,渺小地被浸在北京的那一种生活情调其实是封建社会的氛围气里面,我又渐渐地偏向到了能够寄托远思的文学方面。
>
> 我开始接触了古典的世界。
>
> 但因为到底年轻而且还抱有对于生活的爱,能够吸引我的依然是呼吸灼人的现代人的东西——用了农民的原始的韧力忍受着生活上的一切磨折的苏德曼的《忧愁夫人》,像漠漠的冰原似的又硬又冷的路卜旬的《灰色马》,我都在自己的独特的领悟之下得到感激了。……在中国新文学创作里面发现了真实的赤裸的人生和它的搏战,也是这个时期。
>
> 然而,高蹈的追求并没有使我离开血肉的生活,或者说,高蹈的追求正是执著于血肉的生活之一表现。狂潮在南方呼呼地起来了以后,我又抛弃了一切。
>
> 从此就开始了更艰辛的搏战。
>
> 起初还不过是在连吃饭的功夫都没有的忙碌中间有时抽出日记本子或波特莱尔来"润泽"一下自己,等到被冲得筋疲力尽了以后,就觉得几几乎没有藏身之所了。为了保持一些东西逃避一些东西,虽然不得不在各处流转,但从前的追求或执著不能抬起头来,消沉到有时会写出了这样的东西——

不须以"死井"状我的心情,
更毋须以"凉月"写我的生命,
飘摇在这寒夜里的
呼呼隆隆的市声,
已使我缩缩瑟瑟地
念岁月之萧条了。

不能狂吻着过去的伤迹,
流点基督之泪,
一切强暴的袭来,
羞涩地张不起两臂——
只一双未死的脚儿,
不自主地拖着拖着,
一步一步地……

任暖日当空,
或凄风咽泣,
虽天地之寥廓,
几曾给我
以晨曦的浅笑
与黄昏的叹息?

我愿倾一杯绯红的浓酒,
在我剖开了的胸腔里,
我惨伤,
我狂醉,
在昏迷错乱中,
有了亲爱的友,
也有了仇恨的敌。

或身穿百衲之衣,
朝则沿门乞食,

夜则蜷卧于母亲荒冢之侧，
如忆起在母亲怀抱里的故事时，
就紧抱着冷月下的枯草而啜泣。

——《寒夜》

先天不足的理想主义者在这里是彻底地战败了。

所以，一年后在《夕阳之歌》里面恢复了过来的温暖的调子，虽然不过是一片回光，但总算表示了还有生机，我很珍惜那一点生机，虽然那样的歌已是最后的了。

东京神田区的一条僻静马路上，有一所叫做江户川大厦的房子。①

这时的胡风已经接替茅盾担任左联书记，在理论上接受了马列主义，成了著名的文学评论家、现实主义文学理论家，成了鲁迅的朋友。这份"回忆"对于胡风来说是痛苦的，所以整个回忆是跳跃式的，写的也只是几个片段，但它是真实的。"回忆"中所说的"狂潮在南方呼呼地起来了以后，我又抛弃了一切""从此就开始了更艰辛的搏战""被冲得筋疲力尽"，指的可能是胡风1926年11月回到湖北老家蕲春县参加大革命的事。1928年秋，胡风离开江西去上海，流浪了几个月。1929年夏秋间，往返于南京、武汉之间两次，想谋一个教书的职业未能如愿。《夕阳之歌》诗后注"1929年夏末"，当写于是年9月赴日本留学之前，或是已经到了东京之后。胡风把1926年11月至1929年赴日本留学之前将近三年的生活说成是"惨伤""狂醉"，是"先天不足的理想主义者在这里是彻底地战败了"；是"来路凄迷，／去路也凄迷"的"幻灭"（《幻灭之歌》）。话说得如此沉痛！这份沉痛镶嵌在胡风的"回忆"里，也镶嵌在胡风当年写（译）的诗文里，可惜在《全集》里全都成了空缺。

## 七

至于《胡风全集》中文字的删改，可举长诗《时间开始了》中"大旗万岁"的两个版本作为事例。

---

① 《胡风全集》第2卷，第270—272页。

中国社会科学出版社1991年4月出版的《胡风论集》收有贺捷的《胡风的诗格与人格——读〈胡风的诗〉断想》一文，盛赞胡风鲜明的爱憎和主观战斗精神。文中写道：

> 胡风先生的长诗《时间开始了！》，最充分地展现了他拥抱革命、拥抱人民，拥抱祖国、拥抱世界的赤忱之心，展现了他那种"万物皆备于我矣"的主观战斗精神。
>
> 他爱爱仇仇，爱憎分明。
>
> 他这样表达他对新旧社会的态度：
>
> 我要永远仇恨
> 于旧状况
> 那么心平气和，
> 于较新的机遇
> 就那么疾首蹙额；
> 于已成之局
> 那么委曲求全，
> 于初兴之事
> 就那么求全责备（鲁迅）的
> 那种臣妾的道德！
>
> 你把你心里的仇恨燃烧起来了
> 投向了敌人！
> 你把你心里的爱情升华起来了
> 献给了祖国！
> 献给了人民！
>
> 他这样地宣告了他对中国共产党的爱戴：（他的这几行诗哪怕有点口号味）
>
> 大旗万岁！大旗万岁！大旗万岁！
>
> 他对领导人民大众推翻三座大山，建立了新中国的中国共产党的全部感情，对中国共产党伟大历史作用的评价，都在"三呼万岁"

中了。

胡风诗组《时间开始了》由"欢乐颂""光荣赞""青春曲""英雄谱""胜利颂"五个乐章组成,编入《全集》时在文字上作过修饰,这就使得诗组有"初刊本"和"全集本"两个版本。"大旗万岁"见于诗组《时间开始了》的第二乐章"光荣赞",刊登在 1950 年 1 月 6 日《天津日报·文艺周刊》第 42 期,诗中"大旗万岁"的"大旗",是指"毛泽东",而不是"中国共产党"。诗中写道:

> 毛泽东是我们的旗!
> 旗!
> 大旗!
> 光荣的大旗!
> 胜利的大旗!
> 冲破黑暗的放光的大旗!
> 溶化麻木的歌唱的大旗!
> 征服苦难的欢笑的大旗!
> 大旗万岁!
>
> 祖国
> 祖国啊
> 为了你
> 你的儿女们
> 要保持这些品质!
> 要发展这些品质!
>
> 要更美丽!
> 要更英勇!
> 要更智慧!
> 要更纯洁!
> 跟着这面大旗前进!
> 望着这面大旗前进!
> 爱着这面大旗前进!

> 把我们这个忍受苦难忍受够了的祖国完完全全解放出来,复活起来改造成没有贫穷、没有劳苦、没有冤屈、没有哭泣、没有羞耻、放光的歌唱的欢笑的、幸福的大天地!

到了《胡风全集》中改成了:

> 共产党——
> 是我们的旗!
> 旗!
> 大旗!
> 光荣的大旗!
> 胜利的大旗!
> 冲破黑暗的放光的大旗!
> 溶化麻木的歌唱的大旗!
> 征服苦难的欢笑的大旗!
>
> 大旗万岁!
> 大旗万岁!
> 大旗万岁! ①

欢呼"毛主席万岁"改写欢呼"共产党万岁",这一改动的用意不难想见。组诗《时间开始了》第一乐章"欢乐颂",原刊1949年11月20日《人民日报》副刊《人民文艺》。全诗共400余行,占了第7版的半个版面。据胡风回忆,"欢乐颂"发表后反响很大,"引起了一点热潮","共产党员诗人"王亚平兴奋地写信来说:"你第一个歌颂了毛泽东。"② 按说胡风并不是新中国成立前后"第一个歌颂了毛泽东"的诗人。早于胡风"歌颂了毛泽东"的有聂绀弩、徐放和王亚平。聂绀弩1949年2月在香港创作的题为《一九四九年在中国》③的长诗,全诗600余行,分为"比喻""我们""日出""答谢"四章,"答谢"章的第三节题为"给毛泽东"。诗中写道:

---

① 《胡风全集》第1卷,湖北人民出版社,1999年,第152—153页。
② 《胡风全集》第6卷,湖北人民出版社,1999年,第717页。
③ 见诗集《元旦》,香港:求实出版社,1949年,第53—54页。

> 毛泽东，／我们的旗帜，／东方的列宁、史太林，／读书人的孔子，／农民的及时雨，／老太婆的观世音，／孤儿的慈母，／绝嗣者的爱儿，／罪犯的赦书，／逃亡者的通行证，／教徒们的释迦牟尼，／耶稣，／漠罕默德。／地主，／买办，／四大家族，／洋大人的活无常，／旧世界的掘墓人和送葬人，／新世界的创造者、领路人！……

徐放的《新中国颂歌》，全诗约200行，刊登在1949年10月1日《人民日报》第7版，第四节歌颂毛泽东。诗中写道：

> 从此／中国亮了，／从此／世界的东方也亮了。／今天／中国是张灯结采的中国，／世界是欢腾鼓舞的世界。／……这是几千年，／这是近百年，／这是中国人民／世界人民／斗争的成果；／这是马克思、恩格斯、列宁、斯大林／和毛泽东的思想的成果。／从今天，／在中国的历史上／要写着毛泽东，／在世界的历史上，／要写着毛泽东；／……

王亚平的《迎接——中华人民共和国》，全诗约200行，刊登在1949年10月2日《人民日报》副刊《星期文艺》。诗中写道：

> 敬礼吧！／面向掌握历史车轮的舵手——毛主席！／马列主义的实践者，／苦难人民的救星，／中国无产阶级革命的导师！／我们——全国的人民／用颠不倒、扑不灭的信心，／用山样高海样深的热爱，／迎接年青的中国！／迎接建设的年代！……

虽说聂绀弩、徐放、王亚平等人颂歌毛泽东的诗都比胡风写得早，但在诗歌中第一个欢呼"毛泽东万岁"的是胡风，难怪王亚平要"兴奋地写信"来祝贺胡风"第一个歌颂了毛泽东"了！《胡风全集》的编者将"毛泽东"改为"共产党"，用心良苦。

（原载《新文学史料》2009年第4期，2022年9月1日修订。）

# 《摘星录》考释的若干商榷

《十月》2009年第2期刊登了裴春芳辑校的《沈从文小说拾遗》，郑重指出《沈从文全集》第10卷（北岳文艺出版社，2002年）里的《摘星录》，原是发表在香港《大风》半月刊第73—76期（1940年8月20日、9月5日、9月25日、10月5日分四次连载）上的《梦与现实》（署名李綦周）。此篇后以《新摘星录》之名，重刊于昆明《当代评论》第3卷第2—6期（1942年11月22日、29日、12月6日、13日、20日）；复以《摘星录》之名，重刊于桂林《新文学》第1卷第2期（1944年1月1日）。这三个版本可简称为香港本、昆明本和桂林本。《沈从文全集》第10卷里的《摘星录》采用的是桂林本，与香港本的文字不尽相同。而沈从文1941年6月20日、7月5日及7月20日分三次连载于香港《大风》半月刊第92—94期上的《摘星录》（署名李綦周），则为《沈从文全集》所失收，成了佚文。

这个重大的发现是近年来沈从文研究最可喜的收获，裴春芳挖掘史料的可贵精神着实令人钦敬。与《沈从文小说拾遗》一同发表的研究论文《虹影星光或可证——沈从文四十年代的爱欲内涵发微》（以下简称"《证》文"），写得很有才气，但作者对《摘星录》的探究和考证却颇有可商之处。早在裴春芳之前，已有人认为沈从文这一时期"小说的描写与叙述是完全实录的，故事有它原始状态下的真实"[①]，《证》文则进而断言新发现的《摘星录》"是沈从文爱欲体验的记录"，而这一个"偶然"应该是"经常在文人雅集诗酒风流之际抚琴吹笛的张充和"。为了阐释这个重大发

---

[①] 范智红：《"向虚空凝眸"——1940年代沈从文的小说》，1998年吉首大学国际沈从文研究学术讨论会论文，引自《永远的从文——沈从文百年诞辰国际学术论坛文集》，吉首大学沈从文研究所，2002年，第888页。

现,《证》文列举了许多"事实",这些"事实"都不能成立。

一

《证》文说"香港本《摘星录》虽然文字精美雅致,但笔触实际上最为刻露,其中女主人公的生日亦是一个可以探究的重要信息":

> 作品在叙述女主人在半推半就中接受"客人"的疯狂爱欲之际,特意点出这位"女主人"的生日是七月十二日。按,张充和生于1914年,据傅汉思《我和沈从文的初次相识》透露,张充和生日应该是 5 月 20 日。查 1914 年农历闰五月二十,正是阳历 7 月 12 日。这一小说中的细节,与张充和的生日如此若合符契,看来绝非偶然,应该是有意为之的。

因为《摘星录》"女主人"的生日是七月十二日,而张充和的生日是 1914 年农历闰五月二十,正是"阳历 7 月 12 日",则作品中的"女主人"便是现实生活中的张充和,"客人"就是沈从文。

这个"发现"只是《证》文作者的奇想,《证》文作者考证的"张充和的生日",纯粹出自猜测。关于张充和的生日,至少有以下材料可以作证:

1. 张允和写的《王觉悟闹学》一文说:"1920 年的春天,小四妹才七岁,回到了苏州。"① 这"小四妹"就是张充和,间接说明她生于 1913 年。《王觉悟闹学》一文后注"1979 年 11 月初稿,1995 年 10 月二稿"。

2. 张家有两种家谱,一是由张充和的弟弟张定和编的《家谱简编》,二是由张元和与张充和最先编写,经过家人审订,并由"充和敬署"的《乙酉正月肥西张公荫毂后裔谱简料汇编》(上册),现将《汇编》(上册)中有关张充和的文字抄录于下:

> 张充和,字季充,女,行四,1913 年 5 月 17 日生,北京大学毕业,发表诗歌、散文、短篇小说多篇,曾在耶鲁大学教授书法和昆曲,致力于中国书法和昆曲在海外推广 60 年,著有《张充和小楷》,

---

① 张允和、张兆和等编著:《浪花集》,新世界出版社,2005 年,第 111 页。

同傅汉思共同将唐代孙过庭《书谱》和宋代姜夔《续书谱》合译成英文出版。

《汇编》（上册）书前有张金龄 2001 年 2 月 15 日写的《序言》，据此可知该书大概是 2001 年或 2002 年印制的。张金龄在《序言》中谈到编写过程时说："先是元和、充和曾……编世系简表"，张充和在编"世系简表"时，是不会把自己的生日搞错的，可以认定张充和生于 1913 年 5 月 17 日。

3. 2006 年 8 月香港《镜报》月刊刊登的莫利亚写的《璞玉浑金　古色今香》，文中写到张充和"1913 年 5 月 17 日生于上海，属牛"。

4. 张充和的大弟弟张宗和生于 1914 年 5 月 18 日。假如张充和的生日是 1914 年 7 月 12 日，那她比她的弟弟还晚 50 多天出生，这岂不成了天下奇闻。

以上四则材料都是在《证》文之前公开出版（印刷）的，并不难找，《证》文作者在"探究"时不依靠这些可靠的材料立论，匪夷所思。《证》文作者对傅汉思《我和沈从文的初次相识》的解读也有些想当然。作为一个"洋人"，傅汉思在写给双亲的信中会用中国的"农历"吗？再有傅汉思那封信在文章中只是部分引用，中间插有两个省略号，《证》文作者凭了傅汉思"1948.5.21"写给双亲信中的"昨晚充和过生日"一语，就认定张充和生日"应该是 5 月 20 日"，这就忽略了信中的省略号，"昨晚"未必一定就是发信的头一天，即便真的"应该是 5 月 20 日"，为保证"探究"的真实和可靠，也应该细细考辨这"5 月 20 日"是否真的是"农历"，年份是否真的是"1914 年"。即便张充和生日真的是"1914 年农历闰五月二十"，《证》文强调的"如此若合符契""绝非偶然""有意为之"的"疯狂爱欲"也值得怀疑。小说毕竟是小说，不是"实录"。"小说"与现实生活中的人和事硬碰硬地套上对应关系，这还是小说吗？

## 二

《证》文作者在对"生日"作了一番"探究"之后，又在小说"女主人"的"肤色"上寻找对号入座的根据，再度"肯定"小说中"女主人"就是张允和。

《证》文写道：

> 特别是其肤色微带棕色的一个细节，更是若有深意，与抗战时期寓居重庆的文人对于张充和的描述，倒有几分接近。
>
> 近代诗坛大家汪辟疆有诗"此时幽事那复得，尽日闲情欲付谁？北体偶临张黑女，新词合和比红儿。"此处的"张黑女"字面上意指魏碑晚期作品《张黑女墓志铭》，又名《张玄墓志》，有遒厚精古、神妙兼备之称，实隐指张兆和的四妹张充和。与张充和同时在重庆礼乐馆供职、且多所往还的卢冀野，曾以"绿腰长袖舞婆娑"之句勾勒出其软舞轻盈的繁姿曼态，他对张充和的性情容貌和身份，也有记录："她们的父亲在苏州王废基办益乐女子中学……她用'<u>张玄</u>'这名字进了北大中大系……'<u>张玄</u>'就是'<u>张黑女</u>'，她也许因为皮肤有一些黑，所以她袭了黑女之名。"（着重号为引者所加）

凡是见过张家四姊妹的人都知道，张家四姊妹元和、允和、兆和、充和，只有张兆和肤色黑，绰号"黑凤""黑牡丹"①，其余三姊妹肤色都很白，正是因为张兆和肤色特别，所以才有"张黑女"的雅号，说肤色黑的肯定是兆和。张充和1934年报考北大时改名"张旋"。关于改名，《合肥四姊妹》中是这么解释的：

> 她（张充和——引者注）不想让别人从真名联想到姐姐兆和以及姐夫沈从文。因为当时沈从文已经是著名作家，招考的老师中很多人和沈从文相识，或者是读过他的作品，充和担心自己和沈从文的关系会让他们对她偏心。同时，这一举动也是充和的自我防护及保护家庭的措施，以防万一考试失败，不致让家人和自己蒙羞。她弟弟宗和有个朋友在宁夏当校长，这个人为"张旋"开了一张高中文凭。②

这个说法是可信的。张充和为了不让北大招考的老师知道她是沈从文的姨妹，改名张旋。《证》文作者把"张旋"误写为"张玄"，望文生义，把"玄"解读为"袭了黑女之名"，进而肯定小说中的女主人公就是张充和，这真

---

① 张允和：《从第一封信到第一封信》，见张允和、张兆和等编著，《浪花集》，第105页。
② 金安平：《合肥四姊妹》，凌云岚、杨早译，生活·读书·新知三联书店，2007年，第296页。

的是"自说自话"。

## 三

为了把沈从文"恋上自己的姨妹"的"爱欲"说得更真,《证》文作者把他们的"恋情"追踪到1930年代,《证》文中说:

> 《青岛诗存》中的《残诗》,核心意象是三十年前良夜晚会上那个"红白如花脸,绰约小腰身"的青春女子令人歆羡的轻歌曼舞中不停旋转的姿态。这个轻歌曼舞的女子最有可能是约三十年前在青岛昆曲界的曲会上一展歌喉舞姿的四妹张充和。或许就在那个时候,沈从文对她已经产生了暗恋之情。

先不说《青岛诗存》中《残诗》的写作背景及其内容,"约三十年前在青岛昆曲界的曲会上一展歌喉舞姿"的表述,就把时间模糊化了。"约三十年前",到底是哪年呢?从沈虎雏编写的《沈从文年表简编》可以知道,沈从文1931年8月到青岛大学任国文系讲师,1933年8月辞去青岛大学的教职,应杨振声之邀到北平参加编辑中小学教科书工作,是年9月9日与张兆和在北平结婚后就住在北平。[1] 也就是说沈从文在青岛只住了两年,而张充和第一次到青岛参加曲会的时间是1936年暑期,是受大弟宗和之约去的,1937年暑期,张充和一个人又到过青岛。[2] 张充和在青岛参加的所有曲会活动,沈从文都不可能在场,诗中描写的"轻歌曼舞"的女子绝对不会是张充和,这"暗恋之情"又从何说起?

《青岛诗存》中的《残诗》应写于1961年[3],是年6月末到8月初,作协安排沈从文到青岛休养。在这期间,沈从文有可能看过当年流行的舞会,于是写了这首《残诗》。现将《残诗》后半部分抄录如下:

---

[1] 《沈从文全集》附卷,北岳文艺出版社,2003年,第14、17页。
[2] 张宗和:《秋灯忆语(一)》,刊《香港笔荟》2003年3月号。金安平著,凌云岚、杨早译《合肥四姊妹》(生活·读书·新知三联书店,2007年)第13章"充和"中也有记载。
[3] 《残诗》收入《沈从文全集》第15卷,见第293—294页。诗下有注云"这篇残诗估计为1962年初夏作于青岛"。从沈虎雏编写的《沈从文年表简编》可以知道沈从文1962年初夏并未到过青岛。

> 良夜有晚会，箫鼓发妙音，
> 红白如花脸，绰约小腰身，
> 青春发光泽，盛年诚可歆，
> 清歌复妙舞，旋转不暂停，
> 能……

认真读一读《残诗》，就不难发现沈从文写的是现代舞会。只有现代舞会，才会有"旋转不暂停"的"妙舞"。昆曲是高雅艺术，曲会中不会有《残诗》中写到的气氛。自称是"乡下人"的沈从文对当时流行的交谊舞很反感，于是写了这首带有讽刺意味的《残诗》，"红白如花脸，绰约小腰身""青春发光泽，盛年诚可歆"，都是嘲讽口吻，按说是不难领会的。

## 四

《证》文作者把沈从文"恋上自己的姨妹"的"爱欲"追踪到"青岛"时期之后，又放言高论：

> 沈从文对张充和爱欲的炽烈化大概发生在1939年5、6月间。……1939年5月沈从文一家与张充和开始在呈贡杨家大院居住，1941年2月份之前，张充和离开昆明前往四川重庆，任职于教育部音教会下属的国立礼乐馆。张充和在昆明时期，常依托姐姐兆和居住，其独擅一时的昆曲演剧才能，已渐为昆明喜好拍曲之人所知，但流传不广，沈从文为之叹惋曰："昆曲当行，应以张四小姐为首屈一指，惜知音者少，有英雄无用武之感。"至1940年夏，沈从文的恋情有变，张兆和此时拟携龙朱、虎雏二子离家赴昭通任中学教员一事，似亦与此有关。现存这一年的沈从文唯一一封信是《致张充和》，在信中沈说："三姐到今天为止，还住在铁路饭店，说是月底可走，走到威宁，再坐三天轿子，方可到昭通。我因得送三姐上车，恐得在月初方能下乡"，此时张充和虽还住在呈贡杨家大院，可能因为忌讳和流言，沈从文的爱欲似有所冷却。而很可能经此变故之后，张充和即

离开昆明，远赴重庆，事情遂告一段落。张充和后来在重庆开始另一阶段的人生传奇，沈从文则默默写下《摘星录》、《看虹录》、《绿魇》、《黑魇》等篇章，以文学的方式对这一段感情作出深挚的祭悼。

这一大段文字中的"沈从文对张充和爱欲的炽烈化大概发生在 1939 年 5、6 月间""至 1940 年夏，沈从文的恋情有变，张兆和此时拟携龙朱、虎雏二子离家赴昭通任中学教员一事，似亦与此有关""可能因为忌讳和流言，沈从文的爱欲似有所冷却。而很可能经此变故之后，张充和即离开昆明，远赴重庆，事情遂告一段落"等等，都很难坐实。

1939 年五六月间，居住在呈贡杨家大院的，除了沈从文一家及张充和，还有杨振声、卞之琳、孙福熙，以及江西省推行音乐教育委员会的同人。因为张充和昆曲演剧才能"首屈一指"，一批曲友和票友常来杨家大院拍曲，杨家大院热闹一时。常言道"人多嘴杂"，假如真有什么"流言"，是包不住的。可迄今为止，除了这篇《证》文，并未见到相关的实据。张兆和应聘赴昭通任中学教员，那是生活所迫，是为了缓解家庭经济困难，《证》文所说的"恋情有变"完全出自猜测。因交通受阻，张兆和的昭通之行未能成行，于 1940 年秋天到呈贡友仁难童学校教英文，沈从文也到该校上义务课；1941 年秋，张兆和转到龙街的育侨中学教英文，沈从文也跟着去上义务课；1943 年秋，张兆和到呈贡县中任教，沈从文也到这所中学教义务课，"妇唱夫随"，反倒是感情的见证。细读沈从文唯一一封《致张充和》的信，也真看不出有什么"变故"来。

至于张充和离开昆明去重庆，她自己在《合肥四姊妹》一书中说得很清楚，"是为教育部新建立的礼乐馆服务"，重庆政府给她的这份工作很对她的胃口，她还一再为在重庆生活得相当舒适，并与章士钊和沈尹默成了忘年交而庆幸。

熟悉张充和经历的人都知道她在沈从文家长住过三次：

第一次　1933 年 9 月至 1934 年夏考取北大之前。1933 年 9 月来北平参加沈从文和张兆和的婚礼后，就留下作报考北大的准备（在北大旁听），直到考上北大后才住到自己的公寓，其间一直住在沈家。

第二次　抗战后到昆明，先是同沈从文一家住在蔡锷旧居北门街的一个院子，后又住到呈贡县龙街（乡镇）的杨家大院，直至 1940 年去重庆为止。

第三次　1947年2月至1948年年底，一同住在北平北大宿舍中老胡同。这是七八间的长条房子，张充和与傅汉思住在最西头有单门的一间，直到1948年年底赴美为止。

沈从文家其实就是张充和的"娘家"，张充和是从沈家"嫁"出去的。假如沈在青岛时对张充和"已经产生了暗恋之情"，昆明时期先有过"爱欲的炽烈化"，后"因为忌讳和流言"，沈从文对张充和的"爱欲似有所冷却"，张充和"经此变故"之后，"即离开昆明，远赴重庆"，那张充和在1947年2月至1948年年底这将近两年的时间里还能住到沈家吗？凡是熟悉沈家的人（如叶圣陶），都说沈家四姊妹关系相当好，张充和的丈夫傅汉思对沈从文尤为钦敬，沈逝世时他和张充和送的挽联是：

不折不从亦慈亦让
星斗其文赤子其人[①]

仅从这副挽联也能看出彼此的情谊。他们之间的关系实在容不得后人作更多的猜测。

## 五

《沈从文全集》在编选过程中，为减少重复删去的文字，编者均加注作了说明。《证》文作者为了寻找沈从文"爱欲"更多的证据，对《沈从文全集》的"删削内容"，妄加推断，列举的例证就是沈从文1962年4月11日《复张充和》。沈从文在这封信中写道：

新诗似在这里写几首下来，有意思还在长长的序跋，字太多，就不抄了。如另有机会见到《中国文学》，还可看到一些。
…………
限于纸面，和其他忌讳，可惜不能将序跋写上。有些地方似乎得有序跋才好懂！

---

[①]　《光明日报》1988年5月29日第4版。

这封信收在《沈从文全集》第 21 卷。《沈从文全集》编者在删节处加了一条注:"此处删节信中抄录的一组旧体诗,均为《匡庐诗草》和《井冈山诗草》中作品,已编入全集第 15 卷。"就这条注,引起了《证》文作者的兴趣,认为"有必要对此信稍加分析",《证》文中写道:

> 事实上沈从文这一时期所做的有序跋的诗,乃是《青岛诗草》中的《白玉兰花引》及《〈白玉兰花引〉跋》及《残诗》等诗文,它们才是沈从文《复张充和》所指的有序跋的诗,信中所谓"北京日来已开玉兰,中南海边杨柳如丝,公园中有玉兰花也极好……"绝不是随便叙说春景的,而是暗示风怀的。
>
> 《青岛诗存》中的《残诗》,核心意象是三十年前良夜晚会上那个"红白如花脸,绰约小腰身"的青春女子令人歆羡的轻歌曼舞中不停旋转的姿态。这个轻歌曼舞的女子最有可能是约三十年前在青岛昆曲界的曲会上一展歌喉舞姿的四妹张充和。或许就在那个时候,沈从文对她已经产生了暗恋之情。《白玉兰花引》和《〈白玉兰花引〉跋》则一诗一文,互文共述了沈从文三十年前在青岛白玉兰花下与一位美丽女子的"偶然"遇合。诗中有句云:
>
> 虹影星光或可证,
> 生命青春流转永不停。
> 曹植仿佛若有遇,
> 千载因之成洛神,
> 梦里红楼情倍深,
> 林薛犹近血缘亲。
>
> 此处的"星光""虹影"恰可与《看虹录》和《摘星录》联系起来,作者似乎为后人暗示出一条隐微晦茫的小径。特别是"梦里红楼情倍深,林薛犹近血缘亲"一句,更具有强烈的暗示意义,暗示出诗人当年在两位"犹近血缘亲"的女性之间难于抉择的苦恼,所谓比"林薛"更近血缘亲的,不就是姐妹吗?而从性格上说,三小姐张兆和平实性近于薛,四小姐张充和飘忽情近于林。由于语言的有意含糊隐约,真幻兼有,加以诗文中的具体情事现今难以确考,但作者在遮

掩之余又似乎想有所表露甚至给读者提示，如《白玉兰花引》的"跋二"云：

> 星光虹影，虽相去遥远，海市蜃楼，世难重遇。公园路上之玉兰，玉立亭亭，又堪合抱。此人间细小变故，哀乐，乘除，岁月淘洗，不仅并未失去固有香色，反而使生命时感润泽。正若爝火微光，始终并未消失。人之有情，亦复可悯！适发现此旧稿于乱稿之中，因略有增删，作为永玉大画卷题词。文字迷蒙，势难索解，略作题解，转近蛇足，亦无可奈何也。或人将说此时此世，风怀诗有市场？其实屈宋二曹，由古至今又何尝有"市场"？

这里的"风怀诗"就是一个提示。……沈从文自认他的《白玉兰花引》是"风怀诗"，其实也就是对读者的一个提示或者说暗示。

前面已经说过这《残诗》中"轻歌曼舞"的"青春女子"不可能是张充和，这里不再赘述。需要说明的是《匡庐诗草》和《井冈山诗草》这两组诗，都是一般性的诗作，并没有什么特别的寓意。沈从文在信中所说的"有意思还在长长的序跋"，指的是诗作后面的"跋"，《匡庐诗草》中的《庐山含鄱口望鄱亭》《庐山"花径"白居易作诗处》后面的确有较长的跋①，联想到当时特定的时代背景，沈从文在寄往美国的信中"限于纸面，和其他忌讳""不能将序跋写上"，是可以理解的。1962年正值所谓的"冷战时代"，为收信人考虑，淡化信件内容的政治性，是那个时代常见的做法，凡是从那个年代过来的人都不难理解。

尤其需要说明的是：沈从文1962年4月11日《复张充和》信中抄录的一组旧体诗，均为《匡庐诗草》和《井冈山诗草》中的作品，并没有《证》文中所大谈特谈的《青岛诗存》中的《残诗》，《证》文作者对《残诗》作了曲解后，又把沈从文信中说到的"序跋"说成就是《白玉兰花引》和《〈白玉兰花引〉跋》。《白玉兰花引》原名为《白玉兰花引——书永玉木兰卷》，全诗共有103行，另有小注共400多字；《〈白玉兰花引〉跋》共有四则，约3000字，仅这两项加起来就有4000多字，沈从文会在信中

---

① 详见《沈从文全集》第15卷，北岳文艺出版社，2002年，第239—243、244—245页。

抄录这么多的文字吗？这似乎也可以说明《证》文作者从《白玉兰花引》摘录出来的诗句，在《复张充和》中是没有的。可《证》文作者恰恰就在这些原本就没有的诗句上发挥想象，在援引了"虹影星光或可证""梦里红楼情倍深，林薛犹近血缘亲"几句诗后得出如下的推论：沈从文"为后人暗示出一条隐微晦茫的小径"，"暗示出"沈从文"当年在两位'犹近血缘亲'的女性之间难于抉择的苦恼，所谓比'林薛'更近血缘亲的，不就是姐妹吗？而从性格上说，三小姐张兆和平实性近于薛，四小姐张充和飘忽情近于林"，"沈从文自认他的《白玉兰花引》是'风怀诗'"，所有这些均属"无中生有"，是随心所欲的猜测。

　　岁月悠悠，沈从文和夫人张兆和已经离开我们了，我们再怎么说他们，他们也不可能从地下爬出来与我们争执，正因为这样我们对逝者理应多一份尊重。张充和还健在，在论说她的为人及品格时理应格外谨慎。前天在《中国社会科学报》上看到 97 岁高龄的张充和为清华大学国学研究院书写院名的报道，称赞她写的大字"挥洒自如，不带半点烟火气"，请她题写院名的刘东教授受到感染，当场为她写下了这样一句话："充和先生，见到你才使我想起中国文化之可爱！"① 而《证》文让我们想起的又是什么呢？

2009 年 10 月 31 日于北大畅春园寓室
（原载《中国现代文学研究丛刊》2010 年第 2 期）

---

① 详见李潇潇、张飞岸：《宽正·沉潜·广大·高明——访清华大学国学研究院副院长刘东教授》，《中国社会科学报》2009 年 10 月 29 日第 12 版。

# 名作自有尊严

## ——有关《荷塘月色》的若干史料与评析

## 一 对《荷塘月色》最"犀利的艺术见解"

1992年《名作欣赏》杂志第2期发表了余光中的《论朱自清的散文》，罗列朱自清散文中的"败笔"，涉及《荷塘月色》的批评最多，如"第三段"，"无论在文字上或思想上，都平庸无趣。里面的道理，一般中学生都说得出来"，"删去这一段，于《荷塘月色》并无损失"；文中"譬喻大半泛浮，轻易，阴柔，在想像上都不出色"；"好用女性意象"，是"意恋"，"甚至流于'意淫'"，就连"赏月不带太太"也成了"鲜明印象"遭到质疑。现摘录其中的一节：

> 在"荷"文里，作者把妻留在家里，一人出户赏月，但心中浮现的形象却尽是亭亭的舞女，出浴的美人。在"绿"文里，作者面对瀑布，也满心是少妇和处女的影子，而最露骨的表现是"我用手拍着你，抚摩着你，如同一个十二三岁的小姑娘。我又掬你入口，便是吻着她了。我送你一个名字，我从此叫你'女儿绿'，好么？"用异性的联想来影射风景，有时失却控制，甚至流于"意淫"，但在二十年代的新文学里，似乎是颇为时髦的笔法。这种笔法，在中国古典和西方文学里是罕见的。也许在朱自清当时算是一大"解放"，一小"突破"，今日读来，却嫌它庸俗而肤浅，令人有点难为情。朱自清散文的滑稽与矛盾就在这里：满纸取喻不是舞女便是歌姝，一旦面临实际的歌妓，却又手足无措；足见众多女性的意象，不是机械化的美感反应，便是压抑了的欲望之浮现。

余文发表时,《名作欣赏》杂志加了"编者按":

> "名作求疵"这块新地开辟伊始,"飒飒东风细雨来,芙蓉池畔有轻雷"——台湾余光中先生的文章,发聋振聩,令我们欣然色喜。其犀利的艺术见解,"刻薄""狠鸷"的批评风格,都使我们感到一种从未有过的新鲜和刺激。
>
> 其实,无论是早期新文学幼稚、肤浅的名作,还是后来生硬勉强的极左八股,一经现代文艺家之慧眼审视,其瑕疵不必"吹毛"而已历历在目。然而,长久以来,我们的文学史家、批评家,却熟视无睹,或讳莫如深。至于晚近,赏鉴热起,辞典层出,而谈艺者每"佣耳贳目,未饮先醉,击节绝倒,自欺欺人。"
>
> 有鉴于此,本刊特辟"求疵"一栏,且以余光中先生《论朱自清的散文》一文率先发起对名作的攻势,以建立学术的严谨。我们热切盼望海内外专家、学者与学界有识之士鼎力相助,以成气候。

余光中一生从事诗歌、散文、评论的写作与翻译,并称这些是他写作的"四度空间",被誉为文坛的"璀璨五彩笔","右手写诗,左手写散文,成就之高,一时无两"。

而我对他的这篇《论朱自清的散文》实在不敢苟同。无独有偶,同事中高远东教授我也十分敬佩,大作《现代如何"拿来"——鲁迅的思想与文学论集》我是作为"经典"来欣赏的,可对他的《〈荷塘月色〉一个精神分析的文本》就不敢拊掌。大作发表在《中国现代文学研究丛刊》2001年第1期,后被收入《中国现代文学研究丛刊30年精编:作家作品研究卷(下)》[①],很受学界推崇。

远东兄大作学理深奥,似乎在说朱自清写《荷塘月色》的直接原因是"爱欲骚动",导致朱自清"心绪不宁的真正原因",是"满月时分的生命的一种'没来由的盲动'"。文章援引的是西方性心理学家的理论,认为满月时分,人的生理欲望最强烈,有一种"生命的盲动";"满月的光"会与人的"精神变异发生关系"。朱自清受了"性驱力"的影响,"才有了荷塘月色下的爱欲景观,一个安抚自然生命之律动和超越文化生命之凡庸

---

① 复旦大学出版社,2009年。

的精神'白日梦',一个寄寓了朱自清的生命哲学的思想文本"。荷塘的自然景致被朱自清"泛性化了,作品中多数比喻都与女性——尤其是恋爱中的女性——有关"。朱自清在这个"爱欲境界"中,"借助'月光'的移情作用","使自己的欲望得到安抚、不宁得以消除、精神得到升华"。"由于'月光'的诱导,对荷塘——一个不同于家庭的自然世界,产生了一种全新的期待","'月光'下的'独处'——骚动的'本我'在纯洁的清辉中而感到了无限的自由","赏花即赏人",朱自清"通过自然景物表达对异性的爱慕","那些关涉女性的爱欲形象却可能是真正的本体"。对于《荷塘月色》的结尾部分,论文作了如下的解读:

> 作者最后引用南朝乐府民歌《西洲曲》——一首以"采莲"隐喻男女爱情、寄托一个女子思念所爱男子的情歌,为自己的精神"白日梦"雁过无痕地作结:
>
> 采莲南塘秋,莲花过人头;低头弄莲子,莲子清如水。
> 但掀开这冰山的一角,能发现作者含蓄地省略的重要内容:
> 置莲怀袖中,莲心彻底红;忆郎郎不至,出门采红莲。
>
> 至此,作品之从自然景致到文化习俗的爱欲境界才"塑造"完全,也只有在与这一爱欲境界的互动中,我们才能理解主人公"我"思想情绪的波动:他为什么乐于独处,为什么在对"荷香月色"的尽情"受用"中会感到寂寞、不满,在遐想江南"采莲"时节的旖旎风光和沉吟于《西洲曲》歌咏的爱恋境界时会产生"可惜我们现在无福消受了"的感慨和使他"到底惦着江南了"的思念等等;也只有在与这一爱欲境界的互动中,我们才能理解主人公"我"的心理特质和其意识流动的本质,理解其期待"采莲人"的微妙心情及作品真正的寄托——作品结尾将这一点已揭示得非常清楚:当他经历了江南"采莲"风俗和《西洲曲》中"太虚幻境"的神游,其欲念早已化解,骚动早已抚平,不宁早已消除。……
>
> 从出离日常生活到自然回归,从产生心理骚动到平息它,从乐于独处到返回家庭社会,主人公表面上波澜不惊的漫步,却蕴含了一个惊心动魄的心路历程,一个"随顺我生活里每段落的情意的猝发的要

求，求得每段落的满足"的生命探险，其中自然也寄寓了其"日常生活的中和主义"和"刹那主义"的人生观。

月亮盈亏于人体是有一定影响的。有观点认为，当月亮正圆的时候，人的血气相应旺盛，肌肉充实，皮肤细密，毛发坚韧，腠理闭合，抵抗力强，心情也好。但朱自清去荷塘是否真的是月圆之夜受了"性驱力"所致，是否真的如远东兄所说是"期待'采莲人'"的"一个惊心动魄的心路历程"？朱自清为何"把妻留在家里，一个人出户赏月"；《荷塘月色》开头第一句"这几天心里颇不宁静"该怎么理解；怎样才能把握到朱自清真实的"心路历程"，需要我们回归时代，全面了解朱自清当时的生活现状和时代变幻莫测的雷电风云。

## 二 "心里是一团乱麻，也可说是一团火"

1927年"四·一二"后，叶圣陶接替郑振铎主编《小说月报》。为了挽救新文学的"衰颓"，他呼吁作家们"提起你的笔，来写这不寻常的时代里的生活！"并着手筹划出版"创作专号"。1927年6月10日出版的《小说月报》第18卷第6号的编后记《最后半页》，预告了"近来"收到的"可观的创作"，其中就有朱自清的《荷塘月色》。"创作专号"即《小说月报》第18卷第7号，1927年7月10日出版。《荷塘月色》后注"一九二七年七月　北京清华园"。"一九二七年七月"很可能是作品发表的时间，因为刊登在《小说月报》第18卷第7号上；也可能是写作的时间，在那个特定的年代，延期出版也是很正常的。无论怎么说，《荷塘月色》是叶圣陶约来的，理应解读为是朱自清对"写这不寻常的时代里的生活"的呼应。遗憾的是作品从第一段开始就引起了余光中和远东兄的"猜测"。

这几天心里颇不宁静。今晚在院子里坐着乘凉，忽然想起日日走过的荷塘，在这满月的光里，总该另有一番样子吧。月亮渐渐地升高了，墙外马路上孩子们的欢笑，已经听不见了；妻在屋里拍着闰儿，迷迷糊糊地哼着眠歌。我悄悄地披了大衫，带上门出去。

"满月"当指农历十五和十六两天，更多的时候指的是农历十六，俗话说得好,"十五的月亮十六圆"。而《荷塘月色》开篇的"这几天",是个比较宽泛的概念,是"近来",大概就是"四·一二"以来,大屠杀的腥风血雨使朱自清的心灵受到煎熬。6月5日,因国内政局不稳,校方接受学生要求,提前放暑假。人清闲了,心却被时局揪得更紧,尤其是在夜深人静的时候。今晚月色好,平常"阴森森的,有些怕人"的荷塘,"总该另有一番样子吧"。为了排解心里的苦闷和忧虑,朱自清来到"日日走过的荷塘"。其实,那晚的月光并不皎洁莹澈,天上"有一层淡淡的云,所以不能朗照",荷塘四周不是清辉遍洒,而是斑驳朦胧。远东兄所说的"'月光'的诱引和提升作用"真还看不出来。

留心阅读朱自清的相关文章便不难发现,"四·一二"带来的剧烈变动,引起他思想的极度彷徨苦闷。1927年9月27日写的散文《一封信》中说:"这几天似乎有些异样。像一叶扁舟在无边的大海上,像一个猎人在无尽的森林里。走路,说话,都要费很大的力气;还不能如意。心里是一团乱麻,也可说是一团火。似乎在挣扎着,要明白些什么,但似乎什么也没有明白。"① 散文《那里走》中说"我在 Petty Bourgeoisie(小资产阶级——引者注)里活了三十年,我的情调,嗜好,思想,论理,与行为的方式,在在都是 Petty Bourgeoisie 的;我彻头彻尾,沦肌浃髓是 Petty Bourgeoisie 的。离开了 Petty Bourgeoisie,我没有血与肉。……我既不能参加革命或反革命,总得找一个依据,才可姑作安心地过日子。我是想找一件事,钻了进去,消磨了这一生。"② 至于找一件什么"事"做,朱自清独自彷徨,苦苦煎熬着。

众所周知,朱自清1920年5月在北京大学哲学系毕业后,一直在江浙一带的中学和师范执教,最美好的时光莫过于在白马湖春晖中学。白马湖地处浙东,湖山相连,"湖在山的趾边,山在湖的唇边"③,又临近杭州湾,面向大海。这一方山水孕育的"白马湖"精神,便是既有水的柔情,又有山的风骨和海的胸襟。把这种精神展现得最充分的是以春晖中学为主体的白马湖作家群。

1921年,经亨颐出任春晖中学校长,学校的事务则由夏丏尊代理。夏

---

① 白晖(朱自清):《一封信》,《清华周刊》副刊《清华文艺》第2期,1927年10月14日。
② 自清(朱自清):《那里走》,《一般》第4卷第3期,1928年3月。
③ 朱自清:《春晖的一月》,《春晖》半月刊第27期,1924年4月16日。

丏尊一心想把春晖办成全国的模范中学，就请匡互生来担任教务主任，请刘薰宇、朱光潜、丰子恺等志趣相投的朋友来春晖任教。他觉得白马湖的环境好，就把家安顿在这里，在湖西岸造了几间平房，取名"平屋"，打算终老是乡。1924年3月初，朱自清应聘来春晖中学授课。他觉得这里山美水美人也美，就把留在温州的夫人和三个孩子接了过来。一家人住在刘薰宇让给他的屋子里，跟夏丏尊做了紧邻，两家的前院只隔一堵短墙。"到了吃晚饭的时候，间壁朱家往往大的喊小的哭，又是孩子们在饭桌上斗嘴了。这本是孩子多的人家常有的事"，夏丏尊"听了却不忍了，就在廊檐下对着墙那边喊：'佩弦，来吃老酒吧！'朱先生应了一声就过来了"。① 朱自清在散文《白马湖》中写道：

> 湖光山色从门里从墙头进来，到我们的窗前、桌上。我们几家接连着，丏翁的家最讲究。屋里有名人字画，有古瓷，有铜佛，院子里满种着花。屋里的陈设又常常变换，给人新鲜的受用。他有这样好的屋子，又是好客如命，我们便不时地上他家里喝老酒。丏翁夫人的烹调也极好，每回总是满满的盘碗拿出来，空空的收回去。白马湖最好的时候是黄昏。湖上的山笼着一层青色的薄雾，在水里映着参差的模糊的影子。水光微微地暗淡，像是一面古铜镜。轻风吹来，有一两缕波纹，但随即平静了。天上偶见几只归鸟，我们看着它们越飞越远，直到不见为止。这个时候便是我们喝酒的时候。②

这"我们几家"包括朱光潜和丰子恺。朱光潜在《敬悼朱佩弦先生》一文中说"（春晖中学）学校范围不大，大家朝夕相处，宛如一家人。佩弦和丏尊子恺诸人都爱好文艺，常以所作相传视。我于无形中受了他们的影响，开始学习写作。我的第一篇处女作——《无言之美》——就是在丏尊佩弦两位先生鼓励之下写成底。他们认为我可以作说理文，就劝我走这一条路。这二十余年来我始终抱着这一条路走，如果有些微底成绩，就不能不归功于他们两位的诱导"③。

---

① 叶至善：《读朱自清先生的一组怀旧诗所想起的》，《叶至善集》第4卷，开明出版社，2014年，第239页。
② 朱自清：《白马湖》，《清华周刊》第468期，1929年11月1日。
③ 朱光潜：《敬悼朱佩弦先生》，《文学杂志》第3卷第5期，1948年10月。

1924年冬，教务主任匡互生与校长经亨颐意见不合，夏丏尊调解无效。匡互生和朱光潜等教员带领一部分学生离开春晖去上海，那是一个大雪天。夏丏尊追到车站，挽留不住，隔了两天也就辞别了春晖，赶到上海，和匡互生、朱光潜等一起组织立达学会，创办立达中学（后改名为立达学园），为实现他们的教育理想而奋斗。朱自清因为来校还不久，一时走不开，续任了半年。他在1925年1月30日写给俞平伯的信中说："春晖闹了风潮，我们旁皇了多日，现在总算暂告结束了。经过的情形极繁，详说殊无谓。约略言之：学生反对教务主任而罢课，学校提前放假，当局开除学生廿八人，我们反对而辞职；结果，我仍被留在此；夏先生专任甬事，丰子恺改任上海艺术师范大学事。此后事亦甚乏味，半年后仍须一走。"又说："我颇想脱离教育界，在商务觅一事，不知如何。也想到北京去，因从前在北京实在太苦了，好东西一些不曾吃过，好地方有许多不曾去过，真是白白住了那些年，很想再去仔细领略一回。如有相当机会，尚乞为我留意！"① 同年3月2日写信给俞平伯说："弟顷颇思入商务，圣陶兄于五六月间试为之。但弟亦未决。弟实觉教育事业，徒受气而不能收实益，故颇倦之。兄谓入商务（若能），适否？"② 因为进商务印书馆的愿望未能实现，1925年8月，经俞平伯的推荐，朱自清到北京清华学校任国文系教授。1927年1月，把家从白马湖搬到北京，不料刚安顿好就赶上了"四·一二"。朱自清堕入了苦闷的深渊。与清华的教授们交往还不深，没有可以交心的朋友，这又加剧了他的痛苦。清华大学第一任文学院长兼中国文学系主任杨振声在《纪念朱自清先生》一文中说：

> 清华（国文系初创时——引者注）的风气与现在大不相同，国文是最不时髦的一系，也是最受压迫的一系。教国文的是满清科举出身的老先生们，与洋装革履的英文系相比，大有法币与美钞之别。真的，国文教员的待遇不及他系教员的一半。因之一切都贬了值，买书分不到钱，行政说不上话，国文教员在旁人眼角视线下，走边路，住小房子。……
>
> 我与佩弦先生虽是北大前后同学，但前此仅是文字之交。我到清

---

① 《朱自清全集》第11卷，江苏教育出版社，1997年，第130页。
② 同上书，第134页。

华时,他就在那受气的国文系中作小媳妇!①

朱自清在"国文系中作小媳妇"的尴尬处境,他自己也曾说起过。1930年上半年写的一组怀旧诗《怀南中诸旧游》五首,第一首相当于楔子,后面四首,每一首怀念一位老朋友,依次为夏丏尊、刘延陵、丰子恺、叶圣陶。诗的大意是说他常常怀念远在江南的朋友,过去常在一起喝酒论文,怎能"相忘于江湖"?第一首云:

> 旧京盛文史,贤隽集如林。侧陋疏声气,风流忆盍簪。辞源三峡倒,酒盏一时深。懒寄江南信,相期印素心。②

"侧陋疏声气"说的是他在清华的处境,"风流忆盍簪"则是在江南与朋友们相聚时的欢欣。朱自清在清华"作小媳妇",而"远在江南的朋友"则有很多。1932年7月31日,朱自清从欧洲游学回来抵达上海,8月4日晚,朱自清偕陈竹隐在杏花楼酒家举行婚宴。婚礼婚宴,朱自清在日记里记得很简略,而王伯祥的日记记得较详,现摘录几则:

> 8月1日 墨林(叶圣陶的夫人胡墨林——引者注)来,谓佩弦已自英伦归,在开明相候,可往晤之。予乃……走开明晤佩弦。六时出,与圣陶、煦先、云彬、佩弦同赴福州路,为定宴地于杏花楼,并在望平街一带接洽印片(请柬——引者注)。盖佩弦将于四日与陈竹隐女士结婚也。旋在味雅小饮,至九时乃散。散后复过佩弦旅舍谈,至十一时始归……
>
> 8月4日 (下午——引者注)六时,与谷人(王伯祥的夫人——引者注)偕圣陶夫妇同赴佩弦喜筵。遇互生、惠群、克标、载良、承法、薰宇、煦先等,即与同席。余则雪村自南京赶来,延陵自杭州赶来,亦俱足记,他多不识,且女宾多,大概陈氏戚友云。宾客劝酒甚殷,佩弦竟大醉狂吐,幸扶归旅社后即安。③

8月6日,朱自清偕陈竹隐去普陀度蜜月。8月16日回到上海。朱自

---

① 杨振声:《纪念朱自清先生》,《新路》第1卷第16期,1948年8月28日。
② 《朱自清全集》第5卷,江苏教育出版社,1996年,第187页。
③ 抄自王伯祥日记。

清 8 月 17 日日记：

> 早访无忌、蔼鸿，见亚子先生，亚子先生约在觉林午饭，饭甚佳，远胜功德林。
>
> 下午……赴开明晤丏尊，约至聚丰园吃四川菜，甚佳，甚佳。在座有光焘夫妇、圣陶夫妇、调孚、愈之、伯祥、雪邨诸君，谈笑甚欢。饭毕至精美吃冰，圣陶做东。①

朱自清 8 月 19 日日记："晚愈之约宴于梁园，菜不恶，雁冰亦来。"② 其实场面还是很热闹的。王伯祥在是日日记中写道："六时半，偕谷人于雨中赴梁园之会，至则主客已毕集，单候予夫妇矣。是夕客甚多，除前日聚丰园原班外，增佩弦夫人之女友、雁冰及谷人，故同坐凡十四人。屋小人挤，热极。九时散归。"③

仅从这次的婚宴也能看到朱自清与"南方"的情感之深。他在《我的南方》中写道："我的南方，／我的南方！／那儿是山乡水乡！／那儿是醉乡梦乡！／……愿长毋相忘，／愿长毋相忘！"④ 可"四·一二"后的"南方"让朱自清寝食难安。4 月 18 日，南京"国民政府"通过"清党"决议。大屠杀在全国各地继续进行着。大江南北，一片腥风血雨。胡愈之、郑振铎、章锡琛（雪村）、周予同等七人联名给国民党内的"三大知识分子"写了一封公开信，抗议灭绝人性的大屠杀，吴稚晖看了大为震怒，通知斯烈（浙江军阀的一个师长）按名搜捕；沈雁冰奉党中央之命为《民国日报》写过《袁世凯与蒋介石》《蒋逆败象毕露了》《讨蒋与团结革命势力》等一系列社论，因而遭到通缉。叶圣陶居住的仁馀里 28 号曾经是共产党人和左派人士的联络点的事被"清党委员会"查实揭诸报端；夏丏尊在他居住的"平屋"里挂了"天高皇帝远，人少畜牲多"的对联，对反动派杀害原浙江一师学生叶天底表示愤慨，还说过"宁愿早死，莫做先生"的气话，此外还有好多朋友如邓中夏等断了音讯，这让朱自清压抑得气都喘不过来。"心里是一团乱麻，也可说是一团火"，这才是他写《荷塘月色》时

---

① 《朱自清全集》第 9 卷，江苏教育出版社，1997 年，第 157—158 页。
② 同上书，第 158 页。
③ 抄自王伯祥日记。
④ 《朱自清全集》第 8 卷，江苏教育出版社，1997 年，第 448—449 页。

真实的心境,并不是远东兄所说的"心理骚动""是满月时分的生命的一种'没来由的盲动'"。

### 三 "我的女人永远是那么一个"

至于朱自清"赏月"为何"不带太太",看看《给亡妇》就明白了。1917 年 12 月 15 日,朱自清和武钟谦成婚,1929 年 11 月 26 日武钟谦因肺病逝世,年仅三十二岁,留下三子三女:长子迈先(1918 年 9 月 30 日生)、长女采芷(1921 年 5 月 8 日生)、次女逖先(1923 年 11 月 8 日生)、次子闰生(1925 年 5 月 31 日生)、三女效武(1928 年 1 月 11 日生)和幼子六儿(1928 年 12 月 26 日生)。

1927 年 1 月,朱自清回白马湖搬家,将长子迈先和次女逖先交祖母带回扬州,自己携妻子和长女采芷、次子闰生取海道北上,住清华园西院。可见朱自清写《荷塘月色》时,妻子不仅要带六岁的采芷和两岁的闰生,而且又有了身孕。朱自清要是带着太太"赏月",即便太太的健康情况允许,那两个年幼的孩子谁来看护呢?朱自清曾经说过"即使在别人想来最风华的少年时代","我的女人永远是那么一个",他是最"简单的一个人"。①

武钟谦去世两年半后,朱自清和陈竹隐结婚,时为 1932 年 8 月 4 日。8 月 20 日,一起回扬州省亲。10 月 11 日作《给亡妇》,其时新婚才不过两个多月。朱自清深情地回忆武钟谦生前全身心地照料他和孩子的种种往事,语言质朴而情深意长。文章结尾那一段尤为感人:

> 前年夏天回家,上你坟上去了。你睡在祖父母的下首,想来还不孤单的。只是当年祖父母的坟太小了,你正睡在圹底下。这叫做"抗圹",在生人看来是不安心的;等着想办法吧。那时圹上圹下密密地长着青草,朝露浸湿了我的布鞋。你刚埋了半年多,只有圹下多出一块土,别的全然看不出新坟的样子。我和隐今夏回去,本想到你的坟上来;因为她病了,没来成。我们想告诉你,五个孩子都好(六儿因病夭折——引者注),我们一定尽心教养他们,让他们对得起死了的

---

① 《论无话可说》,《朱自清全集》第 1 卷,江苏教育出版社,1997 年,第 160 页。

> 母亲——你！谦，好好儿放心安睡吧，你。①

朱自清以他和陈竹隐两个人的名义郑重地告慰"亡妇"："五个孩子都好，我们一定尽心教养他们，让他们对得起死了的母亲——你！谦，好好儿放心安睡吧，你。"这是一个极其庄重的承诺！篇中感人最深的话语是："我也只信得过你一个人，有些话我只和你一个人说，因为世界上只你一个人真关心我，真同情我。你不但为我吃苦，更为我分苦；我之有我现在的精神，大半是你给我培养着的。"②朱自清对"亡妇"的感念之情是如此深厚。有一位中学老师回忆说，她"每次给学生讲这篇文字，讲到最后，总听到学生中间一片欷歔声，有多少女孩子且已暗暗把眼睛揉搓得通红了"③。从《给亡妇》可以看出武仲谦是个好儿媳、好妻子、好母亲。朱自清有很多朋友如夏丏尊、叶圣陶、丰子恺、朱光潜、胡愈之等都曾见过她，她的早逝使朱自清的朋友们也都很伤感。朱自清真诚地面对生活，真诚地面对陈竹隐，这让朋友们也感到欣慰。

从朱自清的日记和诗文中可以看到，他对"亡妇"的怀念之情从未间断过。

1930年作《重过清华园西院》，诗中写道"三年于此住，历历总堪悲。深浅持家计，恩勤育众儿。""相从十余载，耿耿一心存。"④这一年将尽写的《除夕书感》中有："孤栖今似客，长恨不如人"，"独坐萦千虑，刹那成古今"⑤，字里行间都在深情地怀念"亡妇"。1933年8月31日的日记写有送长子迈先入北平崇德中学。夜晚"归来见采芷已入睡，追念亡人，殊觉怆然"。⑥ 1933年冬武钟谦逝世四周年前夕又写了散文《冬天》，回忆在浙江山城台州过的那一个严冬，外面"天地空空"，一片寂寥，而小家庭则充满温馨，妻子给了他无限满足。结尾处是这么写的：

> 外边虽老是冬天，家里却老是春天。有一回我上街去，回来的时候，楼下厨房的大方窗开着，并排地挨着她们母子三个；三张脸都

---

① 《朱自清全集》第1卷，第167页。
② 同上书，第166页。
③ 出自李广田：《最完整的人格——哀念朱自清先生》，《观察》第5卷第2期，1948年9月4日。
④ 《朱自清全集》第5卷，江苏教育出版社，1997年，第176页。
⑤ 同上书，第177页。
⑥ 《朱自清全集》第9卷，第245页。

带着天真微笑地向着我。似乎台州空空的，只有我们四人；天地空空的，也只我们四人。那时是民国十年，妻刚从家里出来，满自在。现在她死了快四年了，我却还老记着她那微笑的影子。

无论怎么冷，大风大雪，想到这些，我心上总是温暖的。①

1934年3月又写了《择偶记》，写他年少时四次择偶，前三次都没成，第四次择偶终成定局。这一年朱自清才14岁，母亲派"亲信的老妈子"去"相亲"，"这回报告不坏"，就定下来了。19岁完婚时，朱自清才第一次看到妻子——端庄秀丽、温婉柔顺、很爱笑的姑娘。"妻嫁过来后，说相亲的时候早躲开了，看见的是另一个人。"②新婚燕尔，两人情投意合，妻子悄悄地告诉他这个秘密。他们之间的感情如此真挚，从来没有分心。朱自清对妻子忠诚不二，让我们懂得什么叫爱情；对子女则宽厚仁慈，让我们知道了"伟大的父爱"！虽说他在《背影》和《儿女》中一再说到自己做得不够，但一直在反思"我为什么不像父亲的仁慈？我不该忘记，父亲怎样待我们来着！"并为之流泪甚至痛哭。这些感人的场面和话语也能告诉我们把《荷塘月色》中"月光"下的"独处"说成是"游仙"和"骚动"，纯属过度阐释，有违真实。

## 四 "女性美"不等同于"爱欲景观"

朱自清写《荷塘月色》时虽说很快就是六个孩子的父亲了，但也才不过三十岁，还很年轻，那又是一个倡导"解放"的年代，作品中免不了会有一些青春气息。朱自清喜欢欣赏"女性美"。1924年9月5日记中写道："船中见一妇人。脸美甚，着肉丝袜，肉色莹然可见。腰肢亦甚细，有弱柳临风之态。"③同年9月19日日记："在竹洲附近桥上，见一女人，脚甚秀美，着绯色花缎鞋。腰肢亦甚袅娜，着竹布衫，华丝葛裙。偶回头，白齿灿然，貌亦清癯。"④类似这些直率的书写，遭到研究者的诟病。其实，

---

① 《朱自清全集》第1卷，第187—188页。
② 同上书，第189、190、191页。
③ 《朱自清全集》第9卷，第14页。
④ 同上书，第21页。

当年欣赏"女性美"的并非只是朱自清"这一个",而是有"一批人",从某种意义上说这也是一种新的风尚和思潮。朱自清写过一篇题为《女人》的散文,文章开篇说:

> 白水是个老实人,又是个有趣的人。他能在谈天的时候,滔滔不绝地发出长篇大论。这回听勉子说,日本某杂志上有《女?》一文,是几个文人以"女"为题的桌话的纪录。他说,"这倒有趣,我们何不也来一下?"我们说"你先来!"他搔了搔头发道:"好!就是我先来;你们可别临阵脱逃才好。"我们知道他照例是开口不能自休的。果然,一番话费了这多时候,以致别人只有补充的工夫,没有自叙的余裕。那时我被指定为临时书记,曾将桌上所说,拉来写下。现在整理出来,便是以下一文。因为十之八是白水的意见,便用了第一人称,作为他自述的模样;我想,白水大概不至于不承认吧?①

这一段写得很特别,可以解释为作者引人入胜的一种"手法",是精心的艺术构思;也可以解读为全文的"小引",是"写实"。文后注"1925年2月15日白马湖",篇中写到的"勉子"即夏丏尊。夏丏尊原名铸,字勉旃。民国初年有实行普选的说法,夏先生不愿当选,把他的字改成了读音与"勉旃"相似的"丏尊"。公众如果投他的票,在写选票的时候,多数人会把"丏"写成"丐",选票就成为废票,不能作数了。夏丏尊翻译过日本国木田独步的短篇《女难》②,是用一个落魄男子自述的口气写的,说他小时候算命,一生要受女人的磨难,后来果然。十二岁、十九岁和二十八岁那年都遇上"女难",经过前后三回"女难"的折磨,由一个聪明、相貌好、擅长吹洞箫,本该"发达"的美男子,堕落为"瞎了一只眼睛""满是垢污""吹着洞箫"四处漂泊的浪子。

夏丏尊对"女性"的看法有些偏颇。他在《汉字所表现的女性的地位》一文中说:"女性在中国向为一般所贱视,好像不排在'人'的范围以内的。这种被贱视的情形,不但政治上、道德上、法律上、经济上可以看得出,甚至于在日常所用的语言文字中也随处可以发现。'妇人之见','妇

---

① 《朱自清全集》第1卷,第37页。
② 国木田独步:《国木田独步集》,夏丏尊译,文学周报社,1927年。

人之仁','妇孺皆知'……哪一句不是鄙斥女性的熟语？不但熟语，即单字也是如此。"①他说据他考查，字典中"女部"所收的字，除"女"字外，共175字，依其性质，可分5类：表女性的称呼的共53个（如娃、娘等），固有名词21个（如妹、娥等），表人性的缺点的共28个（如奸、妖等），表女性的功用只有5个（如妊、娩等），表男性所喜欢女性的美质的共49个（如好、姣等），表男女间的结合关系的共12个（如婚、嫁等），此外未列入的还有7个（如姓、始等）。从文字的构造上看，"中国女性的屈辱不是很明显地表示着吗？"在他看来"女人"就是"女难"，朱自清当然不会认可，在一起喝酒论文时免不了要和夏丏尊叫叫板。《女人》就是冲着夏丏尊的"女难"来的，主人公白水喜欢看"艺术的女人"，"陶醉于其中；这个陶醉是刹那的，无关心的，而且在沉默之中的"。这些表述明显带有朱自清的"自叙传"的色彩，他在文章中说：

> 我们之看女人，是欢喜而决不是恋爱。恋爱是全般的，欢喜是部分的。恋爱是整个"自我"与整个"自我"的融合，故坚深而久长；欢喜是"自我"间断片的融合，故轻浅而飘忽。这两者都是生命的趣味，生命的姿态。但恋爱是对人的，欢喜却兼人与物而言。——此外本还有"仁爱"，便是"民胞物与"之怀；再进一步，"天地与我并生，万物与我为一"，便是"神爱"，"大爱"了。这种无分物我的爱，非我所要论；但在此又须立一界碑，凡伟大庄严之像，无论属人属物，足以吸引人心者，必为这种爱；而优美艳丽的光景则始在"欢喜"的阈中。至于恋爱，以人格的吸引为骨子，有极强的占有性，又与二者不同。Y君以人与物平分恋爱与欢喜，以为"喜"仅属物，"爱"乃属人；若对人言"喜"，便是蔑视他的人格了。现在有许多人也以为将女人比花，比鸟，比羔羊，便是侮辱女人；赞颂女人的体态，也是侮辱女人。所以者何？便是蔑视她们的人格了！但我觉得我们若不能将"体态的美"排斥于人格之外，我们便要慢慢的说这句话！而美若是一种价值，人格若是建筑于价值的基石上，我们又何能排斥那

---

① 夏丏尊：《中国文字上所表现的女性底地位》，《民国日报》副刊《妇女评论》第72期，1922年12月20日，编入《夏丏尊文集》第1卷时改题名为《汉字所表现的女性的地位》，浙江人民出版社，1983年。

"体态的美"呢？所以我以为只须将女人的艺术的一面作为艺术而鉴赏它，与鉴赏其他优美的自然一样；艺术与自然是"非人格"的，当然便说不上"蔑视"与否。在这样的立场上，将人比物，欢喜赞叹，自与因袭的玩弄的态度相差十万八千里，当可告无罪于天下。——只有将女人看作"玩物"，才真是蔑视呢；即使是在所谓的"恋爱"之中。艺术的女人，是的，艺术的女人！我们要用惊异的眼去看她，那是一种奇迹！①

朱自清的欣赏女性"是欢喜而决不是恋爱"，更不是研究者所认指的与"作者生命动力的'性驱力'（libido）有关"，是所谓的"意淫"和"花心"。施蛰存1989年9月写的《论老年》一文中说：

> 许多人都以为嘴馋不丢脸，不妨承认；好色是见不得人的事，非但不可承认，而且必须否认。其实，也不用大惊小怪，在我们儒家先圣先贤的世界观中，好色也的确和嘴馋一样，不过是人性之一端而已。"吾未见好德如好色者也。""寡人好色。""国风好色而不淫。"君臣、师生公然谈到好色，而且有人记录下来，写入煌煌经典。孟夫子还说过一句："不知子都之姣者，无目者也。"简直骂不好色的人是瞎子。这样看来，好色又何必讳言？
>
> 不过，好色这个语词，大概古今意义不同。古人所谓好色，是多看几眼美丽的姑娘。从头看到脚："手如柔荑，肤如凝脂，领如蝤蛴，齿如瓠犀，螓首蛾眉。巧笑倩兮，美目盼兮。"这已经是瞪着眼仔仔细细的看了。看到后来，不禁赞叹："彼其之子，美无度，美无度！"②

朱自清欣赏女性美，也完全是"出于美感"，是"好色而不淫"。我们非但不应该指责、批评他，反而要欣赏他的率真，不做作，不伪饰，没有通常的所谓"正人君子"的恶习。周作人在《书房一角·看书偶记·三六　扪烛胜存》中说："鄙人读中国男子所为文，欲知其见识高下，有一捷法，

---

① 《朱自清全集》第1卷，第39—40页。
② 徐中玉主编：《中国当代名家散文小品精选》，上海人民出版社，1998年，第140—141页。

即看其对于佛教以及女人如何说法，即已了然无遁形矣。"[1] 这是非常精辟的话。把佛教视为异端，可觇其没有宽容和开放的精神。舒芜在《异端小尼姑与儒家阿Q》中说："一个男性士子的识见的高下清浊，在别的场合往往还不得不有所掩饰，也较易掩饰，惟独在关于女人的场合，他会觉得不须掩饰，事实上也不易掩饰，愈是庄言正论，愈是会流露出可憎可鄙可怕的性玩弄性禁忌性歧视性凌虐性专制的思想来。"[2] 林语堂推崇"享受人生"的"近情哲学"：那就是"肉的专一和灵的傲慢的奇怪混合"，"不流于灵欲的精神生活和不流于肉欲的物质生活的奇怪混合"，"感官和心灵是和谐相处的"，"能够了解女人的妩媚而不流于粗鄙，能够酷爱人生而不过度"[3]，并说这是中国思想上最崇高的理想，只有这样才能产生"自由的意识，放浪的爱好，与他的傲骨和淡漠的态度。一个人只有具着这种自由的意识和淡漠的态度，结果才能深切地热烈地享受人生的乐趣"[4]。朱自清对女性美的欣赏与上述思想是相吻合的。李金发提出要崇拜女性美，他在《女性美》一文中说：

> 能够崇拜女性美的人，是有生命统一之愉快的人。能崇拜女性美的社会，就是较进化的社会。中国社会之枯燥无味，就是因少女性美的崇拜。女子所以无社会地位，受压迫，亦是无女性美崇拜的缘故。你们想解放女子，只要崇拜女性美，则一切问题自然解决。因为爱了她们，就会给她们以一切爱护及优先权。[5]

在漫长的封建社会中，"男子不认女子的人格"，所谓"妇人无贵贱"。从这个意义上来说，无论是欣赏还是崇拜女性美都是富有现代意义的。朱自清欣赏女性美，他散文中的"女性意象"包括《荷塘月色》写到的"舞女"和"刚出浴的美人"，只是欣赏，而不是所谓的"爱欲景观"和"意淫"。西方美学家认为最美的是人体。欣赏女性美，从某种意义上说也是"美的发现"，是创作"人生化"的文学和"美"的文学的一个源泉。

---

[1] 周作人：《书房一角》，河北教育出版社，2002年，第166页。
[2] 舒芜：《串味读书》，辽宁教育出版社，1995年，第186页。
[3] 林语堂：《人生的爱好者：陶渊明》，《林语堂散文》，浙江文艺出版社，2009年，第24页。
[4] 林语堂：《醒觉·对人生的态度》，《人生的盛宴》，湖南文艺出版社，1988年，第2页。
[5] 《美育杂志》创刊号，1928年1月。

## 五 原来的荷塘"不过是一湾死水"

曾经读过一篇怀念文章，题为《荷塘夕照明——怀念朱自清先生》，作者是清华工学院的学生，见过朱自清，还聆听过他的演讲，因而这篇"怀念"具有史料价值，现援引几段：

> 夏日的黄昏，刚下过一回阵雨。雨过天晴，我信步来到荷花池畔。荷塘一片碧绿，间杂着朵朵莲花，微风中送来阵阵清香。
> 
> 我想起了朱自清的散文《荷塘月色》，这是我在中学里读过的。解放前，到清华念书的时候，我打听到朱先生笔下的荷塘，就是这个荷花池，走去一看，原来不过是一湾死水，几树垂杨，败叶残花，潦倒其间。塘中央还有座小岛，岛上杂树丛生，荆棘遍地，偶尔还从斜刺里跑出一两只野兔来，人称荒岛。
> 
> 朱自清写《荷塘月色》的时候，这里是"阴森森的，有些怕人"，"白天也少人走，夜晚更加寂寞"。这篇文章的头一句话是："这几天心里颇不宁静"，这冷僻而又有几分清幽的荷塘月色，就正好成了他"什么都可以想，什么都可以不想"暂时"自由""独处"的地方了。
> 
> 我那时虽是工学院的学生，由于爱好文艺和对朱先生的倾慕，对清华园里的进步文艺活动，总是要挤进去听听的。朱自清经常出席文艺晚会，发表演讲。他这时已不是我想象中风度潇洒的诗人，而是一个扶着手杖、身材瘦小的老人了。但看去精神却很好。他认定了前进的方向，提出要做"向下的"知识分子，即接近工农大众的知识分子。……"但得夕阳无限好，何须惆怅近黄昏"。他这用以自况的诗句，表明晚年的朱自清的确不再是写《荷塘月色》时感伤独处的朱自清了。①

朱自清写《荷塘月色》时的"荷塘"，"不过是一湾死水"，并不是我们今天看到的经过整治和重建后的美丽而富有诗意的荷塘。朱自清笔下的"荷塘""月色"并非"写实"，而是作了渲染和美化的，也许是以江南的荷塘作参照写成的，于是《采莲赋》和《西洲曲》的这些联想，也就成了很自

---

① 导辉：《荷塘夕照明——怀念朱自清先生》，《光明日报》1978年8月13日第4版。

然的衔接，并非远东兄所说的"忆郎郎不至，出门采红莲"的"含蓄"。从表现手法看，《荷塘月色》似乎受到济慈《夜莺颂》的影响，且看这一段：

> 月光如流水一般，静静地泻在这一片叶子和花上。薄薄的青雾笼起在荷塘里。叶子和花仿佛在牛乳中洗过一样；又像笼着轻纱的梦。虽然是满月，天上却有一层淡淡的云，所以不能朗照；但我以为这恰是到了好处——酣眠固不可少，小睡也别有风味的。月光是隔了树照过来的，高处丛生的灌木，落下参差的斑驳的黑影，峭楞楞如鬼一般；弯弯的杨柳的稀疏的倩影，却又像是画在荷叶上。塘中的月色并不均匀；但光与影有着和谐的旋律，如梵婀玲上奏着的名曲。①

这一段让我们想起济慈《夜莺颂》中的诗句：

> 夜这般温柔，月后正登上宝座，／周围是侍卫她的一群星星；／但这儿却不甚明亮，／除了有一线天光，被微风带过／葱绿的幽暗，和苔藓的曲径。
>
> 我看不出是哪种花草在脚旁，／什么清香的花挂在树枝上；／在温馨的幽暗里，我只能猜想／这个时令该把哪种芬芳／赋予这果树，林莽，和草丛，／这白枳花，和田野的玫瑰，／这绿叶堆中易谢的紫罗兰，／还有五月中旬的娇宠，／这缀满了露酒的麝香蔷薇，／它成了夏夜蚊蚋的嗡嗜的港湾。②

假如真的是受到《夜莺颂》的启示，这"荷塘""月色"就给了朱自清重新获得生活的勇气，对结尾那句"这令我到底惦着江南了"的阐释，也就有了更开阔的空间。朱自清1927年9月27日在给S写的《一封信》结尾处说：

> 南方这一年的变动，是人的意想所赶不上的。我起初还知道他的踪迹；这半年是什么也不知道了。他到底是怎样地过着这狂风似的日子呢？我所沉吟的正在此。我说过大海，他正是大海上的一个小浪；

---

① 《朱自清全集》第1卷，第71页。
② 《济慈诗选》，查良铮译，人民文学出版社，1958年，第72页。

我说过森林，他正是森林里的一只小鸟。恕我，恕我，我向那里去找你？

这受信人 S，似乎可以与新诗《赠友》中的 A. S. 联系起来。《赠友》刊登在《中国青年》第 28 期上，1924 年 4 月 26 日出版，收入《踪迹》集时改题《赠 A.S.》。A. S. 是邓中夏另一个名字"安石"的英文缩写。诗中写道：

> 你的手像火把，／你的眼像波涛，／你的言语如石头，／怎能使我忘记呢？／你飞渡洞庭湖，／你飞渡扬子江；／你要建红色的天国在地上！／地上是荆棘呀，／地上是狐兔呀，／地上是行尸呀；／你将为一把快刀，／披荆斩棘的快刀！／你将为一声狮子吼，／狐兔们披靡奔走！／你将为春雷一震，／让行尸们惊醒！／我爱看你的骑马，／在尘土里驰骋——一会儿，不见踪影！／我爱看你的手杖，／那铁的铁的手杖；／它有颜色，有斤两，有铮铮的声响！／我想你是一阵飞沙走石的狂风，／要吹倒那不能摇撼的黄金的王宫！／那黄金的王宫！／呜……吹呀！／去年一个夏天大早我见着你：／你何其憔悴呢？／你的眼还涩着，／你的发太长了！／但你的血的热加倍地薰灼着！／在灰泥里辗转的我，／仿佛被焙炙着一般！——／你如郁烈的雪茄烟，／你如酽酽的白兰地，／你如通红通红的辣椒，／我怎样忘记你呢？①

一贯沉静、淡泊的朱自清借助"火把""快刀""春雷"这些富有革命意象和峻急的语调的比喻，把"建红色的天国在地上"这一难以泯灭的高远理想展露出来，读来催人振奋。"但你的血热加倍地薰灼着！／在灰泥里辗转的我，／仿佛被焙炙着一般！"这就很形象很真实地告诉我们：朱自清在盛赞友人的壮丽的憧憬和昂扬的斗志的同时，也在追怀自己曾经意气风发的"五四"时代。"你要光明，／你自己去造！"——那首激荡着青年心灵的新诗《光明》就写在 1919 年 11 月。"从此我不再仰眼看青天，／不再低头看白水，／只谨慎着我双双的脚步；／我要一步步踏在土泥上，／打上深深的脚印！"——这首倡言"丢去玄言，专崇实际""催生新我"

---

① 《朱自清全集》第 5 卷，第 94—95 页。

的长诗《毁灭》，就写于"五四"落潮后的1922年年末。《一封信》中的S很难说就是《赠A.S.》中的邓中夏，但可以肯定是个"革命者"。1927年"四·一二"之后的朱自清，虽然也曾有过"我既不能参加革命或反革命"的苦闷，但呼唤和向往光明的热忱没有变。作者始终是一个讲气节、很严肃的志士，把《荷塘月色》放到那个特定的写作年代去阅读，就会发现《荷塘月色》和《光明》《毁灭》《赠A.S.》一样，无论在意境上和技巧上都是超越当时水准的力作。余光中和《名作欣赏》"编者按"所说的"幼稚""肤浅"，以及他们自我标榜的"'刻薄''狠鸷'的批评风格"，实在不能让人"欣然色喜"。

（原载《中国现代文学研究丛刊》2018年第12期）

# 胡适与刘半农往来书信的梳理和解读

刘半农将他在1917—1919年搜集的诗稿编成《初期白话诗稿》，1933年年初由星云堂书店线装影印出版。《初期白话诗稿》汇集了李大钊、沈尹默、沈兼士、周作人、胡适、陈衡哲、陈独秀、鲁迅八人写的新诗共二十六首。刘半农在1932年12月28日写的《〈初期白话诗稿〉序目》中说：

> 这些稿子，都是我在民国六年至八年之间搜集起来的。当时所以搜集，只是为着好玩。并没有什么目的，更没有想到过了若干年后可以变成古董。然而到了现在，竟有些像起古董来了。那一个时期中的事，在我们身当其境的人看去似乎还近在眼前，在于年纪轻一点的人，有如民国元二年出世，而现在在高中或大学初年级读书的，就不免有些渺茫。这也无怪他们，正如甲午戊戌，庚子诸大事故，都发生于我们出世以后的几年之中，我们现在回想，也不免有些渺茫。所以有一天，我看见陈衡哲女士，向她谈起要印这一部诗稿，她说：那已是三代以上的事了，我们都是三代以上的人了。
>
> 白话诗是"古已有之"，最明显的如唐朝的王梵志和寒山拾得所做的诗，都是道地的白话。然而，这只是有人如此做，也有人对于这种的作品有相当的领会与欣赏而已。说到正式提倡要用白话作诗，却不得不大书特书：这是民国六年中的事。从民国六年到现在，已整整过了十五年。这十五年中国内文艺界已经有了显著的变动和相当的进步，就把我们这班当初努力于文艺革新的人，一挤挤成了三代以上的古人，这是我们应当于惭愧之余感觉到十二分的喜悦与安慰的；同时我以为用白话诗十五周纪念的名义来印行这一部稿子，也不失为一种借口罢。①

---

① 刘半农编：《初期白话诗稿》，星云堂书店，1933年，第2—3页。后编入《半农杂文二集》，上海良友图书印刷公司，1935年。

"一挤挤成了三代以上的古人"的话,似乎比人们常说的"隔世之感"要沉重得多。刘半农写这篇"序目"的时候,创办《新青年》,发动新文化运动的陈独秀早已被迫离开北大,1932年10月15日第四次被捕入狱;率先在《新青年》上提出"青春"的宇宙观和人生观的李大钊已于1927年4月28日壮烈牺牲;"五四"前后全身充满光辉的"周氏兄弟"已彻底决裂,"南枝向阳北枝寒"。中国左翼作家联盟成立后,周作人成了左翼文学界的众矢之的,而鲁迅则成了左翼文艺运动的领袖;胡适是文学革命的主要倡导者之一,"首举义旗"的《文学改良刍议》被陈独秀誉为"今日中国文界之雷音",而此时的胡适已成了"好好先生"①;曾经不断拜访和催促鲁迅写小说的钱玄同也因鲁迅讨厌他的"唠叨",形同陌路,"默不与谈";而当年写白话诗写得很勤快的沈尹默也早已淡出文坛。"一挤挤成了三代以上的古人"的感叹所涵盖的内容还远不止这些。揣摩《初期白话诗稿》,的确能引起我们对新文化运动中"革新的人"的许多回忆,仅仅是刘半农和胡适的交往就能引发很多话题。

刘半农,名复,初字半侬,后改为半农,1891出生于江苏省江阴市城内一个清贫的知识分子家庭,自幼资质聪慧,1907年考入常州府中学堂,1911年武昌起义后常州府中学堂宣告暂停,刘半农从常州回到家乡江阴当上了小学教师。1912年春来到上海,在开明剧社当编辑,编译剧本。1913年入中华书局任编译员,同年在《小说月报》发表短篇小说《假发》时,署名"半侬"。此后在《中华小说界》《礼拜六》《小说海》《小说大观》《小说画报》等刊物上发表创作和译作,署名也多为"半侬",间或也用过"瓣秾"。"侬"乃方言中的"你","半"与"伴"和"瓣"是谐音,"半侬"("瓣秾")二字显然夹带有"寻人"和"陪伴你"的意味。当年《礼拜六》杂志的办刊宗旨仅仅是供人消遣和娱乐,有一则最让人诟病的广告是:"宁可不取小老嬷,不可不看礼拜六。"刘半农也沾染了这种风气,虽说他当年的创作和译作有的也很庄重,但总体上还归属于"鸳蝴派",就连他自己也承认是"红男绿女派小说家"②,这从署名上也看得出来。

受到《新青年》的感召,刘半农渐渐摒弃了往日的小说创作,成为

---

① 详见阮无名:《新文学初期的禁书》,张静庐辑注:《中国现代出版史料甲编》,中华书局,1954年,第50—54页;刘半农:《论胡适之的"好好先生"》,《世界日报·副刊》1926年12月7日。

② 《昨刘复追悼会·胡适之报告》,《世界日报》1934年10月15日第8版。

最早在《新青年》开辟专栏的"青年作家"。影响最大的当推在《新青年》上发表的《我之文学改良观》①，以及《诗与小说精神上之革新》②。钱玄同认为刘半农的这两篇文章"为当时新文学有力呼声"③。

　　1917 年夏应蔡元培的邀请，刘半农当上北大文科预科国文教授。这年 9 月，应蔡元培的聘请，胡适担任北京大学教授，刘半农与胡适成了同事。他们一起参与《新青年》的编辑工作，努力从事新文化运动。胡适在《五十年来中国之文学》第十节中说："民国七年一月，《新青年》重新出版，归北京大学教授陈独秀钱玄同沈尹默李大钊刘复胡适六人轮流编辑。"④钱玄同 1917 年 10 月 18 日日记记："至大学法科访半农，谈得非常之高兴。"⑤虽说钱玄同的日记并不全，但从仅存下来的片言只语中也可以看出他对刘半农的为人和思想学识都很赏识，多次说到刘半农新诗"做得很好，不让适之"⑥。刘半农也踌躇满志，在给钱玄同的信中说钱玄同、陈独秀、胡适和他四人是《新青年》"当仁不让"的"台柱"⑦。

　　刘半农到北京后，与周氏兄弟走得也很近。据《鲁迅日记》记载，仅在 1918 年至 1919 年的两年中，来往就多达四十余次。1918 年 2 月 10 日，即旧历除夕之夜，刘半农在北京绍兴会馆，同周氏兄弟一起度过了一个难忘的良宵。他们在一起畅谈文艺，把"年三十"当作"平常日子过"，谈得最投缘的是怎样来招引缪斯这位文艺女神，发展新文学事业，还说到要像日本刊物一样，在《新青年》上开辟"蒲鞭"专栏，鼓励和催促新文学的产生。鲁迅把刘半农当作同一战阵中的朋友。刘半农在《记砚石之称》一文中说自己当时"穿鱼皮鞋，犹存上海滑头少年气"，与"蓄浓髯，戴大绒帽，披马夫式大衣"⑧的周作人形成鲜明对比；又因为在《新青年》第 2、3 卷发表文章（包括《我之文学改良观》），仍署名"刘半侬"，鲁

---

① 《新青年》第 3 卷第 3 号，1917 年 5 月 1 日。
② 《新青年》第 3 卷第 5 号，1917 年 7 月 1 日。
③ 《昨刘复追悼会·钱玄同报告》，《世界日报》1934 年 10 月 15 日第 8 版。
④ 胡适：《五十年来中国之文学》(1922 年 3 月 3 日)，1923 年 2 月《申报》五十周年纪念刊《最近之五十年》；1924 年 3 月《申报》馆出版单行本，第 82—83 页。
⑤ 杨天石主编：《钱玄同日记》(上)，北京大学出版社，2014 年，第 323 页。
⑥ 同上书，第 324 页。
⑦ 《刘半农致钱玄同》(1917 年 10 月 16 日)，《中国现代文艺资料丛刊》第 5 辑，上海文艺出版社，1980 年，第 303 页。
⑧ 徐瑞岳编：《刘半农文选》，人民文学出版社，1986 年，第 288 页。

迅曾用"开玩笑"的方式指出"侬"字很有礼拜六气，于是刘半农就改"侬"为"农"。1918年1月15日出版的《新青年》第4卷1号上，刘半农发表新诗《相隔一层纸》《题女儿小蕙周岁日造像》，以及论文《应用文之教授》，均署名"半农"，这是他第一次用"半农"这个名字，从此一直沿用下来。"侬"与"农"，虽说只是一字之差，却能说明刘半农在生命史上揭开了崭新的一页。鲁迅在《忆刘半农君》一文中说到北京"几乎有一年多，他没有消失掉从上海带来的才子必有'红袖添香夜读书'的艳福的思想，好容易才给我们骂掉了"①。鲁迅在这里所说的"骂"，正好说明那时他们之间的"亲近"和直率。刘半农在为《新青年》第4卷第5号（1918年5月15日）拟的一则《补白》中宣称："周氏兄弟，都是我的畏友。"而鲁迅的创作也受到刘半农的触动和推进。

本文试图透过胡适与刘半农往来书信的梳理与解读，为胡适、刘半农等《新青年》同人，以及"初期白话诗"研究提供新的史料和视角。

## 一、白话诗"讨论"成风气

1917年6月上旬，胡适从纽约乘船回国，7月5日抵东京，当天日记记："在东京时，虞裳言曾见《新青年》第三卷第三号，因同往买一册。舟中读之。此册有吾之《历史的文学观念论》（本为致陈独秀先生书中一节），及论文学革命一书。此外有独秀之《旧思想与国体问题》，其所言今日竟成事实矣。……此外有刘半农君《我之文学改良观》，其论韵文三事：（一）改用新韵，（二）增多诗体，（三）提高戏曲之位置，皆可采。第三条之细目稍多可议处。其前二条，则吾所绝对赞成者也。"②刘半农主张写真情实感的"真"诗，要求增多诗体，并以口语、方言入诗，这些"理论"得到胡适的赞同；而刘半农也与胡适"文学改良"的"刍议"相呼应，成了继胡适之后鼓吹白话诗最积极的人。《初期白话诗稿》中存有胡适的两封短信。胡适的第一封短信写在"北京大学用笺"的顶头，现抄录于下：

---

① 《鲁迅全集》第6卷，人民文学出版社，2005年，第74页。
② 《胡适全集》第28卷，安徽教育出版社，2003年，第581—582页。

前见足下做的白话诗两首,极妙极妙。能钞一份见赐否?附上草稿一纸,太忙不能钞也。尚乞　赐正之。适

信笺主页是《唯心论》一诗的"草稿":

### 《唯心论》

我笑你绕太阳的地球,一日里只打得一个回旋;
我笑你绕地球的月亮儿,总不会永远团圆;
我笑你千千万万大大小小的星球,总跳不出各人的轨道线;
我笑你一分钟行几万里的无线电,
终比不上我区区的心头一念。
我这心头一念,
才从竹竿巷,(今所居巷名。)
　忽到竹竿尖;(吾村后最高峰名。)
忽在赫贞江上,
　忽到凯约湖边;
我若真个害刻骨的相思,便一夜里绕遍地球三万转!

适　十月廿七日

这篇"草稿"写于1917年10月27日。当时尝试写新诗的还只有胡适、沈尹默和刘半农三人,最初的成果就是刊登在1918年1月15日《新青年》第4卷第1号"诗"专栏中的九首新诗,即《鸽子》(胡适)、《鸽子》(沈尹默)、《人力车夫》(胡适)、《人力车夫》(沈尹默)、《相隔一层纸》(刘半农)、《月夜》(沈尹默)、《题女儿小蕙周岁日造像》(刘半农)、《景不徙》(胡适)。沈尹默的《鸽子》《人力车夫》和《月夜》在当时的评价并不高。虽说1919年《新诗年选》中有"愚庵"(康白情)的"评语",认为《月夜》"在中国新诗史上,算是一首散文诗",且"具新诗的美德","其妙处可以意会而不可以言传"。可胡适在《谈新诗》(1919年10月)一文中却说"沈尹默君初作的新诗是从古乐府化出来的",例如他的《人力车夫》,"稍读古诗的人都能看出这首诗是得力于《孤儿行》一类的古乐府的"。他推荐的是《三弦》,认为它是"新诗中一首最完全的诗",而《三弦》刊登于1918年8月15日出版的《新青年》第5卷第2号,远在胡适

写这封短信之后。

可见这封短信和《唯心论》"草稿"是写给刘半农的。"前见足下做的白话诗两首",当指刘半农的《相隔一层纸》和《题女儿小蕙周岁日造像》。《相隔一层纸》用的全是口语,生动活泼,成为初期白话诗的名篇。《题女儿小惠周岁日造像》用的也是口语,诗人在对女儿小惠浓浓的爱意中,抒写了"五四"时期追求个性解放的青年们的心情,受到学界的好评。

胡适说他"太忙",没空把《唯心论》"草稿"再抄一遍。可排在《初期白话诗稿》中的这首《唯心论》诗稿有两份,卷首目录中的题名就叫《唯心论两稿》,排在前面的是"草稿",排在后面的很可能是刘半农提了意见、胡适作了打磨后的"修改稿",现抄录于下:

### 唯心论

我笑你绕太阳的地球,一日夜只打得一个回旋;
我笑你绕地球的月亮儿,总不会永远团圆;
我笑你千千万万大大小小的星球,终跳不出自己的轨道线;
我笑你一秒钟行五十万里的无线电,
　总比不上我区区的心头一念。
我这心头一念:
　才从竹竿巷,忽到竹竿尖;
　忽在赫贞江上,忽在凯约湖边;
我若真个害刻骨的相思,
　便一分钟绕遍地球三千万转!

与"草稿"相比,"修改稿"的文字和标点都有改动。虽说把"总跳不出"改为"终跳不出"似乎并不见好。而将"一日里"改为"一日夜","各人的轨道线"改为"自己的轨道线","一分钟行几万里"改为"一秒钟行五十万里","终比不上"改为"总比不上","一夜里绕遍地球三万转"改为"一分钟绕遍地球三千万转",就很出彩,用字更准确,也更生动形象。删除"竹竿巷"和"竹竿尖"括号里的注,诗行更干练整洁。可在《新青年》第4卷第1号发表时又有了改动,现抄录于下:

## 一念　有序（胡适）

今年在北京，住在竹竿巷。有一天，忽然由竹竿巷想到竹竿尖。竹竿尖乃是吾家村后的一座最高山的名字。因此便做了这首诗。

我笑你绕太阳的地球，一日夜只打得一个回旋；

我笑你绕地球的月亮儿，总不会永远团圆；

我笑你千千万万大大小小的星球，总跳不出自己的轨道线；

我笑你一秒钟行五十万里的无线电，总比不上我区区的心头一念！

我这心头一念：

才从竹竿巷，忽到竹竿尖，

忽在边赫贞江上，忽在凯约湖边；

我若真个害刻骨的相思，便一分钟绕遍地球三千万转！

题名改为《一念》，加了"序"，且将"终跳不出"还原为"总跳不出"，这些改动肯定是得益于包括刘半农在内的《新青年》同人的"赐正"。

在建设新文学的进程中，《新青年》同人既"锣鼓喧天"地大造舆论，八仙过海，各显神通；又谦虚求益，互帮互学，力求创作出更多的佳作来。这种亲和的氛围在胡适写给刘半农的另一封短信中表现得更鲜明，现抄录于下：

半农先生：

昨日收到《大风歌》，因大忙大忙，故不能亲自作复，但请玄同带笔回复。适意与玄同相同，皆谓第三章可删。第二章末句亦可删。先生以为何如？

适前天也做了一首诗：

云淡天高，好一片晚秋天气！

有一群白鸽儿，飞向空中游戏。

你看他乘风上下，夷犹如意。——

忽地里，翻身映日，白羽衬青天，鲜明无比！

先生以为何如？　适

刘半农请胡适看《大风歌》，胡适在回复时也请刘半农看他的《鸽子》。诗文相互调看,交流切磋,这在当年形成了一种风气。刘半农说他"在北京时",常和胡适"讨论(有以是争论)诗",并说胡适是"榨机","是白话诗的发难者"①,这从胡适的这两封短信中也能得到印证。刘半农的《大风歌》就是后来收在《扬鞭集》中的《大风》,现抄录于下:

**大风**

  我去年秋季到京,觉得北方的大风,实在可怕,想做首大风诗,做了又改,改了又做,只是做不成功。直到今年秋季,大风又刮得利害了,才写定这四十多个字。一首小诗,竟是做了一年了!

  呼拉!呼拉!
  好大的风,
  你年年是这样的刮,也有些疲倦么?
  呼拉!呼拉!
  便算是谁也不能抵抗你,你还有什么趣味呢?
  呼拉!呼拉!……
(1918年)

诗很短,似乎并不像胡适信中说的有"三章",很可能是钱玄同和胡适"发难"后,刘半农"做了又改""改了又做",由原来的"三章"压缩成了"一首"。这短诗"做了一年",可见他们之间"讨论"("争论")还不止一次。至于胡适的这首《鸽子》在《新青年》第4卷第1号刊登时也做了改动,现抄录于下:

**鸽子(胡适)**

  云淡天高,好一片晚秋天气!
  有一群鸽子,在空中游戏。
  看他们,三三两两,
    回环来往,
    夷犹如意,——
  忽地里,翻身映日,白羽衬青天,鲜明无比!

---

① 《刘半农致胡适之》,刘小蕙:《父亲刘半农》,上海人民出版社,2000年,第218—221页。

将"有一群白鸽儿，飞向空中游戏。/你看他们乘风上下，夷犹如意。——"，改为"有一群鸽子，在空中游戏。/看他们，三三两两，/回环来往，/夷犹如意——"，这些改动显然与刘半农的"讨论"（"争论"）有关。白话诗"讨论"成风气，用刘半农的话说这是"革新的人"的"喜悦与安慰"。

## 二、为"尽职起见"赴欧留学

1918年9月15日，胡适在《新青年》第5卷第3号发表的《"你莫忘记"》有"附言"云：

> 此稿作于六月二十八日。当时觉得这诗不值得存稿，所以没有修改他。前天读《太平洋》中"劫余生"的通信，竟与此稿如出一口。故又把已丢了的修改了一遍，送给尹默、独秀、玄同、半农诸位，请你们指正指正。

由此可见，截至1918年9月，胡适对刘半农还是很尊重的。可学界一直有胡适"小觑"和"攻击"刘半农的传言。李长之（追迂）在《刘复》一文中写道："那个在他一气就去法国之气，是一个多么可贵之气；这气不是骄傲；而正是谦虚；他反省自己之无学，从根本来研究语言。"[1]点出刘半农赴欧留学是在跟胡适的"赌气"。周作人在《知堂回想录》中说："刘半农因为没有正式的学历，为胡博士他们所看不起，虽然同是'文学革命'队伍里的人，半农受了这个刺激，所以发愤去挣他一个博士头衔来，以出心头的一股闷气……"[2]在《刘半农》一文中说得更多：

> 他（刘半农——引者注）实在是《新青年》的人物，这不单是一句譬喻，也是实在的话。他本来在上海活动，看到了《新青年》的态度，首先响应，起来投稿，当时应援这运动的新力军，没有比他更出力的了。他也有很丰富的才情，那时写文言文，运用着当时难得的一点材料，他后来给我看，实在是很平凡很贫弱的材料，却写成很漂亮

---

[1] 人间世社编：《二十今人志》，上海良友图书印刷公司，1935年，第45—46页。
[2] 周作人：《知堂回想录》，香港：三育图书有限公司，1980年，第503页。

的散文，的确值得佩服。《新青年》的编辑者陈仲甫那时在北京大学当文科学长，就征得校长蔡子民的同意，于一九一七年的秋天招他来北大，在预科里教国文，这时期的北大很有朝气，尤其在中文方面生气勃勃（外文以前只有英文，添设德法文以及俄文，也是在这时候），国文教材从新编订，有许多都是发掘出来的，加以标点分段，这工作似易而实难，分任这工作的有好几个人，其中主要的便是半农。他一面仍在《新青年》上写文章，这回是白话文了，新进气锐，攻击一切封建事物最为尖锐，与钱玄同两人算是替新思想说话的两个健将。其时反对的论调尚多，钱玄同乃托"王敬轩"之名，写信见责，半农作复，逐条驳斥，颇极苛刻，当时或病其轻薄，但矫枉不忌过正，自此反对的话亦逐渐少见了。

不过刘半农在北大，并不是一帆风顺的。他在预科教国文和文法概论，但他没有学历，为胡适之辈所看不起，对他态度很不好，他很受刺激，于是在"五四"之后，要求到欧洲去留学。他在法国住过好几年，专攻中国语音学，考得法国国家博士回来，给美国博士们看一看，以后我们常常戏呼作刘博士……①

这之后，李长之和周作人的这些"资料"逐渐被放大。吴锐在《钱玄同评传》中说：

在《新青年》编辑中，只有刘半农没有留过学，又刚脱离鸳鸯蝴蝶派，胡适便看不起他。在1919年10月5日召开的编辑会议上，胡适反对集体轮编制，认为像刘半农这样的人太浅薄，不配当编辑，刘半农一气之下出国留学去了。②

彭定安、马蹄疾在《鲁迅和刘半农》一文中说："刘半农因为受到攻击，便于1920年赴法留学。"③ 值得留意的是，李长之和周作人的"回忆"和"论述"，都写在刘半农逝世之后。相对于他们及其"追随者"的表述，钱玄同1919年1月24日的日记更值得揣摩，是日日记中写道：

---

① 陈子善编：《知堂集外文·四九年以后》，岳麓书社，1988年，第304—305页。
② 吴锐：《钱玄同评传》，百花洲文艺出版社，2015年，第70页。
③ 彭定安、马蹄疾编著：《鲁迅和他的同时代人》（上卷），春风文艺出版社，1985年，第207页。

> 午后三时，半农来，说已与《新青年》脱离关系，其故因适之与他有意见，他又不久将往欧洲去，因此不复在《新青年》上撰稿。①

钱玄同"喜讲话，却不太随便臧否人物，故颇有世故之称"②。他的这几句话应该更可信。刘半农原本定于 1919 年 5 月赴法国留学，后因故延后了半年，直到 1920 年 1 月初才从北京启程，到上海又耽搁了一个月，直到 2 月 7 日才乘上赴欧的日轮。

"适之与他有意见"的话留到后面再说。先说刘半农的"不复在《新青年》上撰稿"，这只是一时的气话，不能当真，欧阳哲生说刘半农第一个"表态退出"《新青年》③，并不恰当。1919 年 4 月 10 日，由于受到来自各方面的压力，在蔡元培主持的北大教授会议上，正式决定废除学长制，由各科教授会主任组成教务处，推马寅初为首任教务长，这等于间接废除陈独秀的文科学长职务，此后陈独秀就等于被排挤出北大。6 月 11 日夜，陈独秀在北京城南散发《北京市民宣言》（传单）时被北洋政府逮捕，关押了 98 天，于 1919 年 9 月 16 日释放。由于有了这些变故，《新青年》出完第 6 卷第 5 号后（1919 年 5 月）停刊了 5 个月，直到同年 11 月 1 日才出版第 6 卷第 6 号，这第 6 卷第 6 号就有刘半农、胡适、李大钊和沈尹默为欢迎陈独秀出狱写作的白话诗。刘半农的白话诗题为《D——!》，就陈独秀被捕一事怒斥凶残的敌人，鼓励自己的战友，向封建军阀的刺刀和监狱发出了勇敢的挑战。诗中写道："威权幽禁了你，/还没有幽禁了我／更幽禁不了无数的同志，/无数的后来兄弟。/……'只须世界上留得一颗桔子的子，/就不怕他天天吃桔子的肉，/剥桔子的皮！'"刘半农同期发表的白话诗还有《天下太平》和《烟》。

1919 年 12 月，《新青年》自第 7 卷第 1 号移上海印刷发行，由陈独秀一人主编。1920 年 1 月 1 日出版的《新青年》第 7 卷第 2 号有刘半农的新诗《小湖》和《桂》。4 月 1 日出版的《新青年》第 7 卷第 5 号有刘半农的新诗《敲冰》。10 月 1 日出版的《新青年》第 8 卷第 2 号有刘半农的新诗

---

① 杨天石主编：《钱玄同日记》（上），第 343 页。
② 周作人：《钱玄同》，陈子善编：《知堂集外文·〈亦报〉随笔》，岳麓书社，1988 年，第 540 页。
③ 欧阳哲生：《〈新青年〉编辑演变之历史考辨——以 1920—1921 年同人书信为中心的探讨》，《历史研究》2009 年第 3 期。

《牧羊儿的悲哀》《地中海》和《登香港太平山》。

1920年9月，《新青年》从第8卷开始，实际上已成为上海共产主义小组的机关刊物，而刘半农对《新青年》热情未减。1921年5月1日出版的《新青年》第9卷第1号有刘半农的新诗《伦敦》。8月1日出版的《新青年》第9卷第4号有刘半农的新诗《奶娘》《一个小农家的暮》《稻棚》《回声》，以及译作《夏天的黎明》（Wilfrid Wilson Gibson 作）。1921年9月1日《新青年》出版第9卷第5号后，停刊近十个月，1922年7月1日补齐第6号后休刊。1923年6月15日，《新青年》（季刊）复刊，由瞿秋白主编。至此，《新青年》的黄金时代已经过去，包括周氏兄弟在内的绝大部分原《新青年》同人与《新青年》绝缘，远在巴黎的刘半农不再为《新青年》写稿，也是很自然的事。其实，旅欧期间的刘半农为《新青年》写的诗文有很多未能发表。他在1921年9月16日给周作人的信中写道：

> 仲甫可恶，寄他许多诗，他都不登，偏把一首顶坏的《伦敦》登出。
>
> 再：我的论歌谣的信，如尚未发表，请不发表。因为我打算再多找些证据，做一篇正式的文章。我此间有底子，不必将原信寄来。①

以上都是刘半农并未"退出"《新青年》的佐证。刘半农"赴欧"与"适之与他有意见"似乎也没有因果关系。刘半农赴欧是公费留学，是蔡元培亲自安排的。刘半农在赴欧留学前作的《留别北大学生的演说》中说：

> 我此番出去留学，不过是为希望能尽职起见，为希望我的工作做得圆满起见，所取的一种相当的手续，并不是把留学当作充满个人欲望的一种工具。
>
> 我愿意常常想到我自己的这一番话，所以我把他供献于诸位。
>
> 还有一层，我也引为附带的责任的，就是我觉得本校的图书馆太不完备，打算到了欧洲，把有关文化的书籍，尽力代为采购；还有许多有关东亚古代文明的书或史料，流传到欧洲去的，也打算设法抄录或照相，随时寄回，以供诸位同学的研究。图书馆是大学的命脉；图书馆里多有一万本好书，效用亦许可以抵上三五个好教授。所以这件

---

① 《刘半农致周作人》（1921年9月16日），《中国现代文艺资料丛刊》第5辑，第306页。

事，虽然不容易办，但我尽力去办。

　　结尾的话，是我是中国人，自然要希望中国发达，要希望我回来时，中国已不是今天这样的中国。但是我对于中国的希望，不是一般的去国者，对于"祖国"的希望，以为应当如何练兵，如何造舰。我是——

　　希望中国的民族，不要落到人类的水平线下去；
　　希望世界的文化史上，不要把中国除名。①

可见刘半农赴欧留学是有很远大的抱负的，并不像是在跟胡适"赌气"要拿个"博士"头衔。钱玄同1919年1月24日日记中写道"午后三时，半农来"，谈及赴欧留学时写道："半农初来（北大——引者注）时，专从事于新学。自从去年八月以来，颇变往昔态度，专好在故纸堆中讨生活。今秋赴法拟学言语学，照半农的性质，实不宜于研究言语学等等沉闷之学。独秀劝他去研究小说、戏剧，我与尹默也很以为然，日前曾微劝之，豫才也是这样的说。他今日谈及此事颇为我等之说所动。四时顷逖先来。逖先也劝半农从事文学。逖先自己拟明秋赴法，也是想研究文学。但此二人所学虽同，而将来应用则大不相同，半农专在创新一方面，逖先则创新之外尚须用新条例来整理旧文学。"②钱玄同、陈独秀、沈尹默、鲁迅、朱希祖都劝刘半农"从事文学"。作为最熟识不过的朋友，他们都很关心刘半农赴欧留学及以后的发展，假如刘半农赴欧留学真是缘自胡适的"小觑"和"攻击"，这些热心为他赴欧谋划的朋友大概是不会这样为他筹划的。

## 三、"中国旧戏"和"唱双簧"引发的分歧

　　至于"适之与他有意见"，主要是胡适偏袒张厚载和汪懋祖，在对"中国旧戏"以及"唱双簧（骂倒王敬轩）"的评价上，与刘半农存有分歧。

　　张厚载出身于书香门第，幼年随京官父亲张仁寿生活在北京西河沿，"少时夙有剧癖"。1915年，他考入北京大学法科政治系。自1917年始，

---

① 《晨报》副刊1919年12月20日。
② 杨天石主编：《钱玄同日记》（上），第343页。

张厚载先后在《新青年》等报刊上与胡适、陈独秀、刘半农、钱玄同、傅斯年（同学）等辩论京剧废存。1918年6月15日，《新青年》第4卷第6号发表了张厚载、胡适、钱玄同、刘半农、陈独秀的《新文学及中国旧戏》的"通信"。张厚载在来书中认为陈、胡、钱、刘的"文学改良"的言论过于偏激，有违"自然的进化"，进而罗列"中国戏剧"的优点，主张保存脸谱和武戏，绝不认可钱玄同说的"戏子打脸之离奇"和刘半农的"废唱而归于说白"。在批评刘半农的"废唱而归于说白"时说：

> 刘半农先生谓"一人独唱，二人对唱，二人对打，多人乱打，中国文戏武戏之编制，不外此十六字"，云云。仆殊不敢赞同。只有一人独唱，二人对唱，则"二进宫"之三人对唱，非中国戏耶？至于多人乱打，"乱"之一字，尤不敢附和。中国武戏之打把子，其套数至数十种之多，皆有一定的打法；优伶自幼入科，日日演习，始能精熟；上台演打，多人过合，尤有一定法则，决非乱来；但吾人在台下看上去，似乎乱打，其实彼等在台上，固从极整齐极规则的工夫中练出来也。

这样的见解在今天看来不无道理，可在当时就显得"十分陈腐"，明显是在为复古派张目，这就必然会引起陈独秀、钱玄同和刘半农的反感，认为胡适约张厚载撰文是"污我《新青年》"，于是就在答信中予以辩驳。刘半农反对旧剧的"脸谱""对唱"和"乱打"，认为这违背了"美术之原理"。而胡适则在信中袒护张厚载，他说：

> 镠子君以评戏见称于时，为研究通俗文学之一人，其赞成本社改良文学之主张，固意中事。

把张厚载称为"赞成本社改良文学之主张"的"同气"，就让钱玄同和刘半农不能接受了。钱玄同在《今之所谓"评剧家"》中回应说：

> 适之前次答张镠子信中有，"君以评戏见称于时，为研究通俗文学之一人，其赞成本社改良文学之主张，固意中事"。这几句话，我与适之的意见却有点反对。我们做《新青年》的文章，是给纯洁的青年看的，决不求此辈"赞成"。此辈原欲保存"脸谱"，保存"对

唱""乱打"等等"百兽率舞"的怪相,一天到晚,什么"老谭""梅郎"的说个不了。听见人家讲了一句戏剧要改良,于是断断致辩,说"废唱而归于说白,乃绝对的不可能",什么"脸谱分别的甚精,隐寓褒贬",此实与一班非做奴才不可的遗老要保存辫发,不拿女人当人的贱丈夫要保存小脚同是一种心理。简单说明之,即必须保存野蛮人之品物,断不肯进化为文明人而已。①

刘半农随后在《对于〈新青年〉之意见种种》的答信中,抨击张厚载"保存'脸谱'"的论调。他说:

> 先有王敬轩后有崇拜王敬轩者及戴主一一流人,正是中国的"脸谱"上注定的常事,何尝有什么奇怪?我们把他驳,把他骂,正是一般人心目中视为最奇怪的"捣乱分子"!至于钱玄同先生,诚然是文学革命军里一个冲锋健将。但是本志各记者,对于文学革新的事业,都抱定了"各就所能,各尽厥职"的宗旨;所以从这一面看去是《新青年》中少不了一个钱玄同;从那一面看去,却不必要《新青年》的记者,人人都变了钱玄同。②

"先有王敬轩后有崇拜王敬轩者及戴主一一流人",说出了"文学革命"艰难奋进的历程。刘半农盛赞钱玄同是"文学革命军里一个冲锋健将","《新青年》中少不了一个钱玄同",这些话也都可以理解为是有心说给胡适听的。

众所周知,《新青年》同人在向旧思想、旧文学发起攻击以后,旧营垒中的那些守旧派仰仗传统势力在文坛上的主流地位,将《新青年》的呐喊视为"虫鸣"而不屑与辩,这就使得新旧思想没有正面交锋,不利于把新文化运动向前推进,《新青年》的同人有如1906年《新生》夭折时的鲁迅一样,感到寂寞与无聊,"既非赞同,也无反对,如置身毫无边际的荒原,无可措手的了,这是怎样的悲哀呵"③。为了从这样的寂寞里挣扎出来,刘半农在其负责编辑的《新青年》第4卷第3号(1918年3月15日

---

① 《新青年》第5卷第2号,1918年8月15日。
② 《新青年》第5卷第3号,1918年9月15日。
③ 《〈呐喊〉自序》,《鲁迅全集》第1卷,第439页。

出版）上，以《文学革命之反响》为题，发表了由钱玄同模拟保守派文人口气写的《王敬轩君来信》，对新文学大加攻击；再由刘半农以"记者"的身份，在复王敬轩的信中予以痛快淋漓的回击，自编自演了一场论战，引蛇出洞，把讨论引向深入，唤起社会上的注意。

"王敬轩"自称曾留学日本，学过法政，是"中学为体，西学为用"的封建卫道士，反对新道德、新文学，"以保存国粹为当务之急"。他在来信中顽固地维护封建伦常，集封建复古主义者谬论之大成，恶毒攻击白话文学。如"贵报排斥孔子、废灭纲常之论，稍有识者无不发指"；"贵报又大倡文学革命之论，权舆于二卷之末；三卷中乃大放厥词，几于无册无之；四卷一号更以白话行文，且用种种奇形怪状之钩挑以代圈点。贵报诸子工于媚外，惟强是从"；"对于中国文豪，专事丑诋。尤可骇怪者，于古人则神圣施耐庵曹雪芹，而土芥归震川方望溪；于近人则崇拜李伯元吴趼人，而排斥林琴南陈伯严，甚至用一网打尽之计，目桐城为谬种，选学为妖孽"，进而宣称"今之真能提倡新文学者，实推严几道、林琴南两先生"。

刘半农在复王敬轩的信中条分缕析，先对王敬轩"大放厥辞"深表"感谢"。接着，将来信划分为八个部分，逐条进行批驳。指出王敬轩之流的"狂吠之谈，固无伤于日月"，旧中国"朝政不纲，强邻虎视"，并非"提倡新学"所致，而是封建社会的腐朽、没落造成的。"孔教之流毒无穷"，故非"排斥孔丘"不可，"西教之在中国，不若孔教之流毒无穷"，因此应当向国内介绍外国的各种先进思潮；"浓圈密点，本科场恶习"，应在扫荡之列，西式句读符号，简单明了，可以引进应用；"桐城谬种、选学妖孽"们口头上"扶持名教"，骨子里却是海淫海盗；林（琴南）译小说，只能看作一般闲书，原稿选择不精，翻译谬误甚多，语言过于古奥，如果用文学的眼光去评论它，则相差太远；严（复）译文章，有"削趾适履""附会拉拢"的毛病；至于"中国故有的赋、颂、箴、铭、楹联、挽联之类，更是半钱不值"；断言"处于现在的时代，非富于新知，具有远大眼光者，断断没有研究旧学的资格。否则弄得好些：也不过造就出几个'抱残守缺'的学究来……弄得不好：便造就出许多'胡说乱道'，'七支八搭'的'混蛋'！把种种学问，闹得非驴非马，全无进境"。

王敬轩这个形象代表了一大批顽固守旧的遗老遗少，而刘半农的复信就等于向他们宣战。经这一骂，果真引发了"文学革命之反响"，立马就有一位自称"崇拜王敬轩先生者"来信指责《新青年》，为"王敬轩"唱赞歌，信中说：

> 读《新青年》，见奇怪之言论，每欲通信辩驳，而苦于词不达意。今见王敬轩先生所论，不禁浮一大白。王先生之崇论宏议，鄙人极为佩服；贵志记者对于王君议论，肆口侮骂，自由讨论学理，固应又是乎？

可见封建的遗老遗少也一直在盼望能有人站出来为他们出气，王敬轩的"崇论宏议"，道出了他们早已想要的"学理"。于是陈独秀就在《新青年》第4卷第6号"通信"栏的《讨论学理之自由权》中，公布"崇拜王敬轩先生者"的来信，后面有他写的附白，文中写道：

> 本志自发刊以来，对于反对之言论，非不欢迎；而答词之敬慢，略分三等：立论精到，足以正社论之失者，记者理应虚心受教。其次则是非未定者，苟反对者能言之成理，记者虽未敢苟同，亦必尊重讨论学理之自由，虚心请益。其不屑与辩者，则为世界学者业已公同辩明之常识，妄人尚复闭眼胡说，则唯有痛骂之一法。讨论学理之自由，乃神圣自由也；倘对于毫无学理毫无常识之妄言，而滥用此神圣自由，致是非不明，真理隐晦，是曰"学愿"；"学愿"者，真理之贼也。①

陈独秀痛斥"学愿""毫无学理毫无常识"，有一位署名"戴主一"的人站出来为桐城派曾国藩鸣不平，他说：

> 若曾国藩则沉埋地下，不知几年矣，于诸君何忤，而亦以"顽固"加之？诸君之自视何尊？视人何卑？无乃肆无忌惮乎？是则诸君直狂徒耳；而以《新青年》自居，颜之厚矣。②

可见顽固派对新文化的仇恨之深。针对这种咒骂，钱玄同以《新青年》记

---

① 《新青年》第4卷第6号，1918年6月15日。
② 戴主一、钱玄同：《驳王敬轩君信之反动》，《新青年》第5卷第1号"通信"，1918年7月15日。

者的身份写了回信,信中说:

> 本志抨击古人之处甚多,足下皆无异辞。独至说了曾国藩为"顽固",乃深为足下所不许。曾国藩果不顽固耶?本志同人自问,尚不至尊己而卑人。然同人虽极无似,却也不至于以"卑"自居。若对于什么"为本朝平发逆之中兴名将曾文正公"便欲自卑而尊之,则本志同人尚有脑筋,尚有良心,尚不敢这样的下作无耻!①

经过这几次交锋,无人回应的局面就此打破了,还逼出了桐城派元老林琴南。林琴南看到《新青年》上有人反对陈独秀等人了,以为时机已到,就给蔡元培写了《致蔡鹤卿太史书》②,攻击北大"覆孔孟,铲伦常",表示要"拚我残年,极力卫道","至死不易其操"。接着又写了《论古文白话之相消长》,以及文言小说《荆生》③和《妖梦》④。蔡元培坚定地站在新文化阵营的立场上,对以林琴南为首的复古派给以有力的回击。

刘半农在《文学革命之反响》的答复中把满脑子封建思想的旧文人骂得体无完肤。他对双方分歧概括得极其精确:"先生说'能笃于旧学者,始能兼采新知',记者则以为处于现在的时代,非富于新知,具有远大眼光者,断断没有研究旧学的资格。"这样的论争逻辑是希望读者少沉迷于中国文化,多了解世界文明,这样才能有力地推动新文学、新文化前进。

胡适非但没有认同钱玄同和刘半农的见解,反倒转载保守派文人汪懋祖发表于《留美学生季报》上的《致〈新青年〉杂志记者》⑤,隐射钱玄同。汪懋祖在信中说:

> 革新之道,形式倘非所急,当先淘汰一切背理之语。今日甲党与乙党相掊击,动曰"妖魔丑类",曰"寝皮食肉",其他凶暴之语,见于函电报章者尤比比……至于两党讨论是非,各有其所持之理由。不务以真理争胜,而徒相目以"妖",则是滔滔者妖满国中也,岂特如

---

① 戴主一、钱玄同:《驳王敬轩君信之反动》,《新青年》第5卷第1号"通信",1918年7月15日。
② 详见《请看北京学界思潮变迁之近状》,《公言报》1919年3月18日。
③ 《新申报》1919年2月17、18日。
④ 《新申报》1919年3月19—23日。
⑤ 汪懋祖、胡适:《读〈新青年〉》,《新青年》第5卷第1号"通信",1918年7月15日。

> 尊论所云之桐城派之为妖于文界哉！……文也者，含有无上美感之作用，贵报方事革新而大阐扬之；开卷一读，乃如村妪泼骂，似不容人以讨论者，其何以折服人心？……贵报固以提倡新文学自任者，似不宜以"妖孽""恶魔"等名词输入青年之脑筋，以长其暴戾之习也。①

胡适居然站到汪懋祖一边，在同期《新青年》发表的答信中明确表态"欢迎反对的言论"。他写道：

> 来书说："两党讨论是非，各有其所持之理由。不务以真理争胜，而徒相目以妖，则是滔滔者妖满国中也。"又说本报"如村妪泼骂，似不容人以讨论者，其何以折服人心？"此种诤言，具见足下之爱本报，故肯进此忠告。从前我在美国时，也曾写信与独秀先生，提及此理。那时独秀先生答书说文学革命一事，是"天经地义"，不容更有异议。我如今想来，这话似乎太偏执了。我主张欢迎反对的言论，并非我不信文学革命是"天经地义"……舆论家的手段，全在用明白的文学，充足的理要，诚恳的精神，要使那些反对我们的人不能不取消他们的"天经地义"，来信仰我们的"天经地义"。所以本报将来的政策，主张尽管趋于极端，议论定须平心静气，一切有理由的反对，本报一定欢迎，决不致"不容人以讨论"。②

胡适把汪懋祖的攻击视为"诤言"，并继续为张厚载辩护。1918年夏间在给钱玄同的信中说：

> 至于张镠子，我现在且不谈他。我已请他为我做文，我且等他的文章来了再说。好在我还有轮着编辑的一期，到了那时，我可以把他的文字或作我的文字的"附录"，或作《读者论坛》，都无不可！"本记者自有权衡"！
>
> 至于老兄说我"对于千年积腐的旧社会，未免太同他周旋了"，我用不着替自己辩护。我所有的主张，目的并不止于"主张"，乃在"实行这主张"。故我不屑"立异以为高"。③

---

① 汪懋祖、胡适：《读〈新青年〉》，《新青年》第5卷第1号"通信"，1918年7月15日。
② 同上。
③ 《胡适全集》第23卷，安徽教育出版社，2003年，第254—255页。

胡适给钱玄同的另一封信中对"唱双簧"一事不以为然,信中写道:

> 适意吾辈不当乱骂人,乱骂人实在无益于事。……
> 至于老兄以为若我看得起张镠子,老兄便要脱离《新青年》,也未免太生气了。我以为这个人也受了多做日报文字和少年得意的流毒,故我颇想挽救他,使他转为我辈所用。若他真不可救,我也只好听他,也决不痛骂他的。我请他做文章,也不过是替我自己找做文的材料。我以为这种材料,无论如何,总比凭空闭户造出一个王敬轩的材料要值得辩论些。老兄肯造一个王敬轩,却不许我找张镠子做文章,未免太不公了。老兄请想想我这对不对。——我说到这里,又想起老兄是个多疑的人,或者又疑我有意"挖苦"。其实我的意思只要大家说个明明白白,不要使我们内部有意见,就是了。①

"老兄肯造一个王敬轩,却不许我找张镠子做文章,未免太不公了",这话就太过了。李大钊在《新的!旧的!》一文中宣称新文化运动领导人是超前于时代而生的,盛赞"半农先生向投书某君(王敬轩——引者注)棒喝"②。鲁迅在《忆刘半农君》中也盛赞"答王敬轩的双簧信"③。而胡适竟然把"唱双簧"这场"大仗"说成是"凭空闭户造出"来的,只有张厚载的《新文学及中国旧戏》和转载的汪懋祖的《读〈新青年〉》才"值得辩论",与李大钊和鲁迅的赞誉判若天壤。

张厚载是上海《新申报》特约通信员,是他将林纾的《荆生》《妖梦》介绍到上海《新申报》上发表的。这两篇小说将北大校长(蔡元培)、教务长(陈独秀)、教授(胡适、钱玄同)逐个丑化,"希望武人(军阀徐树铮——引者注)来维持礼教,摧残言论"④。刘半农在《〈初期白话诗稿〉序目》中说:

---

① 《胡适致钱玄同》,《中国现代文艺资料丛刊》第5辑,第297页。[《中国现代文艺资料丛刊》第5辑注明这封信写于"(一九一九年二月)廿夜";安徽教育出版社出版的《胡适全集》第23卷注明这封信写于1919年"7、8月间";吴元康在《近代史研究》2011年第5期发表《〈胡适全集〉第23卷若干中文书信系年辨误》,认定这封信写于"1918年"。]
② 《新青年》第4卷第5号,1918年5月15日。
③ 《鲁迅全集》第6卷,第73页。
④ 周作人:《蠡叟与荆生》,陈子善编:《知堂集外文·〈亦报〉随笔》,第632页。

黄侃先生还只是空口闹闹而已，卫道的林纾先生却要于作文反对之外借助于实力——就是他的"荆生将军"，而我们称为小徐的徐树铮。这样文字之狱的黑影就渐渐的向我们头上压迫而来，我们就无时无日不在慄慄危惧中过活……

　　《荆生》《妖梦》发表后，北大舆论大哗，一时群情激奋。张厚载离毕业仅剩两个月，但众怒难犯，被北大以"损坏校誉"之名开除了学籍。北大向来不主张开除学生，特别是在毕业的前夕，张厚载是个例外。胡适偏袒张厚载和汪懋祖，刘半农对他有"意见"是很自然的事。钱玄同1919年1月24日记中"适之与他有意见"的话，应当理解为钱玄同和刘半农对胡适都"有意见"，周作人所说的钱玄同的"世故"也体现在这则日记中。胡适对"唱双簧"横加指责，钱玄同不可能没有"意见"。

## 四、胡适"重情"与刘半农的"执着"

　　1920年3月刘半农入伦敦大学文学院学习。1921年6月转赴法国，入巴黎大学学习，并在法兰西学院听课。1925年7月回国。旅欧期间，刘半农惦念《新青年》，敦促胡适、周作人、沈尹默、沈兼士多写诗，使新诗取得真正意义上的"成功"。他也非常怀念在国内的朋友。1920年5月24日，《北京大学日刊》615号上发表的《刘复教授自伦敦致蔡校长书》中，刘半农介绍了他留学欧洲的行程、学习的计划，并表示了对老友的怀念，请蔡校长代为问候"夷初、尹默、士远、玄同、起孟、豫才、适之、守常、幼渔、百年、逖先、叔雅、仲甫、幼轩、辛白"诸人。而在这许多"老友"中，写给胡适的两封信留存下来了，显得特别珍贵。

　　第一封信，写于1920年9月25日，见刘小蕙写的《父亲刘半农》一书中的"附录四"①。这封信比较长，先抄录头几节：

　　　　我们有九个多月不见了。想到我在北京时，常常和你讨论（有时是争论）诗。所以我现在写这封信，虽然是问问好，却不说"辰维……为慰"，仍旧是说诗。我希望我们通一次信，便和我们见面谈

---

① 《刘半农致胡适之》，见刘小蕙：《父亲刘半农》，第218—221页。

一回天一样。

　　　　我很不满意，为什么我自从离开本国之后，没有看见过一首好诗（虽然我在国外看见的报章杂志很少）？更不满意的，便是为什么你，起孟，尹默，近来都不做诗？你的上山，起孟的小河，尹默的三弦，都可算白话诗开创时代的有成效的成绩；我的铁匠，虽然你不十分赞成，却也可以"附骥"。但是，看到我们当初的理想，这一些很零碎的小成绩，算得到什么？

　　　　你的《尝试集》已刻成了。但是，这只是"尝试"范围中的"成功"，并不就是"成功"。

　　　　旧体诗的衰落，是你知道的。但是，新体诗前途的暧昧，也要请你注意。

刘半农把胡适、周作人、沈尹默和他自己几个人界定为"初期白话诗人"，恳请胡适督促大家"多做"，数落沈尹默"是个懒鬼"，进而逐一评说胡怀琛、郭沫若、康白情、俞平伯、傅斯年、罗家伦等人的诗作，认为他们的诗都"很平常"甚至"很糟"。他郑重说明自己写这封信的目的，"便是希望你（胡适——引者注）'诗炉从此生新火'"，在新诗创作方面再创佳绩。随后写道：

　　　　我很气闷。我到了英国，没有接到过北京朋友一个字！写信给他们，他们只是不覆。现在再向你试一试，希望你不是"一丘之貉"！

　　　　但是，你如果写回信，与其是当天便写一张明信片，不如稍过一二天，定心了写一封较长的信。连北京近来的情形，校中的杂事，也同我谈谈。若是望了三四个月，只是望到一张明信片，虽然"慰情聊胜于无"，却是相等的失望。

　　　　玄同起孟，是"打定主义"不写信给我的。或者是因为我的信，"不值一覆"。所以我现在，暂时不写信给他，恐怕写了还是"不值得一看"。但是你若见他，请你代我问候；我的诗，也请你交给他看看。

刘半农问及《新青年》以后的"办法"，诉说他"到了英国，没有接到过北京朋友一个字！"给钱玄同和周作人写信他们都不回复，希望胡适与他们不是"一丘之貉"，"定心了写一封较长的信。连北京近来的情形，校中的杂事，也同我谈谈"。他心里想的是《新青年》，是北大，是北京。

1920年夏，陈独秀到上海筹建共产主义组织，《新青年》迁回上海。《新青年》同人围绕着"编辑办法"，刊物是由陈独秀一人来编还是"大家轮流编辑"，是否"与群益书局续签合约"等议题展开了激烈的讨论。胡适力主"移回北京而不谈政治"，进而又提出要"别组"，另办《新青年》；周氏兄弟也赞成"移回北京"并保持原有同人刊物的性质。钱玄同看出"分裂"不可避免，于1921年2月1日致信胡适正式表明从此不给《新青年》"做文章"①，与此后的《新青年》完全脱离关系。其实，第7卷第4号（1920年3月1日）以后，钱玄同就因"无兴致"（陈独秀语）不在《新青年》发表文章了。不知内情的刘半农给钱玄同写信打探《新青年》以后的"办法"，真是哪壶不开提哪壶。周氏兄弟对于《新青年》的分裂也感到很惋惜。周作人在给李大钊的信说"如仲甫（陈独秀——引者注）将来专用《新青年》去做宣传机关，那时我们的文章他也用不着了"②。1921年9月1日，周作人在《新青年》第9卷第5号发表了《病中的诗》（八首）、《山居杂诗》（七首）和译作《颠狗病》（西班牙伊巴涅支著）后，就再也没有给《新青年》写过稿。这些话当然不便写信跟刘半农说，于是就来个干脆"不覆"。其实无论是钱玄同还是周氏兄弟都是很惦念刘半农的。鲁迅1921年8月9日日记："午后寄沈雁冰信附……半农译稿一篇。"③这译作就是同年11月10日刊登在《小说月报》第12卷第11号上的译诗《王尔德散文诗五首》。鲁迅1921年8月30日日记记下午寄陈仲甫"半农文二篇"④，遗憾的是这两篇文章未能在《新青年》发表。

刘半农要胡适把他附在信里的诗交给沈尹默和周作人"看看"，这诗大概就是收在《扬鞭集》里的《爱它？害它？成功！》和《教我如何不想她》。《爱它？害它？成功！》表现了诗人追求自然之美和个性解放的美学主张。《教我如何不想她》中"她"是祖国，也泛指诗人"心上的人儿"，

---

① 《钱玄同致胡适》（1921年2月1日），转引自欧阳哲生：《新发现的一组关于〈新青年〉的同人来往书信》，《北京大学学报（哲学社会科学版）》2009年第4期。
② 《周作人致李大钊》（1921年2月27日），转引自欧阳哲生：《新发现的一组关于〈新青年〉的同人来往书信》，《北京大学学报（哲学社会科学版）》2009年第4期。
③ 《鲁迅全集》第15卷，第439页。
④ 同上书，第441页。

春夏秋冬，风月云海，都能引起诗人心底的思念。胡适自然能理解刘半农的心情，不仅写了回信，还寄了《新青年》杂志。1921 年 9 月 15 日，刘半农将他拟定的《创设中国语音学实验室的计划书》寄给蔡元培，同时寄信给胡适，请胡适促成创设中国语音学实验室的计划。信的开头便说：

> 六月前接到你寄给我的《新青年》，直到今天才能写信说声"多谢"，也就荒唐极了。但自此以后，更没有见过《新青年》的面。我寄给仲甫许多信，他不回信；问他要报，他也不寄；人家送东西我吃，路过上海，他却劫去吃了！这东西真顽皮该打啊！①

"六月前"应为 1921 年 3 月前后，"自此以后，更没有见过《新青年》的面"，胡适是唯一一个给他寄过《新青年》的人，可见胡适的"中和"和"重情"。刘半农在这封信中说他"天天闹的是断炊，北大的钱，已三月没寄来"，"留学费也欠了三个月不发……我身间有几个沙，便买支面包吃吃，没了便算。但除闭眼忍受之外，也没有别法"。本来是有公费资助的，忽然停止，让刘半农陷入困顿，再加上拖家带口（妻子和二女一男）从伦敦迁移到一个完全陌生的巴黎，顾不上及时给胡适回信也是可以理解的。值得注意的是这封信里抄录了他梦中做的一首诗：

> 我的心窝和你的，
> 海与海般密切着；
> 我的心弦和你的，
> 风与水般协和着。
> 啊！
> 血般的花，
> 花般的火，
> 听他罢！
> 把我的灵魂和你的，
> 给他烧做了飞灰飞化罢！

"夜有所梦"源于"日有所思"。从这首诗中也可以想见刘半农对远在故

---

① 《刘半农致胡适》，《胡适来往书信选·上》，中华书局，1979 年，第 132 页。

国的"老友"有多怀念。这封信的结语是"你能写个信给我么？我给你请安。"这些感人的话语再一次展现了刘半农对《新青年》同人的真挚感情，对白话诗的"执着"。就在给胡适写这封信的第二天9月16日（1921年），刘半农也给周作人写了一封信，信中写道：

> 离伦敦时寄给你几首诗，你见了么？如今又有几首，另纸写寄。还有几首旧体诗，是做了顽儿的。你若是说："这是半农复古之征"，那就冤枉了。
>
> 到十二月中 Collége de France 开了学，我便要着手实验中国语的自然音节了：打算把律诗、古诗、词、曲、散文、诗谣、说话等，一起实验比较，求出一个构成音节的共同原则来（这决不是平平仄仄）。这事如有结果，我们做白话诗、散文诗等，就有了一个坚固的保障；一面我们自己，也可以有个很清楚的指导：你赞成么？
>
> 现在真是没饭吃……
>
> 寄给你的孩子照片，收到了么。①

生活那么艰辛，可即便在"大穷大病中"仍忘不了写诗，并且要研究出"一个构成音节的共同原则来"。研读刘半农写给胡适和周作人的这些信件，让我们看到当年的刘半农、胡适，以及钱玄同和周氏兄弟的真诚善良。刘半农和胡适之间尽管彼此间有"意见"，但又都能接纳，对已经结成的情谊相当珍惜。至于刘半农的天真、活泼和执着，就更值得敬佩了。1918年李大钊在《新的！旧的！》中论及陈独秀和刘半农时说："独秀、半农最少应生在百年以后。""百年"过去了，刘半农《新青年》时代的思想和精神依然让我们感到是"新的"！

刘半农1925年回国后复任北大国文系教授，并兼任北大研究所国学门导师、北大雄辩会和国语演说会导师，还兼任中法大学讲师、北京师范大学本科教席、辅仁大学教务长、国立北平大学女子文理学院院长，又被推选为民国政府古物保管委员会委员、北平教育局甄别考试委员会委员，地位高了，思想更趋保守，"做打油诗，弄烂古文"，让鲁迅感到"憎恶"，但"这憎恶是朋友的憎恶"。对于刘半农在新文化运动中的劳绩，鲁迅是

---

① 《刘半农致周作人》（1921年9月16日），《中国现代文艺资料丛刊》第5辑，第306页。

肯定的。1934年7月刘半农病逝，鲁迅作文哀悼说："他活泼、勇敢，很打了几次大仗。譬如罢，答王敬轩的双簧信，'她'字和'牠'字（应为'它'字——引者注）的创造，就都是的。这两件，现在看起来，自然是琐屑得很，但那是十多年前，单是提倡新式标点，就会有一大群人'若丧考妣'，恨不得'食肉寝皮'的时候，所以的确是'大仗'。现在的二十左右的青年，大约很少有人知道三十年前，单是剪下辫子就会坐牢或杀头的了。然而这曾经是事实。"① 鲁迅正确地评价了刘半农的一生，称赏刘半农"先前的光荣""表现得活泼、勇敢"，这与李大钊所称赞的"新"是一致的！而刘半农对李大钊也是无限景仰。

1927年4月28日，李大钊被北洋政府奉系军阀张作霖杀害，他的灵柩暂厝宣武门外的浙寺南院，一放就是6年。1933年4月，蒋梦麟、沈尹默等昔日北大同事为李大钊发起公葬，蒋梦麟亲自在香山万安公墓为李大钊代购墓地，4月23日安葬，刘半农执笔撰写碑文："君温良长厚，处己以约，接物以诚，为学不疲，诲人不倦，是以从游日众，名满域中。"李大钊入土一个月后，夫人赵纫兰也离开人世，与李大钊一起长眠在北京西山脚下，她的碑文也是刘半农题写的。这些方面也能看出刘半农有多重情。在我国的新文化运动中，刘半农勋绩弘多，贡献无量。

（原载《中国现代文学研究丛刊》2019年第7期）

---

① 《忆刘半农君》，《鲁迅全集》第6卷，第73页。

# 《宋云彬日记》的心态辨析
## ——兼论史料研究必须"顾及全篇"与"顾及全人"

### 一、作为"私密文件"的《宋云彬日记》

宋云彬（1897—1979）是著名的文史学者、杂文家，浙江海宁人。祖上开店，出售做冥锭用的锡箔，很有钱，又是独子，再加上喜欢字画、端砚、围棋、昆曲、中医、饮酒和美食，人们都叫他"云少爷"。

宋云彬上学不多，纯属自学成才。"五四"时期受《新青年》的影响，于1921年到杭州担任《浙江日报》和《新浙江报》的编辑，开始写一些散文之类的作品，1924年加入中国共产党。1926年到广州任黄埔军校政治部编纂股股长，参加《黄埔日刊》的编辑工作，认识了周恩来。北伐军攻克武汉后，宋云彬担任武汉《民国日报》编辑兼国民政府劳动部秘书。宁汉合流后，宋云彬遭到反动派的通缉，便经庐山牯岭潜回上海，担任商务印书馆的馆外编辑，后加盟开明书店。1935年12月参加了沈钧儒等发起的上海文化界救国会。1938年4月来到武汉，在郭沫若任厅长的军委会政治部第三厅五处二科任科员。武汉沦陷后，随政治部三厅五处撤退到了桂林，任西南行营政治部科员。1939年8月，任文化供应社专任编辑并兼管出版部。1945年6月加入中国民主同盟。抗战胜利后回到重庆，任中国人民救国会中央委员，主编救国会的机关刊物《民主生活》。1947年到香港，任香港文供社总编辑，并在达德学院任教。1949年2月离开香港"北上"，后任华北人民政府教育部教科书编审委员会委员，9月出席了中国人民政治协商会议第一届全体会议。

新中国成立后，宋云彬任中央出版总署编审局第一处处长，人民教育出版社副总编辑兼语文编辑室主任。1951年9月到浙江省任省人民政府委员、省文联主席、省文史馆馆长、省体育运动委员会主任、中国民主同盟浙江省副主任等要职，主管文化教育工作。1957年被定为"右派"。1958年9月调回北京任中华书局编辑，并在北京大学中文系古典文献专业教课。1960年10月摘掉"右派"帽子，1979年2月"错划"得到改正，同年4月17日辞世，享年82岁。宋云彬是第一届全国人民代表，第一、三、四、五届全国政协委员，民盟中央委员。《宋云彬日记》的出版，为宋云彬研究提供了许多新的史料。

《宋云彬日记》有两种版本。

一是山西人民出版社2002年出版的大开本，书名叫《红尘冷眼——一个文化名人笔下的中国三十年》（以下简称《红尘冷眼》）。书名下面印有"亲历红尘，看天下风雨如晦／傲世冷眼，载笔端今是昨非"。封面署"宋云彬著"；内封署"海宁市档案馆　海宁市政协文史资料委员会编"。书前刊有《深深的怀念》（宋剑行）、《宋云彬先生与他的民主言论》（陈修良）和《日记与史学》（罗以民），可以理解为"导读"或"序言"。

二是《宋云彬日记》，中华书局2016年出版，小32开本，分为上、中、下三册，是"中国近代人物日记丛书"中的一种。封面署"海宁市档案局（馆）整理"。《编校说明》中说："为了尊重和尽量保持作品的真实性，做到对历史、对作者和对读者负责，在整理过程中，尽可能不作删改。"书后附有《文化苦旅六十年——怀念宋云彬先生》（俞筱尧）、《永远的怀念》（宋京毅、宋京其）、《从日记看我的外公》（李平）、《日记中涉及宋云彬亲属关系表》和《人名索引》（宋哲编）。

《宋云彬日记》比《红尘冷眼》"全"，多了1936年9月23日的一则日记；《红尘冷眼》中几处空缺的字也补上了。《桂林日记》和《昆明日记》前面也多了简短的引言。现将目录抄录于下：

　　日记（1936年9月）

　　桂林日记（1938年12月至1940年8月）

　　昆明日记（1945年3月至1945年6月）

　　北游日记（1949年2月至1949年8月）

　　北京日记（1949年9月至1951年6月）

　　杭州日记（1951年9月至1953年2月）

　　　　甲午日记（1954 年 1 月至 1954 年 12 月）
　　　　乙未日记（1955 年 1 月至 1955 年 11 月）
　　　　日记（1956 年 6 月至 1957 年 6 月）
　　　　昨非庵日记（1958 年 2 月至 1960 年 2 月）
　　　　无愧室日记（1960 年 2 月至 1962 年 12 月）
　　　　深柳读书堂日记（1963 年 1 月至 1966 年 8 月）

　　从 1936 年 9 月到 1966 年 8 月，时间跨度有 30 年，60 余万字。虽然完整的年份并不多，中间有间断，但它真实记录了 1930 年代至 1960 年代的许多重大历史事件，涉及 300 余位现代名人，反映了社会变革时代知识分子的心路历程，因而引起学界的关注。另外这些日记"是写给自己看的"，作者生前没有发表过，与他那些已为人知和易为人知的选集或著作不同，是藏在书箱他人未识的稿本，是他个人丰富而复杂的思想情感很真实的记录，属于"原生态"的私密文件，当然也融会了社会群体和时代演变的重要信息。从这个意义上说，《宋云彬日记》是宋云彬个人灵魂的展览馆。

## 二、"避席畏闻谈学习，出门怕见扭秧歌"

　　日记是"逐日"的记录，必须连贯起来通读全篇后，才能得到较清晰而完整的印象。在阅读过程中也会遇到疑难，就拿"人名"来说，因为是留给自己看的，可以用笔名、符号，甚至绰号来指代，所记的人和事可以长话短说，点到即止；也可以含而不露意在言外，这就需要我们在阅读时认真揣摩，切忌望文生义，浅尝辄止。日记比较琐碎，情绪化的色彩也很浓，间或也会有漏记，甚至会有补记，我们在阅读的时候应该关注作者与日记内容相关的诗文，适当参阅同时期其他人写的日记，使那些"漏记"或"有意遮蔽"的内容尽可能浮现出来。鲁迅所倡导的"顾及全篇"与"顾及全人"，对于日记研究说来尤为重要。

　　遗憾的是有关《宋云彬日记》的评介，大多只是摘句的拼接，甚至只是把日记作为立论的由头，抓住一点，尽兴发挥，使得日记中的宋云彬越来越失真。这里抄录《红尘冷眼》卷首《深深的怀念》中的一小节：

(父亲——引者注）始终热爱党，热爱党的事业，坚持为发展党领导下的新民主主义文化事业而勤恳工作。……新中国的成立使他欢欣鼓舞，他也受到党的信任与很好的安排，因此他一心一意地用心学习，努力工作。①

1949年2月27日，宋云彬和叶圣陶、郑振铎、陈叔通等二十七位知名人士一起，在香港登上苏联货船"北上"。叶圣陶在《〈北上日记〉小记》中说"从香港同乘轮船北上的二十七人中，民主人士有柳亚子、陈叔通、马寅初、俞寰澄、张䌹伯诸位老前辈，文化界人士有郑振铎、宋云彬、傅彬然、曹禺诸位老朋友，还有新相识的好多位，大多数都年过半百，可是兴奋的心情却还像青年。因为大家看得很清楚，中国即将出现一个崭新的局面，并且认为，这一回航海决非寻常的旅行，而是去参与一项极其伟大的工作"②。次日，货船启碇离开香港。叶圣陶在日记中写道："此行大可纪念，而航行须五六日，亦云长途。全系熟人，如乘专轮，尤为不易得"，"诸君谋每夕开晚会，亦庄亦谐，讨论与娱乐相兼，以消此旅中光阴"。③3月1日晚上举行第一次晚会，轮到叶圣陶表演节目时他出了一个谜语，谜面是"我们一批人乘此轮赶路"，谜底打《庄子》的一个篇名。宋云彬猜中为《知北游》（"知"是知识分子的简称），要叶圣陶写首诗作为奖品，并请柳亚子唱和。叶圣陶写的就是收在《叶圣陶集》第8卷的《自香港北上呈同舟诸公》，诗云：

> 南运经时又北游，最欣同气与同舟。
> 翻身民众开新史，立国规模俟共谋。
> 篑土为山宁肯后，涓泉归海复何求。
> 不贤识小原其分，言志奚须故自羞。④

诗的开头写他和夫人胡墨林应中国共产党的邀请，1月上旬从上海乘船"南行"，经台湾基隆抵达香港，至离港"北上"，已有五十余天。"最欣同气与同舟"，写当时的欣喜之情。"北游"，是参与讨论"立国规模"，这是

---

① 宋剑行：《深深的怀念》，《红尘冷眼》，山西人民出版社，2002年，第4页。
② 《叶圣陶集》第22卷，江苏教育出版社，2004年，第49页。
③ 同上书，第27—28页。
④ 《叶圣陶集》第8卷，江苏教育出版社，2004年，第219页。

"一项极其伟大的工作"。面对这"为山千仞"的大事业,谁都会挑上一筐土,决不会落在后头。自己像小溪流归大海,成为"翻身民众"中的一员,还有什么别的念头呢,缺乏才干,囿于所见,只能说这么些了;既然言志,就用不着害羞。柳亚子、陈叔通、张季龙和宋云彬看了都说好,纷纷唱和。宋云彬和诗云:

> 蒙叟寓言知北游,纵无风雨亦同舟。
> 大军应作渡江计,国是岂容筑室谋。
> 好向人民勤学习,更将真理细追求。
> 此行合有新收获,顽钝如余只自羞。①

宋云彬和"同舟诸公"一样,想到一个梦寐以求的新中国即将诞生,亢奋极了。3 月 18 日,他们来到北平(北京),受到北平市长叶剑英及先期到北平的一批友人的热烈欢迎。紧接着,叶圣陶奉命组建华北人民政府教育部教科书编审委员会,赶在新中国成立之前编辑出版新中国的第一套教科书。当他把这消息告诉宋云彬时,宋云彬也分外激动,且看他的这两则日记:

> 4 月 5 日  今日民盟在来今雨轩招待来平盟员,时间为上午九时,请柬于前数日送到,余已完全忘却。下午三时许于案头见此请柬,则时间已过矣,不禁为之失笑。余于抗战时及旧政协前后,颇作党派活动,今则无此雅兴矣。盖以前为坚持抗战,争取民主,不得不凭借党派作活动,今革命已将大功告成,此后建设事业须脚踏实地,空头宣传无用,余当脱离民盟,专心致志,为人民政府编纂中学教本。庶几不背"为人民服务"之原则也。(《上册》第 159—160 页)
>
> 4 月 7 日  (晚——引者注)六时与圣陶小饮,趣味无穷。余告圣陶,将摆脱一切党派关系(实则余只与民盟及所谓救国会有关系耳,曰一切者夸辞也。)圣陶大表同意。(《上册》第 161 页)

4 月 8 日,华北人民政府教育部教科书编审委员会正式成立。叶圣陶为主任委员,周建人和胡绳为副主任委员,宋云彬任编审委员会委员,他

---

① 《宋云彬日记》(上),中华书局,2016 年,第 148 页。本文援引中华书局版《宋云彬日记》甚繁,为免烦琐,以下援引一律简化为随文夹注(《上册》某页、《中册》某页、《下册》某页)。

在 4 月 15 日日记中写道:

> 下午编审委员会开第一次会议。地点在六国饭店。出席者圣陶、彬然、胡绳、周建人、王子野、孙起孟、叶蠖生、金灿然、孟超。商决分国文、史地、自然三组。国文组为圣陶（兼）、孙起孟、孟超及余四人，每周开会一次，余为召集人。（《上册》第 163—164 页）

宋云彬任编审委员会委员兼国文组召集人，这是一个可以在新政府里舒展才华的职位。组织上安排宋云彬和叶圣陶、傅彬然等几位"同舟北上"的好友住在同一个院子里，朝夕相处也增添了生活的乐趣。只不过仅仅过了一个半月，宋云彬就意兴阑珊。5 月 12 日日记写到，"晚与圣陶小饮，谈小资产阶级。余近来对于满脸进步相，开口改造，闭口学习者，颇为反感"（《上册》第 173 页）。5 月 15 日写的《自嘲》更消极，现抄录于下：

> 结习未忘可奈何，白干四两佐烧鹅。
> 长袍短褂夸京派，小米高粱吃大锅。
> 避席畏闻谈学习，出门怕见扭秧歌。
> 中层阶级坏皮（脾）气，药救良方恐不多。（《上册》第 174 页）

诗的头两句很好理解，"长袍短褂"说的是 5 月 10 日傍晚，宋云彬到中山公园聆听董必武的报告，"今日与会者数千人，惟余一人穿长衫"，"服装独特"，引起秘书长的注意，"特来打一招呼"。中途休息时他先退场，"至门口为警卫所阻"（《上册》第 172 页）。中途退场已是不礼貌的，不料第二天教科书编审委员会组织"学习"时，宋云彬又大发牢骚。他在当天的日记中写道：

> 下午七时有晚会，讨论昨日董老（必武——引者注）之报告。时髦术语，称为"学习报告"。会中提及所谓"学习"问题，推彬然等拟具计划。余表示吾人应不断学习，匪自今始。唯物辩证法等亦尝涉猎，且时时研究，但如被指定读某书，限期读完，提出报告，则无此雅兴也。（《上册》第 173 页）

当时的北平，春风浩荡，"学习运动"开展得红红火火；集歌、舞、戏于一体的"秧歌"随处可见。"哪里的人民翻了身，那里的秧歌扭起来"

成了解放区的时尚。宋云彬的"畏闻"和"怕见",在"同舟北上的诸公"中是个例外。思想的波动固然与他出身于富裕家庭,长期生活在南方,到北平后感到不适应有关,但更主要的是缺少拥抱新生活的热忱。"解放区"与"国统区"天差地别,像宋云彬这样的自由知识分子要追求真理,就必须融入"新的生活",对"坏皮(脾)气"来一个脱胎换骨的改造。宋云彬未能与时俱进,经过短暂的"欢欣鼓舞"后,就懈怠下来。《宋云彬日记》附录的《永远的怀念》写到宋云彬"踌躇满怀地要为新中国的建设大展宏图"(《下册》第 1016 页),这在《宋云彬日记》里也只是"灵光"一闪,转瞬即逝。

### 三、"深恐有人先我得鹿"

1949 年 6 月,救国会在沈钧儒的主持下酝酿参加新政协的建议名单。救国会"名额规定十人,候补二人,共十二人"。对开会学习本没有"雅兴"的宋云彬,闻讯后逢会必到。6 月 21 日记:"遇沈衡老(沈钧儒——引者注),谓拟提余名为新政治协商会议代表,并已函告上海方面救国会同人,当无问题。又谓,'我觉得你应该由救国会提名的。'"(《上册》第 184 页)不料远在上海的王造时主张延后重议。救国会执行委员和常务委员王造时,是著名的"七君子"之一。他的出现让宋云彬感到不安,6 月 28 日日记中写道:

> 上午写给沈衡老信,略谓昨晚上海方面之来电,颇引起余之疑虑。意者衡老已将拟议之(新政协——引者注)代表名单抄寄上海,引起彼方之不满。而余与王造时素不相识,彼见余名必甚诧异。衡老既已将余名提出,希望不因上海方面之不满而重行圈去。末复说明,此间同人如叶圣陶、周建人均已确定被提名为新政协代表,此外必有二三人从别方面提出者,余倘不能出席新政协,殊为难堪,恐影响及于工作情绪也。(《上册》第 188 页)

沈钧儒是引导中国民主同盟会走上新民主主义革命道路的功臣,1949 年 6 月被推举为新法学研究会筹备会主席,新中国成立后被任命为中央人民政府最高法院院长。宋云彬在给沈钧儒的信中说叶圣陶和周建人均已被提名为新政协代表，他也得当，否则"殊为难堪"，会影响到他在教科书编审委员会的"工作情绪"。话说得很直率，不像一般文人那样怕难为情，羞于启齿。回复他的是史良，是沈钧儒把宋云彬的这封信转给了史良，还是宋云彬直接找过史良，就不得而知了。宋云彬7月4日日记中写道：

> 晚七时在北京饭店一一三号开救国会例会，商讨新政协提名问题。衡老谓已将名单交齐燕铭斟酌。名单共列十四人，以示救国会人才之众多云（按救国代表名额规定十人，候补二人，共十二人。今开列十四人，预备有二人自别方面产生）。史良谓今天出席诸君，大都皆在名单之内。又谓如宋先生等早已安排定当矣。(《上册》第190—191页)

史良也是救国会的重要领袖人物之一，是著名的"七君子"中唯一的女君子，1949年6月被推举为新法学研究会筹备会常务委员会副主任，新中国成立后担任司法部首任部长。从宋云彬的日记可以看到，沈钧儒一直在争取名额，力求皆大欢喜。

名额多了两个，还是不够分配。宋云彬在7月18日日记中写道，上海方面，王造时向衡老力争，"非请衡老提出他的名字不可"；北平方面，庞荩青"聆听衡老报告名单毕，大发牢骚，谓本人代表北方救国会，竟不得提名，殊不公平云云。此公好名不亚于余"。宋云彬也知道"好名"不好，但能当上代表十分欣喜。日记中写道："归来与圣陶对饮红玫瑰酒，谈今宵开会情况，相与大笑。"(《上册》第195页)

这之后，宋云彬开始关注他在"名单"中的排序。7月25日记：救国会又开例会，"衡老又将拟向政协筹备会提出之名单朗读一过，计李章达、沙千里、沈志远、千家驹、萨空了、曹孟君、闵刚侯、方与严、宋云彬、刘思慕、孙晓村、张曼筠。末二人为候补。余名列第九，亦可笑也"(《上册》第198页)。"名列第九，亦可笑也"。可"笑"完之后还是不踏实，生怕还会有变。8月1日日记中写道：

> 今日救国会有例会，但至下午五时未接王健电话通知，打电话去问，始悉因衡老另有要事，例会停开。余对救国会例会向少出席，自被提名新政协代表，每会必到，深恐有人先我得鹿，或被排挤出去。

今日例会停开，不能聆听衡老报告，未知名单已否提交新政协筹备会，所提人名有无更动，念念不能忘，甚矣余之热中也。庄生朝受命而夕饮冰，良有以哉。（《上册》第 201 页）

于是给胡愈之打电话打探消息（8 月 11 日记），想再问沈钧儒又"恐为人窃笑"（8 月 15 日记）。由"怕"开会到主动打电话打听是否有会、盼望开会，悬着的一颗心直到 8 月 22 日才平静下来。日记中写道，"救国会有例会，衡老报告，谓此次各方所提政协代表必须能来平报到出席者，否则应另易他人"（《上册》第 211 页）。当时全国尚未全部解放，交通又不畅达，不能准时出席的代表只能"另易他人"。宋云彬早已来到北平，他的这个名额不会再生变了。可见宋云彬并不像人们常说的那么儒雅和潇洒。

## 四、"方配为正史作注脚"的"真性情"

在争取救国会"提名"的两个多月里，宋云彬参加过很多会议，对"报告"和"发言"则多有不满。6 月 25 日记：出席中国社会科学工作者代表座谈会，沈志远发言"颇失态"；"侯外庐则以泛滥无归之言词，历述学术工作者协会之工作成绩，亦近孟浪"（《上册》第 185 页）。7 月 17 日记：出席社会科学工作者代表会议筹备会，"发言者有陶孟和等，大抵皆空泛，尤以樊弘为最冗长而最不得体"（《上册》第 194 页）。9 月 21 日至 9 月 30 日，中国人民政治协商会议第一届全体会议在北京举行，群英毕集，共谋国是，无不欢欣鼓舞。郭沫若形容说会议的开幕"正好象在黑暗中苦斗着的太阳，经过了漫漫长夜的绞心沥血的努力，终于吐着万丈光芒，以雷霆的步武，冒出地平线上来了"[①]。叶圣陶在当天的日记中写道：

（下午——引者注）六时二十分，驱车至怀仁堂，参加人民政协会议之开幕式。此会场经过改造，有桌可凭，有圈椅可靠，较之前此舒适多矣。墙上粉刷简单而明快。台上悬孙中山与毛泽东画像。中

---

[①] 《毛主席等七人在新的政治协商会议筹备会上的讲词·（五）郭沫若先生讲词》，《人民日报》1949 年 6 月 20 日第 1 版。

间挂政协之会徽。乐声时作,场外鸣礼炮,全体鼓掌,会遂开幕。先为毛氏致开幕辞,继之,刘少奇、宋庆龄、何香凝、张澜、高岗、陈毅、黄炎培、李立三、赛福鼎、张治中、程潜、司徒美堂十二人相继讲话,历二小时有余。其中赛福鼎为新疆人,所讲殆是维吾尔话,有人翻译。司徒美堂八十三高龄,所讲为广东话,亦有人翻译。以内容言,自以毛氏之言为充实,次之则刘少奇、宋庆龄二人亦有意义。①

而宋云彬在当天的日记中则写道:

> 讲演词以宋庆龄的最为生辣,毫无八股气,可惜她不会说国语,用一口道地上海话念出来,就没有劲了。陈毅的最简单,也很得体。黄炎培的油腔滑调,既不庄严,又不松动,令人生厌。程潜之讲词文句不通,意思也平常,应考末一名矣。(《上册》第225页)

这之后,宋云彬在日记中虽然也写到张难先发言"别开生面,毫无八股气息"(《上册》第228页),陈明仁发言"言辞最诚挚,大可钦佩",钱昌照发言"根据事实发议论,颇不空泛"(《上册》第229页),但更多的是批评。9月22日记:谭平山作口头报告,"说来又不甚有条理","令人厌倦"(《上册》第225页)。9月24日记:"许德珩之发言稿文字不通,念出来当然也不通,俨然以学者身份登台发言,殊令人齿冷也。救国会之发言稿,本无精彩,开头又经沈志远加上一段'人民八股',更觉无聊。余以救国会代表名义出席政协,听了沙千里把这篇发言稿在台上念,觉得惭愧之至。"(《上册》第228页)9月25日记:"马叙伦之流"发议论,"大抵八股一套"(《上册》第229页)。

9月27日,周恩来、宋庆龄等主持全国政协会议,继续讨论"政协组织法""中央政府组织法""定都北平,改称北平为北京""采用公元,今年为一九四九年""暂以《义勇军进行曲》代替国歌""以五星红旗为国旗,象征中国革命人民大团结",会议如此重要,代表们当然要畅所欲言。叶圣陶在日记中写道:

---

① 《叶圣陶集》第22卷,第65—66页。

下午三点，仍至怀仁堂开大会。发言者多至二十五人，完毕已六时。于是讨论政协组织法、中央人民政府组织法两草案，于小节颇有商讨，然后全体通过，鼓掌历数分钟。继之讨论国都，决定北京。纪年，决用公元。国旗，决用五星红旗。五星一大四小，均在四分之一之部分内，四星集向大星，确比前次小组讨论者为好看。国歌，决以《义勇军进行曲》暂代。至于国名，两个文件内皆明书"中华人民共和国"，大家不赞同用"中华民国"为简称。以"中华民国"与"中华人民共和国"绝非同物也。此诸决议通过，复大鼓掌。此确是一大事件，值得永远纪念。①

"下午三时"开会，二十五人"发言"，至"六时"完毕，每人也就七分钟，并不冗长。次日《人民日报》以"中国人民政治协商会议第一届全体会议　各单位代表主要发言"的大幅标题，予以刊载。发言可谓各有侧重，色彩纷呈。而宋云彬听得不耐烦，在日记中写道：

下午二时半，偕圣陶赴怀仁堂，出席政协全体会议。各单位代表继续作主要发言……其间有中共要求其发言者，如李任仁；有自己要求发言者，如罗隆基、刘清扬等。尤其是刘清扬。余笑语邻座之吴茂荪："清扬如得不到这次的发言机会，将死不瞑目也。"罗努生（罗隆基——引者注）在旧政协时代为最出风头之人物。此公对美帝一向存有幻想，对苏联素来具有成见。……此次政协主席团无此公名，当非无故。然此公究为政客出身，颇能活动……各单位代表发言毕，继续讨论下列各案……讨论过程中，袁翰青忽起立发言，对于中央政府组织法有文字上之修改，遂引起辩论，好出风头者乘此时机纷纷要求发言。余有意见发表，起立两次报号数，均为他人抢先夺去，主席周恩来问余有何意见，余谓众说纷纭，漫无目标，余固有意见，但不愿发表矣。（《上册》第230—231页）

刘清扬是回族妇女中的杰出代表，1919年"五四运动"中被选为天津妇女联合会会长，1920年在上海被选为全国各界联合会会长。1921年2月加入中国共产党，1936年被选为北平妇女救国会会长。她在发言中提出

---

① 《叶圣陶集》第22卷，第67页。

要隆重纪念为革命牺牲的"男女英雄";要"忠诚的为了拥护并实现三大建国文件的成功而努力",新政协代表要"忠诚的以切实行动服务于人民","把革命进行到底",都是有感而发,宋云彬不该那么挖苦她。1945年6月,宋云彬经周新民和罗隆基介绍,加入中国民主同盟,并担任民盟南方支部常务委员,与罗隆基有过交接,彼此是否有什么过节不得而知,可说罗隆基"对美帝一向存有幻想,对苏联素来具有成见"的话,经不起检验。

这日会议讨论的提案,尤其是《中国人民政治协商会议组织法》《中华人民共和国中央人民政府组织法》这两个神圣尊严的法案,标志着中国即将进入一个重要而光辉的时代!代表们广开言路,"于小节颇有商讨"(叶圣陶日记),力求尽善,理应夸赞,而宋云彬则讥讽为"好出风头""众说纷纭,漫无目标";当周恩来征询他的意见时,"热中"于当"新政协代表"的宋云彬,则以"余固有意见,但不愿发表矣"来回断,未能尽职。

这之后,《宋云彬日记》中的批评越来越犀利,如说邵力子讲话"亦少趣味"(《上册》第272页);胡乔木致词"语多不中肯"(《上册》第321页);郭沫若"仍未脱二十年前轻浮故态"(《中册》第552页);楼适夷报告"语少伦次,余不终席逃去"(《上册》第259页);梁漱溟"傲岸自高,而实空无所有。政治观点极反动,余深恶之"(《上册》第240页);丁西林和竺可桢"浅薄无聊"(《上册》第231页);金人"开口就是八股一套,令人作呕"(《上册》第234页)。而谈到自己则沾沾自喜,如"余之报告""语皆扼要"(《上册》第242页),"余亦致词""闻者鼓掌"(《上册》第273页)。1951年4月21日日记中写道:

> 振铎为唐弢言:"余最喜与云彬小饮清谈,彼风度潇洒,数十年如一日,不若一般自命前进者,一脸正经,满口教条,令人不可向迩也。"(《上册》第320页)

宋云彬自恃才高,能赢来"掌声",而其他人则"肤浅平庸""空有虚名""心思不纯"。《宋云彬日记》的研究者不加分辨,赞美宋云彬"直纯无忌""直率坦诚"和"感触鲜活生动",欣赏他的"眼光""胸怀""底气"和"高度"①，宣称从《宋云彬日记》中看到了"史家眼光"，《宋云彬日记》"是一部可以见到真性情的文字"，"这样的日记方配为正史作注脚"②。"见到真性情"不假，怎样的"真纯""直率""鲜活"就需要进行分析了，至于"方配为正史作注脚"的话也太武断，宋云彬思想嬗变的轨迹是很曲折的。

## 五、"我的官做得太小了"

1949 年 11 月 1 日，中央出版总署正式成立，胡愈之任署长，叶圣陶和周建人任副署长，叶圣陶同时任编审局局长。1950 年 12 月 11 日，人民教育出版社正式成立（以下简称"人教社"），叶圣陶任社长兼总编辑。说好要"专心致志，为人民政府编纂中学教本"的宋云彬担任中央出版总署编审局第一处处长、人教社副总编辑兼语文编辑室主任，定为行政九级（副部级），称得上"高官"。可与当了政务院副总理的郭沫若、当了文化部部长的茅盾、当了出版总署署长的胡愈之，以及当了出版总署副署长的叶圣陶等文化人比起来，宋云彬就觉得"处长"太小，并没有什么实权，连傅彬然都是"副司长"（《上册》第 296 页），心里憋屈，遇到导火索就引爆开了，1950 年 2 月 13 日日记中写道：

> 中午潘君毅来言，谓八条寓所即将迁移，新址为某某胡同，离总署仍极远，且房子旧，远不及八条寓所。又谓叶副署长将与胡署长、周副署长同居云云。局址本已决定迁东总布胡同，寓所迁否，任总务之金灿然从未与余言及。余骤闻此言，大怒，即面责灿然，问以何故不事先洽商。灿然谓既然大家不主张搬，则不搬可也。晚饭后，又与叶蠖生言之，且言余本不欲久居京师，今得有机会南归矣。叶大嗟叹。（《上册》第 246 页）

所谓"八条"，即东四八条 71 号，是一个比较标准的四合院。叶圣陶住北屋带左右两边的耳房，宋云彬住东屋，傅彬然住西屋，丁晓先住南

---

① 李云龙：《教材这样跟新中国一起走来——宋云彬日记里的课本编审者》，《中华读书报》2019 年 10 月 23 日第 5 版。

② 罗以民：《日记与史学》，《红尘冷眼》，第 1 页。

屋，朱文叔住后屋。出版总署成立后，房管部门想让宋云彬和傅彬然等几家从东四八条搬出来，另作安排，把这院子腾让给胡愈之和周建人。相商的话说得很透明，一是这房子比较好，二是三位署长住在一起有利于工作，这在当年是很正常的事。可宋云彬一听就动怒，"面责"秘书长金灿然没提前与他商量。金灿然当即表示可以不搬，按说事情也就了结了。但宋云彬不依不饶，向总署党组书记叶蠖生撂下狠话，用"南归"来对抗，叶蠖生只好连忙赔不是。不料一波未平，一波又起。宋云彬1950年3月29日日记中写道：

> 下午找总署庶务科长孙京林，请他叫匠人在八条宿舍东屋开一小窗，以流通空气。彼谓无经费，目前不能开。余问他："为什么叶家的厨房可以修筑，我连开一个窗洞都不可以？"他说："实在没有经费，请过一两个月再说。"余笑曰："不是没有经费，是我的官做得太小了。"彼尚欲辩说，余不理而去。（《上册》第256页）

叶圣陶家里没厨房，炉灶搁在耳房里。看到庶务科来修筑厨房，宋云彬就给科长出难题。在墙上开窗，花钱且不说，破坏了原来的结构，会对房屋的质量造成影响；再说这院子是国家的，不能擅自改造。科长请等等再说，宋云彬不容辩说，甩下"是我的官做得太小了"一句气话，拂袖而去。

11月7日，苏联驻华大使馆集会祝贺十月革命胜利三十三周年。中苏友好协会总会与北京分会联合在青年宫召开庆祝晚会，出版总署也集会庆祝。叶圣陶和宋云彬在当天的日记中都有记载：

> 叶圣陶日记　下午四点，到苏联大使馆，祝贺十月革命之三十三周年纪念。与振铎对饮数杯，略进冷食。回署。六点一刻，署中全体集会庆祝。请宦乡报告时事。宦乡先叙北朝鲜受挫而后，因援力之增加，迄今战事已转向稳定。继言我之必须援朝，美之不足畏，剖析甚详。谈两小时而毕。金人讲苏联之爱国主义，平平。九时散。①

> 宋云彬日记　今日为苏联十月革命三十三周年纪念，总署中苏友

---

① 抄自叶圣陶日记原稿。这则日记收入《叶圣陶集》第22卷时作了删减。详见《叶圣陶集》第22卷，第143页。

> 协分会有晚会，又中苏友好协会总会与北京分会联合在青年宫召开晚会，并有音乐助兴，余皆未参加。去年苏联大使馆鸡尾酒会余处有请束，今年则无。盖余虽忝为中苏友协总会理事，而任职于出版总署，职位在"局级"之下，太低微故也。（《上册》第 287 页）

出版总署也集会庆祝，请外交部欧非司司长宦乡和俄文翻译家金人作专题报告，宋云彬没有参加。他惦记的是"苏联大使馆鸡尾酒会"，大使馆只邀请了叶圣陶，没有邀请他，因为"职位在'局级'之下""太低微"。

按说宋云彬真不该和叶圣陶计较。他们相识于 1927 年，在开明书共事多年，一起编过《国文杂志》和教科书。宋云彬 1943 年写的《〈花萼〉序》中说：叶圣陶的"为人处世的态度和他的文学修养，在我的师友中间，是最值得敬佩的一个，也是我的益友，也是我的良师"；同舟北上后又成了同事和邻居，有一段时间宋云彬一日三餐都在叶圣陶家吃，"亲如一家"。可也正因为这样，研究者都夸赞宋云彬尊重叶圣陶，能虚心接受叶圣陶的"领导"，这在日记中的确有很多记载，这里抄录几则。

宋云彬 1949 年 4 月 18 日记：把《读〈闻一多全集〉》文稿送请叶圣陶审看，"圣陶详读一过，谓文句有小疵，如'有着特别的意义'，多一'着'字。并谓近人犯此病者甚多"（《上册》第 165 页）；5 月 17 日记："晚有座谈会，谈编教科书，除圣陶有较深刻之见解外，余人均尚空谈"（《上册》第 174 页）；5 月 21 日记"看辩证法四十余页，圣陶已看六十余页矣"（《上册》第 175 页），文章写好后也"请圣陶斧正"；6 月 24 日记："上午为《进步青年》写卷头言，成一千字，殊不佳，以示圣陶，圣陶亦谓不佳。晚饭后重写，至九时尚未完篇，遂与圣陶共饮，尽白干约四两。夜半醒来，开灯续写"（《上册》第 185 页）。这么晚了还一起喝酒，应该是借酒论文，共商文章该如何写。1950 年 1 月 27 日记："赶编《大学国文》古典文之部，殊紧张。选《四库提要》一则，标点竟有错误，为圣陶发觉，学殖荒落，殊可惧也。"（《上册》第 241 页）3 月 1 日记：改定的课文均"请圣陶作最后之审阅"（《上册》第 250 页）；4 月 2 日记："写《再谈中学语文教学》一文成，不满三千字，皆抄袭圣陶去年所拟之中学国语科课程标准，了无新意"（《上册》第 257 页）。4 月 14 日记："写《广西的傜民》一文，备作初中国文教材，圣陶谓不合用，弃之"（《上册》

第 259 页）。他对叶圣陶有关语言文字规范化的论说尤为欣赏，1949 年 8 月 19 日记中写道："圣陶拟订中学课程标准，其中有一项说明：'一个词儿用得合适不合适，一个虚字该补上还是该删掉，都是内容问题，不是'文字问题'。表达内容既然以语言为工具，惟有语言运用得的当，才能表达得的当。'至哉言乎！圣陶殆有为而发欤？"（《上册》第 210 页）1951 年 6 月 8 日日记中写道：

> 《新观察》二卷十一期出版，发表余致编者信一件。圣陶阅后，指出某几点语带讽刺，易使读者起反感。余细加思考，顿悟昔人谓"文如其人"，实有至理。卖小聪明，说俏皮话，为余一生大病。写文章态度不严肃，不诚恳，即余为人不严肃、不诚恳之表见，今后当痛改之。平生益友，首推圣陶，特记之，以资警惕，以志不忘。（《上册》第 324 页）

研究者往往将上面这些材料拼接起来，把宋云彬与叶圣陶的地位和贡献拉平，以彰显宋云彬编审新中国教科书的业绩，李云龙的《教材这样跟新中国一起走来——宋云彬日记里的课本编审者》和《新课本与会及酒与药之关系》[①]，就是这么写的。不过，要是把《宋云彬日记》读"全"了，看到宋云彬因了"官位"的纠结，对叶圣陶这位列名首位的"益友"的猜忌和批评，"尊重""虚心"的印象也就减淡不少。宋云彬 1950 年 11 月 21 日日记中写道：

> 王伯祥受（开明书店——引者注）同人排挤，今日提辞职书，并致函圣陶、彬然说明原委。墨林大兴奋，谓"伯翁来信了，你可以去看看"，余报以微笑，急以他语乱之。有饭大家吃，我不知彼等何必欲挤去王伯翁为快也？（《上册》第 291 页）

看宋云彬这口气，"彼等"中也有叶圣陶。1949 年 5 月上海解放后，开明书店"处境甚窘，支撑不易"。董事长邵力子是挂名的，掌实权的是常务董事章锡琛（雪村）。章锡琛"家天下"的思想很严重，总以为开明书店是他自家的，任人唯亲，置经理范洗人于闲散的位置。店内同人实在看不

---

[①] 《中华读书报》2019 年 12 月 11 日第 5 版。

惯，编审部主任兼店务管理委员会委员的吕叔湘和顾均正、徐调孚、卢芷芬等十八人，以章氏妨碍"发扬民主"为名，要他"少管店事，专心学术研究"。章锡琛于 8 月 8 日辞去常务董事，离沪北上，后来担任了出版总署调查研究处处长。

章锡琛辞职后，开明内部出现一个"低级薪水同人联谊会"（简称"低联"），会员大多是章锡琛的亲戚，他们的薪水其实并不低。"低联"专门与范洗人、吕叔湘作对，让吕叔湘感到寒心。叶圣陶 1949 年 12 月 20 日日记中写道：

> 叔湘来信，盖谓今岁入开明，原期共事，不期不数日而余即远扬。一年之间，为开明同人推为重心，劳瘁至多，而著述之业颇荒。又复胃病时发，亟思改易生活方式。今秋本已应清华之邀，为开明同人挽留，请假半年。现假期将满，拟即往践约，嘱余勿复代开明相留。①

吕叔湘于 1950 年初离沪赴京，到清华大学执教。开明书店从此失去了能够联络各界、统筹大局的核心人物，与商务印书馆和中华书店形成"三足鼎立"之势轰然坍塌。襄理王伯祥看到工友们受"低联"的影响，"纪律日坏"②，也萌生了去意，而宋云彬居然说叶圣陶、傅彬然等"必欲挤去王伯翁为快"。叶圣陶和王伯祥是好得不能再好的同学和同事，真不知"排挤"的话从何说起？倒是在叶圣陶的劝导下，王伯祥打消了"去意"，担任了开明书店的秘书长，并鼎力促成开明书店与共青团中央的青年出版社合并，组建了中国青年出版社。宋云彬点名批评叶圣陶，以 1951 年 11 月 11 日的日记最为苛刻，现抄录于下：

> （晚——引者注）饭后与文叔（朱文叔——引者注）长谈……文叔温厚，然言谈间亦有牢骚，如言"自信于语文方面颇有专长，难道不配当副总编"……可见圣陶身为人民教育出版社之领导人，毫无肩膀，处处不肯为人家设想，虽温厚如文叔，对之亦表不满矣。（《中册》第 345 页）

---

① 《叶圣陶集》第 22 卷，第 86 页。
② 《王伯祥日记》第 24 册，国家图书馆出版社，2011 年，第 97 页。

叶圣陶从不揽权，名义是个"大官"，实际上只是个"编辑"，但也绝不是"毫无肩膀，处处不肯为人家设想"的"领导"。朱文叔进教科书编审委员会、进出版总署和人教社，都得缘于叶圣陶的赏识。叶圣陶曾用"旧学蜂成蜜，新知鲸吸川"的诗句为朱文叔六十初度致贺。① 其实，叶圣陶一直要提拔朱文叔的。1952 年 12 月 27 日日记中说：请文叔"任副总编辑"，"而不欲担任"，"文叔素淡于名位，然以行政方面考虑，不予名义亦非妥，当续说之"。② 1953 年 1 月 5 日日记中说："请文叔为副总编辑"，"文叔仍未允接受名义"。③ 宋云彬日记中所说的朱文叔"难道不配当副总编"的牢骚，只是他个人的推测。

## 六、抓住"机会"悄然"南归"

无论是在华北人民政府教育部教科书编审委员会，还是在出版总署和人教社，宋云彬的本职工作就是审编教科书。新中国的教科书，有一部分是由解放区的教材修订改编的。历史学家范文澜领衔，和尹达、叶蠖生等人编写的《中国通史简编》，曾经是解放区使用的教材，教科书编审委员会委托叶蠖生修改后，作为新中国高中通史课本。宋云彬在 1949 年 5 月 18 日日记中写道：

> 范文澜等所编之《中国通史简编》，经叶蠖生重加删改，备作高中教本。第一册删改完毕，交余审阅。此书观点尚正确，而文句多别扭。费一日之功，将第一册阅览一遍，并加标号。提出意见八项，说明以此书作高中教本，实在勉强之至。（《上册》第 174—175 页）

叶蠖生作了修改后，宋云彬"作最后之校阅"。宋云彬 7 月 27 日记："范著叙述无次序，文字亦'别扭'，再加删节，愈不成话。叙述明代与南洋交通情况，所举沙瑶、文郎马神、苏禄诸国，直钞《明史》，不注明今为何地，教员讲解时必感困难。""尤可笑者"，叙述东林党事，将顾宪成的"吾见天下之是非，庙堂必欲反之耳"中的"反之"，"译为'反对'，遂成

---

① 《叶圣陶集》第 8 卷，第 225 页。
② 《叶圣陶集》第 22 卷，第 399 页。
③ 同上书，第 402—403 页。

笑柄"(《上册》第 199 页)。

这几则日记固然能说明宋云彬对于古史有精深的研究,只不过用"遂成笑柄"来奚落像范文澜这样被誉为"新史学宗师"的史学家很不庄重。叶圣陶深知编教科书的甘苦,晚上常常与宋云彬"对酌"。以 1949 年 5 月为例,宋云彬在 1、2、5、9、11、12、16、17、21、24、30 日的日记中,都写到两人一起喝酒,"欲借酒力以振作精神"(《上册》第 175 页)。到"三餐皆在叶家吃"时,在一起喝的酒就更多了。只不过宋云彬的恃才自傲和"官做得太小了"的牢骚,不利于编审工作。恃才自傲必然是"一览众山小",对书稿和文稿横加挑剔;教科书要体现国家意志,为了符合主流的意识形态,会对"思想问题"有所选择,这跟学术研究是会有区别的。宋云彬反感"进步相"和"八股腔",也会影响到他的审评取向。纠结于官位,审编教科书的责任感和使命感也就很难坚守。这里抄录宋云彬的四则日记:

> 1949 年 8 月 18 日　看宣传部所编之《初中中国近代史》下册稿,不特辞句不通,且凌乱无次序,原欲稍加修改,用作教本,今若此,只得敬谢不敏矣。(《上册》第 209 页)

> 1949 年 8 月 19 日　审阅新华书店出版之《中等国文》第三册,选有徐特立文章两篇,均不知所云,非特文句不通,语意亦不连贯。近来朋辈中颇有强调所谓思想问题者,以为只要思想搞通,文章写不通也无关重要;又,凡解放区刊布之小册子,不论其文字如何不通,必奉为至宝,大有"曾经圣人手,议论安敢到"之概。(《上册》第 210 页)

> 1950 年 2 月 11 日　审阅新华书店《初中国文》第六册,谬误百出,简直不成东西,非常愤慨。(《上册》第 245 页)

> 1950 年 11 月 3 日　陶大镛送来《新建设》第二期,内载所谓"学术论文",有侯外庐之《魏晋玄学的社会意义——党性》一文,从题目到文章全部不通,真所谓不知所云。然亦浪得大名,俨然学者,真令人气破肚皮矣。(《上册》第 285 页)

对徐特立、侯外庐尚且如此轻蔑和不屑,对编辑室同人的傲慢也就可想而知。1950 年 2 月 22 日记:编课本"仅一蒋仲仁可帮忙,余均大小庸才"(《上册》第 248 页);3 月 13 日记:"一组里能真正作编辑工作者,除余外只仲仁、文叔,而文叔兼第四处工作,不能专心修改课文,杜子劲等皆庸才耳。奈何奈何"(《上册》第 252 页);6 月 12 日记:《语文课本》编辑工作进行极迟缓,"杜子劲尤懈怠,殊为可恨"(《上册》第 269 页);6 月 15 日记:"杜子劲修改《撞车》一课,反将原文改坏了,点金成铁,此之谓也"(《上册》第 270 页);7 月 22 日记:"杜子劲、马祖武等皆不会注释,每篇非亲自动手修改不可,令人气闷"(《上册》第 276 页)。作为领导和长者,宋云彬对编辑室同人从未有过切实的指导和提携,只是训斥和批评。

秦似在《〈宋云彬杂文集〉序》中称赞宋云彬是"宋公""宋公明";在宋云彬身上"真有着'俯首甘为孺子牛'的精神"。①《教材这样跟新中国一起走来——宋云彬日记里的课本编审者》一文,把宋云彬对同人的"训斥""批评",作为业绩来歌颂,甚至课本版权页上宋云彬的署名后面也印有杜子劲的名字,也被说成是宋云彬的恩赐和菩萨心肠。鲁迅在《"题未定"草·七》中说"摘句""最能引读者于迷途";寻章摘句,"割裂为美","是衣裳上撕下来的一块绣花"加以"吹嘘或附会","读者没有见过全体,便也被他弄得迷离惝恍"。② 这在《教材这样跟新中国一起走来——宋云彬日记里的课本编审者》一文中表现得最为突出。

教科书必须是最精美的精神食粮,语文课文必须文质兼美,是可供学习的范文,这就要求编辑必须是一流的学者。人才难得,水平低了不合用,水平高的又未必乐意做,"工作堆积过多,颇有日不暇给之感"成了常态(《上册》第 275 页),1950 年暑期叶圣陶就因超负荷运作累倒了。这时本该挺身而出的宋云彬反倒"急流勇退"。1950 年 12 月 25 日日记中写道:

> 上午中央政府人事部来电话,谓余已被提名为浙江省政府委员云云,然则阿庄前次来信所述周而复语为不虚矣。(《上册》第 297 页)

"阿庄"是宋云彬的次子宋蕴庄,他听上海市委统战部副部长周而复说到

---

① 《宋云彬杂文集》,生活·读书·新知三联书店,1985 年,第 2、6 页。
② 《鲁迅全集》第 6 卷,第 439 页。

父亲被提名的消息,就来信禀报。语文编辑室的人手本来就很吃紧,宋云彬要是走了,就等同抽掉一根顶梁柱。身为社长兼总编辑的叶圣陶当然不会松手,要求宋云彬仍留在人教社,可他的心已经笼不住了,且看1951年6月28日的日记:

> 今晨叶师母(胡墨林——引者注)问余杭州开会预备去否,余谓天太热,决定不去。叶师母谓欲去亦不可能,因临时学习正在进行中也。余曰:"我要去就去,为什么不可能?"(《上册》第328页)

浙江省府定于7月9日召开省人民政府委员会会议,恰逢人教社正在按照上级的布置,"以提倡忠诚老实、政治自觉为主旨",开展为期一个月至一个半月的"临时学习",离京需要请假。宋云彬自认为身份特殊,"我要去就去",谁也挡不住。两个月后,宋云彬正式调离人教社,到浙江省任省人民政府委员、省文联主席、省文史馆馆长、省体育运动委员会主任、中国民主同盟浙江省副主任等要职。

周作人在《〈枝巢四述〉跋语》中说:"名山事业未足为奇,唯能以法施人,念及童蒙,委曲敷说,斯乃胜业,值得赞叹耳。"① 主编教科书应该是"念及童蒙,委曲敷说"的"胜业",可宋云彬并不这么想。

## 七、"风光"之后的寥落

宋云彬是个"文人",可一旦为官,迎来送往,很风光也很享受,这又助长他"鹤立鸡群"的快慰。1951年9月30日记:"出席(浙江省——引者注)庆祝中华人民共和国成立两周年大会。主席团二十余人,余名列第八。"(《中册》第331页)10月1日记此次庆祝中华人民共和国成立两周年会议,"所有报告文件以至开幕词等等,几无一篇文理通顺者。谭(震林——引者注)主席之开幕词文句别扭已极"(《中册》第332页)。10月28日出席文教卫生工作会议,日记中写道:"下午定仲武作报告。仲武谓彼之报告不长,约两小时余可毕;余谓如此散会未免太早,可由余作一点钟之补充报告,谈谈如何消灭语言文字混乱现象,仲武极表赞同,而

---

① 钟叔河编:《周作人文类编·千年百眼》,湖南文艺出版社,1998年,第838—839页。

刘丹言色间颇不赞同。此公满脑子党八股，见解极为庸俗，恐将来甚难相处也。"（《中册》第 339 页）以"师者"自居，目空一切。这之后，日记中多次写到某人报告"老生常谈，无甚精彩"，某人"自高自大""不像一共产党员"，某人"发言最无次序，内容空虚，不知所云，此公改造恐无希望"。对一些不同意见或曰"呜呼，夏虫固不与语冰也"，或曰"此公极阴险也"，坚信"在政治上"组织对他是"百分之百的信任"（《中册》第 351 页）。

1957 年 6 月 8 日，中共中央发出《关于组织力量准备反击右派分子进攻的指示》。6 月 15 日，宋云彬来到北京，列席民盟中常会扩大会议并参加全国政协会议。6 月 18 日记：

> 昨接通知，民盟中央常务委员会为讨论章伯钧、罗隆基等发表反党反社会主义言论问题，召开扩大会议。上午准备发言稿。……下午二时半，与王国松、李士豪同坐车赴文化俱乐部，列席民盟中常会扩大会议。章伯钧亦出席，厥状甚狼狈。余作十分钟之发言，驳斥章、罗等反社会主义谬论，亦自作检讨。六时半休会，即在文化俱乐部晚餐。餐毕，于别一餐室晤闵刚侯，闵握手道贺，谓余之发言甚得人心云云。晚，邵荃麟、陈伯尘、刘白羽、艾芜、张天翼来，谈甚欢洽。（《中册》第 616—617 页）

次日，宋云彬出席民盟中央常委会扩大座谈会，日记中写道："陶大镛发言，谓大受冤屈，声泪俱下。陈新桂、张云川亦发言作检讨，殊无足取，以其言非由衷也。"6 月 20 日赴怀仁堂出席政协筹备会，日记中写道："浙江小组选正副组长，仍旧贯：沙文汉任正组长，杨思一与余任副组长。"6 月 21 日日记中写道，上午"浙江小组讨论，谈章伯钧、罗隆基反党反社会主义问题"；下午"浙江小组开会，由余主持"（《中册》第 617 页）。宋云彬坚定"反右"，在批判"右派分子"的同时也作了"自我批评"。虽说日记中没有写到"自我批评"的内容，可"握手道贺""甚得人心"显然是在炫耀，以为他的"自我批评"是众望所归，有示范意义。日记写到 6 月 21 日就戛然而止，好在有叶圣陶日记可供参考。叶圣陶 6 月 27 日的日记中说到宋云彬和周振甫来"共谈"：

> 云彬近为杭州报纸所攻击，谓其亦有右派分子之倾向。云彬平日语言随便，喜发无谓之牢骚，诚属有之。若谓其反对共产党，反对社会主义，则决无是事。杭州之诟诼及彼，盖民盟中有私人之恩怨在。此则大无聊矣。云彬遇此，意兴自不甚佳。①

"杭州报纸"批判宋云彬的"罪名"主要有提倡"内行领导外行"，强调领导干部要有文化和专业知识；主张"创作自由"，倡导"精神文明"；反对"党政不分""以党代政"，宋云彬归咎为"民盟中有私人之恩怨"。叶圣陶也认为宋云彬绝对不会"反党反社会主义"，可宋云彬还是被打成右派，撤销行政职务，只保留了一个省政协委员，由行政九级降为十四级。这之后，宋云彬光风不再，周围的人对他开始"粗声大气，直呼宋云彬"，"电话局来拆去电话"，住房也作了"调整"，就连作协上海分会理事的职务也被撤销了。人生冷暖让宋云彬不堪回首，写了一首诗："驱遣牢愁酒一杯，名山事业敢心灰。十年悔作杭州住，赢得头衔右派来。"（《中册》第621页）他这才想到要把后半生的精力用于整理古书。

1958年3月3日，宋云彬将他拟订的《编纂〈史记集注〉计划》装订成册，分别寄给叶圣陶、王伯祥、郑振铎、齐燕铭、傅彬然、金灿然、章雪村、徐调孚、陈乃乾、余纪一、黄先河、朱之浮、朱宇苍、夏承焘、邵裴子、马一浮；次日又分别寄给邵荃麟、朱文叔、陈此生、许宝驹、邵力子、俞平伯、赵万里、吴克坚、陈叔通、陈伯衡、刘薰宇、田宿淇、屈伯刚、金致淇，表明他回归学术的决心已定。叶圣陶在3月7日日记中写道：

> 回家接云彬信，不通音问者半载有余矣。渠拟作"史记集解"，附来编例与书目。又附来纠正伯祥"史记选注"之误二十余则，余观之，意皆精当，胜于伯祥之理解。又谓翻译"史记"已得七八篇，及成十二至十四篇，拟出版问世。云彬为此工作，亦殊有意义。即作一书报之。②

朋友还是老的好，最早来信安慰和鼓励他的是叶圣陶。宋云彬1958年3月11日日记中写道：

---

① 抄自叶圣陶日记。
② 抄自叶圣陶日记。

上午十时接圣陶函，词意恳挚，雒诵再四，为之泪下。当作复函，并寄去《编纂〈史记集注〉计划》三份，请其分别转交古籍整理出版规划小组历史分组及翦伯赞、胡绳两君。（《中册》第623页）

国务院科学规划委员会古籍整理出版规划小组（简称"古籍小组"）成立于1957年12月，成员有叶圣陶、齐燕铭、何其芳、吴晗、杜国庠、陈垣、陈寅恪、罗常培、范文澜、郑振铎、金兆梓、金灿然、赵万里、徐森玉、张元济、冯友兰、黄松龄、潘梓年、翦伯赞，共19位，齐燕铭任组长，郑振铎、翦伯赞、潘梓年分任文学、历史、哲学三个分组的召集人。"古籍小组"的办事机构设在中华书局，日常工作由"古籍小组"办公室主任金灿然负责处理，金灿然同时兼任中华书局总经理。与此同时，中华书局改成了以整理古籍为主的专业出版社，并从各地物色和调集专家学者，扩充编制。叶圣陶想起宋云彬，当然会鼎力相助。宋云彬1958年6月14日记："自遭颠沛以来，友朋通信者惟朱宇苍、叶圣陶、王伯祥、傅彬然四人而已，今得昂若信，则增至五人矣。"（《中册》第638页）其处境之寥落不难想象。

在金灿然的协调下，宋云彬于1958年9月调回北京，在中华书局古代史组负责"二十四史"的整理和编辑工作，先后承担了《史记》的标点、编辑出版及重印等工作，起草了《史记》的出版说明和点校说明；承担了《后汉书》的点校工作，参与了《晋书》和齐梁陈三书的责编工作。此外，还译注出版了《项羽》《刘邦》两本小册子，实现了他要整理古籍和普及知识的愿望。

1959年4月，宋云彬被特邀为全国政协委员。处境有所改善，对"政治"也随之由冷转热，"恃才自傲"的"结习"又露了头，也变得更加敏感。4月20日记："下午三时赴东交民巷团中央出席政协小组会议，余首先作十五分钟之发言。休息时，周瘦鹃谓余发言勇敢，甚可钦佩云。"（《中册》第676页）。4月25日记：政协会议分组讨论主席、副主席、秘书长、常务委员候选人的提名方案，"有朱遂者，首先起立发言"，"胡说八道，蠢如鹿豕。政协特邀人士及民主党派人士中胡涂昏聩如朱某者实不乏其人，顿令人起羞与为伍之感也"（《中册》第677—678页）。4月21日记：下午二时赴中南海列席全国人大，"又遇见余心清，态度阴阳怪气，

余亦趋而避之"(《中册》第676页)。5月1日记:

> (赴天安门观礼——引者注)在台后休息时遇熟人甚多,皆握手恳谈,绝无不自然之神态。独顾均正态度阴阳怪气,若一向与余不相识者。此次政协自开会至结束,遇见之熟人中态度阴阳怪气者,除今日之顾均正外,尚有孙起孟、余心清。余心清为酒肉朋友,不足责,孙起孟、顾均正相交均在十年以上,今若此,殊不可解也。……彼孙起孟、顾均正辈何人也,而若此!
>
> "尔忘孙起孟、顾均正之见面若不相识乎?"
>
> "唯!不敢忘"。(《中册》第679—680页)

其实,余心清、孙起孟、顾均正的"阴阳怪气""趋而避之"和"若不相识",或许也都事出有因。虽说宋云彬又当上政协委员了,但还是"右派",还是"异己分子",宋云彬要是通达一些,也不至于这么咬牙切齿。在中华书局,谁写过他的"大字报",谁"触犯"过他,宋云彬都记在日记里。1960年10月摘掉"右派"帽子之后,就又故态复萌,睚眦必报。这里抄录三则日记:

> 1960年11月3日 晚六时半,出席民盟小组。陈肇斌向同志们宣布宋某人已经摘掉帽子,言下大有不胜遗憾之概。盖彼一无知识,又无能力,过去以监督我改造自任,摆出一副狱吏面目。现在我已经摘去帽子,他的狱吏当不下去了,未免感到寂寞。此人真是一个肆无忌惮之小人。昔周勃谓"吾常将百万军,然安知狱吏之可贵乎"!我于陈某亦云。还有一个叫陈洪海,是女的,其可恶程度不亚于陈。(《下册》第733页)
>
> 1960年11月4日 上午还是继续讨论图书质量检查问题,我发了言,陈肇斌接着又胡说八道一番。还有个丁晓先,想拍陈马屁,说了一些莫名其妙的话。我为什么跟这一类人同事呢?真正倒霉。(《下册》第733页)
>
> 1961年10月30日 下午一时,中华书局有个小会给陈肇斌做总结,因为陈要调到商务印书馆去了。张北辰要我发言,我说我没有什么话要说。陈是一个非常可恶的人,如果要我给他做结论,只有

十八个大字：德之不修，学之不讲，闻义不能徙，不善不能改。(《下册》第 794 页)

陈肇斌很有可能是受组织指派"监督"过他，宋云彬就恨之入骨。丁晓先早年在商务印书馆当编辑，1925 年加入中共上海地下党组织，参加过"南昌起义"，1930 年前后以化名"韦息予"在商务印书馆和中华书局编写教材，后加盟开明书店；华北人民政府教育部教科书编审委员会成立后任历史组的组长，新中国成立后到人民教育出版社当编辑，1958 年到中华书局，与宋云彬是旧友重聚。可能是丁晓先和陈肇斌走得较近，也就成了宋云彬的"仇人"。

《宋云彬日记》写到 1966 年 8 月 15 日就结束了，这时轰轰烈烈的"文革"已经开始。因为当过"右派"，宋云彬又成了"斗争"的对象，但他不甘寂寞。在那"非此即彼"，"革命"与"反革命"二元对立的年代，他为了表示自己的革命和进步，紧跟形势，写大字报小字报批判"三家村"，批判周扬，揭发金灿然的"罪恶言行"，还要求把老朋友马宗霍、陈乃乾等知名人士揪到中华书局里来批斗。1966 年 7 月 12 日日记中写道："到今天为止，我已经写了二十张大字报了（以前写的小字报不算在内）。"(《下册》第 985 页) 这些"大字报""小字报"，无非是些"高举""紧跟""批判""砸烂"之类的"八股"。且看他的最后一则日记：

1966 年 8 月 15 日　上午学习《十六条》。萧项平参加我们这个组学习。工间操后，各人准备斗金灿然的发言稿。下午，斗金灿然。晚上，组内共有六位同志跟大伙儿结队乘卡车到中共中央所在地的群众接待站去了。留在组内的同志，各人谈谈自己准备好的斗金灿然的稿子。(《下册》第 994 页)

一整天都在忙于批斗金灿然，显然是要"斗臭斗垮"，这让我们很自然地联想到宋云彬 1958 年 7 月 17 日的日记，日记中写道：

下午三时赴省政协，参加讨论出发参观的事情。此次余被编入第二组，召集人为李茂之，组员有吴耕民、吴载德、郦承铨、沙孟海、吴璨、骆裕民及王国松等。余与王国松特于名单上注明"右派分子"，上次赴丽水参观时则未注明也。四时赴省委统战部与余纪一谈。余谓中央统战部来信极简单，只说中华书局金灿然同志要调宋云彬赴北京，参加整理古书工作，其机构尚未成立，希望能即赴北京报到云云。晚作长函与金灿然。(《中册》第644页)

两周前"赴丽水参观"，名单上未注明是"右派分子"，这回可不同了。省政协把"阶级斗争"这根弦绷得很紧，"右派分子"走到哪里"标签"就贴到那里，这让一向以"名士"自居的宋云彬在家乡父老面前体无完肤。可也就在这个节点上，中央统战部批准了金灿然的请求，给浙江省委统战部发文"要调宋云彬赴北京"。这个重要转折，让宋云彬看到了前程的光明。"北调"虽说有叶圣陶帮忙，但出面协调的是金灿然。对于"右派"，人们往往躲之唯恐不及，金灿然却敢于网罗到自己的麾下，理当铭感。可当"文革"的急风暴雨扑面袭来的时候，宋云彬为了保全自己，对金灿然也"穷追猛打"。1949年到北京后，宋云彬最讨厌的"进步相"和"八股腔"，"文革"初期在他身上也表现得淋漓尽致。

## 八、"夜思师友泪滂沱"

只是这"进步相"和"八股腔"，并未能让他幸免于难。1969年12月，72岁高龄的宋云彬随中华书局全体干部和部分家属一起，"疏散"至湖北咸宁文化部"五七干校"劳动改造。1970年8月，因病回到北京。"这时他虽然仍咬着烟斗，仿佛还是那样从容潇洒，风度不减当年，但直到去世，整整七年，几乎一言不发。"① 1976年12月14日，叶圣陶去八宝山参加完郭小川的追悼会后，顺便探访了宋云彬。他在日记里写道："云彬心思木然如故，询余年岁者二回，谓余眉发白亦二回，他则似想不出话可谈。" 1979年4月17日在沉默中长逝，留下的遗稿中有一首小诗，题为《集定庵句柬圣陶、伯祥》，诗中写道：

> 夜思师友泪滂沱，无故飞扬入梦多；
> 各有清名闻海内，侧身天地我蹉跎！②

---

① 俞筱尧：《文化苦旅六十年——怀念宋云彬先生》，《宋云彬日记》（下册），第1013页。
② 曹渠湘：《宋云彬其人其事》，《浙江文史资料选辑》第41辑，浙江人民出版社，1989年，第155—156页。

"有朋自远方来，不亦乐乎"，《论语》"五伦"中的第五伦就是朋友。自命甚高的宋云彬"夜思师友"，何至于热泪滂沱，有研究者表示无法理解①。宋剑行在《深深的怀念》一文中则说："父亲一生交游颇广，很有几位与父亲情谊特深，可以推心置腹的朋友。"②这话可不全对。

抗战期间，桂林成了文化人聚集的地方。叶圣陶过去在上海朝夕相见的许多老朋友也都到了桂林。他离群索居，尝够了在巴蜀的颠沛流离，非常想念在桂林的朋友。恰好 1942 年 4 月间傅彬然从桂林来到成都，邀请叶圣陶到桂林拟定开明书店的编辑方针，筹备创刊桂林《国文杂志》。叶圣陶不顾旅途困难，毅然成行。他和傅彬然从成都出发，乘卡车和汽车，经历了"一个月又三天"的"难以言说"的艰辛的旅行，于 6 月初抵达桂林。在桂林逗留的三十多天里，叶圣陶遇到的老朋友少说也有一百多人，记得最多的是茅盾、宋云彬、傅彬然、金仲华、范洗人、唐锡光和陆联棠。

这些朋友礼拜天晚上都在陆联棠处举办聚餐会。陆联棠是桂林开明书店经理，他和茅盾、金仲华、宋云彬、邵荃麟在桂林丽泽门外合租了一座全木结构的两层楼房，茅盾和陆联棠两家住在楼下，金仲华、宋云彬和邵荃麟三家住在二楼。陆联棠的住房比较宽敞，每次的聚餐会就放在他家里，由各家的女主人轮流掌勺。因为时间不凑巧，叶圣陶只参加了三次，这在日记中都有记载：

> 6 月 14 日（星期日） 傍晚至联棠家为聚餐会。此次由雁冰夫人主办，所治肴馔，甜咸皆精。酒罢，洗翁（范洗人——引者注）倡议打牌，邀余与仲华及云彬夫人入局。打四圈，余负焉。桂林禁此戏颇严，故于桌上铺厚毯。③
>
> 6 月 21 日（星期日） 傍晚至联棠家，为聚餐会。今夕系锡光夫人主办，雁冰夫人佐之，菜亦不错。食后读云彬所作《谈经》，《国文杂志》之材料也。与仲华闲步街头，君语我镇压青年及被认为不稳

---

① 吴甲丰：《敬怀宋云彬先生》，中国出版工作者协会编：《我与开明》，中国青年出版社，1985 年，第 146—147 页。
② 宋剑行：《深深的怀念》，《红尘冷眼》，第 4 页。
③ 《叶圣陶集》第 20 卷，第 35 页。

分子之实况，闻之深叹。①

6月28日（星期日）　傍晚为聚餐之会，仍集于联棠所。本为仲华之妹（瑞苓——引者注）当值，渠不善烹调，委佣妇为之。仲华方发烧，似为疟疾，未参加。食毕谈一时许即归。②

茅盾和宋云彬两家成了贴邻，这让我们看到茅盾夫妇平和谦容的美德。1927年大革命失败后，宋云彬先于茅盾从牯岭潜回上海，住在茅盾家里，受到茅盾夫人孔德沚的悉心照料。他在《沈雁冰》一文中写道：

> 雁冰的太太孔德沚女士，是富有男子气概的……德沚见我到上海，十分高兴。她待我如上宾，知道我爱喝酒，特地每晚替我打"花雕"一斤，有时两斤，弄得我不好意思。雁冰的老太太，六十多岁了，不念佛，不信神鬼，每天除打打小马将之外，总是戴了老花眼镜看报或看旧小说。这位仁慈的老太太，膝下两个儿子都是为了参加革命而远走他方，一个当然是雁冰，一个是雁冰的弟弟沈泽民。……
>
> 有一桩事情，我到现在还觉得抱歉。德沚因为替我挂蚊帐，她那时已怀了孕，太累了，当天就小产，进了福民医院。不久雁冰也悄悄地从九江到上海，他不回家来，一径到福民医院去陪德沚。③

住在茅盾家里，孔德沚待他如"上宾"，可他居然让孕妇给挂蚊帐，这就是最典型的"少爷"做派。茅盾夫妇宽宏大量，仍然认他做好朋友，好邻居。可宋云彬对茅盾则缺少起码的尊重，且看他的这两则日记：

> 1949年8月29日　竟日审阅清华所选之"大一国文教材"，茅盾之《托尔斯泰博物馆》，疵谬百出，此种作文，若在朴作教刑时代，应责手心数十下矣。（《上册》第213页）
>
> 1950年1月5日　给剑行（宋之子——引者注）信。最近《进步青年》刊载他的作品，前日送来稿费六万五千元。信中奖励他一番，谓郭沫若、茅盾都写不出这样的文章来。其实亦非过奖。近来茅

---

① 《叶圣陶集》第20卷，第38页。
② 同上书，第42页。
③ 《宋云彬杂文集》，第439—440页。

盾写作每下愈况,几不堪入目。郭亦一味浮滑,不成东西。(《上册》第234页)

老朋友的文章"疵谬百出""每况愈下",完全可以直言相告,犯不着恶语伤人。值得一提的是孔德沚"小产"后未能再孕,她和茅盾原本有一儿一女,女儿沈霞1945年在延安医院做手术时意外身亡,从此痛失爱女,可见"挂蚊帐"的事给茅盾夫妇带来的伤痛是难以想象的,宋云彬应该要好好珍惜与茅盾之间的这份感情,可他没能做到。

傅彬然、金仲华、孙起孟、唐锡光等对宋云彬也都很厚道。傅彬然早年就读于杭州浙江省第一师范,1927年春加入中国共产党,从事革命工作。1930年因党内贯彻"左"倾路线,与党失去联系。1931年1月进入开明书店任编辑。1938年在武汉的国民政府三厅任少校服务员。1938年到桂林两江师范任教。1939年负责《中学生》战时半月刊的编辑工作,并担任桂林文化供应社编辑部主任。宋云彬这段时期的日记不详,直接写傅彬然的日记只有两则,因而显得很珍贵,现抄录于下:

  1940年4月25日 连日与彬然开玩笑开得很厉害,今天午后,我指摘《力报》常常登谭辅之的文章,彬然颇不以为然,双方争辩颇烈。(《上册》第94页)

  1940年4月26日 七时半,彬然来,出一函交余,里面写道:"云彬兄:想起了'晏平仲善与人交,久而敬之'的话,深切觉得最近对你'半真当假'的开玩笑的态度的不行,并且深感不安。然而这种态度发生的根源,却是为想给好友一种劝告。就今天的争执而言,问题不在谭某(谭辅之——引者注)宋某(宋易——引者注),而在你平时'足以使人误会你看不起人'的那种态度。你一无城府,自己并不知道,可是却因此得罪了不少人,这于公于私,都是有损无益的。还有你看人,有时候,往往以别人对你个人的态度而别好恶,而且必见之于辞色,也是很吃亏的。这是一点。其次,你以自己目前的趣味为中心,而没有理会到'旁人',没有理会到'事',没有理会到将来,不能够吃苦,也值得注意。这一些态度,若在太平时代,也许不但无损而反是可爱的,然而现在却不行,而且危险的。

  "自己无一技之长,至今把握不住一定方向,然而却希望朋友们个个都上进，对学问、事业有成就。对于你，总希望能用一点苦功对中国历史有一番系统研究，我断定对社会一定有很大的贡献的。——此外对于祖璋（贾祖璋——引者注），希望他专心于生物，对于秉珍（陶秉珍——引者注），希望他专心茶叶，勿再改变。我自信对每一个朋友都很忠实，不带一点敷衍的手段与态度。

"要说的话似乎很多，每次想当面规规矩矩的谈，然而不知为什么，总是说不出口。这样简单的写了一点，同时希望你能回给我一个严厉的批评。"

读了三四遍，使我非常感动。平生就缺少这样的诤友；同时我离群而索居，亦已久矣！（《上册》第94—95页）

桂林《力报》由张稚琴创办，创刊于1940年3月，1945年桂林沦陷时停刊。《力报》"对抗战的坚持，对真理的坚持，对汪伪组织的讨伐，对进步团体的支持，都是有目共睹的"。[①]战争年代，文人学者四处漂泊，组稿不易。谭辅之和宋易都是知名学者，《力报》常登他们的文章并不奇怪。发生"争辩"后，傅彬然主动上门，这本身就是一种友好的姿态，信中写的几点都是"知人之论"，如说宋云彬"往往以别人对你个人的态度而别好恶，而且必见之于辞色"；"以自己目前的趣味为中心，而没有理会到'旁人'，没有理会到'事'，没有理会到将来，不能够吃苦"，这些都点到宋云彬的"痛穴"。傅彬然真的"很忠实"，"不带一点敷衍的手段与态度"。可宋云彬到北京后不久便与傅彬然反目，其原因说来很可笑。

1949年9月11日，宋云彬听到香港有一艘轮船被炸沉的消息，推测他的夫人和儿子有可能就在这艘轮船上，越想越感到恐惧，在当天的日记中写道：

晚饭时饮酒一杯，神经愈敏，独坐思索，愈想愈觉可怕，几欲失声痛哭，即和衣蒙被而睡。同居闻此消息者，如叶蠖生、丁晓先诸君皆表关切，且多方推究，百般安慰，独彬然唯唯否否，若不知有此事者，盖名虽朋友，实同路人矣。（《上册》第220页）

桂林时代最难得的"诤友"，转眼就被斥为"路人"。尽管事后证实这只是

---

① 冯英子：《关于桂林〈力报〉的评价问题》，《黄河》1994年第2期。

传言，夫人和儿子也都平平安安地来北京，一家人其乐融融，可与傅彬然的这个"结"则越结越紧，在日记中骂傅彬然是"出言不脱八股气息"的"傅胖子"，是"最讨人厌"的"新学究"（《上册》第 249 页），是"庸才"（《上册》第 296 页）。

金仲华是现代著名国际问题专家和社会活动家。1920 年代至 1930 年代在商务印书馆和开明书店任职，与宋云彬是同事。1938 年 8 月到香港，参与筹建中国青年新闻记者学会香港分会和国际新闻社香港分社，担任《世界知识》和《星岛日报》主编、中国新闻学院副院长。1942 年初回到桂林，和宋云彬成了邻居。1944 年年底到重庆，任美国新闻处译报部主任。1945 年 12 月到上海复刊《世界知识》杂志。1948 年 7 月又回到香港，主编新华社香港分社对外英文期刊《东方通讯》。金仲华 1940 年代在重庆和香港任职期间，宋云彬也在重庆和香港，两人应该是有来往的。新中国成立后，金仲华被任命为华东军政委员会文化部副部长，兼任《新闻日报》社长、《文汇报》社长、中国新闻社社长、英文版《中国建设》杂志社社长，后来担任上海市副市长。"文革"中受林彪、江青反革命集团诬陷迫害，含冤逝世。叶圣陶撰有《追念金仲华兄》[①]一文，不仅对金仲华的为人和学识深表钦敬，对金仲华的母亲，以及妹妹端苓和妹夫刘火子也都赞不绝口。而宋云彬"北上"后对金仲华极其冷漠，其原因说来也真可笑。宋云彬 1950 年 4 月 9 日日记记：

> 中午芷芬邀赴萃华楼宴饮，婉辞却之。芷芬所请的是金仲华等。仲华此次来京后，即赴出版总署看愈之、圣陶、彬然等，却没有看我，我又何必去做陪客呢。（《上册》第 258—259 页）

金仲华来京是出席 3 月 29 日召开的全国新闻工作会议。叶圣陶在这前后的日记中没有写到金仲华，至少"即赴出版总署"看望叶圣陶的话并不实。至于"萃华楼宴饮"叶圣陶是这么叙述的：

> 4 月 9 日　星期日。今日迁动房间，余亦参加劳作。……既而振铎来，共看庭中海棠、丁香，兼看西墙外之梨花。十一时半，偕振铎、彬然同至萃华楼，开明宴《世界知识》社同人。到者有仲华、宾

---

① 《叶圣陶集》第 7 卷，第 297—299 页。

符、仲持、翼云及毛小姐。马荫良方从上海来，亦同座。谈饮甚欢。

原来是开明书店宴请《世界知识》杂志社同人，除了金仲华，应邀的还有冯宾符、胡仲持、胡翼云等好几位。而宋云彬和叶圣陶、傅彬然同住在一个院子里，每天合乘一部汽车上班（叶圣陶1950年3月27日记）。按说这宴请宋云彬事前是知道的，即便不知道，叶圣陶或傅彬然或郑振铎招呼一声也就可以了。开明书店知道宋云彬有个"通例"，友人到了北京必须先来拜访他，这有日记作证。宋云彬1950年1月23日日记记：

> 梁漱溟谓已到京，明日圣陶将偕彬然往访。余则谓"行客访坐客"，通例也。梁不来访余等，余亦断断不往访。（《上册》第240页）

因为金仲华事前没来拜访，开明书店特地派卢芷芬登门邀请。卢芷芬是开明书店资深编辑，曾任开明书店云南分店经理，是王伯祥的大女婿，可在意礼数的宋云彬还是驳了他的面子。

出席全国新闻工作会议，是金仲华在新中国成立后第一次来北京，要做的事会有很多，没能来看宋云彬情有可原。宋云彬不知从哪儿听说金仲华看了胡愈之、叶圣陶、傅彬然，觉得受到冷落，就发起"少爷"脾气来了。只是金仲华心里惦记着宋云彬。十年之后，身为上海市副市长的金仲华因公来到北京，知道宋云彬此时已从杭州调回北京了，就托徐调孚去请他来傅彬然家见个面，结果又讨了个没趣。宋云彬1960年11月18日日记中写道：

> （上午——引者注）徐调孚忽来邀余赴傅家，云金仲华在傅家，想看看我。即赴傅家与金见面，寒暄数语而已。金一副假腔，令人作恶。佛言"怨憎会苦"，信然。（《下册》第737页）

徐调孚是学界公认的"作者的知音"和"难得的编辑"，与宋云彬共事多年。假如金仲华是"一副假腔"，又何必要惊动徐调孚呢；再说，金仲华也不是要有求于宋云彬，只是想见个面，"令人作恶"的话从何说起？无非是金仲华先看了傅彬然，又冷淡了他，也就给来个"恶有恶报"。

胡愈之和宋云彬的关系就更亲近了。1915年胡愈之编《东方杂志》的时候两人就相识了，1937年"七七事变"之前在上海交往甚密，"七七事变"之后在武汉政治部第三厅共事，后来又一起创办桂林文化供应社。

1945 年 3 月 31 日，宋云彬听说胡愈之在南洋某地病逝了，伤痛不已，在当天的日记中写道：

> 赵晓恩来信，谓"据端苓（金仲华之妹）言，愈之先生已于去年九月上旬病逝苏门搭腊某山谷中。此消息初传至泰国，再传来重庆，十之八九可靠"。呜呼，愈之竟长逝矣乎？！平生知友，寥寥可数，倘愈之死耗非虚传，则余今后之岁月，将愈增寂寞矣。……晚饭后，默坐沉思，念念不忘愈之，潸然欲涕。（《上册》第 121 页）

在随后写的《怀胡愈之先生》一文中说：

> 愈之对于抗战必胜的信念，从来没有动摇过。在汉口，在桂林我们常常聊天，他说到战时应该怎样不避艰险地努力工作，战后应该做些什么有益于大众的事业。他有一腔热情，满脑子计划，只要找志同道合的朋友来干。现在，欧洲的法西斯国家已经消灭了，只剩下一个日本，真是胜利在望，却又传来了他的死讯！愈之，你究竟尚在人间否？你如果还活着，那不久的将来，你总会回国，把你的一套一套新计划告诉我们，领导我们来做。你倘真的死了，那么，愈之，你安息吧！你的朋友们，你的同志们，都会受你的精神感召，继续努力，尽着后死者的责任的。①

这消息果真是"误传"。1949 年 3 月 18 日，当叶圣陶、宋云彬一行乘火车抵达北平车站时，前来欢迎的就有胡愈之，叶圣陶在日记中说"乍见之际，欢自心发"②。可当胡愈之成了中央出版总署署长，真的来"领导"宋云彬的时候，情形就有了逆转。

1949 年 8 月，胡愈之和叶圣陶、宋云彬等人商量，要出版一份像开明《月报》那样的综合性刊物《新华月报》。宋云彬在日记中写道："愈之长于计画，短于甄别文章好坏，所约请之编辑人员，大抵皆八股青年，余敢预言，决编不出像样的刊物来也。"（《上册》第 212 页）他对胡愈之有关编纂教科书工作的意见尤为不满。1950 年 2 月 7 日记，下午赴总署出席局

---

① 《中学生》复刊后第 89 期，1945 年 7 月。
② 《叶圣陶集》第 22 卷，第 44 页。

务会议,"愈之认编辑中学教本为极简单容易之事,余反唇相讥,谓编教科书与编《东方杂志》不同,君但知编杂志耳,对于编教科书固不了了也"(《上册》第 244 页)。胡愈之主张编辑可以把书稿带回家,"晚上在家里继续工作",被宋云彬斥为"妄言","此公愈来愈颠顸"(《上册》第 266 页)。胡愈之报告"噜哩噜苏,聆之欲睡"(《上册》第 272 页),胡愈之"平庸""虚伪",还捕风捉影,说胡愈之骂张静庐"流氓"(《上册》第 258 页)。1941 年,胡愈之遵照周恩来的指示,撤离桂林到南洋开辟海外抗日宣传阵地。宋云彬与朝思暮想的"知友"分别九年后,在北京共事不到半年就水火不容。

可见"遗稿"中的"夜思师友泪滂沱",应该是他追忆跌宕起伏的一生后的内疚和悔悟,也是心灵的苏醒,得师友的帮助才能成其大。"自命甚高"和"少爷"做派伤透了朋友的心,也使自己越来越蹉跎落寞。山西人民出版社给宋云彬日记取名为"红尘冷眼",印题词"亲历红尘,看天下风雨如晦 / 傲世冷眼,载笔端今是昨非",是对日记的误读,也是对读者的误导。宋云彬"入世"很深,也始终未能摆脱对"红尘"的眷恋,他"笔端"的"是非"只是"原始材料",触摸时得要好好辨识。

(原载《中国现代文学研究丛刊》2020 年第 6 期)

# 后　记

书中第一辑"认识在北大中文系执教过的老师们"一组文章，《名作欣赏》2021年第2期开始连载时，我在前面加了一则《小引》，是这么说的：

> 2020年秋季开学后，副系主任宋亚云教授安排我给系里同学做一次讲座，适逢北京大学中文系建系110周年，为了感受前辈们的精神和风范，我从我的体会出发，讲了对叶圣陶、朱光潜、闻一多、鲁迅四位大师的认识和理解。叶圣陶是北大中文系的讲师，朱光潜、闻一多、鲁迅也都在北大中文系开过专题课。有位很热心的朋友把我做讲座的相关报道发到群里，《名作欣赏》主编张玲玲老师看到后与我联系，希望能把演讲稿整理出来交给《名作欣赏》发表，这对于我说来是意外的惊喜。记得叶圣陶先生曾经说过"编辑出版家最大的本领就是发现作者"，只是"我"这位作者的文章未必好，恳请读者朋友们多多指教。

为我讲座写报道的是系里的年轻老师徐梓岚，把报道发到微信群的是在北京师范大学文学院工作的李浴洋博士。宋亚云教授、小徐老师、李浴洋博士、张玲玲主编互为呼应，使我的这份讲稿很快就送到读者面前，生活中的好事往往就是这么单纯和凑巧。

这组文章一共登了9期，登到第5期的时候，张玲玲主编提议要为我做一个"专辑"。《名作欣赏》的"专辑"有评介文章，有学术年表和学术剪影，图文并茂，口碑极佳。我很感谢张玲玲主编的好意，只是觉得我不够格，就回谢了。可张玲玲主编执意要做，浴洋也来开导，说我也该到做总结的年龄了。说到"年龄"，就有点敏感。我是新中国的同龄人，虽说常常觉得自己似乎还没有好好生活过，可静下心来一想就觉得时间过得飞快，连自己年复一年做了些什么也都记不得了。见我有点松动，浴洋就把他的构想和盘托出：我只要提供照片就可以了，"年表"由他来做，事务性的工作由他和我的研究生李斌博士共同承担，还说中国人民大学文学院的张洁宇教授、陕西师范大学文学院的牟利锋博士都会帮忙，他们已经联络过了，想得很周到。

我的"专辑"在《名作欣赏》2021年第34期（12月号）登出后，第一个来信祝贺的是陈平原老师，说是夏晓虹老师看了觉得好向他推荐的。第二个来信祝贺的是清华大学人文学院的解志熙教授，紧接着是温儒敏老师来电话点赞，就连谢冕老师和钱理群老师也都说了表扬的话，我很感谢老师和朋友们的关爱，对辛勤劳作的张玲玲主编，以及浴洋、洁宇、李斌和利锋也很感激。

浴洋有约在先，说是等"专辑"出版后邀李斌来小聚一下。相聚闲聊时他俩谈起我的论文，说我自从2004年出过《求真集》后就没有出过论文集，催促我好好编一本，还说这不仅是他俩的意见，也是我的好多研究生共同的想法，孙永丽就曾多次提起过。我照例是打退堂鼓。理由很简单，出版社说是"社会""经济"两个效益一起抓，把"不亏心"放在第一位，但亏本的买卖一般都不愿意做，论文集大多是要赔钱的，让出版社为难自己也会很尴尬。可浴洋和李斌都说不妨试一试，知道我比较看重读解和欣赏，建议我把这方面的论文汇集起来，由他们出面与出版社联系，还答应帮忙通读校样。这就是这本《中国现代作家的读解与欣赏》的由来。

搜集论文的时候很自然地想起向我约稿的刊物和责编。最可感念的是牛汉先生和钱理群老师。牛汉先生是《新文学史料》的主编，1980年年末，他知道我在编写《叶圣陶年谱》，托人带信给我，要我把年谱"新中国成立"之前的部分编好后送给他看看。他看后觉得还好，就分五期在《新文学史料》连载了。因为登了我编写的《叶圣陶年谱》，随后就有《新文学史料》的编辑向我约稿，约得最勤的是牛汉先生的接班人郭娟女士。我与郭娟女士一同参加过四次学术会议，她就约我写了四篇稿子。2009年5月，郭娟女士来北大参加"'五四'九十周年学术研讨会"，会下交流时听我说到日本有位学者写过有关"五四"的文章，就要我整理出来交给她，以至《新文学史料》2009年第3期同时登了我两篇文章，一篇是《几代人的"五四"

（1919—1949）》，另一篇是《一位日本学者眼中的五四运动》。和牛汉先生一样，郭娟女士"约稿"时和颜悦色，可稿子到手之后就很严肃。史料要反复核实，结论要反复推敲，就连标点符号也不放过。我在《新文学史料》上发表的文章如《几代人的"五四"（1919—1949）》《〈胡风全集〉中的空缺及修改》等，话题本身就很容易引起争议，郭娟女士把关时也就特别严苛，有时觉得她有点"过"，可细细想想就认识到她的要求和建议都是很有眼光的，不得不心悦诚服。

除了《新文学史料》，发表我文章较多的是《中国现代文学研究丛刊》（以下简称《丛刊》），这就要说到钱理群老师了。钱老师虽说是《丛刊》的副主编，可在一个相当长的时间里，《丛刊》的编辑工作主要是他和中国现代文学馆副馆长吴福辉老师做的。1992年春季开学不久，钱老师认认真真地问我："为什么不给《丛刊》写文章？"那时的现代文学研究队伍可以说是"老中青"三结合，浩浩荡荡，《丛刊》关注的对象还轮不到像我这样的"小字辈"。钱老师看到我有些胆怯，就动员我投稿，希望我多读多写。我手头恰好有一篇稿子，他就让我尽快送给吴福辉老师，这就是刊登在《丛刊》1992年第3期上的《走向写实主义的蹒跚步履——叶圣陶文言小说漫评》。有了这个开头，有了钱老师的激励，我跟《丛刊》的联系就多了起来，吴福辉、温儒敏、李今、傅光明这几位《丛刊》的主编、副主编以及编《丛刊》的新秀如王秀涛、易晖、陈艳、齐晓红几位博士也都邀约或帮助我在《丛刊》发表过论文，让我十分感激，而对《丛刊》编委解志熙教授还得多说几句感激的话。

志熙名气大。1990年钱锺书先生得知他获得博士学位后曾致信颂扬道："前读大文，高见新义，迥异常论，既感且佩。……欣悉已金榜题名，可喜可贺。不喜足下之得博士，喜博士中乃有学人如足下也。"钱锺书先生睿智超人，一言九鼎。志熙做学问有"高见"，为人处世也处处令人"感""佩"。2019年11月中旬，我和志熙到山东师大参加"中国现代文学学究论坛·2019"期间，与研究生做过一次座谈，我谈的是《宋云彬日记》。会后志熙要我把讲稿整理出来交给他，编入他主编的2020年《丛刊》第2期。是我拖沓，直到3月底才拉出初稿。志熙非但不埋怨，反倒说会"负责到底"，提了很具体的修改意见，要我再打磨一遍交给他，由他转给其他编辑，后来刊登在《丛刊》第6期，题为《〈宋云彬日记〉的心态辨析——兼论史料研究必须"顾及全篇"与"顾及全人"》，这是我在《丛刊》发表的最长的一篇文章，有三万字，我原来的题名是《〈宋云彬日记〉中的宋云彬》，发表时的题目是志熙改的。他这一改，文章就有了纵深感，好的标题真的能提升文章的学术含量。

　　以上说的都是"过去"的事情，文章也都是"旧"文章，但回忆起来又都是"全新"的。当今社会，有许多人都在感叹"'人性'崩塌"，而我遇到的更多的则是纯真的关心和爱护。汇集在这里的十五篇论文虽说还有这样或那样的欠缺，但对我说来都值得珍惜，因为这是老师和朋友们用真诚与关爱帮助我浇灌出来的"成果"，只是与老师和朋友们的希望还有距离，常常感到惭愧。我当铭记老师和朋友们的希望和勉励，潜心读书，救偏补弊，敬请读者朋友们多多批评指教。

　　承蒙钱理群老师、陈平原老师在百忙之中为之作序、题签，热情地加以提掖，让我备感温暖。责编张文礼先生和高迪女士字斟句酌，精心编校，在此致以最衷心的谢忱。

商金林

2022 年 10 月 4 日于肖家河北大教工住宅寓所